"十四五"普通高等教育本科部委级规划教材

U0747628

ZHONGXUE HUAXUE SHIYAN
YANJIU YU CHUANGXIN

中学化学实验研究与创新

彭林 蒋澍 黄曦明◎主编

朱敏◎副主编

刘进兵 尹乐斌◎主审

中国纺织出版社有限公司

图书在版编目（CIP）数据

中学化学实验研究与创新／彭林，蒋澍，黄曦明主编 . --北京：中国纺织出版社有限公司，2023.11

"十四五"普通高等教育本科部委级规划教材

ISBN 978-7-5229-1146-5

Ⅰ. ①中… Ⅱ. ①彭… ②蒋… ③黄… Ⅲ. ①中学化学课—教学研究—高等学校—教材 Ⅳ. ①G633.82

中国国家版本馆 CIP 数据核字（2023）第 204611 号

责任编辑：毕仕林　国　帅　　责任校对：寇晨晨

责任印制：王艳丽

中国纺织出版社有限公司出版发行

地址：北京市朝阳区百子湾东里 A407 号楼　邮政编码：100124

销售电话：010—67004422　传真：010—87155801

http://www.c-textilep.com

中国纺织出版社天猫旗舰店

官方微博 http://weibo.com/2119887771

三河市宏盛印务有限公司印刷　各地新华书店经销

2023 年 11 月第 1 版第 1 次印刷

开本：787×1092　1/16　印张：18.5

字数：420 千字　定价：58.00 元

　　化学是以实验为基础的科学，是化学教育特别是基础化学教育的核心内容和基本方式，化学实验在化学教学中占有十分重要的地位。"中学化学实验研究与创新"是高等师范院校化学专业学生必须学习的一门教学实践能力培养基础课，作为一名化学教师，不仅要会做化学实验，更要会教化学实验并用实验教化学；不仅自己要能研究实验，更要引导学生学会如何用实验探究化学，也是中学化学教师达到"以提高学生的科学素养为主旨"这一目标必须具备的一项特殊专业能力。

　　本书是从基础教育化学课程改革和高等师范院校培养合格的化学专业师范生的需要出发，立足于教师教育课程标准和中学化学课程标准，以教师专业化发展为导向，以增强教师的实验教学能力和实验研究创新能力为主线，培养高素质化学教师，为完成中学化学实验指导课程教学目标而编写的一本以增强化学教师实验研究能力为主的教材。

　　本书主要内容包括中学化学实验概述、中学化学实验基本技能、中学化学演示实验研究、中学化学综合探究性实验研究、中学化学创新实验研究和中学化学课外活动实验研究6章，除了研究具体的中学化学实验外，还从理论上对实验研究进行指导。理论部分着重从化学实验在教学中的作用、内容、特点、现状、教学方法、设计、改进与创新、发展和改革趋势等方面进行阐述；实验部分对初、高中化学课程中各类型主要实验展开研究，突出演示实验、综合探究性实验、创新实验、课外活动实验等实验类型的操作演练和设计改进，这些实验活动覆盖初、高中化学新课程中各类型主要的重难点实验活动，构建了层级性整体实验研究体系，使化学实验更好地实施于科学素养培养的教学中。

　　本书可作为化学师范生实验教学研究课程教材、中学化学教师继续教育的进修教材和教学参考用书，也可作为研究生相关课程的教学参考用书。

　　本书由邵阳学院化学专业彭林、蒋澍和黄曦明老师担任主编，另外朱敏（邵阳学院）、朱鹏飞（长沙市雅礼中学）、李大银（湖南师大附中芙蓉中学）、刘光文（隆回县第二中学）、杨芳勇（邵阳市第三中学）、罗慧聪（隆回县第九中学）、陈斌（新邵县第三中学）、彭俊友（隆回县西洋江镇碧山中学）等老师也承担了部分编写工作。全书的统稿和定稿由彭林主持，刘进兵和尹乐斌（邵阳学院）负责主审，集体合作完成。本书还参考或引用了许多相关的研究成果，在此向所有为本书作出贡献的单位和个人表示诚挚的谢意！由于时间和水平有限，我们在教材编写过程中有很多疏漏甚至错误之处，敬请广大读者批评指正！

邵阳学院《中学化学实验研究与创新》教材编写组

2023 年 8 月

第一章　中学化学实验概述

化学是以实验为基础的科学，它的发生和发展与实验息息相关，是化学教育特别是基础化学教育的核心内容和基本方式，所以化学实验在化学教学中占有十分重要的地位。化学现象的发生和发展是很复杂的，用文字叙述往往不易透彻地讲清和理解这些复杂变化的实质。通过对一些实验现象的观察、分析，有助于认识变化的实质，借以加深对教学内容的理解，达到提高教学质量的目的。作为一名化学教师，我们不仅要会做化学实验，更要会教化学实验并用实验教化学；不仅自己要能研究实验，更要引导学生学会如何用实验探究化学。这就是我们学习《中学化学实验研究与创新》的目的。

第一节　认识中学化学实验

一、中学化学实验的概念

中学化学实验是指依据一定教学目的，利用化学仪器和试剂，人为地创造或控制某些条件，突出主要因素，使某种（或某些）物质实现预期的化学变化，以便进行观察和研究，从而认识物质的组成、结构、性质、变化等的实践活动。中学化学实验的最大特点是通过实验引导学生学会思考、学会批判、学会动手做实验，全面提升学生的科学素质。中学化学实验与中学化学的各主干知识都有密切联系，不仅元素化合物知识离不开实验，化学用语和化学概念也离不开实验。比如，质量守恒定律、原电池原理、化学反应速率的影响因素等都能通过实验帮助理解，实验对学生掌握化学知识有着不可替代的作用。

二、中学化学实验在教学中的作用

在中学阶段，学生刚开始学习化学，在教学过程中必须加强对学生的化学实验技能的培养，使他们能正确地掌握化学实验的基本操作方法；必须注意理论与实际相结合，培养学生实事求是的学风、严肃认真的科学态度以及探讨问题的科学方法。化学实验作为教学手段，起步于 1817 年英国化学家托马斯·汤姆生（Thomas Thomson）在格拉斯哥大学建立的供教学用的实验室。化学实验在中学化学教学中的重要作用可以概括为以下几方面：

1. 帮助学生形成化学基本概念、理解化学定律和化学原理

例如，要学生建立关于氧化-还原的初步概念，可以先从碳、硫、铁等物质在氧气里燃烧的实验来形成氧化概念，通过氢气和氧化铜反应的实验来形成还原概念，再从这个实验中的生成物铜和水的分析来形成氧化-还原概念。同样，通过称量物质发生化学反应前后各反应物质量总和与各生成物质量总和相等的实验来论证质量守恒定律；用溶液的导电性实验导出电离理论，都是从生动的直观提高到抽象的思维，使学生牢固地掌握这些知识。

2. 有利于学生掌握物质知识

中学化学实验里有许多关于物质的制备和性质以及各类物质相互转化的内容。例如，氧气、氢气的制法；氢气在氯气里燃烧；接触法制硫酸；氨催化氧化法制硝酸；单质、氧化物、酸、碱和盐的相互转化；醇、醛、羧酸等类的转化等。

3. 培养学生的观察能力、分析和解决问题的能力以及思维能力

例如，在做金属钠与水反应实验时，可以要求学生仔细而全面地观察所发生的一切现象，分析发生这些现象的原因，然后加以综合，得出钠是一种密度小、熔点低、呈银白色、具有美丽光泽、化学性质非常活泼、燃烧时能发出黄色火焰的金属的结论。还有一些实验习题，要求学生通过实验来解答问题。例如，要求用三种不同方法制取硫酸镁；用化学方法除去热水瓶内的水垢；用实验证明氯酸钾里含有钾、氧和氯三种元素；不用其他试剂鉴别硫酸、氯化钡、硫酸钠、碳酸钠的溶液等。这些都要求学生设计实验的方法、写出所需的仪器和药品、绘出实验装置图、说明操作过程，然后通过实验结果来解答问题。

4. 可以教会学生正确地掌握实验的基本方法和基本技能

在做化学实验时要用到许多仪器，有些简单的装置要自己装配；还有许多基本操作，如药品的称量和取用，试剂的加热、蒸发、蒸馏、过滤、萃取等操作，都有一定的规范。只有正确地掌握这些方法和技能，实验才能取得成功。

5. 增强学生化学计算和绘制图表的能力

有些实验需要运用化学计算。例如，配制一定浓度的溶液，测定硝酸钾在水里的溶解度并绘制它的溶解度曲线图，硫酸铜晶体结晶水含量的测定，阿伏伽德罗常数的测定，中和热的测定，酸碱中和滴定等。

6. 有助于培养学生严谨的科学态度和进行科学研究方法的训练

化学作为基础教育阶段的一门重要学科，实验探究是化学教学活动中最基本的特征之一，任何化学原理和规律都离不开化学实验的探究检验。通过化学实验探究等活动，有利于学习科学知识、掌握科学方法，在实验操作中还能够有效培养学生的科学态度，而这种科学态度对促进学生全面发展具有极为关键的作用。

7. 激发学生的认识兴趣，调动学生学习的积极性

化学实验在中学化学教学中的作用可以从以下几方面来理解。

普通高中化学课程标准中这样说明实验在中学化学课程中的作用："以实验为基础是化学学科的重要特征之一，化学实验对于全面发展学生的化学学科核心素养有着极为重要的作用。化学实验有助于激发学生学习化学的兴趣，创设生动活泼的教学情境，帮助学生理解和掌握化学知识和技能，启迪学生的科学思维，训练学生的科学方法，培养学生的科学态度和价值观。"

关于化学实验的教学功能，有的研究者认为，化学实验的教学功能可以归结为既相互联系又可以适当分割的几方面内容：具有深刻的认识论意义，能深刻影响科学的世界观和

方法论的形成，能有力地培养学生的各种学习能力和良好的学风。即化学实验是化学科学认识的源泉；化学实验是训练科学方法的有效途径；化学实验是养成科学态度的必由之路。也有人认为，不同的实验类型承载着不同的教学功能，演示实验是为学生提供感性认识材料，并在此基础上引导学生思考，从而形成化学概念、理论和对元素化合物性质、变化的认识；学生实验是培养学生的实验技能，形成科学态度和科学方法的重要的教学形式。还有的研究者认为，化学实验教育教学功能的核心是提高学生的科学素养，从化学新课程实施的角度将化学实验的教育教学功能分为认识论功能（引发化学教学认识、提出认识问题的重要途径和提供化学实验事实）、方法论功能（培养科学过程与方法）、教学论功能（动机功能、转化学生的化学学习方式、发展科学探究能力的重要途径、落实科学素养的"情感态度与价值观"目标的重要手段）。

三、中学化学实验的类型

中学化学实验的内容大致分为下列 6 种类型：

（1）化学基本操作练习的实验。

（2）阐明化学基本概念和基础理论的实验。

（3）物质的制备和性质的实验。

（4）测定物质的含量和物理常数的定量实验。

（5）联系工农业生产的实验。

（6）解决一些综合性的简单问题的设计实验。

化学基本操作实验对各个年级有不同要求，它贯穿在全部实验中，必须在一开始就注意操作的规范化，教会学生正确的操作方法。

阐明化学基本概念和基础理论的实验主要是根据实验现象，逐步引导学生由表及里、由感性到理性地认识事物的本质。例如，通过溶解的热效应来认识溶解的本质，通过氯化铜在电流作用下发生氧化-还原反应来形成电解概念等。这类实验要选择有代表性的，现象要明显，装置要简单，操作要方便，让学生能看清实验的主要现象。物质的制备和性质实验在中学阶段是大量的，也是主要的。关于性质实验，可以采用边讲边实验的形式，在进行这类实验时要使学生了解反应原理，避免"照方抓药"；还要使学生了解操作原理，即使用同一种仪器，由于实验的目的不同，所用的试剂不同，操作的方法就有所不同。例如，在溶液中萃取某一种溶质，必要时可以用塞子塞住试管口上下剧烈振荡，而不是用一般振荡试管的方法。测定物质的含量、物理常数等定量实验要注意从微观的、定量的、推理的角度来研究物质的结构和变化的规律，发挥理论在教学中的指导作用。这些实验对操作技能的要求比较高，要求所得结果与理论数值接近，但中学因受设备条件的限制，采用的实验方法一般都比较简单，加上学生操作技能和其他因素的影响，实验结果可能会有一定的误差，这就要实事求是地分析产生误差的原因。结合工农业生产的实验在中学阶段只要求能阐明生产的基本原理，不涉及生产中的技术细节问题。让学生独立设计实验，即实验习题，是综合运用基础知识和实验技能来解决问题的一种实验方式。它要求学生根据实验习题的要求独立设计实验方案，提出所应用的化学原理，说明操作过程和预期的实验结果。

以上这些实验内容是通过不同的实验形式进行的，如演示实验、边讲边实验和学生实验等。至于究竟采取哪一种形式，这要根据实验的目的、要求、学生的具体情况和学校的设备等来确定。

四、中学化学实验的特点

一个化学实验，无论是演示实验、教学实验还是科学探究性实验，必须具有作为实验对象的物质体系、适当的仪器装置和必要的安全措施、合理的实验步骤和规范的操作技术。从学科教育的角度来评价，三者不可或缺，对于学生实验能力的提高都有着重要作用。在学习或研究化学时，选用的化学体系是由学习或探究的目标决定的，有利于学生发现问题、提出问题能力的提升；化学体系选定之后，使用什么样的仪器装置也就大致确定了；实验步骤取决于所选定的化学体系和仪器装置，是否能有序地完成实验取决于实验者操作技术的规范程度，这也有利于学生解决问题和动手操作能力的提升，中学化学实验以基础科学知识为依据，以趣味化地帮助学生掌握物质及其变化的规律为目的，一般具有以下特点。

1. 中学化学实验以科学研究中的实验为基础

中学化学教学一般借用化学科学研究的成果作为辅助性实验教学的媒介，重现性好，实验过程中的曲折性、探索性、创造性等是为了教学的需要而人为设置的。

2. 中学化学实验一般以简约化为主

中学化学实验的内容属于基础化学范畴，复杂程度不高。所用的实验仪器一般比较简单，对实验条件的控制并不十分严格，实验步骤的描述通常使用比较模糊的语言，如"加热""少许""一些"等，但是要求实验具有鲜明的实验现象和科学的实验结果。

3. 中学化学实验的教学对象是中学生

中学化学实验不仅要遵循化学科学的规律，还要遵循科学教学的规律；中学化学实验要考虑到中学生的认知发展水平，强调实验的趣味性和直观性；重视实验的生活化和探究性，考虑实验的安全可靠性，强调青少年的健康发展和成长。学生的思维与知识之间的联系非常紧密，思维和知识就好像是两个相交的圆，两者既相辅相成又相互促进。

五、中学化学实验现状

化学学科的基本特点是以实验为基础进行研究，化学实验对于学生学习化学的作用不言而喻，化学新课标的出台也为化学实验在化学教学中发挥应有的功能指明了方向。然而，中学化学实验体系来自教材或教参，使实验实施时往往把注意力放在仪器装置、安全措施、实验步骤和规范操作方面，化学实验对学生的教育侧重于仪器装置的认识和基本操作训练过程中实验习惯的培养，缺少了实验体系选择的问题意识和自主意识。

1. 以演示实验为主，学生分组实验研究较少

有的演示实验现象不很明显，坐在中后排的学生看不清楚；有的演示实验内容较多，学生仅知道哪些物质在反应，却不知道为什么用这些物质和装置进行实验，这些因素导致学生通过死记实验步骤和现象的方式学习化学和化学实验，没有起到演示实验由立体直观

的现象与感受思考隐含在现象背后的本质内容的作用，化学独有的学科优势没有展现出来，不利于学生综合能力的培养。

2. 资源利用不够

化学实验仪器和药品相对缺乏，无法保证学生亲自动手实验。有的教师受"做实验不如讲实验"错误观念的驱使，把"做"实验变成了在黑板"讲""画"实验，学生"听"实验、"想现象"和"背反应"的过程，实验理论讲解很清楚，但实验基本技能无法训练，原本立体、生动的实验变成了呆板的学实验。

3. 实验技能提高不够

教师实验操作技能欠缺导致对实验研究兴趣不高，化学药品使用不恰当、操作不正确、对环境产生不利影响，而且有些实验过程复杂，实验成功率低，易挫伤教师和学生对实验研究的热情。

4. 实验研究不够

教师对中学化学实验研究意识淡薄，无论是演示实验，还是学生实验，一般按照教材中规定好的实验内容和设定好的实验药品、仪器和步骤进行，习惯于"照方抓药"、按部就班；有的教师虽然具有实验研究意识，但因找不到研究内容和方向而暂缓进行实验研究；有的教师有研究意识和方向，但研究能力跟不上，出不了研究成果，削弱了实验研究动力。

第二节　中学课程中的化学实验内容

我国中学化学课程中的化学实验内容及其学习要求主要是由教育部制定的《义务教育化学课程标准》（2022 年版）、《普通高中化学课程标准》（2017 年版 2020 年修订）和依据课程标准编写的化学教材来规定的。

一、初中化学课程中的化学实验内容

《义务教育化学课程标准（2022 年版）》（以下简称"初中化学课标"）以"科学探究与化学实验""物质的性质与应用""物质的组成与结构""物质的化学变化"和"化学与社会·跨学科实践"等 5 个主题为框架，对初中生要学习的化学实验技验活动进行了如下规定。

1. 初中化学课标中的化学实验内容及学习要求

（1）化学实验技能。

初中化学课标规定，知道化学实验是进行科学探究的重要方式，具备基本的化学实验技能是学习化学和进行探究活动的基础和保证。化学实验应高度关注安全问题，避免污染环境，要求学生遵守化学实验室的规则，初步形成良好的实验工作习惯。初中学生的化学实验技能应达到如下基本要求。

①熟悉化学实验室安全警示标志，学会正确使用安全防护设施，学习妥善应对实验安

全问题的必要措施。

②学会试剂的取用、简单仪器的使用及连接、加热等实验基本操作。

③初步学会在教师指导下根据实验需要选择实验试剂和仪器，并能安全操作。

④初步学会配制一定溶质质量分数的溶液。

⑤学会用酸碱指示剂、pH 试纸检验溶液的酸碱性。

⑥初步学会根据某些性质检验和区分一些常见的物质。

⑦学习使用过滤、蒸馏的方法对混合物进行分离。

⑧初步学习运用简单的装置和方法制取某些气体。

⑨初步学会观察实验现象，并如实记录、处理实验数据，撰写实验报告等技能。

化学实验技能包括以下基本类型。

①实验基本操作技能。主要有"药品的取用""简单仪器的使用和连接""加热"等。

②仪器和药品的选择和使用技能。即要求学生能根据具体的实验目的，选择实验仪器和药品。

③单元实验操作技能。课程标准明确提出了 4 种单元实验操作技能（也称实验操作综合运用技能），主要有"配制一定溶质质量分数的溶液""检验和区分一些常见的物质""使用过滤、蒸发的方法对混合物进行分离"和"运用简单的装置和方法制取某些气体"。

（2）化学实验的活动内容。

学生学习和运用化学实验技能和科学探究方法，离不开实验活动。教师应结合具体的教学内容，积极创造条件，通过多种途径，安排和组织学生至少完成如下化学实验及实践活动。

①粗盐中难溶性杂质的去除。

②氧气的实验室制取与性质。

③二氧化碳的实验室制取与性质。

④金属的物理性质和某些化学性质的探究实验。

⑤常见酸、碱的化学性质。

⑥一定溶质质量分数的氯化钠溶液的配制。

⑦水的组成及变化的探究。

⑧燃烧条件的探究。

⑨跨学科实践活动（原则上从以下 10 个跨学科实践活动中选择，所用课时不少于本学科总课时的 10%）。

a. 微型空气质量"检测站"的组装与使用。

b. 基于一定需求设计和制作简易供氧器。

c. 水质检测及自制净水器。

d. 基于碳中和理念设计低碳行动方案。

e. 垃圾的分类与回收利用。

f. 探究土壤酸碱性对植物生长的影响。

g. 海洋资源的综合利用与制盐。

h. 制作模型并展示科学家探索物质组成与结构的历程。

i. 调查家用燃料的类型与合理使用。

j. 调查我国航天科技领域中新型材料、新型能源的应用。

初中化学课标共提供了 26 个化学实验探究活动，具体见表 1-1。

表 1-1　初中化学课标中的实验探究活动

序号	内容主题	探究活动建议
1	科学探究与化学实验	探究过氧化氢分解反应中二氧化锰的催化作用
2		探究铜片在空气中灼烧后发生的变化
3		探究二氧化碳与水或氢氧化钠稀溶液的反应
4		测定并比较氯化钠、硝酸铵、氢氧化钠在水中溶解时溶液的温度变化
5		探究铁钉生锈的条件
6		探究氢氧化钠溶液和稀盐酸发生中和反应时的温度变化、pH 变化
7	物质的性质与应用	探究空气中氧气的含量
8		制取蒸馏水
9		探究活性炭和明矾等净水剂的净水作用
10		观察氯化钠、硝酸铵、氢氧化钠在水中溶解时溶液的温度变化
11		查阅溶解度数据，绘制溶解度曲线
12		探究铁钉生锈的条件
13		自制酸碱指示剂并观察其在不同溶液中的颜色变化
14		使用 pH 试纸等检测生活中常见溶液的酸碱性
15	物质的组成与结构	观察并解释氨水挥发使酚酞溶液变红 红墨水分别在冷水和热水中扩散的实验现象
16		观察水的三态变化和水分解的实验现象，并用图示变化的微观过程
17		通过蜡烛、甲烷、乙醇的燃烧实验了解探究物质元素组成的方法
18	物质的化学变化	探究燃烧的条件
19		探究常见酸溶液、盐溶液与金属发生的置换反应及规律
20		通过实验论证物质是否发生了化学变化
21		结合实验说明质量守恒定律
22		使用传感器等多种技术手段表征化学反应中的物质变化
23	化学与社会·跨学科实践	模拟从海水中获取淡水的实验
24		模拟酸雨对植物、建筑等的影响
25		用简单的实验区分棉纤维、羊毛纤维和合成纤维
26		检测人体呼出气体中的酒精含量

2. 初中化学教材中的实验形式

我国教材研究人员在编写《义务教育课程标准实验教科书·化学》（人教版）的过程中，对义务教育阶段教材中实验呈现方式的改革进行了思考与探索，并总结了教材中的实验主要通过以下方式呈现：①课堂实验。根据实验选择的原则，新教材淡化了学生实验和演示实验的界限，课堂实验以教师指导、学生亲自动手为主，个别有一定危险或对环境影响较大的实验由教师演示。与原教材相比，课堂实验大量增加。这些实验通过显示现象、验证或探索性质、推断结果，与内容紧密结合。将更多的实验融入课堂教学，对于帮助学生理解知识，提高学习兴趣会起到有效的作用，而且能更好地体现出化学学科的特点。②以探究为目的的实验活动。中学化学中，以实验为载体是探究活动的主要形式。在新教材中，共安排了 26 个"活动与探究"，其中有 24 个以实验为主要活动内容，可以说实验是探究活动的重要环节。"活动与探究"中的实验，更加侧重于探索和研究，这样的实验不是单纯地以理解知识和培养兴趣为目的，而是以实验为活动的载体，通过学生的亲身体验来完成科学的探究活动。③家庭小实验。家庭小实验作为学生课外实验的一种形式，对于培养学生的兴趣将会有很好的作用。家庭小实验既可以作为学生的家庭实验，也可以作为兴趣小组的实验。这类实验的趣味性比较强，内容与实际结合紧密，实验用品简单易得。在编写上，注意了实验方法的指导。④实验习题。新教材的编写尝试以习题的形式呈现实验，目的是鼓励学生在家中独立完成实验，与家庭小实验不同的是，对于实验习题，编写时没有给出方法上的指导，侧重于对所学知识和技能的应用上，促使学生自己思考实验的步骤、用品、操作方法等，并实际操作，具有一定的探索性。

二、普通高中化学课程中的实验内容

1. 实验内容的分析

《普通高中化学课程标准》（以下简称"课标"）包括四个部分：前言、课程性质与基本理念、学科核心素养与课程目标、课程结构、课程内容、学业质量和实施建议，它们对高中化学实验的内容和结构做出了相应的界定。

依据普通高中课程方案，满足学生发展多元化需求，设置必修、选择性必修和选修三类课程，并提出了内容标准和活动与探究建议。实验的活动形式在课标中没有明确规定为演示实验或学生实验，而是以建议的形式给出。实验活动的形式是多样的，包括实验、观察实验、实验探究、设计实验、对比实验，以及一些未注明活动形式的实验。其中最主要的建议形式为：学生必做实验 19 个（表 1-2）和实验及探究活动 95 个（表 1-3）。

表 1-2 高中化学课程标准设定必做实验

课程类型	模块系列	主题	必做实验
必修课程	化学1	化学科学与实验探究	配制一定物质的量浓度的溶液
			完成各主题的必做实验（见各个主题）

续表

课程类型	模块系列	主题	必做实验
必修课程	化学1	常见无机物及其应用	铁及其化合物的性质
			不同价态含硫物质的转化
			用化学沉淀法去除粗盐中的杂质离子
	化学2	物质结构基础与化学反应规律	同周期、同主族元素性质的递变
			化学反应速率的影响因素
			化学能转化成电能
		简单的有机化合物及其应用	搭建球棍模型认识有机化合物分子结构的特点
			乙醇、乙酸的主要性质
		化学与社会发展	无
选择性必修课程	化学反应原理	化学反应与能量	简单的电镀实验
			制作简单的燃料电池
		化学反应的方向、限度和速率	探究影响化学平衡移动的因素
		水溶液中的离子反应与平衡	强酸与强碱的中和滴定
			盐类水解的应用
	物质结构与性质	原子结构与元素的性质	无
		微粒间的相互作用与物质的性质	简单配合物的制备
		研究物质结构的方法与价值	无
	有机化学基础	有机化合物的组成与结构	无
		烃及其衍生物的性质与应用	乙酸乙酯的制备与性质
			有机化合物中常见官能团的检验
		生物大分子及合成高分子	糖类的性质

表1-3　高中化学课程标准设定的各主题中的实验及探究活动

课程类型	模块系列	主题	实验及探究活动
必修课程	化学1	化学科学与实验探究	配制一定物质的量浓度的溶液
			常见气体的实验室制取（如氨气、氯气）
			硫酸亚铁的制备
			化工生产模拟实验（如制硫酸、制硝酸）
			物质成分的检验（如补铁剂中的铁元素）

课程类型	模块系列	主题	实验及探究活动
必修课程	化学1	常见无机物及其应用	胶体的丁达尔效应实验
			电解质的电离
			探究溶液中离子反应的实质及发生条件（测定电流或溶液电导率的变化）
			氧化还原反应本质的探究
			过氧化氢的氧化性、还原性的探究
			金属钠的性质
			碳酸钠与碳酸氢钠性质的比较
			铁及其化合物的性质实验
			氢氧化亚铁的制备
			氯气的制备及性质
			氯水的性质及成分探究
			氨气的制备及性质
			铵盐的性质
			浓、稀硝酸的性质
			氮氧化物的性质与转化
			不同价态含硫物质的转化
			某些含硫物质（如硫、二氧化硫、硫酸等）的性质
			浓硫酸的性质
			溶液中 Fe^{3+}、NH_4^+、CO_3^{2-}、Cl^-、SO_4^{2-} 等离子的检验
			用化学沉淀法去除粗盐中的杂质离子
	化学2	物质结构基础与化学反应规律	自主设计制作元素周期表
			焰色实验
			探究反应的可逆性
			几个常见反应（如镁、铝与盐酸反应；碳酸氢铵或碳酸氢钠与醋酸或柠檬酸反应）的热效应
			设计制作简易即热饭盒
			用生活中的材料制作简易电池，探究干电池的构成
		简单的有机化合物及其应用	乙烯的化学性质
			乙醇中碳、氢元素的检测
			固体酒精的制备
			乙酸乙酯的制备
			淀粉水解产物中葡萄糖的检验
			蛋白质的变性、显色实验
			吸水性高分子材料与常规材料吸水能力的比较
			不同塑料遇热软化的难易程度的比较

课程类型	模块系列	主题	实验及探究活动
必修课程	化学2	化学与社会发展	实验室模拟海水提溴、镁
			实验室模拟金属的冶炼
			测定空气中二氧化硫等污染物的含量
			补铁剂、抗酸性胃药中有效成分的检验
			不同水果中维生素 C 含量的比较
选择性必修课程	化学反应原理	化学反应与能量	双液电池的构成及其工作原理
			制作一个简单的燃料电池
			锌锰干电池的探究
			电解氯化铜溶液
			电解饱和食盐水
			简单的电镀实验
			吸氧腐蚀
			暖贴的设计
		化学反应的方向、限度和速率	浓度对氯化铁与硫氰化钾反应平衡的影响
			温度对二氧化氮-四氧化二氮平衡的影响
			测定某化学反应的速率
			浓度、温度对硫代硫酸钠溶液与稀硫酸反应速率的影响
			探究影响硫酸酸化的草酸溶液与酸性高锰酸钾溶液反应速率的原因
			温度对加酶洗衣粉的洗涤效果的影响
		水溶液中的离子反应与平衡	测定溶液 pH
			强酸与强碱的中和滴定
			探究促进或抑制氯化铁的水解
			盐类水解的应用
			沉淀的转化
	物质结构与性质	原子结构与元素的性质	利用自制分光镜或者光谱仪查看不同元素的原子光谱
			利用计算机作图，描述原子序数与原子半径、第一电离能、电负性等数据的关系，认识原子结构与元素性质变化的关系
			根据原子结构和元素性质的变化规律自主设计、绘制元素周期表
		微粒间的相互作用与物质的性质	"相似相溶"规则的实际应用
			水、四氯化碳等分子极性的比较
			简单配合物的制备，如银、铜、铁等金属离子所形成的配合物的制取与性质

续表

课程类型	模块系列	主题	实验及探究活动
选择性必修课程	物质结构与性质	微粒间的相互作用与物质的性质	制作典型的金属晶体、离子晶体结构模型
			利用模型分析金刚石晶体与石墨晶体的结构特点，讨论两者性质的差异
		研究物质结构的方法与价值	模拟利用X射线衍射研究物质微观结构的方法
			借助物质熔、沸点变化与范德华力的关系探究影响范德华力的因素
			探究发现氢键和建立氢键理论模型的过程
			研究氢键对物质性质的影响
			探究分子的价电子数目与空间结构的关系
	有机化学基础	有机化合物的组成与结构	用球棍模型搭建常见有机化合物的分子结构
			多媒体软件展示有机化合物分子的空间结构和异构现象
			以苯酚、苯和乙醇化学性质的比较为例，实验探究有机化合物分子中的基团与化学性质的关系，以及基团之间存在互相影响
		烃及其衍生物的性质与应用	一组烃的性质（如乙炔的化学性质、甲苯与酸性高锰酸钾溶液的反应）
			一组烃的衍生物的性质（如醛基的性质与检验）；苯的溴代或硝化反应
			1-溴丁烷的取代和消去反应
			乙醇的消去反应
			乙酸乙酯的制备与性质
			苯酚的化学性质及其检验
			纤维素的水解
			油脂的皂化反应与肥皂的洗涤作用
			有机化合物（如阿司匹林的有效成分）中常见官能团的检验
		生物大分子及合成高分子	蔗糖的水解
			葡萄糖的性质
			酶的催化作用
			聚乙烯、聚氯乙烯、聚苯乙烯的区分
			聚苯乙烯的热分解
			氨基酸的检验（与茚三酮的反应），蛋白质含量的检测（氨基与亚硝酸的反应）
			酚醛树脂的合成

课标对化学实验教学提出了具体要求。

（1）引导学生通过实验探究活动来学习化学。例如，可通过"催化剂对过氧化氢分解反应速率的影响"的实验探究活动，帮助学生了解催化剂是影响化学反应速率的一个重要因素。

（2）重视通过典型的化学实验事实引导学生认识物质及其变化的本质和规律。例如，可通过具体实验数据引导学生讨论第三周期元素及其化合物的性质，以及性质变化规律。

（3）利用化学实验史实引导学生了解化学概念、化学原理的形成和发展，认识实验在化学科学发展中的重要作用。

（4）引导学生综合运用所学的化学知识和技能，进行实验设计和实验操作，分析和解决与化学有关的实际问题。

教师应认真组织学生完成本课标中要求的必做实验，重视培养学生的物质分离、提纯和检验等实验技能，树立安全意识，形成良好的实验室工作习惯。应根据学校实际情况合理地选择实验教学形式，有条件的学校尽可能多地为学生提供动手做实验的机会；条件有限的学校，可由教师演示实验或利用替代品进行实验，鼓励实验的绿色化设计，开展微型实验；注重发挥现代信息技术的作用，积极探索现代信息技术与化学实验的深度融合，合理运用计算机模拟实验，但不能完全替代真实的化学实验。

教师在各课程模块的教学中，要结合模块的特点进行化学实验教学。"实验的学习评价应尽量在实验过程中进行，从实验设计、实验过程、实验操作、实验报告、交流讨论、合作意识以及实验态度等方面予以考查。"

2. 高中化学教材中的实验分析

与课程标准相匹配的新课程教材中的实验体系重视整体规划，注重模块内部实验活动的联系，注重模块之间实验内容的衔接；根据不同模块的功能定位进行细致的微观设计，既保证对学生进行最基本的知识、技能和方法的训练，也满足学生发展的多元化需求。

（1）新课程的实验课程结构整体设计多样化，具有层次性。

不同模块的功能定位不同，其实验活动的水平也具有相应的层次差异。从必修到选择性必修和选修，实验活动承载的知识、技能和方法层层递进，各选修模块之间又各有侧重；必修为全体学生奠定共同基础，提高课程实施的整体性；选择性必修根据学生个性发展和升学考试的需要设置；选修满足不同学生的学习兴趣与个人需求，利于学生的自主选修和学校的自主开设。不管学生选择哪一个主题、模块或系列，在实验能力方面都能够得到相应的发展，选择不同的主题、模块或系列可以得到不同的发展。

《化学1》和《化学2》是全体学生的共同必修，实验内容支持最核心的化学知识、最重要的化学方法和通用的科学方法，加强实验的情境性及探究性，并弱化复杂操作。表1-3列出了必修教材中探究性的实验活动，这些实验探究的编排除了考虑教材结构体系以及实验本身由易到难的发展顺序之外，还对每个活动的具体呈现做了通盘的考虑。探究活动从小开放度和强指导性向逐渐增大的开放性过渡，从简单因素的探究发展为比较性、多因素以及运用多种手段进行的探究，渗透的科学方法和科学思想也不断丰富。

《化学与生活》和《化学与技术》是典型的科学、技术、社会（STS）设计取向的教材，以"STS内容"线索为明线，以"知识"线索和"方法"线索为暗线。其实验活动突出真实情境下的实验探究和问题解决，以促进学生对实际问题的认识和理解。《化学反应原理》《有机化学基础》和《物质结构与性质》是三个学术性取向模块，以"知识"线索为明线，实验内容的编制侧重揭示化学反应的规律。《实验化学》侧重研究方法，使学生通过实验学习化学知识，通过实验研究化学问题；使学生在物质分离、物质性质研究、物质检测、物质制备等实验领域的方法和技能都得到训练和提高，是全套教材化学实验的最高水平。

①同一内容从必修到选修的延续。有些实验所承载的教学内容是从必修到选修贯穿始终的，必修与选修需要在不同的水平上进行处理，不同的选修模块也会存在差异。例如，"离子反应"是贯穿整个中学化学的一个核心概念，需要大量的实验事实和实验活动支持学生的学习，《化学1》《化学与生活》《化学反应原理》和《实验化学》中都有实验来探究这一问题。

必修和选修的实验设置有明显的层次性，不同的选修模块相差很大。必修教材和《化学与生活》中的实验采用了选取个别反应、分散编排的形式，侧重让学生熟悉常见的反应，形成基本的化学方法和科学探究的通用方法。《化学反应原理》和《实验化学》按照化学本体的逻辑系统将同类实验集中编排，以便于揭示反应的原理，展示化学研究的方法，帮助学生形成概念网络和方法体系。

②必修中未涉及而在选修中新增的内容。有些内容在必修教材中没有涉及，但属于学生高中毕业应达到的要求，在多个选修模块中都会得到体现。例如，滴定分析是化学分析的一种重要方法，在选修模块《化学与生活》《化学反应原理》和《实验化学》进行了不同的呈现。对水解的概念，必修模块并不要求，《化学与生活》用"明矾净水"等个别实验来介绍，点到即止；而在《化学反应原理》和《实验化学》中却做了系统、详细的实验设计。

③以过程方法和实验活动为中心，搭建《实验化学》的体系结构。《实验化学》包括"基础实验""化学原理探究""化工生产过程模拟实验"和"STSE（科学·技术·社会·环境）综合实验"4个主题，模块教材首次探索性地采用以过程方法中心和实验活动中心为主的课程设计取向，向学生展示化学是一门以实验为基础的自然科学的丰富内涵和独特魅力，激发学生的学习兴趣，深刻地认识实验在化学科学中的地位和对化学学习的重要作用，掌握基本的化学实验方法和技能，进一步体验实验探究的基本过程，培养学生解决综合实验问题的能力，对发展学生的化学学科核心素养有独特的价值。

"基础实验"主题围绕物质性质和反应规律的研究、物质的制备、物质的分离与提纯、物质的检测等方面选取实验活动；认识完成这些类型的实验任务的一般思路和常用方法，掌握必需的实验操作技能。"化学原理探究"主题从化学核心概念或基本原理中提出并选择研究性问题，开展有关的实验活动；从当代化学科学研究成果中选择内容，简化设计成实验活动；借助化学软件、实物模型进行分子结构理论计算、分子结构模型搭建。"化工生产过程模拟实验"主题以真实的化工生产过程为研究对象，借助相关资料对化工生产的原理、流程进行复原和模拟。"STSE综合实验"主题首先围绕资源、能源与环境等与可持续发展密切相关的问题开展系列综合实验项目；其次围绕材料性质与性能探究，材料开发与生产，以及新型材料设计等开展系列综合实验项目；最后围绕生命健康相关问题，以食物成分的检测、食品加工过程探究、天然药物提取、药物成分检验、药物设计与合成，以及化妆品等日用化学品的制备等为载体开展系列综合实验项目。

（2）吸纳中学化学实验研究的优秀成果，体现时代性。

实验内容联系生产和生活实际，引入定量化学实验，发展微型实验和绿色化学实验，增强实验的设计性、探究性和趣味性，以及利用传感器实验进行概念原理教学是近年来中学化学实验研究和改革的主要方向，教材在更新实验内容和实验技术方面也作了很大的努力，增强了教材的时代性。对于经典的实验案例，有许多优秀的改进方案，教材注意把这些成果引入进来；并且着力对原有的实验进行改进，以充分发挥实验的功能。为了体现现代化学研究的特点，教材中以不同的形式展现了质谱、红外光谱、紫外光谱、原子光谱、色谱、电位滴定、扫描隧道显微镜等现代实验手段。《实验化学》中还增加了运用纸色谱法分离、目视比色法测定、返滴定法测定等重要实验方法的活动。利用传感器进行定量研究也是本套教材的一个特色。考虑到传感器在普通中学并不普及，《实验化学》在附录中选入利用色度计传感器测定食物中铁元素的含量和利用 pH 传感器测定食醋中的总酸量两个定量实验，并在必修、反应原理的教师用书中补充介绍了多项利用传感器支持定量测定和概念原理教学的实验。体现绿色化学思想，优化实验方案，实验过程的绿色化不仅是教材编写者在选定实验时要考虑的内容，而且应该作为一种重要的科学思想传递给学生。

（3）创新实验呈现形式，发挥实验活动的多元功能，向整合要效益。

学生可以通过实验学化学，落实化学基础知识和基本的实验技能；可以通过实验学习科学方法，培养科学探究的能力；可以通过实验认识生活和生产中的问题，提高对实际问题的理解能力，增强实践能力，促进情感发展。本套教材力求挖掘每个实验活动的多重育人功能，以提高教学的效益。

综上所述，本套高中化学教材的实验体系是一个系统设计，每个模块教材中的实验内容均围绕"知识""方法"和"STS 内容"三条线索设置，不同模块又各有侧重。实验的选择与编制吸收近年来实验研究的优秀成果，并融入教材编写组的精心改进，使教材中的实验富于时代特色。从单一实验的微观设计来看，更加突出了实验探究的过程性，以培养学生的综合能力；实验活动的呈现方式更加贴近教学实际，便教利学。

新的教材结构、新的实验体系和实验内容，对教师而言既是挑战又是机遇，对实验教学的能力提出了更高的要求：做好实验研究，探索实验条件；提高实验分析评价能力，促进改革创新；挖掘实验案例的多重教学功能；提高开发教学资源的能力；积极面对实验内容变化和实验教学方式转变带来的挑战，突出化学科学的特点，体现科学探究过程，促进学生科学素养的全面发展。

第三节　中学化学实验的教学方法

中学化学实验依据实验的教学目的可以分为侧重化学知识获得的实验，又可分为元素化合物性质实验、化学概念原理实验等；侧重化学实验技能和方法学习的实验，又可分为基本实验、操作技能训练实验、物质制备实验、物质分离实验、物质检验鉴定实验、物质性质探究实验和反应规律探究实验；以及侧重培养学生情感态度和价值观的实验，主要包括趣味实验、联系实际的应用性实验等。根据实验实施的主体可以分为教师演示实验和学生分组实验；根据实验结果的未知性可以分为验证性实验和探索性实验；根据实验的教学进程特点可以分为基于现象感知的观察性实验和基于假设检验的探究性实验；根据实验实施的场所可以分为课堂实验和课外实验；根据实验仪器设备的特点可以分为常规实验和非常规实验（包括代用品实验和微型实验等）；根据实验实施的真实性可以分为现场实验、模拟实验、虚拟实验、化学史实验等。

不管我们对中学化学实验怎样分类，就其实验教学方式和方法而言，主要可以分为以下四种，即基于知识直观的实验教学、基于科学探究的实验教学、基于促进学生认识转变的实验教学，以及基于技能训练的实验教学。

一、基于知识直观的实验教学

所有的实验教学都具有三个基本的教学环节：实验前教学、实验过程教学和实验后教学。不同类型的实验教学主要是因为不同的教学目的定位，而使三个教学环节的具体构成和策略有所不同。

对于基于知识直观的实验教学，是在中学化学教学中，利用实验进行直观感受，为学生形成必要的感性认识，这是长期以来实验教学的主要目的和功能。出于这种目的的实验教学，具有其特定的教学结构和相应的教学策略。分为知识先于实验以及实验先于知识两种形式，教师演示实验或学生亲自实验都可以。

二、基于科学探究的实验教学

基于科学探究的实验教学，即运用实验方法进行探究学习，实验是学生探究性学习的一部分，实验的核心功能和目的是获取证据。这种实验教学与知识直观的实验教学相比，其基本过程要符合科学探究活动的过程要求，实验活动的目的不仅是达到感性直观，而是要先于实验形成预测和假设，依据假设设计实验方案，通过实验获取证据，分析、整理、归纳证据，论证解释假设与证据之间的关系，归纳概括形成结论，推论整合获得知识。

三、基于促进学生认识转变的实验教学

这种实验教学关注到学生通常是带着原有认识进入新知识学习的，而且他们的已有认识还经常与科学概念有偏差，属于前科学概念或相异概念。这样，新知识的教学应该从揭示学生的原有认识开始，实验在其中发挥着设置问题情境诱发揭示学生原有认识，提供反向证据制造认识冲突，促使学生产生转变原有认识、接受新认识的动机和愿望等一系列作用。基于促进学生认识转变的实验教学，其根本特征在于实验内容的选取、实验问题的设置和实验讨论的展开，都要紧密围绕学生的原有认识及其转变。

四、基于技能训练的实验教学

学习基本的化学实验操作技能是中学化学教学的重要内容之一，实验可以说是训练学

生实验操作技能的唯一途径。

第四节 中学化学实验设计与创新

化学实验设计是指实验者在实施化学实验之前，根据一定的化学实验目的和要求，运用有关的化学知识和技能，对实验的仪器、装置、步骤和方法在头脑中进行的一种规划。改变化学实验"照方抓药"式现状的关键，是加强化学实验的探究式设计。这对于更好地发挥化学实验的功能，发展学生的科学探究能力，促进学生科学素养主动、全面发展具有重要意义。

一、中学化学实验设计的要求

在教学中，化学实验设计具有重要意义。首先，它可以激发学生的化学学习兴趣。学生根据自己所学的化学知识，独立或在教师启发下，设计出各种实验方案，成功地解决化学实验问题，从而产生成功后的喜悦，激发起更大的学习热情，成为进一步学习的强劲动力。其次，设计化学实验方案需要学生灵活地和创造性地运用所学的化学基础知识和基本技能，因而可以培养他们解决化学实验问题的能力和创造能力。同时，进行化学实验设计还需要学生掌握各种科学方法（如实验、测定、实验条件的控制、假说等），具有严肃认真、一丝不苟和敢于创新的精神，因而有利于学生科学方法的训练和科学态度的培养。此外，化学实验设计还是培养化学教师实验研究能力的重要途径和方法。

（一）中学化学实验设计的类型

依据化学实验内容的不同，可以将化学实验设计分成以下 3 种类型。

1. 物质的制备（或合成）实验设计

将自然界中的物质用化学方法复制出来，或用化学方法创造出自然界中没有的新物质，都离不开物质的制备（或合成）实验。此类实验的设计，应尽可能提供多种制备方法，寻找多种合成路径，在对原理、装置、操作、经济和安全等方面进行较为系统的分析、比较后，从中优选出较为理想的实验方案。

2. 物质的分离与提纯实验设计

要想得到纯净的化学物质，需要进行物质的分离和提纯实验。此类实验设计首先需要了解所要分离与提纯的化学物质及其所在体系的特点，然后根据其特点，选择分离与提纯的具体方法。常用的分离与提纯方法主要有过滤、蒸发、结晶（重结晶）、萃取、蒸馏、升华、洗涤、干燥、色谱法等。

3. 物质的表征实验设计

对于通过分离与提纯得到的化学物质，还需要进行"表征"。所谓物质的表征，是对构成物质的成分、含量、价态、结构等特征的描述。对物质的表征，需要运用化学分析方法和仪器分析方法。运用化学分析方法，可以对物质的成分进行检验和鉴别。此类实验的设计应首先进行外观观察，其次准备试样进行试验，并根据物质的特殊性质来确定其成分，因此，此类实验也可称为性质表征实验。运用仪器分析方法可以对物质的结构进行鉴定，因此，这类实验也可称为结构表征实验。此类实验的设计首先需要了解典型离子或官能团在光、电、热、磁等方面的特征，其次根据其特点和学校的实验条件，选择恰当的仪器。

（二）中学化学实验设计的原则

1. 目的性原则

目的性是化学实验设计的目标原则，是指化学实验设计的整个过程中，对实验原理、用品、装置、步骤、方法以及实验结果等各方面的设计，都应围绕实验的目的与要求进行。

2. 科学性原则

科学性是化学实验设计的核心首要原则，是指实验原理、实验操作程序和方法必须与化学理论知识、实验教学论、化学实验方法论和实验研究过程一致。

3. 可行性原则

可行性是指设计化学实验时所运用的实验原理切实可行，所选用的实验用品（药品、仪器、设备等）和方法在当时、当地的实验条件下能够得到满足，且能达到预期实验目标。

4. 安全性原则

安全性是指实验设计时应尽量避免使用有毒药品和具有一定危险性的实验操作。如果必须使用，应在所设计的化学实验方案中详细写明注意事项，尽量设计绿色化的实验，以防造成环境污染和人身伤害。化学实验的绿色化，就是选取绿色化的原料，采用"原子经济性"的化学反应，使所获得的产物绿色化。"原子经济性"是指化学反应应该最大限度地利用原料分子中的每一个原子，使它们都结合到目标分子（产物）中去，从而达到零排放（即没有副反应、不生成副产物、不产生废弃物）。一个化学反应的原子经济性程度可以用"原子利用率"来衡量。

5. 简约性原则

"一个科学家最大的本领就在于化复杂为简单，用简单的方法解决复杂的问题"，对于同一个实验，越简单越好。简约性原则就是设计的实验方案、实验装置、操作要尽可能简单，实验步骤少，实验药品易得，且能在较短时间内完成实验。

6. 直观性原则

直观性原则就是设计的实验现象要直观、鲜明。因为直观、鲜明的实验现象才能对感官的刺激达到一定程度和强度，才能使人们更好地感知。

7. 绿色化原则

实验设计要在实验现象直观、鲜明的基础上体现绿色化思想，从反应原料、反应条件和实验操作等全过程贯彻绿色化学的思想进行设计。例如，氢氧化亚铁制备实验应考虑铁、硫酸和氢氧化钠的用量关系，药品与空气隔绝使生成的氢氧化亚铁能直观、鲜明地展现，体现实验设计的绿色化。

8. 创新性原则

创新是化学实验设计的灵魂。化学实验设计属于应用研究，像其他科学研究工作一样，贵在创新，没有创新就没有进步。创新程度的高低，是衡量一个创新实验的价值的重要标准。所谓创新性，是指实验设计要敢于突破陈规，有其新颖、独特、巧妙之处，能反映事物新观点、新理论、新方法和新思路等。一个优秀的化学实验设计必须反映实验设计者独出心裁的构思。

9. 最优化原则

最优化原则是指在多个化学教学实验设计方案中，挑选出最佳的实验设计方案。挑选的方法多是通过分析、比较或实验验证得出的。一个优秀的实验设计方案，首先要考虑科学性和可行性原则，若不符合科学的实验设计原理，将会引起诸如操作耗时、环境污染等问题，不利于实验完成。具备可行性和科学性的同时，简约性和绿色化的原则同样重要，若是一味地追求绿色化，将实验设计得比未充分实现绿色化时还要复杂，一方面使实验时间延长，另一方面增加了学生认知和操作上的负担，实验会变得毫无意义。另外，值得注意的是，不要片面地为了"创新"而设计，只"新"不优的实验是没有太大价值的。

（三）中学化学实验设计方案的内容

中学化学实验设计方案虽无固定的格式、内容，但一个完整的实验方案应包括如下结构及内容：实验名称；实验目的；实验原理；实验用品；实验内容和实验步骤；说明。

（四）中学化学实验方案的优选

同一个实验问题可以设计出多种实验方案，从中选取最好的方案进行实验，这就是实验方案的优选。根据化学实验设计的原则和中学化学实验教学的要求，可确定如下优选标准。

（1）实验效果好。实验效果好，这是选择化学实验方案的首要标准。实验效果好，意味着实验成功率高，实验现象明显，能很好地实现实验的目标。

（2）实验操作安全、卫生。实验操作危险性小，对人身不造成伤害，不污染环境。

（3）实验装置简单，用药少。

（4）实验步骤少、易操作。

（5）实验时间短。

（6）教育价值高。在保证上述 5 项标准的前提下，创新性好，能启迪学生的创造性思维，培养学生的创新精神和创新能力。

（五）中学化学实验设计的步骤

化学实验设计一般包括实验目的、实验原理、实验物质、实验条件、实验装置、实验操作、实验结果等要素的设计。各要素相互联系、互相影响，具有一定的规律。因此，化学实验设计应遵循各要素间的影响规律，按一定的步骤和方法进行。

1. 形成和确定课题

课题的形成通常从产生问题开始。在化学课堂教学、试验操作过程、课外活动中发现某些与实验有关的问题，即便查阅文献资料的过程中也常常会发现许多值得研究的问题。

发现问题之后，首先要初步查阅文献资料，了解以前对该问题的研究情况，包括已被研究和解决的问题、已经取得的成果、尚存在的问题、前人的研究思路及策略和方法等。其次要学习、掌握有关的理论知识，衡量对问题深入研究的意义，形成实验课题。

2. 变量的选择

借鉴以前的实验结果或单因素实验分析，选择因素、水平的取值范围。

3. 设计实验方案

实验的最佳反应条件涉及很多因素，不同因素间相互影响的程度不一样，罗列各种可能的实验方法，分析各种方法的适用条件，比较各种方法的局限性，考虑各种方法实施的可能性、优缺点等，综合比较后选择出合适的实验方法。常见的化学制备实验方法有全面实验法、正交实验法、优选法、响应面法等。

根据实验原理和采用的实验方法，考虑实验的安全性、绿色化和简洁性，选择实验药品和仪器，制定实验步骤，设计数据收集方式，思考实验过程中可能出现的问题，标注实验过程中的注意事项。

4. 进行实验研究

进行实验是开展研究工作的一项基本内容，在实验过程中，谨慎监视实验的过程，随时用化学概念、原理、规律对所研究的中学化学实验进行分析、讨论，有利于提高实验研究水平，得出客观的结论。

5. 复核、验证初步结果

中学化学实验的一个特点：实验结果能重复可靠出现。偶尔一次做成功了，但不能保证每次都成功，不是研究的最终结果。因此，复核和验证是必不可少的一环，跟踪实验和验证实验以证实实验所得结论的正确性。验证是对研究结果而言的，可以采取两种方式：一种是照设计的条件和程序进行重复试验，检验结果的可靠性；另一种是从新的角度重新设计，然后进行实验，检验两者的结果是否互相印证。

6. 整合、表述研究结果

整理实验记录，用论文、研究报告、经验介绍、实验设计或改进方案等形式表述实验的研究结果。

二、中学化学实验改进与创新

化学实验是一定历史时期教学和科研的成果。随着社会的发展，经验的积累，化学教学内容的更新及化学课程目标的发展，对化学实验提出了更高的要求。尤其从培养探究能力、创新精神和实践能力的需要来看，中学化学教材中的实验还需进一步改进与创新。如过多的验证性实验、安全性能不高的实验、缺乏环保的开放型装置实验、成功率不高的实验、现象不明显的实验等都需要改进和创新。此外，更需要创新一些有利于知识的理解，密切联系日常社会、生活、生产，有利于培养学生化学科学素养的实验。因此改进与创新化学实验应是化学实验设计着重考虑的问题。

实验改进和创新的目的不仅仅是帮助学生理解、巩固化学知识，培养操作技能，还在于在情感态度和价值观、意志、能力等育人功能的培养。教师对实验改进的精神将潜移默化地影响学生，因此，应培养学生的问题意识，激发学生的创新潜能，同时让学生明白实验只是我们学习化学、研究化学物质的一种方法。创新是为了更快、更好地了解事物的本质，因此创新应是学习和研究过程中的自发行为。例如，新课程强调化学实验设计的探究性，传统化学实验内容的设计过于强调实验对所认识的化学基本概念、基本规律和基本原理的验证，即使是所谓的"探究性实验"，也是"照方抓药"式的设计，教师可以将教材中验证性的实验转化成探究性实验形式，这对于更好地发挥化学实验的功能、发展学生的科学探究能力具有重要意义。

（一）化学实验改进与创新的原则

化学实验设计中改进与创新除应遵循实验设计的目的性原则、可行性原则、简约性原则、安全性原则和直观性原则外，还应遵循探究性原则。这是因为探究性实验的一个重要功能就是培养学生的探究能力、创新精神，培养和训练学生的科学态度和科学方法。为此，在条件允许的情况下，应尽量将教学中的实验由验证性改为探究性，这就是实验改进与创新的探究性原则。

1. 把握化学课程标准的要领

教育部颁布的化学课程标准是指导中学化学教学的纲领性文件，实验的改进或增补应严格遵循课程标准的要求，成为实现化学课程目标的有效手段。因此，实验的设计与改进，应该明确实验编写者的设计意图和教材中的作用及存在的问题，遵循实验教学自身的规律，考虑实验的改进是否有价值，是否有助于化学的学习。

2. 考虑教学实际需要

实验的改进应考虑教学的实际需要，应有利于调动学生学习积极性，促使学生掌握知识和培养兴趣。新课的讲授往往以单独的实验为主，也可将一节课内所涉及的所有实验进行整合。复习课则可设计、增补综合系列实验，以实验为线索引导学生进行复习。

3. 具有科学性，简约化改进

科学性是实验改进的基础。实验改进的原理方法和操作必须在科学理论指导下进行研究，保证科学性强的前提下对实验装置进行简化，树立绿色化实验的理念。实验现象明显、得出结论直观是化学实验改进成功的标志。实验现象在药品节约的前提下，越明显越好，实验装置简化是为了突出重点，便于观察，当简单性与直观性发生矛盾时，服从直观性的实验需求。

4. 实验针对性强，成功率高

为保证实验在预定的时间内顺利完成，应探究实验原理，寻找最佳反应条件，有针对性地对实验进行改进。通过研究反应物的数量关系和形态，考虑影响实验的各种因素，提高实验成功率。例如，氢气还原氧化铜的实验用氧化铜粉末在加热条件下被氢气还原，现象虽较明显，也易成功，但所需的时间较长，若用经灼烧后的铜丝来代替氧化铜粉末，效果也较好，且操作简便，大大缩短了实验时间。

5. 实验安全性高

中学化学涉及一些易燃、易爆、腐蚀性强和有毒气体逸出的实验，这是实验改进的重要内容。根据每个化学实验的具体特点进行组合，改进装置为一套可控的完全封闭的系统，减少有毒气体逸出，将实验过程中的反应物、生成物、副产物及尾气等物质均控制在此系统中，凡是有毒有害、易燃、易爆的物质都在封闭系统里完成吸收和转化。通过改进实验方法、变换实验药品降低危险发生率，增强实验的安全性。

（二）化学实验改进与创新的策略

化学实验改进与创新方案的构思、设计是一种创造性的思维活动，其策略和方法没有固定的模式可循。下面仅结合化学实验改进与创新的类型进行介绍。

1. 依据教学中实验问题策略

问题策略指化学实验改进与创新的课题应主要来源于化学实验教学和实践，在实验教学和实践中发现问题、提出问题，开展行动研究，通过改进与创新解决问题。问题策略要求师生善于发现问题，更要注意对问题进行研究，具有抓住问题不放的探究精神，这也是培养学生问题意识、创新精神的重要途径。

2. 依据反应原理的策略

化学反应原理是化学实验设计中的核心要素。化学实验改进与创新中化学反应物的选择，化学操作过程的优化，化学实验装置的改进，都与反应原理密切相关。因此，依据反应原理对实验进行改进与创新就是抓住了实验的本质，是成败的关键，是化学实验改进与创新的重要策略。

3. 探索最佳反应条件的策略

一个实验的成功，首先取决于反应物自身的性质，其次是外界诸多实验条件、实验操作的影响。因此，实验的改进与创新离不开对实验最佳反应条件的探讨。影响化学反应速率及其程度，以及实验现象鲜明、准确的外界条件很多，常见的有反应物的浓度、纯度、反应物的用量比、反应物的接触面积、反应温度、反应体系压强、催化剂等。要改进和创新某些实验，保证实验成功，提高实验的教学质量，就必须针对影响实验成败的条件进行分析研究、探究，寻找出最佳实验条件。

4. 实验装置的改进策略

实验装置是实验的载体，是影响实验的又一重要因素，因此，对实验的改进与创新自然离不开实验装置。改进与创新实验装置一般有如下常见策略。

（1）简约化策略。

这种策略就是简化某些常规实验装置。在不影响实验效果的前提下，尽量采用仪器设备少、用药少、装置简单或微型的实验装置。

（2）环保化策略。

这种策略是从环境保护的角度，倡导绿色化实验，对一些实验过程中产生有害气体且污染环境的实验装置进行改进与创新。对这类实验装置的改进与创新，主要是设计封闭的实验装置。封闭的实验装置应包括气体发生装置、气体收集装置、气体性质反应容器、尾气的收集和处理装置、导气装置等。

（3）集约化策略

这种策略就是把有联系的若干个实验通过某种形式集合在一起。这种集约化不是简单地将若干实验连接，而是在原有基础上既简化便于操作，又便于观察，且实验效果好。这种集约化的结果，不仅可以帮助学生将有关的知识、技能联系在一起，有利于知识、技能的结构化，而且有利于减少试剂的消耗和对环境的污染。

（4）变换输出策略。

这种策略是通过变换信息输出形式，使实验现象更加鲜明、直观，观测更加方便。

（5）非常规仪器的使用策略。

非常规仪器指非常规通用仪器（如横口管、叉型管、H 型管等）和非化学仪器（如医用注射器、医用小药瓶、塑料瓶、气球等）。研制和使用非常规仪器于实验的改进与创新上，通常可以使装置简约化与微型化，因地制宜，就地取材，可以弥补常规仪器化学实验装置中的某些功能不足，优化实验装置，提高实验效果。

5. 实验操作过程优化策略

实验操作过程优化策略就是在改进与创新实验时，对传统实验操作过程的简化与优化。实验操作过程的合理化、科学化是实验顺利完成的保证。传统的化学实验一般都有较为合理的操作过程，都是一定历史时期教学经验和科学研究的产物。但随着社会对实验教学要求的提高和人们对实验认识的发展，有必要对某些实验操作过程进行优化。优化实验操作过程一般可以从简化实验操作、强化实验现象和提高实验效果入手。对于实验现象变化不太明显的实验，可以采用对照实验或设法将现象放大的实验操作来强化实验现象。例如，采用投影仪放大实验现象，用盛水烧杯起到凸透镜的作用，把试管实验现象放大；对于观察有颜色而现象又不太明显的实验，可以通过采用白色或黑色衬板的操作，来强化实验现象等。

6. 创造性思维的策略

化学实验的改进与创新都离不了创造性思维的活动。创造性思维活动是发散思维和集中思维、形象思维和抽象思维、直觉思维和逻辑思维、显意识思维和潜意识思维等多种思维协调活动的综合体。

（三）中学化学实验改进和创新的步骤

中学化学实验改进研究一般包括实验设计和实验改进两个方面，如何进行中学化学实验的设计与改进方面的研究呢？化学实验改进研究具有下列步骤。

1. 形成和确定课题

课题的形成通常从产生问题开始。在化学课堂教学、实验操作过程、课外活动中发现与实验有关的问题，即便查阅文献资料的过程中也常常会发现许多值得研究的问题。发现问题之后，先要初步查阅文献资料，了解以前对该问题的研究情况，包括已被研究和解决问题、已经取得的成果、尚存在的问题和前人的研究思路、策略及方法等，还要学习掌握有关的理论知识，衡量对问题深入研究的意义，构思试验方案。

2. 进行科学合理的实验设计

进行实验设计是为了把实验工作量减少到最低，合理地分配可利用的时间和人力，避免盲目和慌乱的现象。

3. 开展研究工作

动手实验是开展研究工作的一项基本内容，在实验过程中，随时应用化学概念、原理、规律对所研究的中学化学实验进行分析、讨论，有利于提高实验研究水平。

4. 复核、验证初步结果

中学化学实验的特点：在较短的时间内产生预期的结果，有良好的重复性。偶尔一次实验能够成功，但不能保证每次都成功，不是研究的最终结果，因此，复核和验证是必不可少的一环。复核是对研究过程进行检查、核对，防止发生错误。验证是对研究结果可靠性的检测，有两种方式：①按照规定的条件和程序进行重复试验，检验结果可靠性。②从新的角度审视改进后的实验，设计新的实验进行验证，检验两者的结果是否互相印证。

5. 整合、表述研究结果

按照逻辑顺序理顺实验各部分的研究结果，与其他专家学者取得的有关成果整合在一起，形成统一整体。采用论文、研究报告、经验介绍、实验设计或改进方案等形式，使用书面文字对实验的研究结果进行合理表述。

（四）中学化学实验改进的不良倾向

化学实验在中学化学教学中应当成为学生探索、发现、验证知识的重要手段。运用实验可以为学生提供模拟实际的情境，使学生自身的智力、能力、意志和品质等获得尽可能多的发展。现行中学化学教材中的实验未必是最佳的实验，不同的学校可以因地制宜地采用不同的实验装置来完成这一实验，这就给实验的研究和改进提供了很大的空间，使实验改进成为实验研究的重要内容。但目前化学实验改进中呈现出以下几种不良倾向，应该引起注意。

1. 简单实验复杂化

教材中的实验总是通过简洁的实验操作、明显的实验现象来鉴别化学物质、验证化学结论或揭示化学原理，并在实验的过程中提高学生的操作能力及培养学生的实践精神，最终体现化学实验的美感，展示学科的魅力。但基于中学生的认知水平不足、一些学校实验设施比较落后，以及教材知识本身对学生的要求不高等因素，中学化学实验大多重定性而轻定量，大多是验证性实验而非鉴定性实验。教材中呈现的化学实验大多所用实验仪器较少、装置简单、操作简便，并能很好地达到实验预期的目的。

但我们经常会看到一些实验经过改进，把影响实验效果的细微因素研究得过深、过细或把细微因素对实验结果的影响不切实际地放大，以至于把原来简单易行的实验改得十分复杂，使这样的改进实验很难在实际的教学中推广。

2. "污染"实验"绿色化"

毋庸置疑，在当前全球环境污染严重、单位产品能耗太高、原材料利用率较低的大背景下，化学反应（工艺）的绿色化是当今化学工业发展的重要方向和必由之路。在中学教材中总会提及氯、二氧化硫、氯化氢、氨等气体，这些气体都具有刺激性气味，但很少有人能清晰描述这几种气味的真正差别。同样，人们也很难讲出各种颜色到底有什么区别。比如，就红色而言，我们可以列举大红、桃红、胭脂红、砖红、暗红、紫红、绯红、洋红、粉红、血红、浅红、猩红、棕红、橙红等十几种红色，它们之间存在十分细微的区别，这种差别难以用语言描述，只能让学生用自己的眼睛去观察。事实上，当人们在描述物质的气味、颜色等性状时，语言会显得苍白而乏力，只有学生通过自己的切身体验才能真正领会。这就是新课程标准中"过程与方法"的要求，也是化学实验的意义所在。

实验的绿色化固然重要，但对于有污染的实验，许多老师都谈之色变，采取敬而远之的态度，从而过分强调"绿色环保"，我们认为是不恰当的。在做有毒物质的实验时，可让学生少量接触（不至于对学生的身体造成伤害）有毒气体，嗅一嗅各种毒物的气味，让学生都能区别这些物质，是教学过程中不可回避的内容。学生在今后遇到毒物侵害时，才能及时地判断毒物成分，有效地防止和减轻毒物造成的伤害。若学生只能背出气体的气味，而缺乏应有的体验，这样的教学是不成功的。其实人体摄入少量毒物未必会对身体造成伤害或造成的伤害极小。教材中的所有实验只要操作得当、控制合理也都是十分安全的。

3. 数个实验集成化

"集成"似乎是一件好事情。电子工业正是经历了从电子管、晶体管再到集成电路的变革才得以蓬勃发展，但把这种思路移植到化学实验中未必能取得良好的效果。化学物质之间总是有着千丝万缕的联系，在一些章节中会出现相关物质的一系列实验。有的老师总喜欢把这些实验集成在一起，用一个大型的集成实验完成本章节所有的实验。在这里，我们首先要肯定老师这种勇于创新的精神，但在创新的同时还应当思考以下几个问题。首先，集成的可行性如何。在整合原有的实验时应当找出实验之间的联系，如果把相关性不强的实验硬生生地整合在一起，那么整合后的实验并不是一个有机的整体，只是原来独立实验的机械组合，达不到真正集成的效果。其次，是否有集成的必要。原来多个独立的实验被集成在同一个实验中，实验装置会不会过于复杂、实验原理是否晦涩难懂，会不会导致学生把注意力和思考的重心放在对实验装置的构造及实验原理的分析上，反而忽略了对实验现象的观察，如果真是这样，集成的必要有待商榷。

4. 演示实验微型化

演示实验微型化是当前化学实验改进的一个方向。微型化学实验能较好地按新课程标准基本操作完成学生实验，便于开展化学第二课堂教学活动和家庭小实验，有利于培养学生良好的科学态度，开发学生智力，同时又节能、环保。所以，当前在很多实验领域，微型化实验大有取代传统实验之势。的确不能否认实验微型化的意义，比如学生的分组实验可以使用微型化实验，这时微型化实验的优势能够充分地体现。但如果教师的演示实验也微型化，也许只有教师和离讲台很近的学生才能观察到实验现象，而教学应面对全体学生，这种微型改进所取得的效果差强人意，这种改进显然失去了演示实验应有的功能，我们认为确有不妥之处。相反，我们觉得为了使学生能更清楚地观察到实验现象，应适当"放大"实验。在教学过程中通常可以采用以下两种策略。首先，我们可以有意识地把实验仪器放大。其次，我们还可以采用实物投影或用摄像头近距离录像来"直播"实验全过程以实现放大实验。

三、中学化学实验设计与创新

中学化学实验中总有一部分操作要求较高、环保安全性能较差而成功率又相对较低的所谓疑难实验。为对付这些疑难实验，教师必须花费较多的时间、精力进行探索和创新。教材应根据具体情况不断地改进和创新实验，才能使化学实验更切合教学实际，最大限度地发挥其在化学教学中的作用。我们可以从七个方面探讨如何优化与创新化学教材实验，以达到增强实验教学的有效性的目的。

（1）实验装置的设计与创新。

（2）实验方法的设计与创新。

（3）实验试剂的设计与创新。

（4）实验原理的设计与创新。

（5）实验仪器的设计与创新。

（6）实验技术的设计与创新。

（7）实验系统的设计与创新。

第五节　中学化学实验发展及改革趋势

一、化学实验的发展

化学实验是化学科学赖以生存和发展的基础，从其发展来看，大致经历了早期化学实验、近代化学实验和现代化学实验等三个发展时期。随着化学实验的进步，化学科学从萌芽到近代再走进现代。

人们依靠早期的"化学实验"制备了铜、金、银、汞、铅、酒精、硫酸、硝酸等物质，初步找到一些化学反应规律。但是早期的化学实验还没有从生产和生活实践中分化出来，成为独立的科学实践。

17—19 世纪，以波义耳（R. Boyle）和拉瓦锡（A. L. Lavoisier）为代表的化学实验家为近代化学实验走出"炼丹术"的桎梏而进入科学阶段作出了巨大贡献。依靠这一时期的化学实验，定性分析检验方法和定量实验方法被确立。借助这一时期的化学实验，人们推翻了"燃素说"，建立了氧化说，发现了质量守恒定律。拉瓦锡的定量化学实验方法论思想对化学实验从定性走向定量产生了积极而深远的影响，成为近代化学实验发展的重要里程碑。正是在此基础上，化学实验得到了蓬勃发展，拓展了化学科学研究领域，推动了许多重要化学理论的产生和发展。例如，道尔顿（J. Dalton）的原子论、盖吕萨克（J. L. Gay-Lussac）的气体化合体积定律、阿伏伽德罗（A. Avogadro）的分子假说、有机化合物的合成、同分异构概念、有机化学经典结构理论、电解方法和电化学基础等。近代化学实验还开辟了化学热力学、化学动力学两大研究领域，推动了物理化学的完善和发展。历经 200 年的发展，近代化学实验明确了化学科学实验的性质和作用，建立和发展了化学实验方法论，发明和研制了较先进的化学实验仪器。近代化学实验相比于早期化学实验而言，已经不仅仅是获得化学实验事实的手段和途径，还具有验证化学假说、检验化学理论、发现和合成新的化学物质、推动化学学科分支建立和发展的作用。

19—20 世纪初，化学实验进入现代实验发展阶段，相比近代化学实验具有以下特点：实验内容以结构测定和化学合成实验为主，化学实验手段现代化，化学实验规模和方式发生了很大变化。这一时期的化学实验极大地推动了化学物质的结构测定、新物质的合成制备，特别是有机合成的突飞猛进式发展。现代化学实验还在溶液理论和化学反应动力学等的建立方面发挥了重要作用。

自 20 世纪后期以来，化学实验在物质的分离、物质的分析与检验、物质的制备与合成等方面发挥着越来越重要的作用，与此同时，基于仪器和谱图手段的现代实验技术得到迅猛发展，促使实验功能日益强大。例如，结构分析可借助于现代波谱技术和衍射分析来进行，最直接的测定是晶体结构分析，它可分为两类，即 X 射线衍射分析和显微成像方法。能"看到"原子的原子层次分辨率的各种显微技术将会给结构化学家提供有力的武器，来探索生物大分子、细胞、固体表面等的结构和变化。1982 年诺贝尔化学奖得主阿龙·克卢格（A. Klug）开创了"晶体电子显微学"，并用于揭示核酸和蛋白质复合物的结构。这种三维重构技术使电子显微镜的视野从二维空间发展到三维空间。科马克（A. M. Cormack）发明了 X 射线断层诊断仪（CT）用于医学诊断，获得 1979 年诺贝尔生理学或医学奖。总之，随着分析仪器和测定精度的日新月异，新型结构分析仪器的不断推陈出新，结构化学在 21 世纪将会大展宏图。生物大分子的结构研究过去主要依赖 X 晶体结构分析做静态研究。由于实际上它们都是在溶液中发挥功能，而且它们的结构是易变的，所以在 20 世纪后期，用核磁共振谱法研究大分子在溶液中的动态结构引起人们重视［恩斯特（R. Ernst），1991 年诺贝尔化学奖获得者］。用扫描隧道电子显微镜（STM）或原子力显微镜（AFM）以及其他谱学方法研究催化表面的结构及催化过程，也都有重要成果。在 20 世纪，尽管化学家们研制成功了无数种催化剂，并应用于工业生产，但对催化剂的奥妙所在，即作用原理和反应机理还是没有完全搞清楚。因此，科学家们还不能完全随心所欲地设计某一特定反应的高效催化剂，而要靠实验工作去探索，以比较多种催化剂的性能，筛选出较好的催化剂。所以研究催化剂及其催化过程的科学还将进一步深入和发展。用组合化学法快速筛选催化剂将是 21 世纪的重要研究课题。

此外，泽维尔（H. Zewail）用飞秒激光技术研究超快过程和过渡态。由于这一贡献，Zewail 获得 1999 年诺贝尔化学奖。化学动力学作为化学的基础研究学科将会在 21 世纪有新的发展，如利用分子束技术与激光相结合研究反应动力学，以及用飞秒激光研究化学反应和控制化学反应过程等。

可以说，没有化学实验就不可能有近现代化学科学的发展。化学实验既是获得化学科学事实的基本方法，又是形成化学假说和理论的基本途径。化学实验在化学科学认识中所处的地位主要表现在：化学实验是联系认识主体和认识客体的中介；是沟通认识主体和化学科学认识的桥梁；是化学科学认识从一级上升到另一级的中间环节（化学实验是化学科学认识和化学理论进步上升和发展的必要环节）。化学实验有丰富人的感性认识内容的功能，是化学理论赖以产生的基础，是化学理论运用于生产实践的桥梁和中介，是检验化学知识的标准。

二、化学实验改革趋势

以实验为基础是化学学科的重要特征之一。化学实验对于全面提高学生的科学素养有着极为重要的作用。化学实验不仅有助于激发学生学习化学的兴趣，帮助学生理解和掌握化学知识和技能，更重要的是通过实验可以创设生动的教学情境，启迪学生的科学思维，训练学生的科学方法，培养学生的科学态度和价值观。可见，化学实验在化学教学中发挥着不可替代的重要作用。

高中化学课程是科学教育的重要组成部分，它对提高学生的科学素养、促进学生全面发展有着不可替代的作用。为适应 21 世纪科学技术和社会可持续发展的需要，培养符合时代要求的高素质人才，必须构建新的高中化学课程体系。纵观国内外化学教育改革的发展历程，历次改革都以化学课程改革为先导。在化学课程改革中，化学实验改革又是其中重要的组成部分，因而化学实验改革必须切实贯彻化学课程改革的基本要求。我国当前正在进行的高中化学课程改革中，课程设置逐步向着必修课程和选修课程有机融合的体系发展，课程教材形成多种模式，我国的高中化学实验体系也发生了相应的变化，逐步形成了适应各种课程教材的新实验体系。

（一）化学实验理念的变革

如何通过实验探究让学生在化学学习中经历比较完整和丰富的科学过程，已成为近 20 年来各国化学实验教学理念改革的重点。重在体现能力与创新精神培养的现代化学教育理念给我国化学实验理念的变革带来了积极的影响，不少教师已经结合具体教学内容进行了卓有成效的实践探索和案例研究，尤其是对科学探究的实验教学法的研究，更是化学实验教学研究的热点问题。国内外化学课程改革的一个最重要特征就是首先将"科学探究"作为一种理念，其次是作为化学课程内容的一部分，最后落脚点是作为一种有效的学习方式，从强调知识内容向获取知识的科学过程转变，从强调知识内容向探究知识形成过程转变。毫无疑问，化学实验理念的变革与国内外化学课程改革中的理念发展本质上是一脉相承的。目前，我国正在进行的化学课程改革将科学探究作为突破口，强调通过以科学探究为主的多样化学习方式，提高学生的科学素养。新课程以主体性教学思想为指导，强调主动建构、自主探究，主张"通过以化学实验为主的多种探究活动，使学生体验科学研究的过程，激发学习化学的兴趣，强化科学探究的意识，促进学习方式的转变，培养学生的创新精神和实践能力""突出化学学科特征，更好地发挥实验的教学功能""重视探究学习活动，发展学生的科学探究技能"。重视科学探究，注重科学素养的培养，把握中学化学实验改革的发展趋势和重要特征，可以为我国正在进行的高中化学实验改革指明方向、提供先进理念和方法借鉴。

（二）化学实验内容的改革

1. 注重联系生产与生活实际

化学是一门应用性和实践性很强的科学，它与实际的联系非常密切，化学知识渗透在实际生活的各个方面。在中学阶段，学生学习的知识和接触社会的机会有限，通过实验来了解化学在实践中的作用，可以说是一条很好的途径。近年来实验的改革正在向着生活化的方向发展，实验选题广泛，内容设计新颖，贴近社会、贴近生活，注意联系生产和生活实际，有利于激发学生的学习兴趣，发挥实验的动机功能，将化学变化原理寓于联系实际生活的实验中，必然会提升学生的学习热情，收到良好的效果。此外，渗透科学、技术与社会的联系，是理论联系实际的必由之路，实用性很强，有利于培养学生运用多学科的综合知识解决实际问题的能力。

化学科学在给人类社会带来巨大进步的同时，也衍生出了一系列的社会问题，如环境问题、能源问题、健康问题等。为了让学生形成辩证的科学思维，实验内容选取学生日常生活中熟悉的素材，引导学生了解化学对人类生活的影响，体会合理开发和利用资源的必要性，树立保护环境、与自然和谐相处的可持续发展意识。

2. 加强对定量实验的引入工作

定量化学实验是科学研究的主要手段之一，它对于学生的科学态度和科学方法的培养尤为重要，是训练学生科学探究能力的有效手段。将现代化学的定量分析实验原理运用于中学阶段的实验，是一个很好的选择。

3. 发展微型化学实验

微型化学实验是指在一些专门设计的微型仪器装置中进行的化学实验，在不影响实验效果的前提下，将实验药品的用量减少到最低限度（其试剂用量通常比相应的常规实验节省90％以上），所以被称为微型化学实验。尽管不同的研究者对微型化学实验有着不同的理解和认识，但都一致认为微型化学实验是实现化学实验绿色化的有效途径。微型化学实验具有两个最基本的特征：一是仪器微型化；二是试剂微量化。由于具有现象明显、操作简便、节省经费、减少污染、安全等优点，微型化学实验特别适合我国的国情，尤其是在日益强调安全意识、环境意识和绿色化学意识的化学课程改革大背景下，可以将一些微型化学实验进行改进和完善，引入我国中学教材，具有十分显著的实际应用价值。

4. 开发绿色化学实验

化学实验的绿色化是培养学生绿色化学理念的重要途径。2003 年由国家教育部制定的《普通高中化学课程标准（实验）》中明确提出，应将绿色化学理念融入必修课程，并注意强调化学对人类日常生活、社会的快速发展和科技的不断创新的重要贡献，开发绿色化学实验就成了化学实验改革的新趋势。绿色化学实验是指实验所用试剂、实验进行的条件、实验产物对环境的负面影响很小或根本没有影响。因此，改进反应物、控制反应条件、降低生成物的危害程度已成为化学实验绿色化研究、减少实验室污染的一条新思路。如能在中学阶段开发并引入一定数量的绿色化学实验，既能减少化学实验室污染，又能降低危险事故的发生率，减轻学生对化学实验的恐惧感，还有利于改变社会对化学科学的错误看法和认识。

5. 重视实验的趣味性

中学生具有强烈的好奇心，对新奇事物具有探究欲望，趣味性强的化学实验符合学生的认知特点。化学实验作为激发学生学习化学的兴趣的一种手段是其他学科无法比拟的。以往，中学化学实验在内容上存在较强的学术性，加上过分强调规范实验操作，极大地限制了学生进行化学实验的积极性和创造性，造成实验能增强化学趣味性的功能没有充分地发挥出来。比如，"燃烧条件"的实验中增设"烧不坏的手帕"实验，增强实验的对比性，利用学生的认知冲突，增强其学习内驱力。

（三）中学化学实验技术和手段的变革

1. 将现代实验技术运用于中学化学实验

科学教育现代化不仅反映在教学内容的现代化方面，而且注意到了实验手段和实验方法的现代化。目前，国内外科学家已经将美国德州仪器（Texas Instruments，TI）运用到化学实验的设计与开发上，开发出"TI 图形计算器""以计算机为基础的实验室 GBL 系统"和各种传感器实验，以快速、实时、准确地测量温度、浊度、气体压强、电导率、pH、溶解氧、气体的压强等，极大地弥补了传统实验手段不能定量测定这些物理量的缺陷。手持实验技术（又称掌上实验技术）是以数据采集器、传感器、计算机为主要研究工具的新型实验技术，其在我国新出版的一些中学理科教材中已开始有一定的应用。我国的上海市、北京市、广东省等少数发达地区的中学已经开始应用手持技术开展研究性学习，并相继开设了有关的校本课程。可以预见，手持实验技术在我国中学理科定量实验开发研究中将发挥非常重要的作用。传感技术支持多种形式的实验活动，弥补了传统实验室实验条件的不足，为中学化学引入一批定量测定实验，更好地为学生揭示化学原理、规律，进而全面提升学生的科学素养。同时，传感技术作为一种新型的实验手段，有助于教师理解化学反应的实质和化学变化的规律，促进教师的专业发展与成长。

现代实验技术手段运用于中学化学实验越来越受到一批一流重点中学的重视，这些学校开设了特色化学实验室，如环境化学实验室、工业生产模拟实验室等，引入微型传感器实验设备及一些特定的专业实验设备等，并建立起与大学和科研院所实验机构的合作关系，这些都旨在为学生更好地进行选修模块的学习和开展研究性学习创设现代化的学习平台。

2. 化学实验辅助教学手段的发展

运用现代化教学手段辅助化学实验教学，也是中学化学实验教学改革的一个活跃领域，如计算机辅助化学实验教学。计算机辅助化学实验教学主要用于研究化学实验教学中的重点、难点问题，演示实验中有毒、有危险或中学条件难以实现的内容，不易观察到的抽象、微观的化学现象和过程等。还可利用投影技术进行化学实验教学，主要适用于强光照射型、气体逸出型、颜色变化型、沉淀生成型和晶体析出型实验。另外，录像技术的运用也解决了大多数中学在现有条件下无法开展的某些演示实验或学生实验不易复现的难题。

仿真（虚拟）化学实验室也是计算机辅助化学实验的一种方式。仿真化学实验室包括化学仿真实验平台、三维化学分子模型和化学资料中心。在化学仿真实验平台中可以自由地搭建实验仪器、添加药品，并让它进行反应。三维化学分子模型可以模拟实验现象并提供准确的数据，展示三维分子的模型。

然而，近年来，研究者发现运用现代化教学手段辅助化学实验教学存在越来越多的弊端。例如，教师过分依赖现代化手段，经常以动画模拟或录像演示的手段代替自己亲自动手演示，因而学生动手实践的机会变少了。因此，我们对现代化教学手段辅助化学实验教学的发展必须保持清醒的头脑，应始终将其放在辅助教学的地位，不能用这些手段完全代替学生动手做实验。

3. 微型化学实验仪器的开发和使用

微型实验和代用品实验是近年来我国化学实验教学改革领域发展的一个重要方向，日益得到国内化学教育界的关注。所谓微型化学实验，就是以尽可能少的化学试剂来获取所需化学信息的实验方法与技术。虽然它的化学试剂用量一般只为常规实验用量的几十分之一乃至几千分之一，但其效果可以达到准确、明显、安全、方便和防止环境污染等目的。

目前研究得比较多的有基于多用滴管和井穴板的微型实验设计、应用玻璃仪器的微型实验设计、利用注射器等医用材料的微型实验设计等。微型实验的设计不拘泥于使用某些特定的仪器，可选取各种材料进行实验设计。

另外，为了解决某些学校正规实验仪器、药品不足限制学生动手实验的问题，现在也提倡开发和使用代用品进行实验，即所谓取材于日常生活用品的化学实验。

《中学化学实验研究及创新》培养中学化学教师如何运用实验教学生学习化学，并为学生的基本化学实验素养打基础。为此，大家要拥有双重角色——既当学生又当教师，既认识实验的本体又研究实验的教学。我们期望通过本书帮助大家既会做实验，又能教实验；既会用实验，又会设计和研究实验；既能自己演示实验，又能组织学生进行实验探究；既能熟悉中学化学的常规实验手段，又能了解新型的中学化学实验技术。

第二章 中学化学实验基本技能

中学化学实验基本技能是指贯穿于所有化学实验中的基本实验操作技能，在中学化学教学中培养学生的化学实验基本操作技能是化学教师必须完成的教学任务之一。《义务教育化学课程标准（2022 年版）》中明确指出："以实验为基础是化学学科的重要特征之一，化学实验对全面发展学生的核心素养有着极为重要的作用。通过化学实验激发学生学习化学的兴趣，创设生动活泼的学习情境，帮助学生理解和掌握化学知识和技能，引导学生学习科学方法，发展学生的科学思维和创新意识，培养学生的科学态度与责任。教师应认真组织学生完成好必做实验，重视培养学生有关物质的制备、分离、提纯和检验等实验基本技能，引导学生树立安全意识，严格遵守实验室安全规则。"中学化学课程中涉及的化学基本操作技能有加热、药品的取用、称量、溶解、过滤、蒸发、蒸馏、结晶和重结晶、溶液的配制、萃取和分液、中和滴定、气体的制取和收集以及物质的检验等。在中学化学课程中，这些基本的化学实验操作技能的训练有的是通过专门的学生实验课来实现的，有的则是通过学生的化学实验探究活动来实现的，但它们大部分被融合于各章节具体的教学中，通过进行具有丰富内容的化学实验教学来实现。如通过氧气、二氧化碳等气体的制取和性质实验，学生不仅能掌握在实验室里制取气体的方法、认识气体的性质等，同时也训练了药品的取用、称量、加热、气体的制取和收集等化学实验基本操作技能。

本章我们将就中学化学课程中一些重要的化学实验基本操作知识和技能进行介绍。

第一节 玻璃加工

玻璃加工常用酒精喷灯或煤气喷灯，酒精灯火焰温度太低，一般只能用于玻璃棒、细玻管的熔光和细玻管的弯曲。喷灯的中焰和外焰处温度最高，可达 1200℃，玻璃熔接加工的位置多在火焰的 2/3 处。弯管时，可放在火焰 1/2 处的中焰部分，这里火焰最宽，加热面广，对弯管有利。

玻璃加工必须控制加热程度，不使其因受热不均而形成局部过软过硬。先要把玻管在较大范围内预热，然后集中火力在加工处强热，使它软化后进行加工。比较粗厚的玻璃管升温要慢，以防炸裂，加热细玻管的火焰不要过强，以防在加热时变形。玻璃仪器加工后要进行退火，以消除应力。

一、细玻璃管（棒）的截断与熔光

先把玻璃管平放在桌上，量取所需长度，在需截断处用扁钢锉（或三角锉、砂轮片、油石等）划一条割痕，然后使割痕向外，双手分别握住割痕的两边，两手拇指抵住割痕对面，轻轻向两边用力，边拉边折，即可将管折断，如图 2-1 所示。

玻璃管的截断面很锋利，必须烧圆熔光后方能使用。先在管口蘸一些水或煤油（可避免玻璃破裂），然后用钢锉或砂轮片轻轻地把锋刃磨圆锉平。整平后还要熔光，把管口放在酒精喷灯（或酒精灯）的外焰中不断旋转加热，使断面红热熔圆，然后把管子放在石棉网或支架上慢慢冷却。

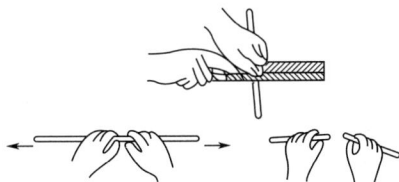

图 2-1　玻璃管的截断

二、粗玻璃管和玻璃瓶的切割

较粗的玻璃管和玻璃瓶多利用玻璃骤热骤冷易爆裂的性质来达到截断的目的，称为热爆法，具体包括点料热爆、火焰热爆和电热爆三种。热爆前先在要截断处用锉刀划一条割痕，长度为 5~10 mm，较粗的玻管要划 1/3~1/2 圈。

1. 点料热爆

用水沾湿割痕。另取一段直径 3~4mm 的玻璃棒，一端在火焰中加热到呈熔珠状，迅速压在割痕的一端。待熔珠硬化还未冷却时迅速移开，随即用嘴对准割痕处吹气使它骤冷，玻璃管即可断开。这种方法适用于截断短管。

2. 火焰热爆

在喷灯火焰的两边各夹一块铁板，使其呈倒 V 字形，中间留 2 mm 宽的狭缝，把火焰夹成扁而狭的细条，借以缩小加热面积。把扁而狭的火焰对准割痕加热，当玻璃管稍稍发红时，移离火焰，迅速用玻璃尖嘴管对正红热的割痕处吹气，粗玻管即可断开。也可以在玻璃管割痕两边裹上几层滤纸，中间留有 2~3 mm 的间距，用水润湿滤纸，借以隔热，用喷灯火焰加热划痕处，并不断转动玻璃管，即可使它断开。

3. 电热爆

用直径 0.2~0.3mm 的电炉丝在切痕处缠绕一圈，为了不使电炉丝接触而造成短路，要在中间夹一个绝缘片。接通电流直到电炉丝烧红，稍待片刻，玻璃管即可断开。如果不断，可向割痕处吹气或滴几滴冷水，即可断裂，也可以将电炉丝绕到接近一圈，如图 2-2（b）所示，可以避免造成短路。

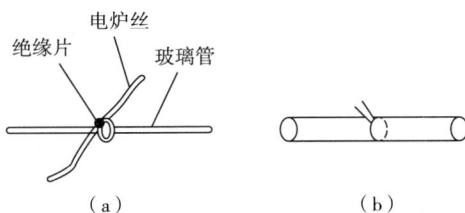

图 2-2　电爆法

玻璃瓶的截断操作与截断玻璃管的相同，由于瓶子壁厚而粗，用嘴吹气冷却的降温不够，在加热后，移开电炉丝，把瓶子迅即浸入冷水中，可断裂。切割 5000~10000 mL 的大瓶时，要有耐心。若瓶子不能裂断，可将电流切断，用湿的毛笔尖或马粪纸片与灼热线上的某一短段接触，使之发生细小的裂缝，再进行切割。

玻璃瓶切断处具有非常锋利的棱边，容易割伤手指，必须用砂轮片或锉刀将棱锋磨去。若切断处很不整齐，可用尖嘴钳一小块一小块地把它钳平（钳处加水），或用旧剪刀在水中一点一点地把它剪平，然后在放有金刚砂和水的玻璃上磨平。

三、玻璃管的弯曲

弯出的管子要求内侧不瘪，两侧不鼓，角度正确，不偏不歪，而且弯曲后的整个玻璃管要在同一平面上。

弯曲玻璃管时要求灯的火焰宽大扁平，可以在酒精喷灯的灯管上加一个金属片制的鱼尾罩加以扩焰，或放置耐火砖把火焰夹扁些。玻璃管的加热部位一般以 5~6cm 为宜。两手平拿玻璃管轻轻转动，均匀地在喷灯火焰上加热。待玻璃管烧到红软但还没有自动变形以前，移离火焰，两手握平玻璃管两端，手心向上轻轻地向中心施力，弯成所需要的角度。如果要弯较小的角度，可分几次在已弯曲部分的偏左、偏右处加热，逐渐弯曲。将刚弯好的玻璃管放在石棉网上，待其自然冷却。弯曲粗玻璃管时，管子一端最好先用塞子封住，然后加热（图2-3）。

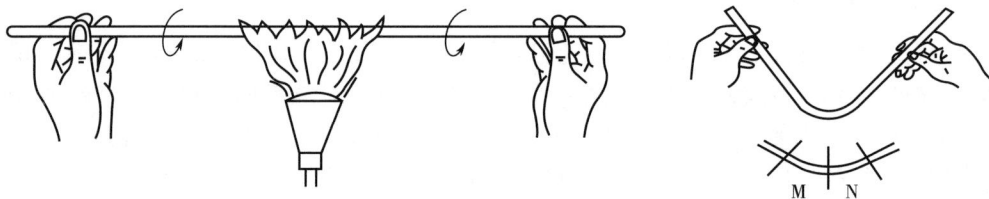

图 2-3　玻璃管的弯曲

弯曲玻璃管的关键有二：一是加热的火候，二是操作的手法。受热部位要有适当的宽度，要不停旋转使受热均匀，加热到适当温度。旋转玻璃管时，左手手心向上，握住玻璃管，拇指向上、食指向下推动，小指根部压住玻璃管；右手手心向上，拇指向上、食指向下推动，中指与无名指两指尖撑住玻璃管，使之均匀旋转。弯曲时用力不要过猛过快。

如缺少经验，可采用填砂法进行弯曲，步骤如下：①向玻璃管中塞入一小团玻璃纤维，加入细砂或炒干的研细的食盐；②将玻璃管竖立，轻敲玻璃管，使砂填实；③将玻璃管进行加热和弯曲。

在煤气灯或喷灯火焰中弯曲玻管时，也可采用填砂法。但弯曲时应离开火焰，一次即将玻璃管弯好。

四、拉制滴管与毛细管

截取 15 cm 长的玻璃管一段，双手握住玻璃管两端，手心相对，在喷灯火焰上均匀旋转加热玻璃管的中段。加热时切勿使玻璃管上下移动，否则受热不均匀，拉出来的滴管不会对称于中心轴。当4~5 cm长的一段烧到红软时，移离火焰，两手平均用力，边转动边向外拉伸至所需粗细即可停止。这时两手不要马上松开，仍要慢慢转动，直至拉伸部位变硬为止。然后放在石棉网上冷却，用油石划痕截断，即可得到两个尖嘴滴管（图2-4）。

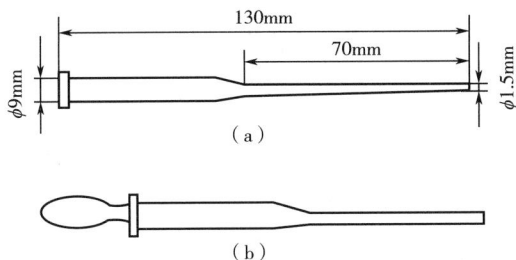

图 2-4　拉制滴管

如果要使滴管装胶头的管口卷边，可以把管口放在火焰上，边加热边用锉刀的柄斜放入管口转动而使管口稍微扩大，待烧红后，将管口在石棉网上轻轻一按，即可得到一个圆边。

拉制毛细管时，选取长约 10 cm、壁厚约 1 mm 的玻璃管一段，加热方法与拉制滴管相同。毛细管的粗细由双手拉伸速度控制，开始慢些，然后加快。拉至所需粗细后，待冷，截取所需的长度即可。

五、小试管的制作与封底

制作称样管、灼烧管等小型试管的方法如下。

（1）选取长短适宜的玻璃管一段，在窄而强的火焰上旋转加热，烧至软化时，双手边转边拉，使熔融部位收缩变细，直到断开。在尾管肩部加热，使玻璃管的壁与锥体的壁厚薄一致。

（2）将锥体顶点加热，熔化以后用镊子将尾管拉去，使圆锥体在尖端闭合。

（3）将圆锥体的尖端烧熔，然后在管口吹气，把圆锥体吹成半球形，然后均匀地边加热、边旋转、边吹气，使其形成厚薄均匀的圆底。

（4）将小试管的底部放在小火焰上进行退火。

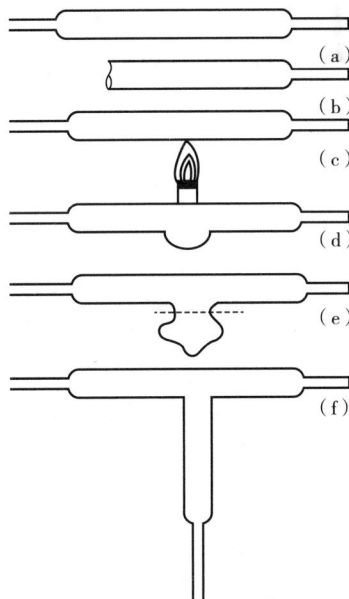

六、T 型管和 Y 型管的制作

T 型管的制作步骤如图 2-5 所示。

（1）先将玻璃管两端拉细，封闭一端，另一端留作吹气用。

（2）将待接的另一根玻璃管的一端拉细。

（3）将长玻管的待接部位放在尖细锋焰上烧熔，火

图 2-5　T 型管的制作

焰必须集中在玻璃管的一点上。

（4）往开口的一端吹气将烧熔点吹鼓，鼓起部分要与接管的口径大小相似。

（5）切去鼓泡，修光、修平。如果破口比待接的支管口径稍大，可适当烧熔，使破口自行缩小。如果破口比对接的支管口径稍小，可在烧熔后用镊子的尖端稍微扩大一些。

（6）将长玻璃管的缺口处和接管的一端同时加热至红软，离开火焰，对准接口处粘好密封。

（7）在小火焰上加热退火。

Y 型管的制作与 T 型管的制作步骤基本相同，所不同者是先要把玻璃管弯成一个锐角，从角的顶端吹出小泡，然后切去再熔接上支管。

七、玻璃磨口塞的修配与开启

有时滴定管或其他玻璃仪器上的磨口塞有漏水现象，可以修配。先把滴定管或其他玻璃仪器用水冲洗干净。把磨口塞拔下，沾上水，涂以很细的金钢砂（可以用 300 号和 400 号的），把塞子插入塞孔，不断转动，使其互相研磨。经过一段时间后取出，洗去金钢砂，检查是否配合紧密，多次试验，直到不漏水为止。

玻璃磨口塞由于长时间不用或保管不当，往往会粘牢而打不开，这时可以在酒精灯火焰上方微微均匀加热，在塞套受热膨胀，塞芯尚未受热的情况下，轻轻旋转塞子，使它松动打开。如果被碱性物质粘住了瓶塞，可把瓶口放在温水中（耐热容器也可在沸水中）或稀盐酸中浸泡片刻，再用木棒轻敲瓶塞打开。

八、玻璃的刻蚀

最简便的方法是氢氟酸腐蚀法。先在要写字的玻璃上均匀涂蜡，用针在蜡面上刻出号码或文字，置于通风橱内，在刻字处撒少许氟化钙粉末，滴上适量浓硫酸。20 min 后用水冲去残留物，刮去蜡即可。

第二节　仪器装配

一、塞子钻孔、软木塞压榨

钻孔前，先要选择合适的塞子，可在要用的瓶口上试验大小，确定钻孔的数目与位置。然后选择比待插入的玻璃管略粗一点的钻孔器钻孔（防止橡皮收缩玻璃管插不进去）。桌子上先放一块木板作衬垫，把塞子大头向下平放在木板上。左手扶紧塞子，右手持钻孔器，在刃口上沾点肥皂水或清水。将钻孔器垂直地竖在塞面上，然后均匀用力，按顺时针方向转动钻孔器，时时检查是否保持垂直，直到钻通为止。再依逆时针方向，徐徐转动退出打孔器，把钻孔器中的塞芯捅出。用手摇钻孔器打孔更方便（图 2-6）。

给木塞钻孔应选取直径稍大于容器口径的软木塞，放在热水中浸泡一下（以防压裂）。用回转式压塞器压榨软木塞时，先把塞子放在固定的半圆体里，再把手柄上下掀动，使塞子由半圆体的宽阔处逐渐滚到狭窄处而被压软、压实。使用槽式压榨器时，左手拿软木塞大头，把小头一半放在压榨器凹槽中，右手将器顶轻轻压下，边压边转动软木塞，使各部位受力均匀，直到塞子压软压紧并大小适合为止。

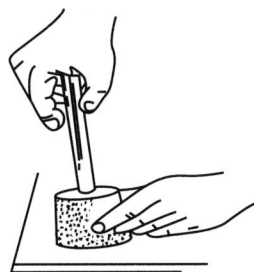

图 2-6　给塞子钻孔

二、导管、塞子的装置

将玻璃管插入带孔的橡皮塞时，用左手拇指、食指和中指捏住橡皮塞，右手握住玻璃管靠近要插入的一端，先在水中沾湿，然后把玻璃管对正塞孔，轻轻地边转动边向前推进，直至使玻璃管穿过塞子后露出约 5 mm 为止。如果塞孔小，玻璃管口径较粗，插入有困难，应该用小圆锉把塞孔锉大些再插。

将玻璃管插入橡皮管时，选择内径略小于玻璃管外径的橡皮管，左手持橡皮管，右手持玻璃管的待插入端，在管口蘸点水，斜对橡皮管口，把玻璃管的一边先插入橡皮管，然后轻轻转动，使玻璃管滑进 1~2 cm 即可。要想在已装好的仪器上套橡皮管，可以用橡皮管的一边套在玻璃管外，轻轻转动使它套上（图 2-7）。

正确的手法　　　　　　　不正确的手法

图 2-7　玻璃管插入橡皮塞或橡皮管

塞子塞进瓶口部分约占塞子的 3/5。由玻璃管、橡皮塞、烧瓶、漏斗等组装成套仪器时，应该先把直角玻璃管插入橡皮塞中，再插分液漏斗，最后再把插有分液漏斗和直角导管的橡皮塞塞到烧瓶口中。

三、检验装置的气密性

对装配好的仪器，应该先检验其气密性，然后才能用铁架台固定。检验的方法是把装置导气管的一端浸入盛水容器中，用双手的手掌紧握容器外壁，导管口应有气泡冒出。稍待片刻将手移开，等容器冷却后，水就进入导气管，形成一段水柱，如果水柱不回落，说明装置不漏气。如果漏气应更换合适的塞子或导管（图 2-8）。

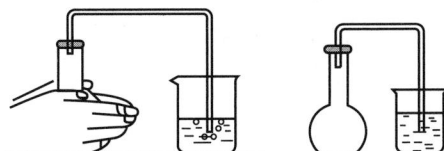

图 2-8　检验装置的气密性

四、仪器的装配和固定

中学化学实验室中多用铁架台来固定一些实验装置。一般遵循先下后上、先左后右的原则，例如，先确定酒精灯的位置，把酒精灯放在铁架台的底座上。根据所需灯焰的高度确定铁圈的位置，并在铁圈上放一块石棉网。把烧瓶放在石棉网上，用铁夹夹住烧瓶的颈部，以稍能转动为宜。铁夹上应垫有石棉布，不应使铁夹和玻璃器皿直接接触。然后连接烧瓶后面的一些装置，如集气瓶等。如果烧瓶位置过高，可换上较长的导管或在右边要连接的装置底部垫加木块；如果烧瓶位置过低，就需抬高烧瓶和铁夹的位置，火焰达不到时，可在酒精灯底部垫加木块。

用铁架台固定仪器时，通常都应将仪器与铁架台底座放在同一侧，使整个装置的重心在底座上方。装置连接好后，所有的仪器最好在一条直线上。

五、几种典型化学反应装置

化学反应装置可按反应物状态和反应条件分为以下类别。

1. 固—固加热反应装置

用固态物质加热制得气态产物，一般选用硬质大试管，配上带有导气管的橡皮塞（图 2-9）。操作步骤如下：

（1）基于便于收集气体和加热的需求调节好铁夹的高低，然后确定酒精灯位置。

（2）检验装置的气密性。

（3）将加好反应物的试管固定在铁架台上。

（4）塞好导气管，调整试管的位置，使试管底部略高于口部。

（5）加热时，先使试管均匀受热，然后对反应物所在的部位加热，先加热前面的反应物，然后往试管底部移动。

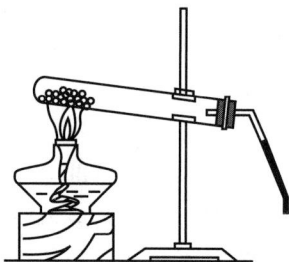

图 2-9　固-固加热反应装置

（6）如果气体是用排水法收集的，实验完毕应先将导管移出水面，然后停止加热。

此装置可用于制取氧气、氨气、甲烷等。

2. 固—液不加热反应装置

制取氢气、硫化氢气、二氧化碳等。如需要气体量较大，而且要使气流和速度易于控制，可用启普发生器。如果所需气体量较少，为了安装方便可用简易装置。如用带导管的大试管或平底烧瓶加长颈漏斗或分液漏斗配套组成，如果使用长颈漏斗，必须注意把漏斗管的下端插入液面以下，封闭液面（图 2-10）。

3. 固—液加热反应装置

固—液加热反应制取气体常用图 2-11 的装置，安装步骤如下：

（1）将酒精灯放在铁架台上，根据酒精灯的位置，在它的上方固定好铁圈并放上石棉网。

（2）将装有固体反应物的圆底烧瓶（或蒸馏烧瓶）固定在铁架台上。

（3）将安装好分液漏斗（或长颈漏斗）和导气管的橡皮塞塞在蒸馏烧瓶上。检查装置的气密性。

（4）经分液漏斗往烧瓶里加液体反应物，连接好集气装置后再进行加热。

（5）实验完毕应先从水槽中取出导气管，然后停止加热。这一类装置可用于制取氯气、氯化氢、二氧化硫等气体。

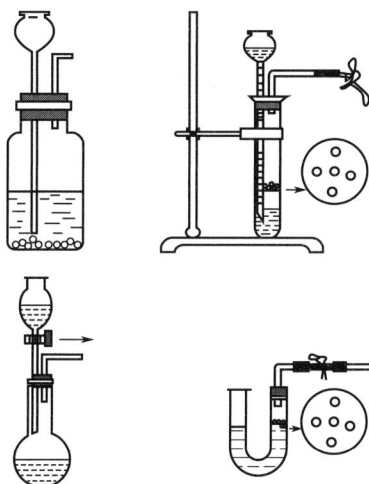

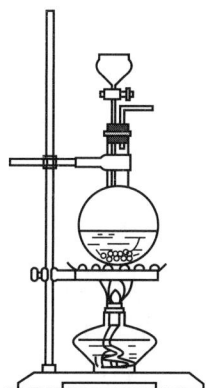

图 2-10　固—液不加热反应装置　　　图 2-11　固—液加热反应装置

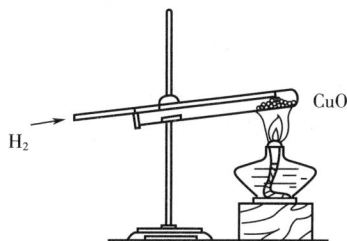

4. 液—液加热反应装置

用液—液加热制取气体，可使用图 2-12 的装置。

5. 气—固加热反应装置

在中学化学实验里，气—固加热反应的装置以氢气还原氧化铜为代表（图 2-13）。

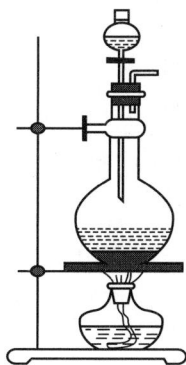

图 2-12　液—液加热反应装置　　　图 2-13　气—固加热反应装置

六、仪器装置拆卸

拆卸装置时，往往采取与装置仪器相反的程序。一般先把非连接部分卸开，然后把各连接部件（如塞子、夹子等）松动一下，再分别拆卸各个部分的仪器。

例如，拆卸蒸馏装置时，应先把接受器（锥形瓶、接管等）和酒精灯移去。再把冷凝管的夹子、冷凝管与蒸馏烧瓶的连接处松动一下，轻轻向后用力使其与蒸馏烧瓶分开，把冷凝管进出水的胶管拆下，从铁架台上卸下冷凝管。然后拔下蒸馏烧瓶上带温度计的橡皮塞，从橡皮塞上取下温度计。从铁架台上卸下蒸馏烧瓶，把残液倒入指定容器内。最后卸去铁架台上的铁夹、铁圈等物。拆卸制取有毒气体的实验装置时，应在通风橱内进行。

第三节　玻璃仪器的洗涤

洗涤玻璃仪器前，应先将容器内的废液集中，进行无害化处理。含苯、甲苯、乙醚、氯仿、汽油、硝基苯等易燃、易爆的有机废液，要另行集中进行焚烧处理。剧毒药品要倒入指定的容器里，然后按照特定的方法进行处理。例如氰化物，可通入氯气或加入次氯酸钠、漂白粉等碱性氧化剂使它氧化成氮气；或加入硫酸亚铁，使它络合成亚铁氰化络离子。六价铬可用硫酸亚铁（或亚硫酸氢钠、硫代硫酸钠等）在酸性情况下（pH 在 3 以下最好）使它还原为三价铬。然后用碱调节 pH 至 8~8.5，溶液中的三价铬离子即成 $Cr(OH)_3$ 沉淀除去。

一般仪器可用清水冲洗。如果是盛含汞、铅、铬酸或其他剧毒化学药品的器皿，第一次清洗的水也要倒入废液缸中。用水不易洗净的仪器，可用洗涤剂刷洗，实验室中常用的洗涤剂有去污粉、肥皂和合成洗涤剂等。但滴定管、移液管、容量瓶等精密仪器不能用去污粉洗涤。

玻璃仪器内壁上黏附了特殊的污物，用水和一般的洗涤剂洗不掉时，需应用特种洗涤方法处理，通常采用适当的药品来清除。玻璃仪器上如果黏附了油污、凡士林等，要用有机溶剂如苯、甲苯、丙酮、乙醇、汽油等来溶解。如果黏附有比氢活泼的金属杂质、金属氧化物、碱和碳酸盐，可以用盐酸洗涤。黏附有铜、银等不活泼金属或碳、硫、磷等非金属时，可以用浓硫酸或浓硫酸与浓硝酸的混合液共热除去。要去掉油脂或某些难溶的有机酸污物，加碱液加热是常用的方法，根据污物的性质，可以选用烧碱或纯碱。但烧碱对玻璃有腐蚀性，有刻度或磨口的玻璃仪器应尽量少用或不用，使用时对碱液的浓度和加热的时间要予以控制。铬酸洗液可以清除仪器上残留的油污，特别适用于小口或细管的器皿。但因为它的毒性和腐蚀性极大，以及废铬酸对环境的污染，近年来多以合成洗涤剂等代替。

仪器洗涤的方法一般是用各种刷子刷洗，对刷子刷洗不到的仪器，采用洗涤剂浸泡的方法，有时一次洗不净，要洗两三次。用清水冲洗后，不论用哪种方法洗净的仪器，最后都应用蒸馏水冲洗 2~3 次，然后晾干。可采用以下方法检查仪器是否洗净：加水于器皿中，然后倒置，若见器壁均匀地附着一层水膜，不挂水珠，即为洗净。

第四节 化学实验仪器与试剂的管理

中学化学实验室里的仪器、药品、材料、工具等品种繁多、规格各异、使用频繁。为便于使用，并尽量延长仪器、设备的使用寿命，节约药品，防止试剂变质，应采取科学的管理方法。

一、仪器、用具的管理

中学化学实验室常用的实验仪器和用具大体可分为以下类别。

1. 玻璃、陶瓷制仪器

玻璃仪器是化学实验室的主要仪器，种类多、数量大、易碰碎，存放时应特别小心。平底仪器可直立着放在仪器柜或仪器架上，注意"高后、矮前"排放，前后左右要成行成列，并保持一定间隔，以防拿取时将旁边的仪器碰倒。不能直立的仪器应倒置于特制的有孔搁板上或横放在木架上或放在抽屉内，抽屉应分隔成相应的格子，有的还要在下面垫以棉花或皱纹纸等，以防仪器滚动碰撞。抽屉外贴上标签，表明物品的名称、规格以及固定存放的位置，如试管、烧杯、烧瓶等玻璃仪器，使用率高，应放置在容易取用的地方。玻璃仪器用毕要及时洗净，放在玻璃仪器晾板上，晾干后再存放。各种成套磨口仪器的玻璃塞与仪器都是配套的，如容量瓶、分液漏斗、滴定管和启普发生器用完洗净后，不能随意调换玻璃塞，保存时用细绳将塞与仪器拴在一起，玻璃塞的磨口处擦干并垫上一张纸条（或涂上凡士林），以防日久粘住。

2. 金属器具

金属制品中大部分是铁制品，如铁架台、坩埚钳、镊子等，易被酸、碱腐蚀，使用后要把沾上的化学试剂冲洗干净，抹干后再存放于干燥通风处。铁器上的螺旋处和打孔处应涂上少量润滑油，以防生锈结牢。要经常注意铁架台、三角架等器具表面上的油漆是否脱落，最好每年涂刷黑色或灰色油漆一次，以防锈蚀。

3. 橡胶制品

橡胶制品的特点是很容易老化变黏、变形。用后洗净并放在有盖的容器内，久存时可撒上滑石粉，以延长使用时间。还应注意防止受热、光照或接触有机溶剂。

4. 精密仪器

分析天平、pH计等精密仪器不能和化学药品存放在一起，应单独存放，并保证室内干燥、清洁、通风，以防尘埃沾污和酸气侵蚀。分析天平要注意防震、防潮，台面要平稳、牢固，天平内应放有干燥剂。

二、化学试剂的管理

1. 化学试剂的规格

我国化学试剂的规格，根据纯度及杂质含量的多少，一般可分为以下几级。

（1）优级纯（一级试剂）。

瓶签的颜色为绿色，代号为 GR（guaranteed reagent）。这类试剂的杂质含量很低，可作为基准物质，主要用于精密的科学研究和分析鉴定。

（2）分析纯（二级试剂）。

瓶签的颜色为红色，代号为 AR（analytial reagent）。这类试剂的杂质含量低，一般用于科学研究和分析鉴定。

（3）化学纯（三级试剂）。

瓶签的颜色为蓝色，代号为 CP（chemical pure）。这类试剂的质量略低于分析纯试剂，可用于要求较高的无机和有机化学实验，也能用于要求较低的分析化学实验。

（4）实验试剂（四级试剂）。

瓶签的颜色为黄色，代号为 LR（laboratory reagent）。这类试剂的质量较低，但比工业品的纯度要高，主要用于普通实验或研究，有时也用于要求较高的工业生产。

除上述化学试剂外，实际生产中还有很多供特殊需要的特种规格的试剂，如光谱纯试剂、色谱纯试剂、高纯试剂、基准试剂、生物试剂等，应在包装标签上注明它们的专门用途。

近年来，标签的颜色对应试剂级别已不是十分准确，主要以标签印示的级别和符号选用。中学化学实验一般使用的是实验试剂、教学专用试剂（专门用于实验教学，纯度低于化学纯试剂）和少量化学纯试剂，有些实验还可以使用工业品。因为不同规格的试剂价格差别很大，只要能达到教学实验的要求，就应尽量选用级别较低的试剂。

易制毒化学品分为三类：第一类包括 1-苯基-2-丙酮、3,4-亚甲基二氧苯基-2-丙酮、胡椒醛、黄樟素、黄樟油、异黄樟素、N-乙酰邻氨基苯酸、邻氨基苯甲酸、麦角酸、麦角胺、麦角新碱、麻黄素类物质等；第二类包括苯乙酸、醋酸酐、三氯甲烷、乙醚、哌啶等；第三类包括甲苯、丙酮、甲基乙基酮、高锰酸钾、硫酸、盐酸等。第一类、第二类所列物质可能存在的盐类也纳入管制。

2. 化学试剂的分类存放

化学试剂各有特性，种类繁多，存放时必须分类隔开，千万不可混放在一起，否则会引起燃烧、爆炸等严重危险事故。

化学试剂的放置有一定秩序，固体试剂和液体试剂（或配制备用的溶液）应分开放置，并依次排列。对于一般试剂如无机盐存放在试剂柜里，可按照元素族或酸碱盐氧化物等分类存放。化学试剂都应存放在试剂瓶里，盖紧瓶盖。易风化、潮解、挥发的试剂瓶口应用石蜡和火漆密封，见光易分解的试剂盛于棕色瓶里置于冷暗处；酸液、氯水、液溴和溴水等盛放在带磨砂玻璃塞的细口瓶中，盛强碱性的试剂瓶应使用橡皮塞而不能用玻璃塞。各种试剂瓶都应贴有标签，标签上除写清名称、化学式外，还应注明纯度，溶液要注明浓度和配制日期，为了防止标签受试剂污染和腐蚀，标签外应涂一薄层石蜡。保存化学试剂要特别注意安全，应放在不向阳的阴凉房间，室内要干燥、通风良好，所有试剂都要分类放在有玻璃门的橱柜中。

中学化学实验接触到的危险品有下列五类。这些试剂在学生实验室内只准少量放置，较多量的危险试剂应存放在危险试剂贮藏室内确保安全。以下是五类危险品的存放要求和注意事项。

（1）易燃类。

易燃类液体主要是有机溶剂，易挥发成气体，遇到火即燃烧甚至爆炸，通常把闪点在25℃以下的液体均列入易燃类，如乙醇、二硫化碳、苯、乙酸乙酯等，这些液体应单独存放于阴凉、通风处，特别注意远离火种，存放最高室温不能超过30℃。易燃固体的着火点都很低，有机化合物如硝化棉，无机物如硫单质、红磷、白磷、镁粉等，它们应存放于通风、干燥处。白磷在空气中可自燃，存放时应浸泡在冷水里，置于避光、阴凉处，要经常检查瓶中的水量，防止水分蒸发使白磷露出水面。

（2）易爆类。

易爆类危险品一般是指受到骤热、撞击、引燃等影响就能发生剧烈化学反应而导致爆炸的物质。易爆物应与易燃物、强氧化剂等隔开存放，避免接近热源和阳光直射。典型的易爆物如三硝基甲苯、硝化甘油等化合物本身就易爆，要轻拿轻放。还有一些物质如金属钾、钠、锂、电石等与水接触会剧烈反应，放出可燃性气体，极易引起爆炸。因此，钾、钠应保存在煤油里，电石应放在干燥处。

（3）强氧化剂类。

强氧化剂类试剂包括过氧化物、强氧化性的含氧酸和强氧化性的含氧酸盐（如亚硝酸盐、硝酸盐、氯酸盐、重铬酸盐、高锰酸盐等）。这些具有强氧化性能的物质，在受热、撞击或混有还原性物质时常引起爆炸，应存放于阴凉、通风处，并避免与可燃物、易燃物以及强还原性物质放在一起。

（4）强腐蚀剂类。

强腐蚀剂类试剂一般对人体的皮肤、黏膜、眼、呼吸器官和金属有极强的腐蚀性，如强酸、液溴、三氯化磷、五氧化二磷、无水三氯化铝、氨水、氢氟酸、硫化钠等。它们被放置在用抗腐蚀材料（耐酸水泥或耐酸陶瓷）制成的架子上，架子不能太高，最好放在地面靠墙处，以保证取放安全、方便，有挥发性的酸应用带有磨砂玻璃塞或有耐酸衬盖的细口瓶贮存。

（5）剧毒品。

剧毒品是指侵入人体内极少量即可引起中毒致死的试剂，如氰化物、三氧化二砷和其他砷化物、二氯化汞和其他汞盐、硫酸二甲酯等。这类试剂应锁在专门的毒品柜中，并要有专人负责保管，建立双人登记签字领用制度。使用消耗废液处理制度，皮肤有伤口时禁止使用这类物质。其他可溶性铜盐、钡盐、铅盐、锑盐等也都有毒，应妥善保管。

对于非危险的一般试剂储存条件要求不高，但要对这类物质定期查看，在保质期内用完。一般试剂中以下几类试剂的存放需注意。

（1）遇光容易变质的试剂。

受紫外光线的影响，易引起试剂本身分解变质，或促使试剂与空气中的成分发生化学变化的物质。如硝酸、硝酸银、硫化铵、硫酸亚铁等一般盛放在深色瓶中避光保存。

（2）易冻结试剂。

这类试剂的熔点或凝固点都在气温变化以内，当气温高于其熔点或下降到凝固点以下时，试剂由于熔化或凝固而发生体积的膨胀或收缩，易造成试剂瓶炸裂，如冰醋酸、晶体硫酸钠、晶体碘酸钠等。

（3）易风化试剂。

这类试剂本身含有一定比例的结晶水，通常为晶体。常温时在干燥空气中（一般相对湿度在70%以下）可逐渐失去部分或全部结晶水，有的变成粉末，使用时不易掌握其含量。如结晶碳酸钠、结晶硫酸铝、结晶硫酸镁、胆矾、明矾等要密封保存。

三、实验室工作常识

在化学实验室中，经常与毒性很强、有腐蚀性、易燃烧和具有爆炸性的化学药品直接接触，常常使用易碎的玻璃和瓷质的器皿，以及在煤气、水、电等高温电热设备的环境下进行紧张而细致的工作。因此，必须十分重视安全工作。

1. 实验室安全知识

（1）进入实验室开始工作前，应了解煤气总阀门、水阀门及电闸所在处。离开实验室时，一定要将水、电、煤气关闭，将门窗锁好。

（2）使用电器设备（如低高压直流电源、调压变压器、烘箱、恒温水浴、离心机、电炉等）时，绝不可用湿手开关电闸和电器开关。凡是漏电的仪器，一律不能使用。

（3）使用浓酸、浓碱时，必须极为小心地操作，防止溅出。用移液管量取这些试剂时，必须使用洗耳球，绝对不能用口吸取。若不慎溅在实验台或地面，必须及时用湿抹布擦洗干净。如果触及皮肤，应立即用大量水冲洗，并治疗。

（4）使用可燃物，特别是易燃物（如乙醚、丙酮、乙醇、苯、金属钠等）时，不要大量放在桌上，更不应放在靠近火焰处。只有在远离火源时，或将火焰熄灭后，才可大量倾倒这类液体。低沸点的有机溶剂不准在火焰上直接加热，只能在带有回流冷凝装置的水浴中加热或蒸馏。

（5）易燃和易爆炸物质的残渣（如金属钠、白磷、火柴头）不得倒入污物桶或水槽中，应收集在指定的容器内。

2. 实验室灭火法

实验中一旦发生火灾，切不可惊慌失措，应保持镇静。首先立即切断室内一切火源、电源，然后根据具体情况积极正确地进行抢救和灭火。常用的方法如下。

（1）可燃液体燃着时，应立刻拿开着火区域内的一切可燃物质，关闭通风器，防止扩大燃烧面积。若着火面积较小，可用石棉布、湿布、铁片或沙土覆盖，隔绝空气使之熄灭。但覆盖时要轻，避免碰坏或打翻盛有易燃溶剂的玻璃器皿，导致更多的溶剂流出而再着火。

（2）酒精及其他可溶于水的液体着火时，可用大量的水灭火，最好用湿布盖灭。

（3）汽油、乙醚、甲苯等有机溶剂着火时，应用石棉布或沙土扑灭。绝对不能用水，否则会扩大燃烧面积。

（4）金属钠着火时，可把沙子倒在它的上面灭火。

（5）衣服被烧着时切忌奔走，可用衣服、大衣等包裹身体或躺在地上滚动灭火。

（6）导线着火时不能用水及二氧化碳灭火器灭火，应切断电源或使用四氯化碳灭火器。

（7）发生火灾时应注意保护现场。较大的着火事故应立即报警，火警电话为119。某些物质燃烧时选用的灭火剂如表2-1所示。

表2-1　物质燃烧时选用的灭火剂

可燃物	灭火剂	可燃物	灭火剂
苯胺	泡沫、二氧化碳	丙酮	泡沫、二氧化碳、四氯化碳
乙炔	水蒸气、二氧化碳	磷	沙子、二氧化碳、泡沫、水
二氯乙烷	泡沫、二氧化碳	钾、钠、钙、镁	沙子
火漆	水	硝基化合物	泡沫
松节油	喷射水、泡沫	苯	泡沫、二氧化碳、四氯化碳
赛璐珞	水	重油、润滑油、植物油、石油	喷射水、泡沫
纤维素	水	二硫化碳	泡沫、二氧化碳
橡胶	水	醚类（高沸点、175℃以上）	水
松香	水、泡沫	醚类（低沸点、175℃以下）	泡沫、二氧化碳
漆	泡沫	醇类（高沸点、175℃以上）	水
蜡	泡沫	醇类（低沸点、175℃以下）	泡沫、二氧化碳
石蜡	喷射水、二氧化碳	煤油	泡沫、二氧化碳、四氯化碳

3. 实验室急救

（1）被玻璃割伤及其他机械损伤时，首先检查伤口内有无玻璃或金属等物碎片，然后用硼酸水洗净，再涂擦碘酒或红汞水，必要时用纱布包扎。若伤口较大或过深而大量出血，应迅速在伤口上部和下部扎紧血管止血，立即到医院诊治。

（2）烫伤时，一般用浓的（90%~95%）酒精消毒后，涂上苦味酸软膏。如果伤处红痛或红肿（一级灼伤），可擦医用橄榄油或用棉花蘸酒精敷盖伤处；若皮肤起泡（二级灼伤），不要弄破水泡，防止感染；若伤处皮肤呈棕色或黑色（三级灼伤），应用干燥而无菌的消毒纱布轻轻包扎好，急送医院治疗。

（3）强碱（如氢氧化钠、氢氧化钾）、钠、钾等触及皮肤而引起灼伤时，要先用大量自来水冲洗，再用5%硼酸溶液或2%乙酸溶液涂洗。万一眼睛里溅进了酸或碱液，要立即用水冲洗，千万不要用手揉搓眼睛。清洗时要眨眼睛，并及时请医生治疗。

（4）强酸、溴等触及皮肤而致灼伤时，应立即用大量自来水冲洗，再以5%碳酸氢钠溶液洗涤。如皮肤上沾到较大量的浓硫酸，不宜先用水冲（以免烫伤），可迅速用干布或脱脂棉拭去，再用大量水冲洗。

（5）水银由呼吸道进入人体，也可以经皮肤直接吸收而引起积累性中毒。严重中毒的征象是口中有金属味，呼出气体也有气味；流唾液，打哈欠时疼痛，牙床及嘴唇上有硫化汞的黑色；淋巴腺及唾液腺肿大。若不慎中毒，应送医院急救。急性中毒时，通常用呕吐剂或碳粉彻底洗胃，或者食入蛋白（如 1L 牛奶加 3 个鸡蛋清）或蓖麻油解毒并使之呕吐。

（6）触电时可按下列方法之一切断电路：关闭电源；用干木棍使导线与被害者分开；使被害者和土地分离，急救时急救者必须做好防止触电的安全措施，手或脚必须绝缘。

第五节　化学实验基本操作方法

化学实验基本操作是指在进行化学实验时必须掌握的基本技能。例如，常用计量具的使用、药品的取用、加热、蒸发、溶解、过滤、结晶、蒸馏、升华、萃取、分液、纸层析、渗析、气体的收集、贮存与净化和天平的使用等一系列操作。

一、常用计量具的使用

1. 量筒、量杯

用于实验室中计量取用一定体积的液体。为准确读出量筒（或量杯）内液体体积，必须把量筒放置在水平的桌面上，使眼睛的视线、刻度、液体凹面的最低点处于同一水平线（图 2-14）。

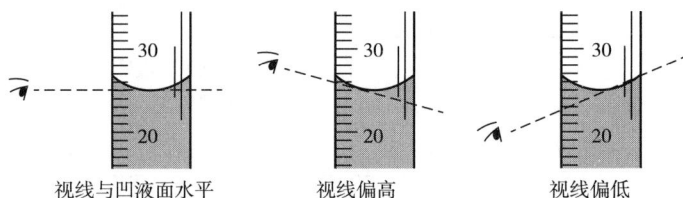

图 2-14　量筒的读数方法

量筒（或量杯）不能用来加热，也不能用来配制或稀释溶液，热溶液须冷却至室温时，方可使用量筒（或量杯）量取。

2. 滴定管的使用

当需要精确而方便地量取少量液体或做滴定实验时，常使用滴定管。

酸式滴定管使用较多，不能用来盛放碱液。酸式滴定管有无色和棕色两种，见光易分解的试液如硝酸银溶液滴定时，应置于棕色酸式滴定管中。

碱式滴定管下端套有一小段橡皮管，将滴头和管身相接，凡是能与橡皮管作用的物质，如高锰酸钾、碘、硝酸银等溶液，尤其是氧化性酸，不能使用碱式滴定管。

使用滴定管前，先检查是否漏水。将盛水滴定管夹在滴定管架上，仔细观察有无水从活塞隙缝中渗出或尖嘴处滴下。如果发现酸式滴定管活塞有漏水现象，应把塞子拔出来，用滤纸将活塞及活塞槽内的水和凡士林擦干净，然后在活塞的周围重新涂上一薄层凡士林（不要太多，以免堵住小孔），插入塞孔内，向同一方向旋动活塞至外部观察全部透明为止。用一根橡皮筋将活塞套在滴定管上，用蒸馏水将滴定管洗净，再用滴定溶液润洗 2~3 次，润洗液要从下端放出。加入溶液后，先把活塞或胶管处的气泡赶出，再调节液面至刻度 "0" 或 "0" 以下。排出停留在酸式滴定管内的气泡，可用右手拿住滴定管，左手迅速开足活塞，让急流冲走气泡。如冲不走，可斜拿滴定管，再开大活塞冲。赶走碱式滴定管尖端气泡时，要弯曲橡皮管，让尖嘴管斜向上方，并挤压橡皮管内的玻璃球使液体向上喷出，如果碱式滴定管漏水，应更换橡皮管或玻璃球。

使用酸式滴定管时，应该用左手拇、食、中三指旋转活塞，控制流量。右手拿住接收液体的容器。使用碱式滴定管时，用左手捏在玻璃球外胶管的上部，无名指和小指夹住尖嘴管，使它垂直向下，轻轻挤压胶管，让液体从胶管和玻璃球的隙缝间流出，如图 2-15 所示。

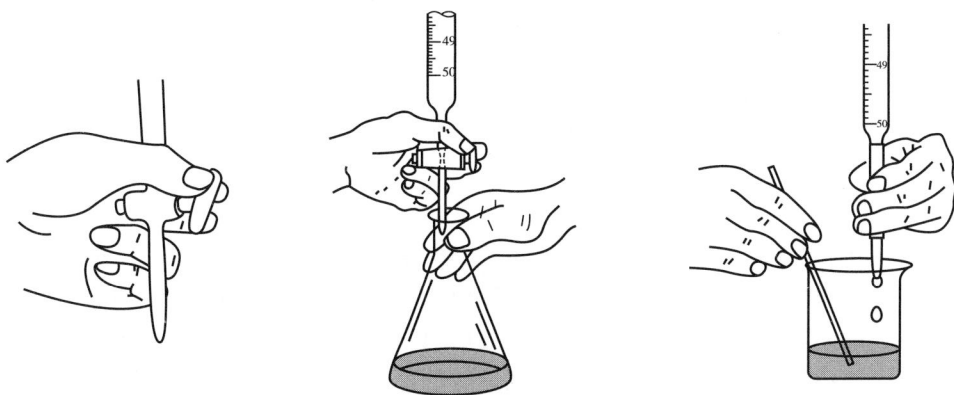

图 2-15　酸、碱式滴定管的操作方法

3. 移液管

移液管又叫吸量管，用来精确移取一定体积的液体。移液管是一种可用来准确测量它所放出溶液体积的仪器，它是一根中间有一膨大部分的细长玻璃管，其下端为尖嘴状，上端管颈处刻有一条标线，是移取的准确体积的标志。常用的移液管有 5 mL、10 mL、25 mL 和 50 mL 等规格。通常又把具有刻度的直形玻璃管称为吸量管。常用的吸量管有 1 mL、2 mL、5 mL 和 10 mL 等规格。移液管和吸量管所移取的体积通常可准确到 0.01 mL。

使用移液管时，用左手握洗耳球，右手拇、中二指握住管颈标线以上部位，慢慢放松球体，液体就被吸入管内。待管中液面高于所需体积时，移开洗耳球，迅速用右手食指抵住移液管上口，并用拇、中二指转动移液管，食指配合轻轻松动，使液体流出，调节液面至所需刻度，立即紧按食指堵住上口。放出液体时，应稍倾斜盛器，直立移液管，尖嘴靠在容器壁上，停留 15 s 待液体流尽，不要用嘴吹出管尖的残留液（因移液管上的读数已将残留液扣除，旋转）。

4. 容量瓶

容量瓶常用来配制和稀释溶液。容量瓶主要用于准确地配制一定物质的量浓度的溶液。它是一种细长颈、梨形的平底玻璃瓶，配有磨口塞。瓶颈上刻有标线，当瓶内液体在指定温度下达到标线处时，其体积即为瓶上所注明的容积数。一种规格的容量瓶只能配制一定体积的溶液，常用的容量瓶有 100 mL、250 mL、500 mL、1000 mL 等多种规格。

用容量瓶配制溶液时，先把称量好的固体在小烧杯中溶解，再把溶液仔细地转移到容量瓶中。转移时，应使溶液沿玻璃棒慢慢流入。残留在烧杯中的残液，用少量蒸馏水洗 3~4 次，洗液按上法依次转移至容量瓶中。溶液转入容量瓶后，补加蒸馏水至容量的 3/4，将容量瓶平摇几次，进行初步混合。然后小心加蒸馏水至标线下 1~2 cm 处，改用滴管滴加蒸馏水至标线。这时需充分摇匀，用左手食指按住塞子，大拇指、中指和无名指捏住瓶颈，右手食指和中指尖顶住瓶底，拇指和无名指扶住瓶侧，将容量瓶倒转后摇荡片刻，再倒转，使气泡上升到顶。这样反复几次，使溶液混合均匀。

配好的溶液如需存放，应转移到干净的磨口试剂瓶中，容量瓶不能代替试剂瓶长时间存放溶液。容量瓶不可加热，也不能盛温热或剧冷的液体，以防由于冷热变化而改变容量瓶的容积，或因剧冷、剧热而使容量瓶炸裂。容量瓶、移液管、滴定管等精密量具，均不能放在烘箱中烘干或加热烤干，也不允许量取热溶液，以免影响精确度。

二、药品的取用

有的化学药品有毒，较危险，因而化学药品的取用有"三不准"原则：①不准用手接触药品；②不准用口尝药品的味道；③不准把鼻孔凑到容器口去闻气味。在取用化学药品时，首先要看清标签，确认是所需的药品，然后打开瓶塞，瓶塞应倒放在实验台上，防止瓶塞沾污。取完药品后，盖紧瓶塞，把试剂瓶放回原处。已经取出或用剩后的药品不能再倒回原试剂瓶，应交回实验室。不同状态的药品取用方法不同。

1. 固体药品取用

取用固体药品要用洁净、干燥的药匙。少量微晶和粉末状固体须用角匙或塑料匙取用，微量药品用角匙尾端小勺取用，大量取用可直接倾倒，块状固体用镊子夹取。固体药品取用量，有用量要求的应用天平称量，无用量要求的应取最少量，以盖满试管底或者在烧杯中加 1~2 角匙为度。向试管和烧瓶中装粉末和微晶试剂时，为了防止药品黏附在容器口和内壁，应将盛有药品的角匙（或把药品盛在用硬纸条叠成的 V 形纸槽中），用右手平拿住，小心送入平卧着的试管底部或烧瓶中，再竖起容器即可。

将块状固体或金属颗粒放入烧瓶、烧杯和试管等玻璃器皿时，应将盛器倾斜，使固体沿器壁慢慢滑入盛器底部，切勿向竖直的玻璃容器中直扔固体颗粒，以免击碎玻璃盛器（图 2-16）。

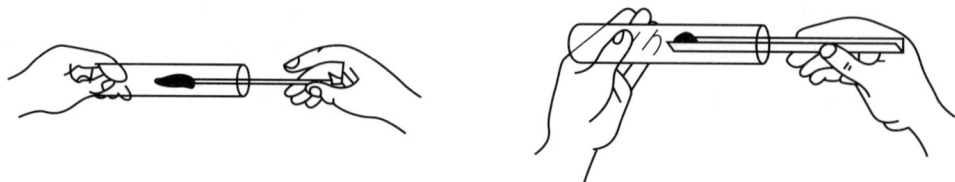

图 2-16　往试管中加粉末状固体

2. 液体试剂的取用

定量取用液体试剂，应用量筒、移液管、滴定管等仪器。取用少量液体试剂可用胶头滴管或用倾倒法。向试管中倾倒液体药品的量以不超过试管总容积的 1/3 为度。

从试剂瓶中倾倒液体试剂时，瓶盖开启后应仰放在桌面上。左手拿盛液体的容器，右手拿试剂瓶，标签向上对着手心，使瓶口紧靠容器口，缓缓倒入待取试剂。倒毕，稍待片刻，等瓶口液体流完时再移开。将试剂瓶轻放在桌上，盖上瓶盖，放回原处，并注意使瓶上的标签向外。

往烧杯中倾倒液体试剂应沿玻璃棒倒。玻璃棒下端轻抵烧杯内壁，瓶口紧贴玻璃棒，缓缓倒入。

用胶头滴管取用试剂时，先用适度的力吸入液体，切勿使液体进入胶头。然后使滴管垂直于接受容器口的上方，轻轻挤压胶头，使液体从容器口的正中悬空滴入容器内，勿让滴管的尖嘴触及容器内壁（图 2-17）。

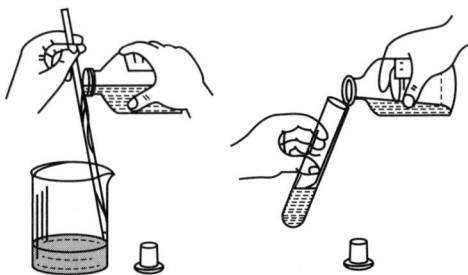

图 2-17 将液体试剂倒入试管和烧杯中

三、加热、蒸发

许多化学反应都是在加热的条件下进行的，在中学化学实验中，固体的溶解、升华，液体的蒸发等也都需要加热。因此，加热是化学实验中一项非常重要的操作。

1. 直接加热

直接加热多用于对温度控制不甚严格的情况。在中学化学实验中，能直接加热的仪器只有试管、坩埚、蒸发皿等极少数仪器。

用试管加热固体物质，需取用干燥试管，将试管固定在铁架台上，管口略向下倾斜，防止加热时产生的水蒸气在管口遇冷形成的水珠倒流至试管灼热部位使试管炸裂。用试管加热液体物质时，液体的量不超过试管容积的 1/3，试管夹由下而上地套住试管，夹在试管中上部，手握试管夹长柄，不要把拇指按在短柄上，试管一般与桌面成 45°角。先预热后再对试管底部集中加热，加热时切记试管口不可对着任何人。在加热过程中微微摇动试管，如需煮沸，应使试管上半部液体先沸，下半部后沸。

用瓷坩埚灼烧固体物质，应把它直立于铁架台的泥三角上，先用火焰上端均匀加热，最后在喷灯的氧化焰中加热，可斜置坩埚于泥三角上，盖上坩埚盖，使火焰对着坩埚盖，先以小火加热，此时热空气流经坩埚，使沉淀与滤纸迅速烘干，当滤纸全部焦化后，加大

49

灯的火焰，以高温灼烧，当坩埚壁上的碳素完全灰化后，可使坩埚直立在泥三角中，盖上坩埚盖，继续以大火灼烧 15 min。然后使火焰逐渐熄灭，让坩埚在空气中冷却。移动坩埚时应用坩埚钳（图 2-18）。

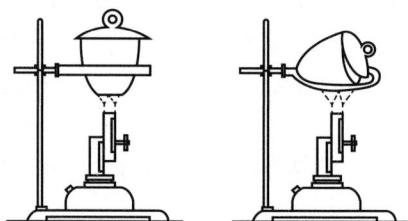

图 2-18　用瓷坩埚灼烧固体物质

2. 间接加热

烧瓶、烧杯、锥形瓶等底面积较大的仪器一般不能用火焰直接加热。因为剧烈的温度变化不仅会造成仪器损坏，而且由于局部太热，还可能造成仪器内物质的分解。

加热较多量液体常在烧杯中进行，烧杯放在铁圈或铁三角架的圆圈上，底部垫以石棉网。加热液体也可以用烧瓶，液体的量应占容积的 1/3～2/3。为了防止液体爆沸，常在烧瓶中加入几片洗净的碎瓷片。锥形瓶常用于微热液体。

严格控制温度的实验多采用间接加热法，如水浴、油浴和沙浴。温度计悬挂的位置视具体情况而定，加热时温度计应悬挂在水浴中，用以测量加热液体的温度时，则插入液体中。水浴用于加热温度不需要超过 100℃，并且要求温差变化很小时（如±2℃）。水浴锅的口径要合适，盛水量应保持其容积的 2/3 为宜。有时也可以用烧杯或钢精锅代替。当加热温度需要在 100℃以上，不超过 300℃时，往往用油浴加热。常用的油有机油、液体石蜡等沸点高、蒸气压低的矿物油。使用油浴时，先缓慢升温，待油中可能残留的水分蒸发掉以后，再升至所需要的温度。当所需加热的温度超过 100℃时，可使用沙浴。进行沙浴要使用铁制沙浴盘或沙浴锅，一般用细石沙。被加热的器皿放在热沙上，将温度计插入沙中。由于沙保热能力较差，散热很快，所以器皿底部的沙层应铺得薄些，以便于传热，器皿周围则要堆得厚些，以利于保温（图 2-19）。

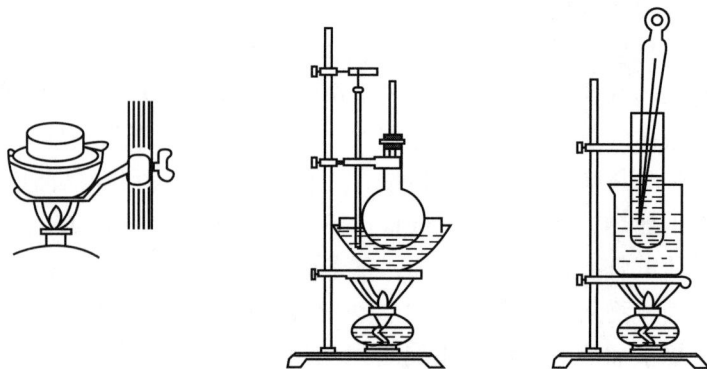

图 2-19　水浴加热

3. 蒸发

要蒸发点滴溶液可以用干净的玻璃片，在上面滴 2~3 滴待检溶液，然后用坩埚钳夹住，放在酒精灯火焰上方 7~8 cm 处，缓缓移动，使玻璃片均匀受热，蒸干水分，出现斑点。注意不可把玻璃片直接置于火焰上加热，否则容易爆裂。如果改用洁净的破烧杯或玻璃瓶的碎片，常可避免爆裂。

用蒸发皿进行操作，注入的溶液不应超过容量的 2/3。把蒸发皿置于铁架台的铁圈或泥三角上，用酒精灯火焰直接加热，火焰调节到液体不飞溅为度。当溶液变稠时，应用玻璃棒经常搅动，以利于蒸发和防止飞溅。当溶剂蒸发到一定量时，即得到热的饱和溶液，冷却后有晶体析出。如果要得到干的固体，待蒸发皿中出现多量固体时，应减小火焰或停止加热，利用蒸发皿的余热将极少量溶剂蒸干（图 2-20）。

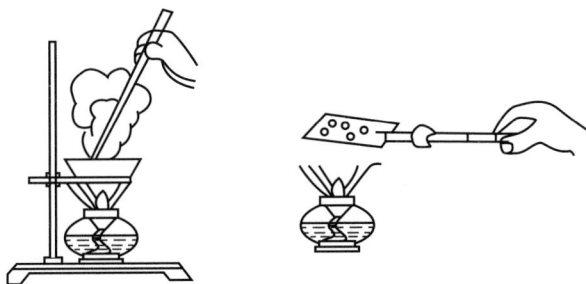

图 2-20　蒸发溶液

四、溶解、过滤、结晶

1. 溶解

按照相似相溶原理，如氯化钠、硫酸钾、氯化氢等离子晶体和极性分子构成的物质，多选用分子极性很大的水做溶液；石蜡、油脂、高级脂肪烃、芳香烃等非极性分子构成的物质就选用苯、甲苯、汽油、四氯化碳等非极性分子构成的物质做溶剂。实验室中为了增加溶解能力，有时把两种或三种溶剂混合起来使用。

搅拌、振荡、加热等方法可以加速溶解，遇到颗粒较大的固体，可先把大颗粒研细。

气体物质的溶解度不是很大时，可以直接把导气管插到水中。如果气体极易溶解，则不能直接插入，以防形成负压，而把溶剂吸到反应器中。这时可以把导气管提离溶剂面，或在导气管上反接一只小漏斗（图 2-21）。

2. 过滤

过滤是分离不溶性固体与液体最常用的方法。根据溶液和沉淀的性质及实验要求可选用不同的

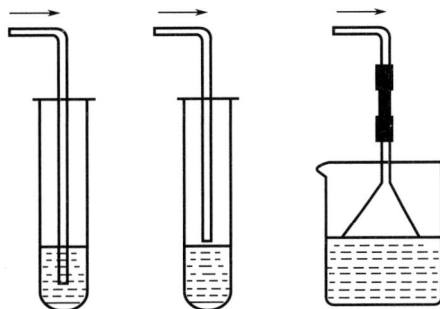

图 2-21　气体物质的溶解

方法进行过滤，常用的过滤方法有常压过滤、减压过滤和热过滤。

常温常压过滤是一种最简单、最常用的过滤方法之一，先把一圆形或方形滤纸对折两次成扇形（方形滤纸需剪成扇形，圆形滤纸不必再剪），打开后恰能与60°角的漏斗相密合。用食指把滤纸按在漏斗内壁上，用少量蒸馏水润湿滤纸，用玻璃棒轻压滤纸四周，赶走滤纸与漏斗壁之间的气泡，使滤纸紧贴在漏斗壁上。否则，气泡的存在将延缓液体在漏斗颈内的流动而影响过滤速度。漏斗中滤纸的边缘应略低于漏斗边缘。过滤操作可总结为"一贴""二低"和"三靠"。"一贴"是滤纸的折叠必须和漏斗的角度相符，使它紧贴漏斗壁，并用水湿润。"二低"是滤纸的边缘须低于漏斗口 5 mm 左右，漏斗内液面又要略低于滤纸边缘，以防固体混入滤液。"三靠"是过滤时，盛待过滤液的烧杯嘴和玻璃棒相靠，液体沿玻璃棒流进过滤器；玻璃棒末端和滤纸三层部分相靠；漏斗下端的管口与用来装盛滤液的烧杯内壁相靠；使过滤后的清液成细流沿漏斗颈和烧杯内壁流入烧杯中。

当某些热的浓溶液或饱和溶液中的杂质在热时不溶而其中的溶质在温度下降时易于大量结晶析出，就应趁热过滤。否则晶体会堵塞滤纸微孔而使过滤中断，也不能分离杂质。热过滤要用过滤漏斗，即在普通漏斗外加一个金属外罩。罩内装有热水，并在罩的支管外加热，以保持热水的温度。

为了加速过滤，常用减压过滤法或称吸滤。吸滤器由吸滤瓶、布氏漏斗和吸滤泵组成（图2-22）。滤纸剪成圆形，要把布氏漏斗的底面全部盖住，又不留翘边。抽气前，先用清水将滤纸湿润，以便更好地贴合漏斗底部。先开始抽气，然后徐徐倒入待滤清液，再倒入浊液，可以加快过滤速度。用吸滤瓶过滤完毕应先把吸滤瓶和抽气泵分离，再关水龙头，以防水倒吸。吸滤瓶上的滤瓶如要洗涤，可用洗瓶直接加水或其他洗涤剂抽气洗涤。开始抽吸时水流速度要慢，再逐渐加快，勿操之过急，否则固体颗粒会堵住滤纸微孔而影响过滤速度。

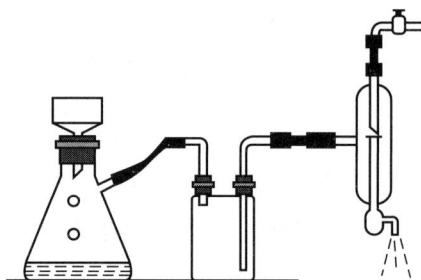

图 2-22 吸滤装置

3. 结晶

结晶和重结晶是用来分离溶解度相差较大的可溶性固体的方法。其操作过程是先在较高温度下把固体混合物溶于水，制成饱和溶液（如不是饱和溶液，先把溶液蒸发至有少量晶体析出）。然后将溶液在室温下静置，慢慢冷却，可得到颗粒较大的晶体，剩下的溶液为母液，趁热过滤，可将晶体与母液分离。如果冷却时无结晶析出，可用玻璃棒在烧杯内壁液面摩擦几下，也可以加几粒该溶质的晶体（俗称晶种），就有较多的结晶出现。晶体颗粒的大小与结晶时的条件有关。如将溶液迅速地冷却或加以搅拌，会得到颗粒小、纯度高的晶体，但影响过滤。在室温下静置，慢慢冷却，虽可得到颗粒较大的晶体，有利于过滤，但因为大颗粒晶体的间隙中间含有母液或别的杂质，所以纯度不高，这时必须用重结晶的方法进一步提纯。即把结晶出来的晶体重新溶解在蒸馏水中，加热蒸发制成饱和溶液，冷却，再一次结晶，然后过滤，这个过程就是重结晶。如需对物质进行精制，可进行几次重结晶，直至纯度符合要求为止。不过经过重结晶，物质的产量和产率都会降低。

五、蒸馏、升华

蒸馏是分离和提纯液体混合物常用的一种方法，可以把沸点不同的物质从混合物中分离出来，也可以把混在液体里的其他杂质除去。蒸馏的过程是：将液体加热至沸，使液体变为蒸气，再将蒸气冷凝成液体。根据被蒸馏物质的性质和要求，蒸馏有常压蒸馏、水蒸气蒸馏和减压蒸馏。中学化学实验常用的是常压蒸馏，常用来处理受热不发生分解或者沸点不太高的液体物质。

蒸馏装置如图 2-23 所示，温度计水银球的上端应恰好和蒸馏烧瓶支管的底边位于同一水平线上，瓶内液体不超过容积的 2/3，也不少于其容积的 1/3，瓶内加几块碎瓷片以防爆沸。冷凝管的冷却水要从下往上流动。加热速度以每秒滴出 1~2 滴为宜，蒸馏过程中，温度计水银球要有被冷凝的液滴，这时的温度计读数就是馏出物的沸点。蒸馏完毕，先应停火，然后停止通水，再拆卸仪器。

升华装置由盛升华物的容器和冷凝器组成。冷凝器最好用蒸馏烧瓶，可以更换冷却用水。加热后的升华物就凝结在烧瓶的底部（图 2-24）。

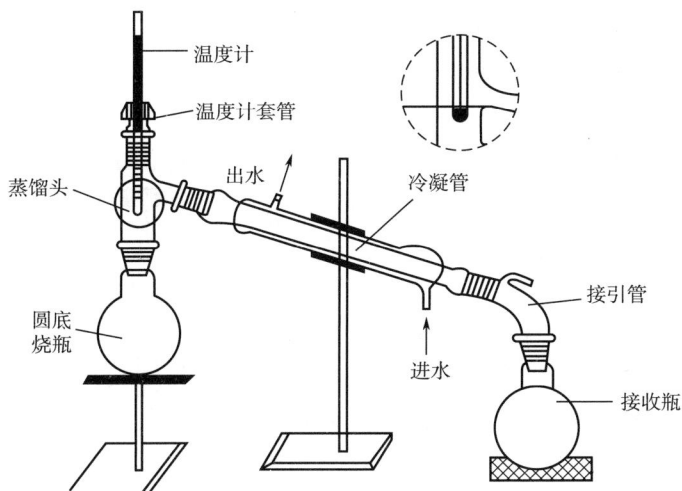

图 2-23　蒸馏装置

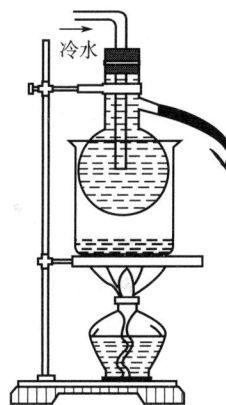

图 2-24　升华装置

六、萃取与分液

利用溶质在互不相溶的溶剂中的溶解度不同，用一种溶剂把溶质从它与另一种溶剂所组成的溶液中分离出来的方法叫萃取。它也可以除去溶质中的某些杂质，因而也是提纯物质的一种方法。萃取溶剂大多为有机溶剂，被萃取的溶液一般是水溶液，在中学化学实验中常用分液漏斗进行萃取。

分液是把两种互不相溶的液体混合物进行分离的操作方法，根据液体的密度不同，用分液漏斗分离。先把混合液注入分液漏斗，静置漏斗架上，待其分层明显后，开启活塞，使密度大的下层液体流出，两种液体就分离开来。有时两种液体有乳化现象，可加破乳剂摇和，待分层后再分离。

萃取是把溶质从一种溶剂提取到另一种溶剂中的操作（图2-25）。这两种溶剂一定要互不相溶，而且溶质在这两种溶剂中的"分配系数"相差越大越好。萃取的主要仪器是分液漏斗。加入的总液体量以占容积1/2为宜，其中溶液占2/3，萃取剂占1/3。装好后，塞上磨口塞。此塞子不能涂油，塞好后再旋紧一下，以免漏液。以右手手掌顶住漏斗磨口塞子，手指握住漏斗颈部。左手握住漏斗的活塞部分，大拇指和食指按住活塞柄，中指垫在活塞座下边，将漏斗倒转过来用力摇荡2～3 min。摇荡时，漏斗应稍倾斜，活塞部分向上，不时自活塞中放气，因萃取剂多为有机溶剂，蒸气压较大，如不放气，有时会冲开磨口塞。摇荡后，将漏斗置于漏斗架上，待分层后再进行液体的分离操作。

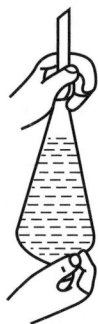

图2-25　萃取

七、纸层析

纸层析是利用混合物中各组分在固定相和流动相中的溶解度不同而达到分离目的，常用滤纸作载体，滤纸上所吸收的水分作固定相，有机溶剂作流动相，称为展开剂。层析法有专用滤纸，也可用质量较好的普通滤纸代替。滤纸要清洁、均匀、平整，剪好的滤纸条没有斜的纸纹，按一定规格剪成纸条备用。所用展开剂应对被分离物质有一定溶解度，通常为含一定比例水的有机溶剂。如分离甲基橙和酚酞可用水-正丁醇溶液作展开剂。

操作时，先要点样。即取少量试样，用水或易挥发的有机溶剂（如乙醇、丙酮等）使其完全溶解，配制成浓度约1%的溶液。在滤纸上距一端2～3 cm处用铅笔画一记号作为原点，用毛细管或微量注射针筒吸取少量试样溶液在原点滴一小滴，每滴试样体积为$2 \times 10^{-3} \sim 2 \times 10^{-2}$ mL，控制点样直径在0.3～0.5 cm。晾干后再在原点处重复上述操作1～2次。将已点样并晾干的滤纸悬挂在层析槽内，并使滤纸下端（有点样一端）边缘浸入展开剂液面下0.5～1 cm，但点样的位置必须在展开剂液面之上，盖上层析槽（图2-26）。借助于毛细现象，展开剂带动试样中各组分以不同速度沿滤纸逐渐向上移动，因各组分在固定相和流动相中溶解度不同，从而使混合物中各组分在流动相中移动距离不同而得到展开。

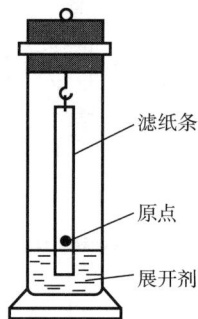

滤纸条

原点

展开剂

图2-26　纸上层析

有的组分展开后就可显示出不同颜色，但有的组分展开后不显色，还要进行显色反应。一般可用显色剂喷雾法使各组分显色，如分离甲基橙和酚酞时用氨水作显色剂，酚类可用三氯化铁的乙醇溶液显色，也有用紫外光照射显色。

八、渗析

渗析主要用来提纯、精制胶体溶液。把混有离子或分子杂质的胶体溶液装入半透膜的袋子里，扎好袋口，系在玻璃棒上，悬挂在盛有蒸馏水的烧杯中。过一定时间后，胶体中的离子、分子杂质便通过半透膜溶于水中，而从胶体溶液中分离出来。半透膜常使用胶棉薄膜、醋酸纤维素薄膜等（图2-27）。

淀粉胶体和食盐溶液

半透膜

蒸馏水

图2-27　渗析

九、气体的收集、贮存与净化

1. 气体的收集

收集气体时，可根据气体的水溶性和对空气的相对密度选择排水法或排空气法收集。凡是不与空气起化学反应，而相对密度又跟空气相差较大的气体都可以用排气集气法收集。其中相对密度比空气小的用向下排气法，如 H_2、NH_3、CH_4 等；相对密度比空气大的用向上排气法，如 Cl_2、CO_2、HCl、NO_2、SO_2、H_2S、O_2 等。不溶或难溶于水而又不与水起反应的气体，可用排水法收集。如 O_2、H_2、N_2、NO、CO、CH_4、C_2H_4、C_2H_2 等。

用排气集气法收集无色气体时，要时刻注意检验瓶子的满溢情况。以防止易燃（如 H_2、CO、CH、C_2H_2、C_2H_4）、有毒害（如 HCl、SO_2、CO、H_2S）的气体溢出瓶外。

表 2-2 列举了检验一些气体是否集满的方法。

表 2-2 检验一些气体是否集满的方法

气体	检验方法	集满标志
O_2	用带余烬的火柴棒放在瓶口	余烬复燃
CO_2	燃着的火柴靠近瓶口	熄灭
SO_2	用湿润的蓝色石蕊试纸放在瓶口	试纸变红
H_2S	用湿润的醋酸铅试纸放在瓶口	试纸变黑
Cl_2	观察颜色	整个瓶子充满黄绿色
NH_3	用湿润的红色石蕊试纸放在瓶口	试纸变蓝
NO_2	用湿润的碘化钾淀粉试纸放在瓶口 观察颜色	试纸变蓝 整个瓶子充满红棕色
HCl	向瓶口呵气 用沾有浓氨水的玻璃棒靠近瓶口	瓶口上方有白雾 瓶口有白烟生成

用排水法收集的气体，纯度较高，但含有水蒸气，因而在具体应用时，需根据情况选择合适的集气方法。为了获得较纯净的 Cl_2 和 SO_2 气体，可采用排饱和食盐水法收集 Cl_2，用排液体石蜡法收集 SO_2 气体。

2. 贮气瓶的使用方法

对于一些经常使用（或在一段时间内常用）而又不易溶于水的气体，为了省却每次制气的麻烦，往往一次多制一些，把它贮存在贮气瓶中待用。贮气瓶有单瓶式和双瓶式两种。

双瓶式贮气瓶的贮气方法是，把 A 瓶灌满水，然后将 A 瓶的短导管和气体发生器的气体导出管相接，使气体进入 A 瓶，水便压入 B 瓶中。当 A 瓶中气体即将充满并仍剩有少量水时（长导管的下端仍在水面下），卸开气体导出管，关闭活塞，贮气完毕。放气方法是，使 B 瓶位置高于 A 瓶，打开 A 瓶短管上的活塞，水从 B 瓶流入 A 瓶，气体就不断被压出瓶外（图2-28）。

3. 气体净化与吸收

气体的净化与吸收，是为了除去气体中的杂质，这要求吸收剂不与被净化气体反应而吸收杂质。中学化学实验所用的气体一般情况下不需要净化就可直接使用，但在一些特殊的实验中则需要使用较纯净的气体，如用 H_2、N_2 合成 NH_3 的实验，要求 H_2 和 N_2 干燥而纯净。

气体净化多采用洗涤的方法，所以又称为气体的洗涤。所用洗涤剂一般是水、碱、酸等。气体洗涤剂的选择可从以下几方面考虑：易溶于水的杂质用水吸收；酸性物质用碱吸收，碱性物质用酸吸收；水分用干燥剂吸收；某些杂质要用能和它生

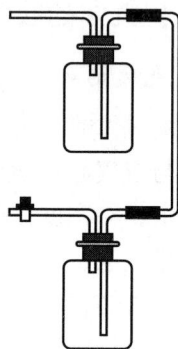

图 2-28 双瓶式贮气瓶

成沉淀或可溶物的吸收剂吸收。洗涤装置的进出气口不能接错，进口管一定要通到吸收液中，出口管接在不接触吸收液的短管上。容器中的洗涤液量不超过容积的1/2。根据实验的具体要求，有的可采用多个洗气装置串联。气体的吸收有两个目的：一是吸收气体制备溶液；二是吸收尾气，防止污染。吸收剂必须是容易跟气体起反应的物质（图2-29）。

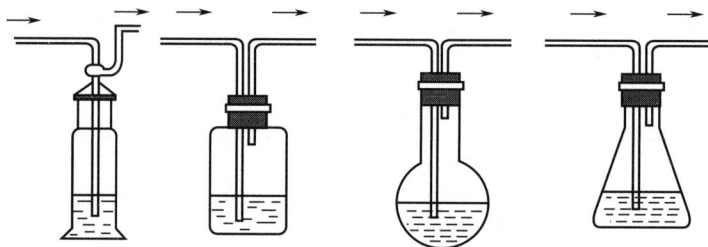

图 2-29 气体洗涤装置

吸收装置通常有两种。一种是溶于水，但溶解度不是很大的气体，如 Cl_2、SO_2、CO_2、H_2S 等，可把气体导气管直接插入吸收剂中吸收。一些溶解度很大的气体，如 HCl、NH_3 等，按照气体溶解方法处理。

另一种是模拟工业吸收塔做成的气体吸收装置，用于吸收较大量气体。使用时，打开滴液漏斗的活塞，把事先装入的吸收剂慢慢放出。然后使被吸收气体由导管 a 缓缓通入吸收塔，生成的溶液流到底部，间断地从导管 b 放出。如果制得的溶液浓度不够，可将吸收液再倒回滴液漏斗，再次或多次吸收制成浓溶液（图2-30）。

4. 气体的干燥

中学实验室中干燥气体常用无水氯化钙或浓硫酸作干燥剂。干燥管较粗的一端为气体入口，较细一端为气体出口。干燥塔从下端进气，上端出气。U 型管中的干燥剂粒度较干燥塔中的小，填充不要超过支管口。一般架在铁架台上使用。用液体干燥剂干燥时，可用洗气瓶作干燥器。

使用干燥剂和干燥器皿应注意根据气体性质选择干燥剂。例如，干燥 NH_3 不可用无水氯化钙（会生成 $CaCl_2 \cdot 8NH_3$），只能用碱石灰。干燥剂的大小颗粒视器皿而定，不带粉

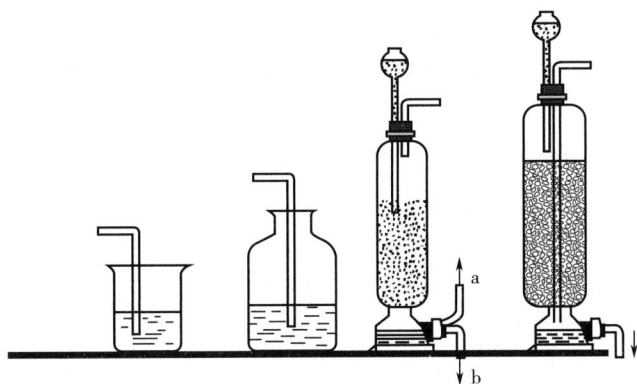

图 2-30 气体吸收装置

末。干燥剂不要填塞太紧,两端应塞上一团脱脂棉花或玻璃纤维。干燥剂应随用随填,用过后应将干燥剂取出。还有一种用于干燥固体的干燥器,干燥器中间有带孔瓷板,底部盛放干燥剂,最常用的干燥剂有变色硅胶和无水氯化钙,有时也用浓硫酸或生石灰。干燥的硅胶是蓝色的(含无水 Co^{2+}),吸湿以后变为粉红色(含水 Co^{2+})。受潮的硅胶可以在 120℃烘箱中烘干,恢复蓝色时重复使用,但要注意温度不可过高。干燥器的带孔瓷板上可以放置称量瓶、干坩埚和试样等。干燥器磨砂缘口要涂一薄层凡士林,使它保持密封。

十、天平的使用

托盘天平(或盘式天平)是中学化学实验中使用最多的称量仪器,主要用于精确度不高的称量,一般能精确到 0.1 g。

1. 托盘天平的使用方法

旋动调节螺丝调节零点。检查托盘天平的指针是否在刻度中间位置;如果不在中间位置,可调节托盘下面的螺旋,使指针正好停在中间位置,此时指针的位置称为零点。

称量时,左托盘放称量物,右托盘放砝码。根据称量物的性状应放在玻璃器皿或洁净的纸上,应事先在同一天平上称得玻璃器皿或纸片的质量,然后称量待称物质。

添加砝码从估计称量物的最大值加起,逐步减小。托盘天平只能称准到 0.1 g。

过冷过热的物体不可放在天平上称量。应先在干燥器内放置至室温后再称。

取用砝码必须用镊子,取下的砝码应放在砝码盒中,称量完毕,应把游码移回零点。

称量时必须注意以下几点:托盘天平不能称量热的物体;称量物不能直接放在托盘上;称量完毕,放回砝码,使托盘天平各部分恢复原状,并保持托盘天平的整洁。

2. 分析天平的使用方法

慢慢旋动升降枢钮,开启天平,观察指针的摆动范围,如指针摆动偏向一边,可调节天平梁上零点调节螺丝。

将要称量的物体从左门放入左盘中央,按先在托盘天平上称得的初称质量用镊子夹取适当砝码从右门放入右盘中央,用左手慢慢半升升降枢钮(因天平两边质量相差太大时,全升升降枢钮可能会引起吊耳脱落，损坏刀刃），视指针偏离情况由大到小添减砝码。待克组砝码试好后，再加游码调节。在加游码调节天平平衡过程中，右门必须关闭，这时可以将升降枢钮全部升起，待指针摆动停止后，要使标牌上所指刻度在零点或其附近。

称量方法有：

（1）直接称量法。所称固体试样如果没有吸湿性并在空气中是稳定的，可用直接称量法。先在天平上准确称出洁净容器的质量，然后用药匙取适量的试样加入容器中，称出总质量。这两次质量的数值相减，就得出试样的质量。

（2）减量法。在分析天平上称量一般都用减量法。先称出试样和称量瓶的精确质量，然后将称量瓶中的试样倒一部分在待盛药品的容器中，到估计量和所求量相接近。倒好药品后盖上称量瓶，放在天平上再精确称出它的质量。两次质量的差数就是试样的质量。如果一次倒入容器的药品太多，必须弃去重称，切勿放回称量瓶。如果倒入的试样不够可再加一次，但次数宜少。

（3）指定法。对于性质比较稳定的试样，有时为了便于计算，可称取指定质量的样品。用指定法称量时，在天平盘的两边各放一块表面皿（它们的质量尽量接近），调节天平的平衡点在中间刻度左右，然后在左边天平盘内加上固定质量的砝码，在右边天平盘内加上试样（这样取放试样比较方便），直至天平的平衡点达到原来的数值，这时，试样的质量即为指定的质量。

使用分析天平时除应遵循托盘天平有关操作规则外，还应注意添加砝码、取放称样或其他原因接触天平时应先托住天平梁，否则易使刀口损坏，这是使用天平规则中最重要的一条。每次称量时，应将天平门关好。加砝码后开启天平时，指针摆幅应控制在2~4格。被称样品视其性质放在洁净干燥的称量瓶或表面皿中称量。称量瓶不得用手拿，要用滤纸条夹取。称量结束，要检查天平梁是否托好，砝码是否齐全，有无药品撒落到天平内，天平门是否关紧，布罩是否罩好。天平使用一段时期后，要送计量部门进行检定和调修。天平的全面清洁工作每年应进行两次。

第三章　中学化学演示实验研究

　　在中学化学课堂教学中，教师用演示的方法结合课堂教学进行实验操作，并同时指导学生观察和思考的实验形式即通常所说的演示实验，其特点是操作简便、现象明显，具有较强的直观性与示范性。

　　演示实验是中学化学课堂教学中生动、有效的直观教学，也是应用最广深的教学手段，它可以应用于各种教学环节。如用在一个单元或一节课的开始的演示实验，可以明确将要解决的问题，还起着导入新课、激发学生学习兴趣和集中注意力的作用；用在化学概念、理论的教学，它能为学生提供感性知识，启发学生深入思考问题，培养学生的观察能力、想象能力和思维能力；用于验证假说，有助于培养学生进行推断，作出结论，解决化学问题的能力，促进理解和强化记忆；用来向学生提出问题的演示实验，可以考查学生的观察、记忆、推理和判断的能力；用在解答化学习题，可以启发学生解题的思路和加法。通过演示实验中实验条件的控制，能使学生了解到实验条件在物质发生化学反应过程中所起的作用，便于学生掌握实验的关键和形成牢固的记忆。通过演示实验可以使学生观摩到正确、规范的实验操作技术和方法，受到严肃认真的科学态度的熏陶，受到安全、节约、爱护公物的教育和审美教育。因此，在化学教学中如何将演示实验教学过程设计成为一个愉快学习的过程，使学生通过观察绚丽多彩的化学现象，积极探索化学奥秘，发展智慧和创造能力，形成稳定的学习动机，是一个值得研究的课题。

一、中学化学演示实验的教学要求

（一）合理地选择演示实验

　　中学化学新课标的配套教材中编入的实验内容，其中一部分可以用作演示实验，教师应当尽量创造条件去做。此外，还可根据教学内容、学生实际和实验设备条件等增加一些演示实验。在选择演示实验时，要考虑有利于教学内容重点的突出、教学难点的突破，还要符合直观、简单、安全、可靠等基本要求。目的明确就是要求演示实验具有明确的实验目的。在选择或设计演示实验时，教师需要考虑通过演示实验要求学生学习掌握哪些基础知识和技能，以及培养哪些方面的能力、体验哪些过程方法及情感态度价值观的教育等问题。直观就是要求实验现象鲜明而又能说明问题。在教学中，应该选择那些在反应中有颜色改变、气体产生、沉淀生成、物质溶解、热量变化、发光等明显现象的实验，通过演示给学生以强刺激。简单就是要求实验装置和操作尽可能简易。这是为了避免过于复杂的装置和操作可能分散学生的注意力，同时确保能在短时间内完成演示，使之更好地配合课堂讲解或启发学生思考，以利于课堂教学正常进行。除了个别特殊实验外，演示的时间一般控制在几分钟内比较适宜，否则就应研究改进实验装置或操作。必须注意的是，在简化实验装置或操作时，绝不能只是追求简单化而造成科学上的错误。演示实验必须确保安全，不允许任何有可能伤害师生的事故发生，否则除了有损师生的身体健康外，还会使学生对化学实验产生畏惧心理，从而降低学习化学的兴趣和信心。在选择或设计演示实验时，必须把安全放在第一位，对实验中的不安全因素要做到心中有数，并采取有效措施予以消除，否则，不宜选作演示实验。可靠就是要求演示实验的效果应万无一失，确保成功。演示实验的失败，不但严重地影响教学效果，还会挫伤学生的化学学习兴趣和积极性，甚至会使学生对化学学科的认识产生偏差。因此，在选择或设计演示实验时，必须多方考虑、反复试验，以确保所选的演示实验百分百成功。

一般有下列特点的实验可采用演示实验的形式进行。

1. 阐明主要化学概念和化学理论的实验

例如有关形成分子概念、原子概念、氧化-还原反应概念、电离理论等的实验。

2. 关于物质的制取和性质的实验

有些实验虽然是很普通的，如氧气、氢气、氯气、二氧化碳气体等的制取和性质，在学生初次接触时，为了使其能很清楚地看到这些实物及其特征性质，就必须进行演示实验。

3. 实验装置比较复杂，操作要求比较高的实验

当学生还没有掌握实验所必要的操作技能时，不能让学生去做，要由教师来演示。例如，水的电解实验，氢、氯混合气体的爆炸实验等。

4. 使用剧毒药品的实验

例如，白磷和液态溴的取用、一氧化碳还原氧化铁等实验由教师演示比较合适。

5. 需用大量试剂才能获得明显结果的实验

例如，铝热剂反应、尘炸、二氧化碳熄灭汽油的燃烧等。

6. 指导学生掌握基本操作的实验

如正确取用试剂，用试管夹夹住试管后在酒精灯上加热，装置仪器的操作步骤一般应由下而上、从左到右地安装等。

（二）精密而细致的准备

为了保证演示实验成功，达到预期的教学效果，必须在思想上给予演示实验足够的重视，认真对待每一个实验，即使是自己非常熟悉的或者是很简单的实验也不能掉以轻心。教师在上课前要认真做好各方面的准备。

首先，要注意仪器装置是否符合要求，是否整齐清洁，即使细小的部件也要加以注意。例如，弯曲得不好的玻璃管、大小不相称的仪器、高低不适合的装置，都会给学生以不良的印象。

其次，用品和试剂的准备。有些细小的用品如玻璃棒、火柴、药匙等是否齐全，试剂是否适用，溶液的浓度是否恰当，都须事前进行检查。有时市售的淀粉要有所选择，直链淀粉遇碘溶液时呈蓝色，而支链淀粉则呈红紫色；如二氧化锰中混有炭粒，在作为分解氯酸钾的催化剂制取氧气时就会有爆炸的危险；用锌和硫酸反应制备氢气时，如果硫酸的浓度不适当，反应就会很慢。

对实验中所用试剂的纯度、浓度、用量、各种药品的配比，仪器的选用和安装，各种实验条件（实验时的温度、压力、湿度等）如何控制，实验所需时间的长短等都必须做到心中有数。对实验的正常现象和反常现象及其原因都要进行分析，掌握好实验成功的条件和关键，以保证在课堂上能成功地进行演示。对于某些难度较大、不易成功的实验（如碳还原氧化铜），就更需要教师通过课前的多次重复预试，研究并把握实验成功的条件和关键。

（三）合理布置演示桌

一般以教师自己为准，把需用的仪器放在桌子的左边，试剂药品放在右边。最大的器皿放在前排，较小的物品依次放在后排。桌子的中央空着留作演示实验用。如果在一节课内要进行好几个实验，也可以把所需的仪器药品都放在桌子的左边，当做完一个实验后就把不需要的物品移到后边去，这样可以使实验井然有序地进行。如果所需的仪器和试剂过多，实验桌子不够放，可以再接一张桌子。如某一实验装置较复杂，需要在上课前预先装配好，也可以把成套装置放在另一张桌子上。

（四）注意直观效果

应注意仪器大小的选择。有时使用普通试管进行实验，只能使前几排学生看到有少量沉淀产生，能辨认出是什么颜色或试管壁上有水滴附着。为了使全班学生都能看到这些现象，应选用较大的烧杯进行演示。有时为了帮助学生鉴别物质的颜色，可以用白色衬板衬托在器皿后面。要鉴别试管中是否有微量沉淀产生，可以用衬板衬在后面观察溶液是否浑浊。衬板常用 30 cm 见方的硬纸板制成，一面糊上白纸，一面糊上黑纸。为了使学生看清天平上指针的移动或所指的位置，可以在标尺装一个标有黑线条的白色纸屏。为了使坐在后排的学生也能看清楚反应现象，可以在演示桌上架一只小的演示台，把仪器装置垫高一些。

目前幻灯机的使用已很普遍，有些实验可以把化学反应的现象放大后放映在屏幕上，直观性就更强了。

（五）突出装置的重点部分

用普通烧瓶和长颈漏斗来装气体发生器时，将突出长颈漏斗的下端要插入液面下，这是这套装置的关键。又如用氢气还原氧化铜实验装置的重点是还原部分，应突出发生还原反应的试管而不是气体发生器。突出装置的重点部分就是要求把这部分装置安排在前排突出的部位，便于观察。有时还要把重点部分交待清楚，指出观察的方法。例如，要观察氢气燃烧后在烧杯壁上有无水珠生成，应指出观察时要比较燃烧前后烧杯壁上的现象。为了突出这一点，实验所用的烧杯必须冷而干燥。再如，用等量的木炭粉末与氧化铜反应要观察还原出来的铜，可以把生成物倒在白纸上观察。

（六）重视示范作用

一切操作都要规范化，有些操作虽简单，如打开试剂瓶时瓶塞在桌上的放法，倾倒试剂时瓶签的方向，点燃酒精灯后火柴梗的处理，熄灭酒精灯时灯帽的盖法，在天平上称量物质后取去砝码和称量物的先后次序，也必须按操作规程进行。

（七）保证实验安全

在实验过程中，应严格遵守操作规程。对剧毒药品、强腐蚀和易燃物品的保管和使用，必须遵照安全规则处理。对容易发生事故的实验，必须采取安全措施加以预防。在实验过程中，还要结合具体实验内容向学生进行安全教育。

（八）合理安排时间

有些演示实验需要较长时间才能获得结果，可以采取一些措施来弥补。①用少量试剂使反应容易完成。例如，测定晶体里结晶水的含量、物质的溶解性和化学反应速度等实验。②进行某些预处理。如制取甲烷、乙烯时可预先加热以缩短演示所需的时间。③预制产品。在演示某一段操作步骤后，拿出预先制得的中间产物或成品来展示和讲解。例如，糖类发酵制取乙醇、油脂的皂化反应等都可以这样做。④利用产物的特征性质，看到一些颜色或闻到一些香味即可。例如，乙酸乙酯的制备，闻到它的香味就表示反应已在进行。在不影响学生观察实验的前提下教师可以利用等待实验结果的时间进行适当的讲解。

（九）发挥教师的指导作用

在实验一开始就要指出实验的目的，在实验过程中要指导学生观察现象，指出观察些什么和怎样观察。在实验结束时，教师要引导学生作出结论。

演示与讲授要密切结合。要提高演示实验的教学效果，最重要的是要引导学生进行积极的思维。教师进行演示实验时，要使学生明确演示实验的教学目的和观察要求，并对实验装置、操作步骤、观察到的现象进行积极的思考。启发学生对现象和测定的数据进行分析，经过抽象、概括、总结和归纳，透过现象认识本质，以形成化学概念和掌握基础理论知识，培养学生的逻辑思维能力，所有这些都离不开教师的讲授。只有把演示与讲述、讲解或提问密切结合起来，才能引导学生调动各种感官，转化为积极的思维活动，收到预期的教学效果。

讲授和演示实验结合的方式，因具体情况的不同而有所差异。

一种方式是先做演示实验，并根据实验现象进行分析，然后得出结论。这种方式主要用于化学反应原理不太复杂、实验装置或操作都比较简单，以及实验现象鲜明的情况。例如，在"氢气的还原性"的教学中，做氢气还原氧化铜的演示实验，就可以用这种方式。这种先演示、分析，后得出结论的方式，有利于为形成抽象的概念提供感性知识，符合由感性认识上升到理性认识的认识过程。

另一种方式是先讲清实验原理，并分析演示实验可能产生的现象和结果，然后通过实验演示予以验证。这种方式主要用于实验原理以及装置、操作程都比较复杂，或现象不易看清的演示实验。如一些揭示化工生产原理的演示实验（氨氧化法制硝酸、接触法制硫酸等），如果不先讲清制备它们的化学反应原理和各部分装置的作用，学生没有一个初步的整体概念，演示时学生对实验现象的观察和分析往往不能深入。如果采用教师边演示边介绍各部分仪器装置的作用，让学生边观察实验现象边分析有关实验原理的方法，会显得烦琐零碎，降低学生智力活动的兴趣和积极性。

演示操作要注意直观性。在选择或设计演示实验以及安装仪器时都必须符合直观性的要求。在课堂演示操作时也必须注意直观性，应尽量采取一些使现象鲜明的措施，让每个学生都能观察清楚。例如，为了增大可见度，可以使用比较大的试管和仪器做实验。有时要在玻璃容器背后衬托一个屏板，如生成有色气体和有色液体、有色沉淀时，在容器背后衬一白色屏板；在生成白色沉淀的容器背后衬一黑色屏板。还可以把实验装置放在比较高的实验台面上以便使整个实验装置进入全班学生视野内。对于那些产生少量沉淀和小气泡的实验（如电解过程、原电池的反应等），由于现象不够明显，不易观察，可借助投影的方法把用肉眼难以直接观察的现象加以放大。

演示操作必须规范化。演示实验中教师的实验操作，是学生学习的榜样应起示范作用。因此，教师要注意自身对学生的影响。实验所用的仪器要整洁，装置要合理、美观，操作必须规范化，做到一丝不苟。而且还要对学生在操作中容易出现的问题，结合自己的实验操作，进行必要的提示和强调。有些实验具有一定的危险性，实验前教师要讲清楚，只要按照实验操作规程进行实验（如浓硫酸的稀释不是把水倒入浓硫酸，可燃性气体在点燃前必须做纯度的检验等），是不会发生危险的，以防学生出现恐惧心理，而不敢观察、不敢做实验。

此外，教师的示范作用还表现在严谨的科学态度、操作有条不紊、物品放置井然有序、对待实验结果实事求是、遇到意外事故不手忙脚乱等方面，这些都会对学生产生潜移默化的影响。

把握课堂演示时间。在课堂教学中，既要做演示实验，又要进行其他教学环节，所以一定要掌握好实验所需的时间。一般来说，每次演示实验的时间都不宜过长，较复杂的实验也不宜超过 5 min。对于比较复杂的演示实验，为了缩短演示实验的时间，在不违反科学性的前提下，一些实验的装置应力求简易，做到重点突出，这样可以把学生的注意力吸引到主要装置上来。为了节约时间，教师必须在课前做好充分的准备，如在上课前对仪器组装配套，对所用试剂进行必要的预处理（预热或制成半成品）等，在课堂上演示最关键、最本质而又最能说明问题的内容。例如，演示接触法制硫酸的原理，应该在课前制好二氧化硫和氧气，课上只演示二氧化硫和氧气在通过装有催化剂受热的玻璃管以及用水和浓硫酸分别吸收生成的三氧化硫的过程。如果准备工作做得充分，在几分钟内就能完成实验。对于那些需要较长时间才能完成的实验，可以留待课后让学生观察。

实验一　红磷的燃烧

视频

一、实验目的

（1）认识空气的主要成分和它们的体积比。
（2）掌握红磷燃烧实验的操作。

二、实验用品

仪器：集气瓶、燃烧匙、玻璃水槽、量筒。
试剂：红磷。

三、实验原理

利用易燃物质在密闭容器里燃烧除去空气中的氧气后，测定剩余气体的体积。

四、实验过程

（1）连接装置如图 3-1 所示。

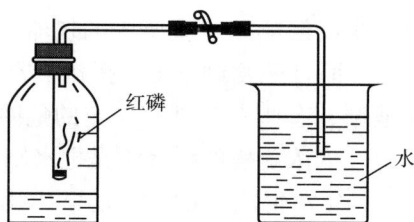

图 3-1　红磷燃烧实验装置

（2）检查装置气密性，用手捂热集气瓶，观察水槽中是否有气泡冒出。

（3）在集气瓶内加入少量水后，把集气瓶剩余容积五等分。

（4）用止水夹夹紧橡皮管。

（5）点燃红磷后，立即伸入集气瓶内并塞紧塞子。

（6）燃烧结束待装置冷却到室温后，打开弹簧夹，集气瓶里的水位上升到约占容积的 1/5。

五、注意事项

（1）装置的气密性要好。

（2）密闭容器里的氧气必须完全烧尽。

六、拓展与延伸

（1）用截去底的大盐水瓶画成五等份后代替钟罩。用浮在水面上的小瓷皿或小铁盖代替燃烧匙，用汽油或酒精浸湿的棉花团代替红磷。当燃烧生成的二氧化碳溶解于水，生成的水蒸气凝结成水后，瓶里的水面也能升高到约占空气总体积的 1/5〔图 3-2（a）〕。

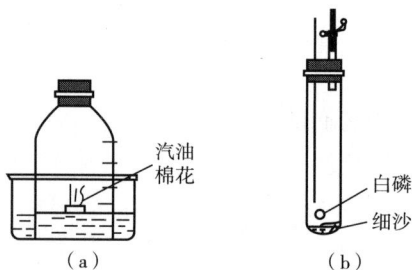

图 3-2　红磷燃烧的其他实验装置

（2）把一支大试管分成五等份，配上装有铜丝和导管的橡皮塞。导管上装一小段带有夹子的橡皮管。在试管底部放一些干燥的沙子，上面放一块绿豆大小的白磷。实验时，先加热铜丝，立即伸入试管中跟白磷接触并使其燃烧。待火焰熄灭后，将试管倒置在水槽里，放松夹子，水即从导管进入试管内，约占容积的 1/5（图 3-2 右）。

七、问题与讨论

（1）实验中选择红磷的原因是什么？

（2）实验中，如果吸入水的体积大于或小于 1/5，其可能的原因是什么？

（3）根据实验现象，分析瓶内剩余气体具有怎样的性质？

实验二　分子的运动

一、实验目的

（1）认识扩散是分子运动的重要现象。

（2）了解运动是物质的本质属性。

二、实验用品

仪器：钟罩（或大烧杯）、小烧杯、滤纸、集气瓶、毛玻璃片、启普发生器、酒精灯。

试剂：浓氨水、酚酞试剂、锌粒、稀硫酸、琼脂、重铬酸钾（$K_2Cr_2O_7$）、高锰酸钾（$KMnO_4$）、蒸馏水。

三、实验原理

运动是物质的本质属性，所有分子都处于永不停息的运动中。

四、实验操作

（1）氨的扩散。

在洁净小烧杯中加入 20 mL 蒸馏水，并滴入 3~5 滴酚酞溶液。另一小烧杯中加入 20 mL 浓氨水。将钟罩罩住两烧杯，稍待，盛放蒸馏水的烧杯出现红色。装置如图 3-3（a）所示。

（2）氢气的扩散。

用排水集气法将氢气收集在 250 mL 集气瓶中至满，并用滤纸吸干集气瓶口的水滴。把一个空集气瓶正立桌上，瓶口盖上一张滤纸，将收满氢气的集气瓶倒合在空瓶口上。静置 5 min，两瓶气体都用毛玻璃片盖好，一一点燃，两瓶都能发生爆鸣。装置如图 3-3（b）所示。

（3）高锰酸钾粉末在凝胶中的扩散。

把 1 g 琼脂放入 100 mL 蒸馏水中，搅拌、加热，使其溶解。冷却成凝胶。将上述凝胶

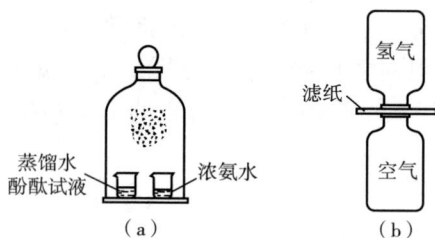

图 3-3　分子运动实验装置

温热，加到试管一半处，冷却凝聚后，用 V 型纸槽小心将 KMnO₄ 粉末（或 K₂Cr₂O₇ 粉末）加到凝胶上（管壁粘黏的粉末应用脱脂棉擦净），再向试管中注入温热琼脂溶液，直到满管。5~10 天后，可看到 KMnO₄（或 K₂Cr₂O₇）向上下扩散。装置如图 3-4 所示。

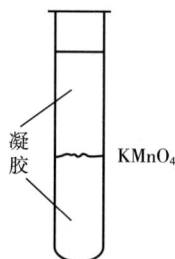

图 3-4　高锰酸钾在凝胶中的扩散

五、拓展与延伸

分子处于不停息的无规则运动状态，这种运动称为热运动。打开香水瓶，香水会逐渐蒸发，变为气体，距离瓶口一段距离就会闻到香味，说明香料分子进入空气中，过一段时间，香水味均匀弥漫在整个房间。扩散现象在气体、液体、固体间都能发生。分别向热水和冷水中滴入一滴墨水，可以观察到热水很快变成黑色，而冷水变成黑色较慢，说明扩散快慢与温度有关。扩散现象表明：一切物体的分子都在不停地做无规则的运动，同时也说明分子不是紧密地挤在一起，而是彼此间存有间隙。

六、问题与讨论

（1）有哪些方法可以加快或减缓分子的运动？
（2）请举出分子运动的应用实例。

实验三　溶液的配制

一、实验目的

（1）掌握溶液浓度的计算方法及常见溶液的配制方法。

（2）熟悉天平、量筒的使用方法，掌握移液管、容量瓶的使用方法。

（3）学习溶液的定量转移及稀释操作。

二、实验用品

仪器：烧杯、量筒、试剂瓶、托盘天平。

试剂：$CuSO_4 \cdot 5H_2O$、$NaCl$、H_2SO_4、$SnCl_2 \cdot 2H_2O$。

三、实验原理

实验室里常常因为化学反应性质和要求不同而需要配制不同的溶液。

四、实验过程

（1）配制 100 mL 0.1 mol/L $CuSO_4$ 溶液：称取适量 $CuSO_4 \cdot 5H_2O$ 固体，加入少量水溶解后，加水稀释至 100 mL。

（2）配制 500 mL 0.05 mol/L $NaCl$ 溶液：称取适量 $NaCl$ 固体，加入少量水溶解后，加水稀释至 500 mL。

（3）配制 100 mL 3 mol/L H_2SO_4 溶液：用量筒量取一定体积的浓硫酸，沿烧杯壁缓慢倒入约 50 mL 水中，待冷却至室温后，稀释至 100 mL。

（4）配制 40 mL 0.1 mol/L $SnCl_2$ 溶液：用托盘天平称取适量固体 $SnCl_2 \cdot 2H_2O$ 置于小烧杯中，用量筒量取 13 mL 6mol/L HCl 溶液倒入烧杯，加热至固体溶解、溶液澄清，冷却后加水稀释至 40 mL，加入锡粒以防止氧化。

五、注意事项

（1）配制好的溶液需要用带塞的试剂瓶盛装。

（2）配制好的溶液应及时贴上标签，标明溶液名称及浓度。

（3）有毒、有腐蚀性的废液不能直接倒入下水道。

六、问题与讨论

（1）浓硫酸稀释过程需要注意哪些问题？

（2）配制氯化亚锡溶液，加入盐酸溶解的目的是什么？加入锡粒以防止氧化的原理是什么？

实验四　实验室制取氧气

一、实验目的

（1）掌握实验室制取氧气的操作。

（2）掌握实验室收集氧气的方法。

（3）掌握本实验的演示教学方法与技能。

二、实验用品

仪器：玻璃导管、橡皮管、药匙、研钵及杵、蒸发皿、水槽、集气瓶、毛玻璃片、烧杯、锥形瓶、分液漏斗、玻璃棒。

试剂：氯酸钾、二氧化锰、高锰酸钾、氧化汞、过氧化氢、木条。

三、实验原理

用含氧较多的化合物受热后分解释出氧气，常用的有氯酸钾、高锰酸钾、氧化汞和过氧化氢等。

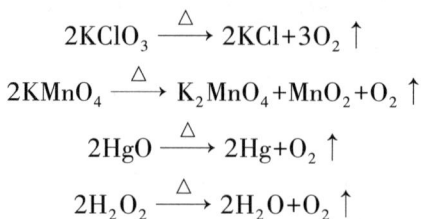

$$2KClO_3 \xrightarrow{\triangle} 2KCl+3O_2\uparrow$$

$$2KMnO_4 \xrightarrow{\triangle} K_2MnO_4+MnO_2+O_2\uparrow$$

$$2HgO \xrightarrow{\triangle} 2Hg+O_2\uparrow$$

$$2H_2O_2 \xrightarrow{\triangle} 2H_2O+O_2\uparrow$$

四、实验过程

（1）市售二氧化锰中混有有机物和炭屑等杂质，可能引起爆炸。处理方法是将二氧化锰粉末放在铁盘内加以强热，使这些可燃物在空气中烧尽。研细氯酸钾晶体时，要用杵慢慢压碎，不可研磨，以防其中混有还原性物质时引起爆炸。

（2）加热分解氯酸钾制取氧气。取氯酸钾晶体 6 g，在研钵内压碎后与 1 g 干燥的二氧化锰放在洁净的瓷蒸发皿里或毛玻璃片上，用玻璃棒轻轻搅拌。

（3）将处理好的氯酸钾和二氧化锰粉末装入试管中，用食指轻弹装有反应物的试管底部，使反应物自然铺开成斜坡状。

（4）实验装置如图 3-5（a）所示，导管插入硬纸板的小孔中，将纸板盖在集气瓶上。先缓缓加热，然后加以强热。先加热试管的中下部，使这一部分的氯酸钾分解，再将火焰逐渐移向试管底部。

（5）收集氧气可用排空气法，也可以用排水法收集，装置如图 3-5（b）所示，中间的空瓶是为了防止水槽内的水倒流入试管，一般不用。检验氧气是否收满可用带有火星的木条放在瓶口检验。

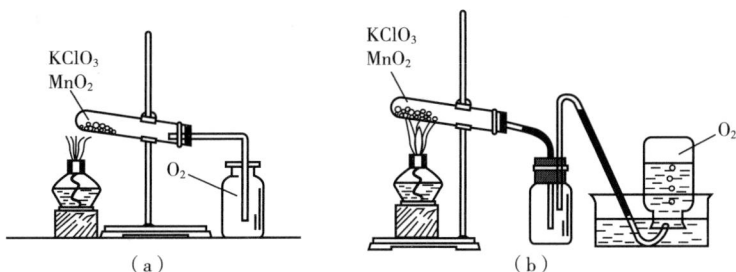

图 3-5　制取氧气的实验装置

五、注意事项

（1）用排水法收集氧气，在实验结束时应先把导管从水槽中取出，然后移去灯火。

（2）氯酸钾和二氧化锰的混合物加热到 240℃即可分解出氧气来，而且速度很快。如果要收集好几瓶氧气，应把所有的集气瓶都预先充满水，倒立在集气瓶座上。

（3）6 g 氯酸钾约可收集氧气 1600 mL。氯酸钾和二氧化锰的质量比可以用 3∶1、6∶1 或 10∶1。用 3∶1 时分解速度最快，教师在准备实验时常用此比例；演示实验常用 6∶1；学生实验则用 10∶1，这时分解速度较慢，便于收集气体。

（4）可以用氧化铜、氧化铁、三氧化二铬、褐色砂土、玻璃粉或粗食盐等代替二氧化锰。

（5）加热分解氯酸钾放出的氧气中，常含有少量氯气和微量的二氧化氯以及臭氧等，通入水中时往往会产生白雾。

六、拓展与延伸

（1）实验室制取氧气：高锰酸钾分解法

在干燥试管里装入 15 g 高锰酸钾，用一小团疏松的棉花放在试管口，再塞上带有导管的塞子。棉花团用于防止加热时微小的高锰酸钾颗粒可能随着氧气流入集气瓶中。照上法加热，当温度高于 200℃时，高锰酸钾即分解出氧气来。

高锰酸钾，俗名"灰锰氧"，市售高锰酸钾有暗紫色略带光泽的小颗粒晶体，也有成黑色粉末的，本实验都可以应用。15 g 高锰酸钾约可制得 1000 mL 氧气。高锰酸钾加热时分解出氧气的速度较氯酸钾慢，适于学生实验。

（2）实验室制取氧气：氧化汞分解法

在硬质试管内盛干燥的红色氧化汞 0.5 g，均匀平铺在试管的底部，要铺得薄而面较宽。如上法加热，氧化汞在 500℃以上分解成汞和氧气。

氧化汞又名"三仙丹"，市售氧化汞有黄色和红色两种，都可以用。黄色的颗粒较细，较易分解。氧化汞分解所需的温度较高，加热时最好用三芯酒精灯。汞呈液态，故本装置采用试管上斜的形式。为了防止汞蒸气污染空气，在试管口上可装一个盛少量硫粉或碘粉的玻璃管，使它生成 HgS 或 HgI_2。

（3）实验室制取氧气：过氧化氢分解法

在锥形瓶里盛 1 g 二氧化锰，塞上配有分液漏斗和导管的橡皮塞。在小烧杯中加

40 mL 水，加入 30%的浓过氧化氢 10 mL，用玻璃棒缓缓搅和后注入分液漏斗（图 3-6）。从分液漏斗慢慢注入稀释的过氧化氢溶液，受二氧化锰的催化作用，即有氧气释放。

过氧化氢在酸性和中性介质中比较稳定，在碱性介质中容易分解。40 mL 稀释的过氧化氢可分解出约 1000 mL 氧气。

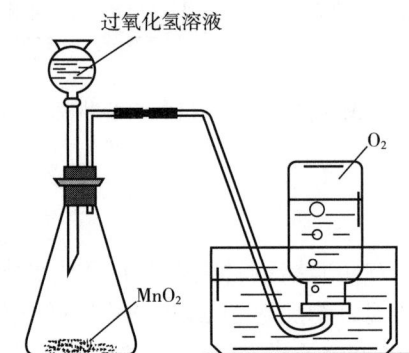

图 3-6　过氧化氢分解法制取氧气

七、问题与讨论

（1）保证氧气制取与收集成功的关键注意事项有哪些？
（2）本实验应该引导学生观察哪些实验现象？
（3）从绿色化学的角度来讲，本实验中的哪种方法制取氧气最好？说明理由。

实验五　氧气的化学性质

一、实验目的

（1）认识氧气是一种化学性质比较活泼的气体。
（2）了解氧气能跟许多物质发生化学反应，同时放出热量。

二、实验用品

仪器：贮气瓶、集气瓶、毛玻璃片、燃烧匙、镊子、烧杯。
试剂：木炭、硫粉、红磷、细铁丝、蜡烛、澄清石灰水、石蕊试液、蒸馏水。

三、实验原理

氧气的化学性质比较活泼，能与许多物质发生化学反应。

四、实验过程

（1）木炭的燃烧。用镊子夹住片状的一小块木炭，放在酒精灯上加热到发红，观察在空气里燃烧的情况。趁木炭红热时放入燃烧匙内伸入盛有氧气的集气瓶中，即见木炭燃烧得很剧烈并发出白光（图3-7）。待瓶里的氧气基本耗尽，木炭熄灭后，取出燃烧匙，立即往瓶里倒入一些澄清石灰水，振荡。澄清的石灰水变得浑浊，证明木炭与氧气化合后生成了二氧化碳。

如果没有木炭，可以用细木条代替。

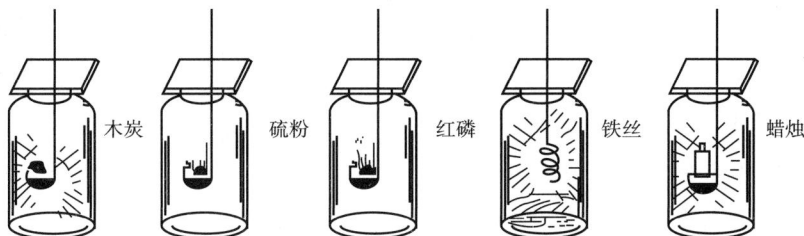

图3-7　物质在氧气中燃烧

（2）硫粉的燃烧。在洁净的燃烧匙里盛两粒黄豆般大的硫粉，用酒精灯点燃后，先观察它在空气里燃烧的情况，这时只有微弱的淡蓝色火焰。然后伸入氧气瓶里，从瓶口慢慢地伸到瓶底。硫在氧气里燃烧时发出明亮的蓝紫色火焰，生成有刺激性气味的二氧化硫气体。待火焰熄灭，取出燃烧匙，注入少量蒸馏水后，振荡，再用蓝色石蕊试液检验，石蕊变成了红色。

（3）红磷的燃烧。可用燃烧硫粉同样的方法燃烧红磷，但只能使用一粒黄豆般大小的红磷。磷燃烧时，生成的五氧化二磷白烟弥漫全瓶，加水振荡后，白烟即溶解，生成的溶液也能使蓝色石蕊试液变成红色。

（4）铁丝的燃烧。在细铁丝螺旋形的末端系上一根火柴。先点燃火柴，待其大部分将烧完，趁铁丝热时，伸入氧气瓶里。这时铁丝与氧气发生剧烈反应，火星四射，生成黑色的四氧化三铁。为了避免落下的熔渣炸裂瓶底，在集气瓶里要预先注入少量水或在瓶底铺一层细沙。

（5）蜡烛的燃烧。取一小段蜡烛竖直在燃烧匙里，在火焰上微微加热，待底部的蜡熔化后，立即取出冷却，使它固定在燃烧匙上。点燃蜡烛后伸入盛有氧气的瓶里，蜡烛燃烧得更旺，发出明亮的白光。当瓶里的氧气耗尽，烛火渐渐发暗至熄灭，这时有黑烟产生。如果集气瓶里的氧气是用排空气法收集的，在干燥的瓶壁上可以看到有水雾出现。取出燃烧匙，注入少量清石灰水，振荡变浑浊。这说明主要成分为碳和氢的石蜡在燃烧时与氧气发生反应，生成了二氧化碳和水。黑烟是石蜡分解出来还未燃烧的炭粒。

五、注意事项

（1）在燃烧硫粉和红磷时，一定要把瓶口盖好。
（2）操作时要把燃烧匙从集气瓶口慢慢向下移动，接近瓶底，让物质充分燃烧。

六、问题与讨论

（1）中学教学中氧气性质演示实验的教学目的是什么？

（2）氧气性质实验中，重点观察的实验现象是什么？

（3）请写出本实验中的所有化学反应方程式。

（4）你能否设计出一个铝在氧气中燃烧的演示实验？

实验六　实验室制备氢气

视频

一、实验目的

（1）认识实验室里制备和收集氢气的方法。

（2）熟悉启普发生器的原理和构造。

（3）掌握演示氢气制备实验的安全操作技能。

二、实验用品

仪器：启普发生器、烧杯、橡皮管、玻璃导管、集气瓶、毛玻璃片、水槽。

试剂：锌粒、稀硫酸（H_2SO_4）、木条。

三、实验原理

活泼金属跟稀酸反应能置换出酸中的氢。

四、实验过程

（1）组装启普发生器：按图 3-8 组装。将球形漏斗和容器颈部磨砂以及导气管活塞擦拭干净，薄薄地涂上一层凡士林，装好，旋转达到均匀透明。用塑料绳拴住半球体上的玻璃塞子。

（2）检查气密性：扭开导气管活塞，加水至充满半球体，关闭活塞，继续加水至液面达漏斗球体容积的一半处为止，做一记号。静置 5 min，如水面不下降，即证明启普发生器不漏气。

（3）加锌粒：锌粒不要用纯的。新装的启普发生器有时反应很剧烈，很快就会把容器内的酸液压上球形漏斗。如果加入的酸量过多，可能溢出漏斗口。为了安全起见，可在漏斗口上装一个安全漏斗作为缓冲器。也可在双球瓶的底座装一些洁净的碎玻璃或碎瓷片，以减少加酸量。

（4）配制稀硫酸溶液，稀硫酸的浓度以 1∶4 为宜。在大烧杯内盛 4 体积水，慢慢注入 1 体积98%的浓硫酸，边注入边用玻璃棒搅拌均匀。扭开导管活塞，将硫酸从球形漏斗加入，至刚好浸没锌粒为止。关闭活塞，待用。

锌粒

稀H_2SO_4

图 3-8　启普发生器

（5）让锌和稀硫酸接触，发生反应，开启导气管活塞上的阀门，让氢气经导气管逸

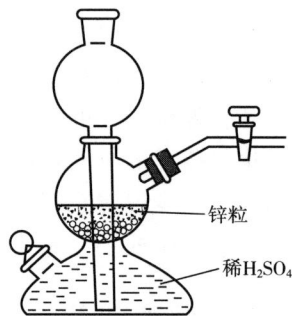

出，待氢气收满后，关闭阀门，酸液从底座压入球形漏斗，待锌跟稀硫酸脱离接触，反应即停止。

（6）收集氢气可用排水法或向下排空气法，装置如图 3-9 所示。收集氢气前，应检验氢气的纯度。先用排水法将氢气收集在小试管里，倒移试管到离发生器较远处，用燃着的小木条在试管口点燃，如有尖锐的声音发出，说明试管里的气体中混有氧气，直到只发生轻微的"卟"声为止。如果用排空气法收集氢气，检验氢气的纯度时，当第一个试管检验后，再要收集第二管氢气时必须要另换一个试管。因为在第一个试管检验后，试管口可能仍存在氢气燃烧的火焰。

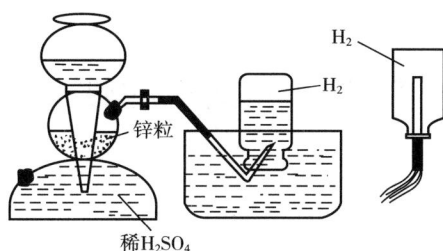

图 3-9　收集氢气

五、注意事项

如果要添加锌粒，可以用橡皮塞塞紧球形漏斗的口，使酸液维持不动，拔去导气管上的橡皮塞，从这里加入锌粒。如果硫酸浓度降低，可将启普发生器侧转，拔去底座上的塞子，将酸液倒出一部分，再添加新酸。

六、拓展与延伸

氢气发生器的几种简易装置如图 3-10 所示。

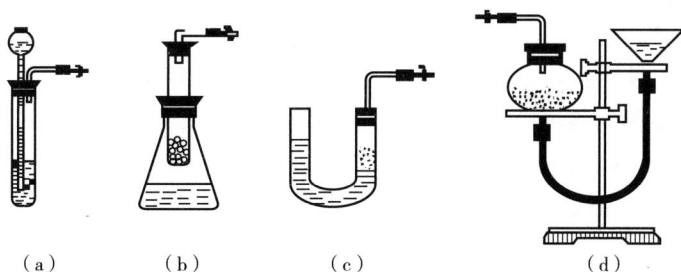

图 3-10　氢气发生器的几种简易装置

（1）图（a）在长颈漏斗的下部装一个橡皮或塑料制的多孔垫片，锌粒放在垫片上，稀酸从漏斗管注入，由导管上的弹簧夹控制反应的发生和停止。

（2）图（b）是由底上有破碎小孔的试管和锥形烧瓶组装的。试管底部放几块碎玻璃片以堵住上面的锌粒漏下。锥形烧瓶内盛稀硫酸。使用时将试管插入酸中，使用完毕，将试管提起跟酸液脱离接触，反应即停止。

（3）图（c）是用 U 型管装配的，原理与图（a）相似，只是稀酸从左管加入。

（4）图（d）是由球形干燥管和漏斗用橡皮管连接起来的。球形干燥管的底部装一些玻璃纤维，上面盛锌粒，稀硫酸由漏斗注入，反应除由弹簧夹控制外，还可以用漏斗的升降来控制。

七、问题与讨论

（1）氢气点燃前为什么要验纯？

（2）为什么实验中要采用启普发生器？

实验七　氢气的性质

一、实验目的

认识氢气的一些物理性质和化学性质。

二、实验用品

仪器：氢气发生器、干燥管、玻璃管、橡皮管、尖嘴管、烧杯、集气瓶、毛玻璃片、铁皮罐（塑料杯或蜡纸筒）。

试剂：锌粒、稀硫酸、肥皂液、碱石灰、氯气、氧化铜。

三、实验原理

氢气的质量特别轻，约为同体积空气质量的 1/14，它有可燃性和还原性。这些性质可以通过吹肥皂泡、点燃纯净的氢气和还原氧化铜等实验表现出来。

四、实验过程

（1）制备肥皂溶液：将 1 g 上等肥皂片或肥皂粉溶于 40 mL 水中，制成黏稠的溶液。如果用普通的钠肥皂配制，要在肥皂溶液内加 1 mL 稀氨水以中和氢气中带来的酸雾，因钠肥皂溶液遇酸雾会分解出脂肪酸，妨碍肥皂泡的形成。市上出售的某些黏稠液体状合成洗涤剂可直接用来吹肥皂泡。

（2）吹氢气肥皂泡。检验氢气的纯度后，把肥皂泡吹管的管口伸入盛肥皂液的器皿中，调节氢气流速度使器皿中泛起的肥皂泡不过急。然后把管口提出液面，先使管口向下，让肥皂泡逐渐胀大到桂圆大小时，迅速将管口转向上方。待肥皂泡继续长大到乒乓球大小时，急速抖动手腕或用嘴轻轻地吹一下，肥皂泡即脱离管口迅速上升（图 3-11）。

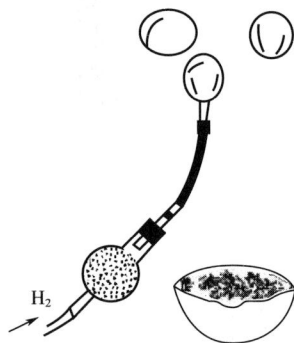

图 3-11　吹氢气肥皂泡

实验时可取另一支吹管用嘴吹成肥皂泡，作比较。用氢气吹成的肥皂泡在空气中迅速直线上升，而用嘴吹成的肥皂泡则上升缓慢。这就表明氢气质量比空气轻得多。

（3）纯净氢气的燃烧。在导管口装一支尖嘴管，在检验氢气纯度后，在管口上点燃，纯净的氢气在空气中能安静地燃烧。氢气燃烧时应产生淡蓝色火焰，但其在玻璃导管口燃烧时的火焰却略带黄色。如果在管口套上一段铝皮卷的尖嘴管，可以看到淡紫蓝色的火焰。取一只干燥而洁净的冷烧杯，罩在氢气火焰的上方，稍待一会儿，即见有微细的水珠凝聚，执烧杯的手感到有微热。这表明氢气燃烧时与空气中的氧气发生反应，生成水并放出大量的热。

（4）氢气和空气混合气体的爆炸。纯净的氢气在空气、氧气或氯气中能安静地燃烧，但其跟这些气体混合后再点燃就会发生爆炸。用排水法在集气瓶里收集一瓶氢气，用毛玻璃片盖好后取出水面，正立桌上。拿一只空的集气瓶口对口地合在上面。抽去玻璃片，将两个瓶子合在一起颠倒几次，使两种气体充分混合。在两只瓶口之间插入两片毛玻璃片，把两只集气瓶连同玻璃片分开后倒立桌上。用布把瓶底和 2/3 的瓶身包裹起来，拿去毛玻璃片后，迅即把瓶口移到火焰上，发出"呼"一声巨响，再拿另一瓶混合气体试验，获得相同的结果。

这个实验也可以用铁罐头瓶、塑料杯或蜡纸筒进行。取一个一端开口、一端在底上钻有小孔的筒，将棉花条或火柴梗堵住小孔后，用排水集气法在其中收满氢气，倒立桌上。注意筒口和桌面接触处不要被水封闭，必要时可垫一根火柴梗或小木片以便空气能流入。拔去小孔上的棉花条或火柴梗，用燃着的细木条在小孔处点燃。开始时，筒上部的氢气较纯，火焰尚属平稳。当氢气逐渐从小孔逸出，空气就从筒底流入，当达到爆炸极

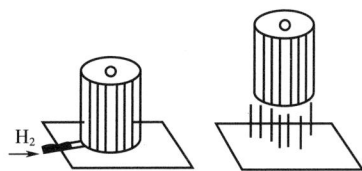

图 3-12　氢气和空气混合爆炸

限时，即听到"呼"的巨响，把筒冲向空中（图 3-12）。氢气和空气混合物的爆炸极限为 4% ~ 74.2%。当氢气和空气的混合体积比为 2 : 5 或氢气和氧气混合体积比为 2 : 1 时爆炸力最强。

（5）氢气在氯气里燃烧。将收集好的一瓶氯气正立桌上。先在空气里点燃经过检验纯度后的氢气，使其安静地燃烧。然后把导管伸进盛有氯气的瓶里，瓶口用硬纸片或塑料片盖住，氢气在氯气里能继续燃烧，发出苍白色的火焰，并有大量的热产生。生成的氯化氢在空气里很易与水蒸气化合，因此有白雾出现。

（6）氢气还原氧化铜。如图 3-13 所示，先通入氢气将试管内的空气排出，注意流速不要过快，微热后，集中火力在氧化铜下加热，即见黑色氧化铜受热后像着火似的发红，慢慢由土红色变成紫红色，同时试管口有水滴凝聚并有水蒸气逸出。生成的土红色物质是氧化亚铜，紫红色的是金属铜。移去酒精灯后，继续通入氢气直到试管冷却。

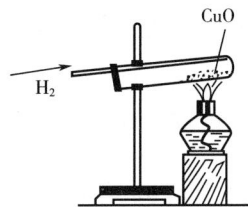

图 3-13　氢气还原氧化铜

如果缺少氧化铜粉末，也可以将废导线里的细铜丝绕成一个小团，在酒精灯火焰上灼烧，使其表面生成一层黑色的

氧化铜进行实验。

五、注意事项

用玻璃管吹肥皂泡时常会滑到管侧，当抖动手腕使它起飞时容易破碎。如将玻璃管在肥皂上摩擦一下，粘上一些肥皂，能防止滑动。最好在氢气的出口导管上装一个干燥管，里面装碱石灰作为干燥剂，以除去水蒸气和酸雾，这样容易吹成较大的肥皂泡。

六、拓展与延伸

氢气还原氧化铜的实验也可以用图 3-14 的装置进行。出口导管的下端插入一浸在冷水中的干燥试管里，试管口上装一带有放空管的双孔塞。硬质玻璃管的下部铺一薄层氧化铜。氢气经干燥管后由上端通入。操作方法同前。这一方法的优点是可以使生成的水凝聚在试管内，还原出来的铜则留在玻璃管里，使反应后的两种生成物能看得更清楚。

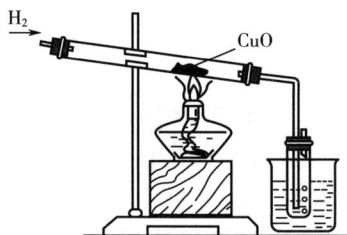

图 3-14　氢气还原氧化铜的其他装置

七、问题与讨论

（1）氢气与空气的爆鸣体系中，氢气和空气的混合爆炸与这两种气体的扩散爆炸有哪些异同点？

（2）如何清晰地观察到氢气在空气中燃烧火焰的颜色？

实验八　实验室制备氯气

一、实验目的

（1）认识实验室里用氧化氯化物的方法制取氯气。

（2）掌握实验室制备氯气的实验操作。

二、实验用品

仪器：圆底烧瓶、分液漏斗、导气管、双孔塞、石棉铁丝网、集气瓶、玻璃片、烧杯。

试剂：浓盐酸、二氧化锰、氢氧化钠。

三、实验原理

氧化剂常用二氧化锰、高锰酸钾、重铬酸钾、漂白粉等。从它们的标准电极电位可知，用漂白粉和高锰酸钾作氧化剂时可以不必加热，用二氧化锰和重铬酸钾作氧化剂时必须用很浓的盐酸，且需要加热。

氯气发生器装置如图 3-15 所示。

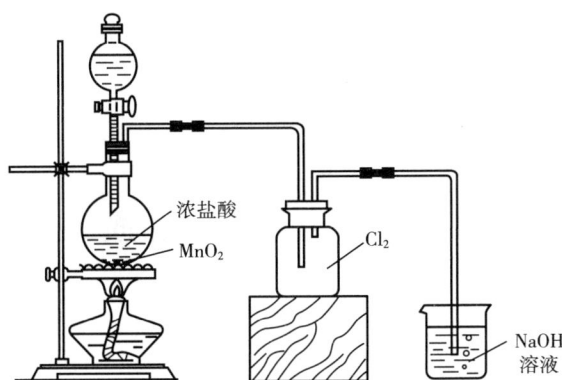

图 3-15　制备氯气实验装置

组装集气装置时氯气除用排饱和食盐水收集外，通常用向上排空气法收集，尾气用氢氧化钠吸收。为便于换集气瓶，一般可用穿孔或开有缺口的硬纸片代替双孔橡皮塞。如果在发生器和集气瓶间装一贮气装置（图 3-16），则在换瓶时也可以把氯气贮存起来。贮气瓶里盛饱和食盐水，当集气瓶收满氯气后即将活塞关闭，由于氯气在饱和食盐水里的溶解度很小，瓶内压强增大，将食盐水压入高位槽内。集气时，开启活塞，高位槽内的食盐水利用虹吸原理，将贮气瓶里的氯气压出。

四、实验过程

在 250 mL 圆底烧瓶里盛二氧化锰 5 g，分液漏斗里装有约 20 mL 38% 的浓盐酸。将仪器装置好后，逐渐将浓盐酸加入圆底烧瓶，并用酒精灯微微加热。当有黄绿色的气体逸出时就可开始收集。在集气瓶后衬一白纸，以便观察氯气是否收满。

五、注意事项

（1）如果用粒状二氧化锰，可以避免反应时产生大量泡沫。粒状二氧化锰是人工制备的，价格较贵，反应较慢，所需浓盐酸的量也较多些。

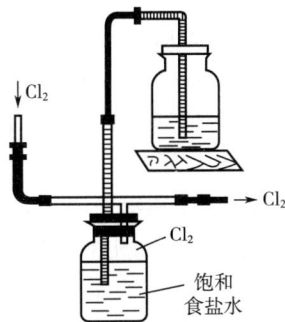

图 3-16　氯气的贮气装置

（2）加热的温度不应超过 90℃，加热时要经常移动火焰。

（3）焙烧软锰矿中的二氧化锰常用天然的软锰矿，为了减少与盐酸反应时产生泡沫，要放在铁盘内焙烧。

六、拓展与延伸

（1）高锰酸钾和盐酸反应用上述相同的装置，不需加热，用 5 g 高锰酸钾晶体。控制浓盐酸加入量，不要让反应过于猛烈。

（2）用重铬酸钾或漂白粉与浓盐酸反应，重铬酸钾需要微微加热，如使用漂白粉则不需加热。

七、问题与讨论

（1）实验室制备气体装置选择的依据是什么？

（2）氯气有毒，不能排放到空气中，应如何处理？

实验九　氯气的性质

一、实验目的

（1）认识氯气是一种很活泼的非金属元素。

（2）了解氯气显现强非金属性。

二、实验用品

仪器：氯气发生器、氢气发生器、贮气瓶、水槽、引爆装置、集气瓶、玻璃片、镊子、小刀、燃烧匙、导管、单孔塞、胶囊、坩埚钳、圆底烧瓶、水槽。

试剂：氯气、氢气、饱和食盐水、金属钠、锑粉、铜丝、镁条、红磷。

三、实验原理

氯原子最外层有 7 个电子，在化学反应中很容易得到电子，具有强非金属性。氯气是一种强氧化剂，它跟一些金属元素、非金属元素、氢气、水、氢氧化物等发生反应，生成氯化物和次氯酸。

将氯气和氢气收集在贮气瓶里。简单的贮气瓶可用大玻璃瓶装配（图 3-17）。收集氯气时，先在分液漏斗和瓶内盛满饱和食盐水，氯气从底部的侧口通入，饱和食盐水也从这里排出。收满气体后，用塞子将侧口封闭，从水槽中取出即可应用。收集氢气时用自来水替代饱和食盐水就可以。

氯、氢混合气体的引爆装置。为了防止氯、氢混合气体爆炸可能炸裂玻璃容器，实验可以在铁丝笼内进行。

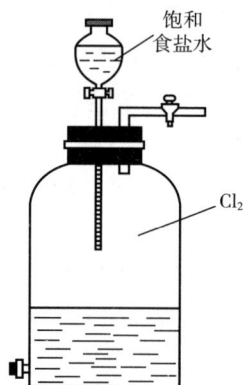

图 3-17　贮气瓶

四、实验过程

1. 氯气的颜色和气味

在瓶后衬一块白纸板可以清楚地看出氯气是一种黄绿色气体。把盖着的玻璃片略向前推移，露出一些瓶口，用手轻轻扇动，使极少量氯气飘近鼻孔，可闻到一股强烈的刺激性气味。

2. 氯气与金属的反应

（1）与钠的反应。

用镊子从煤油中取出一小块钠，放在玻璃片上，用纸拭干煤油，切去外层的硬壳，取黄豆大小，放玻璃燃烧匙上，移到酒精灯火焰上加热。将燃着的钠连同燃烧匙一起伸入氯气瓶里，钠在氯气里发出黄色的火焰并继续燃烧。燃尽后取出观察，燃烧匙上生成氯化钠白色固体。

如果用铜制燃烧匙进行实验，为了防止铜跟氯气发生反应，可以在燃烧匙内先铺上一层细砂或石棉纸，或使用粉笔的粉末也可以。

除上述的传统方法外，还有图 3-18 所示的方法。

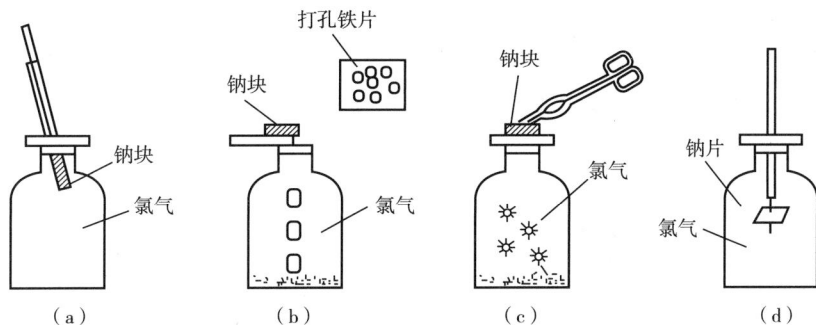

图 3-18　氯气与钠的反应

将一支薄壁玻璃管竖直放在钠块上，边旋转边向下压，使钠挤入玻璃管里。在火焰上微热后，用一根细玻璃棒将钠慢慢挤出玻璃管一截 ［图 3-18（a）］。

将一小块钠放在盖氯气瓶的玻璃片边缘稍移玻璃片，用刀片将钠切成很薄的小片落入氯气瓶中，瓶底要铺一层细砂 ［图 3-18（b）］。

在一块白铁片上用钉子打成许多小孔，将锋利的一面朝上，盖在盛氯气的瓶口。用坩埚钳夹住一小块钠放在铁片上来回摩擦，削成的钠屑掉在瓶中与氯气发生剧烈反应而着火燃烧 ［图 3-18（c）］。

用一根一端拉尖的玻璃棒插上很薄的一小片钠，伸入氯气瓶 ［图 3-18（d）］。

还有一种让氯气通过熔化的钠使它们发生反应的方法。在干燥管球部放一块黄豆大的钠。用酒精灯加热到钠熔化，迅即由一端通入氯气，［图 3-19（a）］。或将一小块钠放在石棉铁丝网上加热到熔化时，撤去灯火，立即将盛有氯气的集气瓶罩在上面 ［图 3-19（b）］。

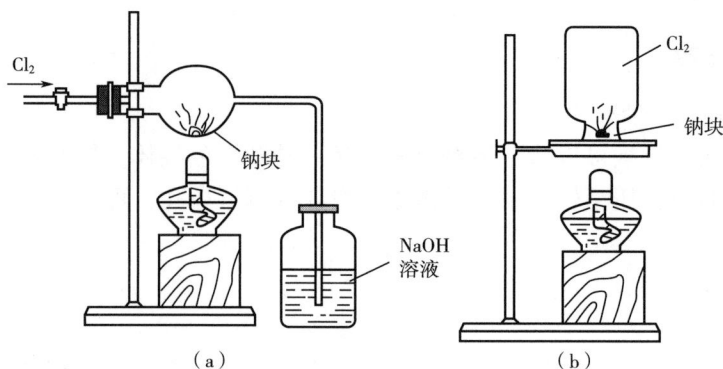

图 3-19 钠在氯气中燃烧

（2）与锑的反应。

氯气与锑反应很剧烈，生成的白烟是三氯化锑和五氯化锑的混合物，有毒。为了防止它们逸出瓶外，可在盛氯气的集气瓶上装一个带胶囊的单孔塞，瓶底铺一层细砂。先在玻璃管外将锑粉预热一下，然后把胶囊捏碎，锑粉即落入瓶中，发生剧烈的反应（图 3-20）。

（3）与铜的反应。

从电线中取出细铜丝一束，在酒精灯上灼热后，立即伸入盛满氯气的集气瓶里。红热的铜丝在氯气里燃烧，瓶里充满棕色的烟（图 3-21）。把少量水注入瓶中，振荡，氯化铜溶于水生成绿色溶液。

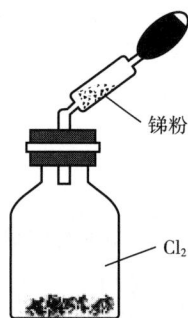

图 3-20 锑在氯气中燃烧

图 3-21 铜在氯气中燃烧

3. 氯气与非金属的反应

（1）与氢气的反应。

除用点燃火焰作氯气、氢气的引爆实验以外，还可用紫外光引爆。在集气瓶里准备好氯、氢混合气体，用塑料片盖好，把点燃的镁条放在离瓶约 2 cm 外。在铁丝笼中引爆的把握较大。在一个大试管里盛满水，塞上橡皮塞，再把试管里的水倒出，测量其体积，把这体积一半的水倒回试管，在试管外用橡皮筋裹住作标志，将试管里的水倒空，然后用排饱和食盐水法先收集半试管氯气再收集半试管氢气，在液面下用软木塞塞紧后倒立在铁丝笼里。等候 1 min，待试管里的气体充分混和。将两支约 9 cm 长的镁条扭在一起，用坩埚钳夹持，在酒精灯火焰上点燃后移至倒立的试管旁距离约 2 cm 处。试管发生猛烈的爆炸，把软木塞冲去，试管也向上直飞。爆炸时发生巨响，但并无危险，试管也不会破碎。

（2）与磷的反应。

把干燥的红磷放在燃烧匙中，点燃后伸入盛有干燥氯气的集气瓶中。红磷在氯气中仍继续燃烧产生白色的烟雾，这是三氯化磷和五氯化磷的混合物。三氯化磷是无色液体，五氯化磷是白色固体。后者在高温时不稳定，300℃时能分解成三氯化磷和氯气。

4. 与水的反应

将氯气通入水里使其达到饱和。在常温下，1 体积水能溶解 2.5 体积的氯气。把刚制备好的氯水装满圆底烧瓶后，倒立在盛有饱和食盐水的水槽里，放在日光下照射，不久就可以看到有气泡上升。这是分解出来的氧气，要 3~4 天才能收集到一定体积，可用带火星的木条检验。

5. 次氯酸的漂白作用

把干燥的和潮湿的有色布条各一条分别放在两个集气瓶里，用导管通入干燥的氯气。干燥布条不褪色，潮湿布条上的颜色不久即褪去。

五、注意事项

（1）氯、氢混合气体引爆实验的成功，要求气体纯度高。气体混合后要立即进行实验，因为日光照射也能引起爆炸。

（2）氯、氢混合气体的爆炸极限为 9.8%~52.8%。当氯气和氢气的体积比为 1∶1 时，最易引起爆炸。用爆鸣法检验氢气的纯度在这里已不适用，因为氢气和空气混合物的爆炸极限为 4.0%~74.2%，所以无论氢气还是氯气都要待排放出 5~6 倍发生器体积的气体后，再行收集。因为氯气的密度比氢气大，所以要先收集氯气，后收集氢气。气体收集好后，要在液面下把塞子塞好，取出后还要等待 1~2 min，让其充分混合。塞子不要塞得太紧。

六、问题与讨论

（1）氯气有毒，且易溶于水，一般用排空气法收集，但为了防止多余的氯气逸散在室内，要进行尾气吸收，采取什么方法更好一些？

（2）在探究氯气性质实验中可能出现哪些异常现象，如何避免？

实验十　二氧化碳的制取和性质

一、实验目的

（1）掌握二氧化碳的实验室制法。

（2）了解二氧化碳的一些重要性质。

二、实验用品

仪器：锥形瓶、分液漏斗、玻璃导管、双孔橡皮塞、集气瓶、玻璃片、天平、砝码、贮液态二氧化碳的钢筒、绒布袋、白铁皮条、蜡烛、烧杯、坩埚钳。

试剂：大理石、稀盐酸、细木条、镁条、氨水、酚酞试剂。

三、实验原理

实验室常用盐酸和大理石的反应制取二氧化碳。二氧化碳是一种不可燃烧也不助燃的气体，比空气重 1.53 倍。二氧化碳在 20℃、56.5 大气压时即能液化，在常压下于 -78℃升华，同时吸取大量的热使另一部分液态二氧化碳结成"干冰"。二氧化碳的化学性质不活泼，但与活泼金属如钾、镁等在高温时能发生反应。二氧化碳是碳酸的酸酐，跟强碱作用能生成碳酸盐。

四、实验过程

1. 二氧化碳的制取

在锥形烧瓶里盛 20 g 大理石，装置如图 3-22 所示。将 15 mL 稀盐酸分次加入锥形瓶中与大理石反应，即有气体产生，用向上排空气法收集。用点燃的木条放在集气瓶口，如果火焰熄灭，表示二氧化碳已满。

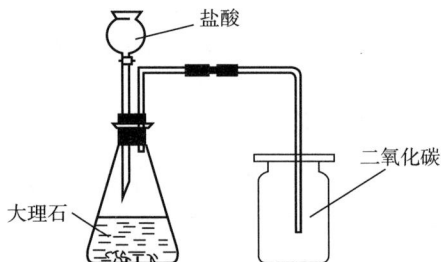

图 3-22 二氧化碳的制取

2. 二氧化碳的性质

（1）二氧化碳比空气重：在托盘天平的一边放一个空的集气瓶，用砝码平衡后，把一瓶二氧化碳像倒水一样倒入空瓶里，排出里面的空气。可见天平倾斜。

（2）二氧化碳的灭火性：将一条白铁皮弯成梯形，在每一阶层固定一支小蜡烛，点燃后放入一只高形烧杯内。另取一只盛满二氧化碳的烧杯，沿着烧杯壁靠小梯子最低层慢慢倾倒。即见烛火由低处向高处逐渐熄灭（图 3-23）。

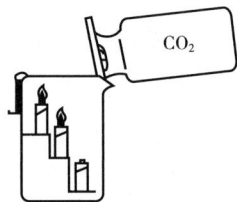

图 3-23 二氧化碳
灭火实验

（3）镁在二氧化碳中燃烧：取长约 15 cm 的镁条一根，用砂纸擦去外层的氧化膜后，夹持在坩埚钳上，在酒精灯上点燃后，立即伸入充满二氧化碳气体的烧杯中，镁条能继续燃烧，同时会有白色的氧化镁和黑色的炭粒飞溅在烧杯壁上。

（4）二氧化碳与水的反应：在试管里盛半管水，加入一滴稀氨水和一滴酚酞试液，溶液呈浅红色，显碱性。通入二氧化碳气体，红色逐渐褪去，表明溶液已被酸（碳酸）中和了。

（5）二氧化碳与碱的反应：在试管里盛半管澄清石灰水，通入二氧化碳气体，澄清的石灰水立即变得浑浊，有白色的碳酸钙沉淀生成。注意二氧化碳不要过量。

五、注意事项

（1）制取二氧化碳应用大理石或石灰石，不要用白云石，也不要用稀硫酸。因白云石中含有碳酸镁，反应较慢。

（2）镁在二氧化碳里燃烧生成的炭粒很小，如在燃烧后加入一些稀盐酸，把氧化镁溶解掉，黑色的炭粒可以看得更清楚些。

六、拓展与延伸

如需要制备更加纯净的二氧化碳，也可以采用如图 3-24 所示的装置制备。制备的二氧化碳通过硫酸铜溶液、碳酸氢钠溶液洗涤，用无水氯化钙干燥，将会得到更加纯净的二氧化碳气体。

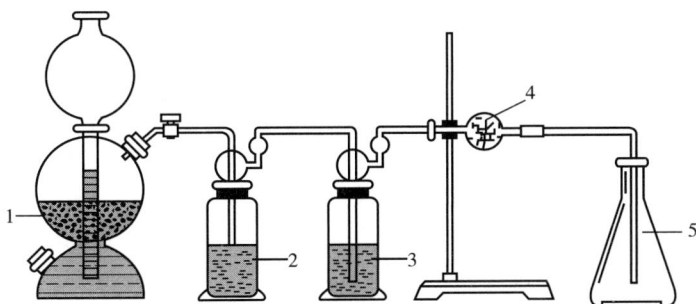

图 3-24 制取纯净二氧化碳装置

1—石灰石+稀盐酸 2—CuSO₄ 溶液 3—NaHCO₃ 溶液 4—无水氯化钙 5—锥形瓶

七、问题与讨论

（1）本实验中制备产生的二氧化碳可能含有哪些杂质？
（2）二氧化碳灭火实验中，烛火由低处向高处逐渐熄灭，说明了什么？
（3）制备二氧化碳实验中是否可以用硫酸代替盐酸？为什么？

实验十一　溶解过程中的吸热和放热现象

一、实验目的

（1）认识溶解过程中的吸热现象和放热现象。
（2）认识溶解过程的本质。

二、实验用品

仪器：烧杯（250 mL）、小木板、量筒（100 mL）、试管、温度计（150℃）。
试剂：硝酸铵（或硝酸钾）、浓硫酸。

三、实验原理

物质溶解在水里，通常发生两种过程：一种是溶质的分子（或离子）的扩散过程，这种过程吸收热量，是物理过程；另一种是溶质的分子（或离子）和水分子作用，形成水合分子（或水合离子）的过程，这种过程放出热量，是化学过程。

硝酸铵（或硝酸钾）溶解在水中的时候，吸收的热量多于放出的热量，致使溶液温度降低。相反，浓硫酸溶解在水中的时候，放出的热量多于吸收的热量，使溶液温度升高。

四、实验过程

1. 溶解过程中的吸热现象

按图 3-25（a）所示，在一块刨光的小木板上（也可以用一小块胶合板）先滴上一些水，放上一个小烧杯，然后往烧杯里注入 100 mL 水，把温度计放入烧杯，观察温度计读数。取出温度计，再放入约 50 g 硝酸铵，小心地用玻璃棒搅动溶液至硝酸铵溶解完毕，再把温度计放入烧杯中，观察温度计上读数的变化情况。轻轻将烧杯拿起，观察小木块已冻结在烧杯底部，这充分说明，硝酸铵溶解于水时要吸收热量。

2. 溶解过程中的放热现象

按图 3-25（b）所示，把一个小烧杯用熔化的蜡粘结在一块小木块上，然后在烧杯里加入 100 mL 水，把温度计放入烧杯中，观察其读数。取出温度计。再慢慢注入约 40 mL 浓硫酸，边注入边用玻璃棒小心地搅拌，再把温度计放入烧杯中，观察温度计读数上升情况。当温度不再上升时，将烧杯拿起，小木板就掉下来。这充分说明浓硫酸溶解于水时要放出热量。

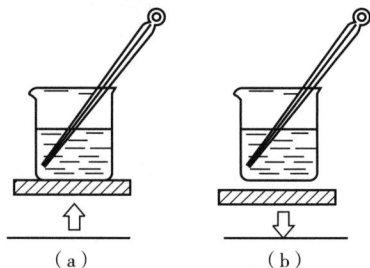

图 3-25　溶解过程中的吸热和放热现象

五、注意事项

（1）溶解的过程需要不断地用玻璃棒搅拌，防止局部过热。
（2）可以将固体试剂研磨成粉末，加快溶解过程。

六、拓展与延伸

如果没有硝酸铵，可用硝酸钾代替，但吸热现象不如硝酸铵显著。固体氢氧化钠也可以代替浓硫酸，但放热现象不如浓硫酸显著。

七、问题与讨论

（1）如果没有温度计，还可以通过其他什么方法来探究溶解时的吸热和放热现象？
（2）如果本实验中的吸热和放热现象不明显，可能是有哪些原因造成的？

实验十二　pH 试纸测定溶液的酸碱性

一、实验目的

（1）学会 pH 试纸的使用方法。

（2）学会用比色法测定溶液酸碱度的方法。

二、实验用品

仪器：试管、移液管、玻璃棒。

试剂：稀盐酸、稀氢氧化钠溶液、pH 试纸和标准色卡。

三、实验原理

pH 试纸是用滤纸浸渍通用指示剂的溶液制成的，它在不同酸碱度的溶液里可显现不同的颜色。

四、实验过程

1. 不同浓度酸和碱的稀溶液的配制

取 13 个试管备用。在第一个试管里盛 0.1 mol/L 盐酸溶液 10 mL（它的 pH 值为 1），从中取出 1 mL，放在第二个试管里，稀释 10 倍，即得到 0.01 mol/L 的盐酸溶液（它的 pH 值为 2），照这样逐一稀释，可得到 pH 值为 3、4、5、6 的酸溶液。

另取 1 个试管，注入 0.1 mol/L 氢氧化钠溶液 10 mL（它的 pH 值为 13），取出 1 mL 放在另一个试管里稀释 10 倍，即得 0.01 mol/L 的氢氧化钠溶液（它的 pH 值为 12），如此继续稀释，可得 pH 值分别为 11、10、9、8 的碱溶液。

再用 5 mL 0.1 mol/L 盐酸溶液与 5 mL 0.1 mol/L 氢氧化钠溶液混合，即得 pH 值为 7 的溶液。

2. pH 试纸测定溶液的酸碱性

把 13 个试管按照 pH 值由小到大的顺序排列在试管架上，用洁净的玻璃棒分别蘸取 10 种溶液，分别滴在 pH 试纸上，再与标准色卡比色，测定它们的 pH 值。

五、注意事项

pH 试纸沾上待测液后，应在显色反应后立即与标准色卡比色。（请思考原因）

实验十三　一定溶质质量分数的氯化钠溶液的配制

视频

一、实验目的

（1）练习配制一定溶质质量分数的溶液。
（2）熟悉托盘天平、量筒、玻璃棒的使用。
（3）加深对溶质的质量分数概念的理解。

二、实验用品

仪器：托盘天平、药匙、烧杯、量筒、玻璃棒、胶头滴管。
试剂：氯化钠、蒸馏水。

三、实验原理

根据溶质的质量分数 $= \dfrac{溶质质量}{溶液质量} \times 100\%$，以及溶液的体积计算所需称量的氯化钠的质量，用蒸馏水溶解氯化钠配制出一定质量分数的溶液，再根据稀释前后溶液中溶质的质量不变原理对该溶液进行稀释配制出低溶质质量分数的氯化钠溶液。

四、实验过程

1. 配制质量分数为6%的氯化钠溶液

（1）计算：配制50 g质量分数为6%的氯化钠溶液所需氯化钠和水的质量分别为：氯化钠_____ g；水_____ g。

（2）称量：用托盘天平称量所需的氯化钠，放入烧杯中。

（3）量取：用量筒量取所需的水（水的密度可近似看作1 g/cm³），倒入盛有氯化钠的烧杯中。

（4）溶解：用玻璃棒搅拌，使氯化钠溶解。

整个配制过程如图3-26所示。

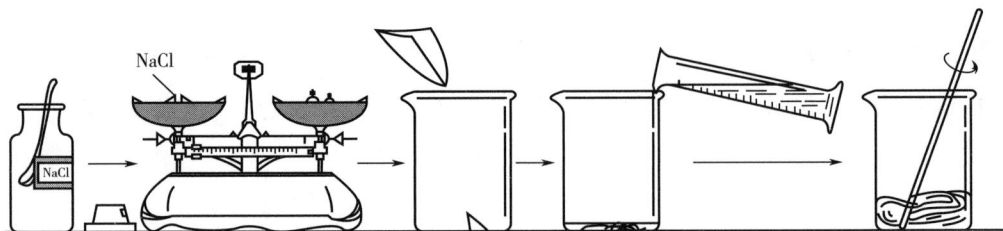

图3-26　配制一定溶质质量分数的氯化钠溶液

2. 配制质量分数为 3% 的氯化钠溶液

用已配好的质量分数为 6% 的氯化钠溶液（密度约为 1.04 g/cm³），配制 50 g 质量分数为 3% 的氯化钠溶液。

（1）计算：配制 50 g 质量分数为 3% 的氯化钠容液所需质量分数为 6% 的氯化钠溶液和水的质量分别为：6% 的氯化钠溶液_____ g（体积_____ mL）；水_____ g。

（2）量取：用量筒量取所需的氯化钠溶液和水，倒入烧杯中。

（3）混匀：用玻璃棒搅拌，使溶液混合均匀。

3. 装瓶贴标签

把配制好的上述两种氯化钠溶液分别装入试剂瓶中，盖好瓶塞并贴标签（标签中应包括药品名称和溶液中溶质的质量分数），放到试剂柜中。

溶质为固体的溶液配制的过程概括起来分为五步，即计算、称量、量取、溶解、装瓶贴标签。

五、注意事项

（1）称量固体药品时，应左物右码；天平使用时注意要用称量纸；调平。

（2）用镊子取砝码；用镊子移动游码。

（3）量取液体时视线应与液面最低处相平，不可俯视或仰视。

（4）搅拌时，不可将溶液溅出，以顺时针方向搅拌。

（5）注意贴标签。

（6）溶质为液体或将浓溶液稀释为一定质量分数的稀溶液时，由于溶质或浓溶液均由量筒量取，因此不需使用托盘天平。

（7）如果将不纯物质配制成一定溶质的质量分数的溶液，应首先将不纯物质提纯。

六、拓展与延伸

（1）配制易水解的盐类溶液需要事先加入对应的酸或碱溶液溶解，再加蒸馏水稀释至所需浓度，比如配制一定浓度的硫化钠溶液需要加入氢氧化钠溶液溶解硫化钠固体，配制一定浓度的氯化铁溶液需要加入盐酸溶液溶解氯化铁固体等。

（2）配制易氧化的盐类溶液需加入对应物种的单质以防止被空气中的氧气氧化，比如氯化亚铁溶液需要在配制一定浓度溶液后加入铁粉，氯化亚锡溶液需要在配制一定浓度溶液后加入锡粒等。

七、问题与讨论

（1）简单概括溶液稀释的步骤。

（2）试分析哪些因素造成配制溶液溶质的质量分数偏低或偏高？

（3）如何配制质量分数为 3.7% 的盐酸溶液和 9.83% 的硫酸溶液？

（4）准确配制一定溶质质量分数的溶液，在实际应用中有何重要意义，请举例说明。

实验十四　胶体的制备与性质

一、实验目的

（1）了解水溶胶的制备方法。

（2）了解胶体溶液的一些性质。

二、实验用品

仪器：酸式滴定管（50 mL）、试管15支、烧杯（250 mL×1，25 mL×2，100 mL×1）、量筒（100 mL×1，50 mL×1，10 mL×1）、丁达尔现象观察筒、试管架、锥形瓶（250 mL×6）、移液管（25 mL×1，2 mL×2，1 mL×4）、玻璃棒、吸量管（10 mL×1，2 mL×2，1 mL×1）、酒精灯、三脚架。

试剂：1 mol/L 盐酸、0.1 mol/L KMnO$_4$ 溶液、2.5 mol/L NaCl 溶液、5% 氨水、0.01 mol/L Na$_2$SO$_4$ 溶液、10% FeCl$_3$ 溶液、1% H$_2$O$_2$ 溶液、0.001 mol/L Na$_3$PO$_4$ 溶液、1 mol/L Na$_2$S$_2$O$_3$ 溶液。

三、实验原理

分散相的粒子直径在 $10^{-9} \sim 10^{-7}$ m 的分散物系叫作胶体。胶体物系的制备方法有两种：一种是分散法，使粒子较大的物质分散成胶体物系；另一种是凝聚法，使溶质分子原子或者离子自行结合成胶粒大小而形成溶胶。本实验利用凝聚法制备 Fe(OH)$_3$ 溶胶和 MnO$_2$ 溶胶。

通常溶胶都具有比较稳定性质，如可以在密闭条件下保持比较长的时间而不会产生沉淀，原因在于胶粒具有一定的 ζ 电位和溶剂化膜，故当加入一定的电解质时，胶粒电性相反的溶胶或其他物质使 ζ 电位降低，溶剂化膜变薄时，胶体变得不稳定并发生聚沉。本实验研究正溶胶 Fe(OH)$_3$ 和负溶胶 MnO$_2$ 的聚沉、胶溶、丁达尔现象等性质。三氯化铁在水溶液中会发生水解作用，其水解程度随温度的升高而增大。

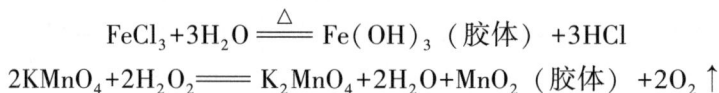

$$FeCl_3 + 3H_2O \xrightarrow{\triangle} Fe(OH)_3（胶体）+ 3HCl$$
$$2KMnO_4 + 2H_2O_2 = K_2MnO_4 + 2H_2O + MnO_2（胶体）+ 2O_2\uparrow$$

四、实验过程

1. 溶胶的制取

（1）Fe(OH)$_3$ 溶胶的制备。

用量筒量取 190 mL 蒸馏水加热至沸后，逐滴加入 10 mL 10% FeCl$_3$ 溶液，再沸腾 5 min 即得红棕色的 Fe(OH)$_3$ 正溶胶。

（2）MnO$_2$ 溶胶的制备。

用量筒量取 50 mL 0.1 mol/L KMnO$_4$ 溶液于烧杯中，边搅拌边慢慢滴入 1% H$_2$O$_2$ 溶

液，直到该溶液用玻璃棒蘸取点于滤纸时把滤纸染为粉红色（外围的一小圈为粉红色，中间大部分是黄褐色），即得暗褐色的 MnO_2 负溶胶。

2. 电解质对溶胶的聚沉

KCl 、K_2CrO_4、$K_3[Fe(CN)_6]$ 溶液对 $Fe(OH)_3$ 溶胶的聚沉作用：

取 3 个干净的锥形瓶各注入 25 mL $Fe(OH)_3$ 溶胶，使用酸式滴定管分别滴加电解质溶液（2.5 mol/L NaCl 溶液、0.01 mol/L Na_2SO_4 溶液、0.001 mol/L Na_3PO_4 溶液）直至呈现混浊为止，每次的混浊程度应相似，平行测定 2 次。记录滴定结果取平均值，分析结果并解释原因。

3. 正负溶胶之间的互沉作用

$Fe(OH)_3$ 和 MnO_2 溶胶之间的相互聚沉：

取 10 支试管平分成两排，并各编上 1~5 号，吸取 2 mL $Fe(OH)_3$ 溶胶于第一排 1 号试管中，再吸取 2 mL MnO_2 溶胶于第二排 1 号试管中，其余各试管加入 1 mL 蒸馏水，由各排 1 号试管取 1 mL 溶胶至 2 号试管，振荡均匀后吸取 1 mL 至 3 号试管，以此类推，至 5 号试管振荡后吸取 1 mL 弃去。

第一排试管各加入 1 mL 最初的 MnO_2 溶胶，第二排试管各加入 1 mL 最初的 $Fe(OH)_3$ 溶胶，充分振荡，1 小时后观察结果。

4. 胶溶作用

$Fe(OH)_3$ 沉淀与 $FeCl_3$ 溶液的胶溶作用：

量取 50 mL 蒸馏水和 1 mL 10% $FeCl_3$ 溶液，充分搅拌下滴加 5% 氨水至溶液颜色消失为止，即得疏松的絮状 $Fe(OH)_3$ 沉淀，静置片刻使沉淀下沉，倾去上层清夜，用倾泻法每次以 30 mL 蒸馏水洗涤两次，然后在 25 mL 蒸馏水充分搅拌下分别吸取含 $Fe(OH)_3$ 沉淀的溶液 2 mL 于编 1~5 号的 5 支试管中，再依次加入 5 mL、4.8 mL、4.6 mL、4.4 mL、4.2 mL 蒸馏水，0、0.2 mL、0.4 mL、0.6 mL、0.8 mL 10% $FeCl_3$ 溶液，充分搅拌后观察现象。

5. 胶体光散射现象

在 150 mL 烧杯中加入 100 mL 蒸馏水，1 mL 1 mol/L $Na_2S_2O_3$ 溶液和 1 mL 1 mol/L 盐酸，搅拌 10 min，即生成浅黄色的硫溶胶，在向光下观察溶胶周围的散射光。

6. 胶体丁达尔现象

将实验 1 和实验 5 制备的溶胶以及 10% $FeCl_3$ 溶液置于暗处，分别用激光笔照射，观察光线垂直方向通过胶体的整条光路，观察现象并得出结论。

五、注意事项

（1）制备 $Fe(OH)_3$ 正溶胶时不可过度加热，否则胶体会发生凝聚。另外不可用自来水。

（2）用量筒量取 190 mL 蒸馏水进行加热一定要沸腾后才能逐滴加入 10 mL 10% $FeCl_3$ 溶液。

（3）在制取 MnO_2 溶胶时，滴加 H_2O_2 时一定要慢慢滴加，充分搅拌，否则会产生沉淀，当用玻璃棒蘸取该溶液点于滤纸时把滤纸染为粉红色，应注意要求外围的一小圈为粉红色，中间大部分是黄褐色，否则还得继续滴加 1% H_2O_2 溶液。

（4）在做 NaCl、Na$_2$SO$_4$、Na$_3$PO$_4$ 溶液对 Fe(OH)$_3$ 溶胶的聚沉作用的实验中要求每次混浊程度应一样，可用一瓶不加电解质的原始溶液来做比较，以后的各瓶就可以这一瓶作为参照来得到满意的实验结果。

六、拓展与延伸

除了一定量的 FeCl$_3$ 溶液可以稳定 Fe(OH)$_3$ 溶胶，还有高分子化合物，比如明胶，也可以对 Fe(OH)$_3$ 溶胶起到保护作用，可以在实验 2 的基础上进行探究，取 3 个干净的锥形瓶各注入 25 mL Fe(OH)$_3$ 溶胶，各自加入 5 mL 质量分数为 1% 的明胶，摇匀。使用酸式滴定管分别滴加电解质溶液（2.5 mol/L NaCl 溶液、0.01 mol/L Na$_2$SO$_4$ 溶液、0.001 mol/L Na$_3$PO$_4$ 溶液）直至呈现混浊为止，每次的混浊程度应相似，平行测定两次，记录滴定结果取平均值，对比实验 2 分析结果差异性原因。

七、问题与讨论

（1）本实验制备的是固溶胶，有没有气溶胶和液溶胶？各举一例说明。
（2）请举例说明胶体的丁达尔现象在生活中的应用价值。
（3）MnO$_2$ 胶体的稳定剂有哪些？

实验十五　物质的导电性和离子反应

一、实验目的

（1）认识物质的导电性和离子反应的本质。
（2）通过实验、假设以及推理等过程，以探究的方式建构电离模型。
（3）了解常见离子的检验方法，进一步理解离子反应。

二、实验用品

仪器：直流电源、烧杯、带灯座的小灯泡、滴液漏斗、石墨电极、导线、玻璃棒、滤纸、药匙、瓷坩埚、坩埚钳、泥三角、酒精灯、硬纸板、洗瓶。

试剂：NaCl 固体、KNO$_3$ 固体、蔗糖、蒸馏水、0.01 mol/L Na$_2$SO$_4$ 溶液、0.01 mol/L H$_2$SO$_4$ 溶液、0.01 mol/L Ba(OH)$_2$ 稀溶液。

三、实验原理

电解质在水溶液或熔融状态下能电离出自由移动的阴、阳离子。当接通电源后，阴离子向电源正极移动，阳离子向电源负极移动，产生电流，能够使小灯泡发光，所以能导电。

从微观角度来看，酸、碱、盐在水溶液中发生的复分解反应，实质上是两种电解质在溶液中相互交换离子的反应，满足生成沉淀、放出气体或生成水三者条件之一就可以发生离子反应。

四、实验过程

1. 试验物质的导电性

（1）在三个烧杯中分别加入干燥的 NaCl 固体、KNO_3 固体和蒸馏水，如图 3-27 所示连接装置，将石墨电极依次放入 3 个烧杯中，分别接通电源，观察灯泡的发光情况并记录现象。

图 3-27　试验物质的导电性

（2）取上述烧杯中的 NaCl 固体、KNO_3 固体各少许，分别加入另外两个盛有蒸馏水的烧杯中，用玻璃棒搅拌，使固体完全溶解形成溶液。将石墨电极依次放入 NaCl 溶液、KNO_3 溶液中，分别接通电源，观察灯泡的发光情况并记录现象。

（3）往三个瓷坩埚内依次加入 NaCl、KNO_3 固体和蔗糖各 20 g，放在泥三角架上加热至熔化。将石墨电极依次放入 NaCl、KNO_3 和蔗糖熔化液的瓷坩埚中，分别接通电源，观察灯泡的发光情况并记录现象。

2. 离子反应

（1）Na_2SO_4 溶液与 $Ba(OH)_2$ 溶液的反应。

往烧杯中加入 20 mL 的 0.01 mol/L $Ba(OH)_2$ 溶液，往滴液漏斗中加入 20 mL 的 0.01 mol/L 的 Na_2SO_4 溶液，如图 3-28 所示连接好装置，打开滴液漏斗旋塞，逐滴加入 Na_2SO_4 溶液，观察灯泡的发光情况并记录现象。

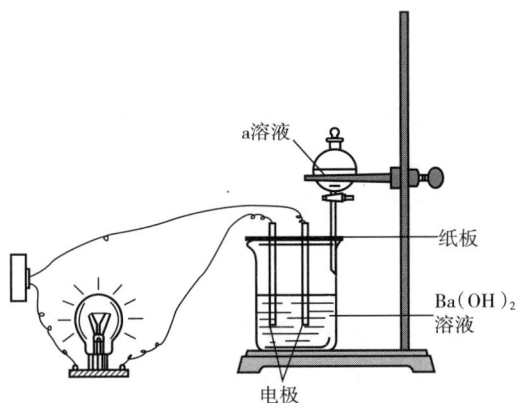

图 3-28　溶液导电性实验装置示意图

（2）H_2SO_4 溶液与 $Ba(OH)_2$ 溶液的反应。

往烧杯中加入 20 mL 的 0.01 mol/L $Ba(OH)_2$ 溶液，往滴液漏斗中加入 30 mL 的 0.01 mol/L 的 H_2SO_4 溶液，连接好装置，打开滴液漏斗旋塞，逐滴加入 H_2SO_4 溶液，观察灯泡的发光情况并记录现象。

五、注意事项

（1）每次更换烧杯前，必须切断电源。
（2）具有导电性的试验物质于实验前都应将电极用蒸馏水洗干净并用滤纸擦干。
（3）测纯水导电性时应保证蒸馏水为二次蒸馏水。
（4）测熔融状态下物质的导电性实验时注意两个电极不要接触。
（5）做离子反应实验 2 前需将烧杯、滴液漏斗和石墨电极清洗干净后再使用。
（6）用倾析法将沉淀倒入垃圾桶中以防堵塞下水道。

六、问题与讨论

（1）试从微观角度分析在 NaCl 和 KNO_3 溶于水的过程中究竟发生了什么？
（2）如何鉴定 Ba^{2+} 或者 SO_4^{2-}？
（3）设计实验方案，除去饮用水中过多的 Ca^{2+}、Mg^{2+}、SO_4^{2-} 等？

实验十六　钠的性质

一、实验目的

（1）掌握钠的物理和化学性质，能正确书写有关的化学方程式。
（2）以钠知识的学习为探索，逐步形成金属的研究思路。
（3）在研究钠性质的过程中，能依据研究目的设计探究方案，形成证据推理意识，培养求实、创新的良好品质。

二、实验用品

仪器：镊子、白瓷板、小刀、滤纸、瓷坩埚、坩埚钳、泥三角、酒精灯、胶头滴管、烧杯、表面皿、铝箔纸、试管、铂丝、玻璃棒、量筒。
试剂：钠、酚酞、硫粉、浓盐酸、硫酸铜溶液、氯化铁溶液、硝酸银溶液、碳酸钠。

三、实验原理

钠原子最外层电子层上只有一个电子，在化学反应中很容易失去该电子，因此钠的化学性质很活泼，表现出强的还原性。金属或者其化合物在灼烧时都会使火焰呈现出特征颜色，可以判断试样中所含金属元素，化学上把这样的定性分析操作称为焰色试验。当金属（或其化合物）在火焰上灼烧时，原子中的电子就被激发，在从较高能级（激发态）跳回低能级时会放出能量，这些能量以一定波长的光的形式发射出来。原子的结构不同，发出光的波长就不同，焰色也各异。

四、实验过程

1. 钠的物理性质

用镊子取一小块钠，用滤纸吸干表面的煤油后，放在白瓷板上，用小刀切去一端外皮，观察断面钠的光泽和颜色，并注意新切开的钠的表面所发生的变化。

2. 钠的化学性质

（1）钠与氧气的反应。

镊取一块钠，用滤纸把煤油吸净后置于白瓷板上，切绿豆大小，放入洁净的热坩埚内（留在白瓷板上的钠块任其暴露在空气中，待操作）。继续加热坩埚片刻，钠块很快熔成小球（钠的熔点 97.81℃），并着火燃烧。移去酒精灯，钠在坩埚内继续燃烧（火焰呈_____色，熔球呈_____色），直至钠全部烧毕。生成物是_____色小球状固体，主要成分为_____。实验完毕，观察暴露在空气里的钠块断面，已变暗，是_____。

（2）钠与硫的反应。

镊取一块钠，用滤纸把煤油吸净后置于白瓷板上，切绿豆大小，将钠块镊入洁净的热坩埚内，待钠熔化时加入少量硫粉，待钠开始燃烧后，立即撤掉酒精灯，观察现象。

（3）钠与水的反应。

取一只 250 mL 的烧杯，加水 100 mL，滴入 1~2 滴酚酞溶液。镊取绿豆大小钠，用滤纸吸净其表面的煤油，然后投入烧杯，用表面皿将烧杯盖好。从钠在水中的位置、钠的形状变化、溶液颜色变化等方面观察和描述实验现象，分析并得出结论。

另切黄豆大小的钠，用铝箔包好，并在铝箔上刺些小孔，用镊子夹住，如图 3-29 所示放到试管口下面，以排水法收集气体。待试管中气体已集满时，小心地取出试管，移近酒精灯点燃，检验反应中生成的气体。

（4）钠与酸的反应。

往试管里加入 1/3 容积的浓盐酸，切取绿豆大小的钠，用滤纸吸去煤油后投入试管中。观察现象。

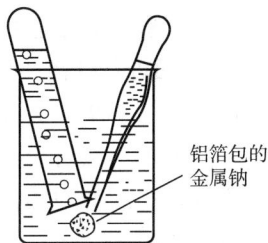

铝箔包的金属钠

图 3-29　钠与水的反应

（5）钠与盐溶液的反应。

往三只盛水的小烧杯里分别加入 5 mL 硫酸铜、氯化铁和硝酸银溶液。切取三块绿豆的钠，用滤纸吸去煤油后逐一镊入上述三种溶液中并迅速用表面皿将烧杯盖好。观察现象。

3. 钠的焰色试验

把铂丝的一端熔入玻璃棒，另一端弯成环状，平时保存在试管内（图 3-30）。使用时先用浓盐酸浸渍铂丝，再用蒸馏水冲净，在酒精灯无色火焰中灼烧，观察火焰是否有颜色。如果火焰显色，则应重复上述操作，直至火焰不再显色为止，这表示铂丝已洁净。用铂丝蘸

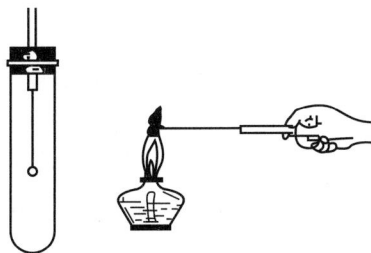

图 3-30　焰色试验

| 中学化学实验研究与创新 |

取碳酸钠溶液，放在火焰上观察火焰颜色。

五、注意事项

（1）镊子、刀和白瓷板上切忌沾水。

（2）钠块上的煤油必须吸净，否则燃烧时会产生少量黑烟，使用的瓷坩埚应是洁净的，以免混有杂质的颜色，钠开始燃烧后要迅速移去酒精灯，防止燃烧过于剧烈，钠和硫粉的用量也不可过多。

（3）钠与氧气或硫反应时不要近距离俯视瓷坩埚。

（4）钠与盐酸反应的实验，宜用浓度 37%、密度 1.19 g/cm^3 的盐酸，既利于生成物氯化钠析出，又使反应不致于太过猛烈。

（5）钠与盐溶液反应的实验，如是饱和盐溶液，也有生成金属的反应发生。

（6）切下的金属钠的表层放回原瓶或用水、乙醇处理，切不可乱丢。

（7）如果没有铂丝，可用废灯泡中的电极丝或 300 瓦的电热丝（镍铬丝）。

（8）最好用煤气灯，火焰近于无色。酒精喷灯、酒精灯也可以，但酒精要纯。

六、拓展与延伸

1. 钠的金属光泽变化还可以通过以下两种方法进行判断

（1）截取一根 15 cm 长的薄壁玻璃管，一端熔光，另一端保留锋口。在白瓷板上将钠块的外皮切除后移置洁净的滤纸上。左手用镊子夹住钠块，右手将玻璃管锋利的一端按在钠块中央，如同钻孔一样边旋边下压，使截切下来的金属钠进入玻璃管内，再用玻璃棒将其推至管的中部并压紧，玻璃管的两端用棉花塞紧（图 3-31）。这样制得的样品能保留数天。因被空气里的氧气氧化，钠块的两端先生成白色的氧化钠，而中间部分仍光亮如镜，此后氧化层逐渐向中心扩展，直至钠块全部氧化。

（2）取两支口径和长短不等的试管，使小的能紧密套在大的中间并可自由滑动。在白瓷板上切下一小块除去外皮的金属钠，将其放入大试管里后浸在热水中加热。待试管里钠熔化后立即将小试管套入并轻轻挤压，使熔化的钠充填在两管壁间。从热水中移出，待冷凝后往试管壁间的空隙注入熔化的石蜡。这样制得的样品（图 3-32）能使钠的金属光泽保留更长的时间。

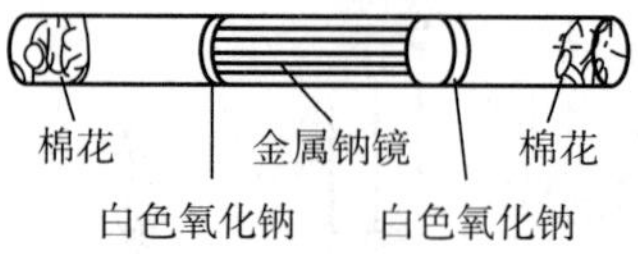

图 3-31 装在玻璃管中的金属钠样品 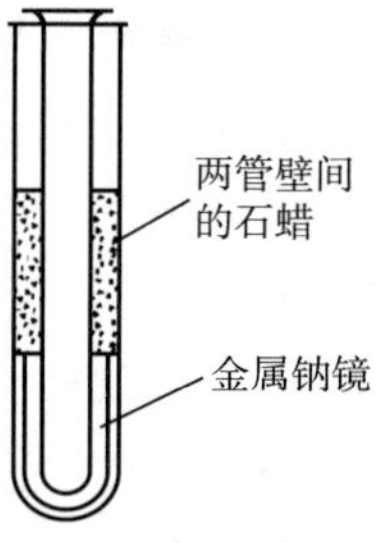　　图 3-32 装在试管中的金属钠样品

2. 钠与水的反应还有多种选择，以下给出三种做参考

（1）取一只 250 mL 广口瓶，加水 150 mL，滴入 2~3 滴酚酞溶液。同前操作，把一只漏斗倒罩在瓶口上，再在漏斗颈上套一支小试管，用向下排空气法收集反应生成的气体。装置如图 3-33 所示。也可如图 3-34 所示用排水法收集氢气。

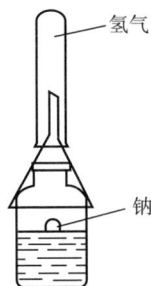

图 3-33　用排空气收集氢气　　　　图 3-34　用排水法收集氢气

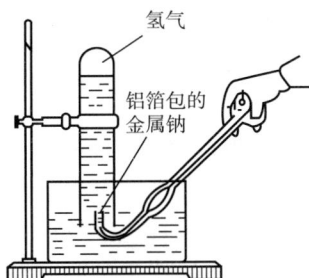

（2）采用大 U 型管、短颈球形漏斗、带尖嘴玻璃管的橡皮塞（玻璃管中段用胶管连接，胶管内放有玻璃珠）等装配成图 3-35 所示实验装置。将滴有酚酞溶液的水从球形漏斗中装满 U 型管（此时单孔塞不必装上），然后切取黄豆大小的钠，用铝箔包好并刺些小孔，从 U 型管右端开口放入水中，迅速塞紧单孔塞。钠与水反应产生的氢气使 U 型管内的水压入球形漏斗（注意单孔塞必须塞紧，以防被气体冲出）。待反应完毕，轻轻挤压胶管内玻璃珠，将氢气排入套在尖嘴玻璃管上的小试管里。

（3）向试管里加入半管水，滴入 2~3 mm 厚的一层煤油。切取 3~4 mm^3 一小块钠，将其镊入试管内。如图 3-36 所示，钠在煤油中下沉，但浮于水面，钠块顶部仍露在煤油层上面。通过放大镜从试管侧面观察实验现象。此法比金属钠直接投入水中发生的反应缓慢得多。

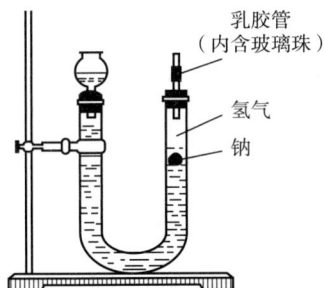

图 3-35　用 U 型管做实验装置　　　　图 3-36　观察钠与水的反应

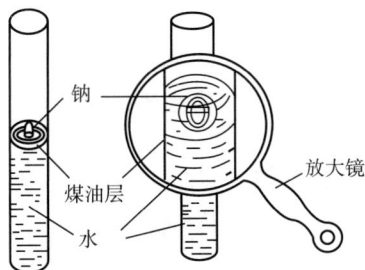

3. 焰色反应还有多种改进方法，以下给出四种方法做参考

从一张质地较好的餐巾纸上扯下 2~3 cm，带毛边带尖的那种，对折后，用坩埚钳（镊子）夹牢，蘸取待测液，放到无色酒精灯火焰上灼烧。待水分略干时，即有火焰的颜色出现，当餐巾纸表面有固体析出时，火焰的颜色就很明显了，并且餐巾纸长时间灼烧都

不烧焦。

将干燥的白色粉笔放入盛有酒精的小烧杯中，白色粉笔吸饱酒精后，用镊子夹取白色粉笔并点燃。把盛有盐溶液的小喷雾瓶对准粉笔的无色火焰喷射，可看到明显的焰色。

预先削好一支铅笔，露出的铅笔芯（石墨）顶端要削成平铲状，在酒精喷灯上灼烧，烧尽铅笔芯表面的有机物。冷却后分别蘸取盐溶液或固体粉末，放在火焰上灼烧。

在烧杯中燃烧酒精，将碱金属和碱土金属化合物的粉末撒在火焰上。

七、问题与讨论

（1）探究钠的物理和化学性质时运用了哪些实验方法？
（2）钠如何保存？如果发生钠着火该怎么灭火？
（3）请写出本实验中的所有化学反应方程式。
（4）钾的焰色试验与钠的焰色试验有什么不同，为什么？

实验十七　过氧化钠的性质

一、实验目的

（1）认识过氧化钠的不稳定性。
（2）认识过氧化钠的氧化性。

二、实验用品

仪器：玻璃棒、蒸发皿、滴管、球形干燥管。
试剂：过氧化钠、酚酞、硫粉、盐酸、石灰石。

三、实验原理

过氧化钠中含有过氧离子（O_2^{2-}），其具有不稳定性和氧化性。这些性质可以通过与水、硫和二氧化碳等实验表现出来。

四、实验过程

1. 过氧化钠与水的反应

在一支干燥的试管里放入 $1\sim2$ g 过氧化钠，向试管里滴入 $1\sim2$ mL 水，待有较多的气体放出时用带火星的木条伸向管口，检验生成的气体。用手轻轻触摸试管外壁，有什么感觉？用 pH 试纸检验溶液的酸碱性。

2. 过氧化钠与硫的反应

往蒸发皿里加入 $1\sim2$ g 过氧化钠，再加入等体积的硫粉，用玻璃棒轻轻地混合均匀并堆成小丘状。将蒸发皿置于固定在铁架台上的铁圈内，用长滴管向混和物上滴 $1\sim2$ 滴水后迅速离开，观察现象。

3. 过氧化钠与二氧化碳的反应

在平底烧瓶里放几块小石灰石，干燥管底部垫上一薄层石棉绒，也可用玻璃绒，再加入 1~2 cm 厚过氧化钠，要装得疏松些。如图 3-37 装置。向烧瓶注入 2 mol/L 盐酸 20 mL，迅速将放有过氧化钠的干燥管连同单孔塞装在烧瓶上。手摸干燥管球部，待感觉到发热时用带火星的木条伸向管口，检验所放出的气体。反应完毕后取出干燥管中的固体，加入盛有稀盐酸的试管中，如有二氧化碳气体放出（按二氧化碳气体检验方法进行），证明固体中另一生成物是碳酸钠。

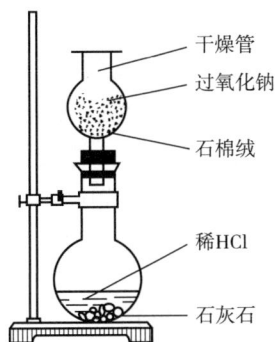

图 3-37　过氧化钠与二氧化碳反应的实验装置

五、注意事项

（1）用保存完好的过氧化钠（市售品是淡黄色小颗粒状固体），如发现已变质（呈白色），则不能再用。

（2）在混和过氧化钠和硫粉时，动作要轻而迅速，以防爆炸或过氧化钠吸湿引起燃烧。

（3）在制取二氧化碳时，稀盐酸的浓度以 2 mol/L 为宜。因二氧化碳的产气速度与产气量受盐酸浓度控制。

（4）过氧化钠不要事先装好，以防变质。

六、拓展与延伸

1. 过氧化钠与水、二氧化碳的反应

用 60 mL 广口瓶盛少量的过氧化钠，取两小团蓬松的脱脂棉，放于广口瓶中，反复摇，使脱脂棉表面蘸满 Na_2O_2 粉末。用镊子夹取一团蘸满 Na_2O_2 粉末的脱脂棉，悬于空中，用滴管滴加 1~2 滴水，脱脂棉即燃烧。

用镊子夹取另一团蘸满 Na_2O_2 的脱脂棉，悬于空中，用长直角玻璃管的一端（短）接触脱脂棉，另一端（长）含在口中，吹气立即观察到脱脂棉燃烧。

这样进行演示实验，具有操作简单、所用仪器少、安全、现象明显、易成功等优点。

2. 过氧化钠与水反应演示实验的综合改进

实验装置如图 3-38 所示，在试管中装入约 0.2 g Na_2O_2，塞上带导管的胶塞，用注射器吸水插入胶塞上。在滴瓶中装入 1/3 体积的饱和澄清石灰水，将试管插入其中，此步可在课前完成。实验时，用注射器推入适量的水，在导管口用带火星的

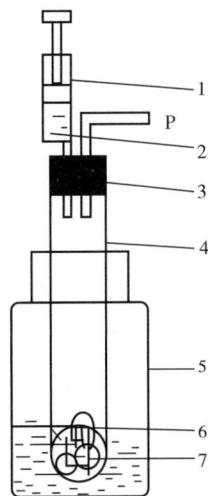

图 3-38　过氧化钠与水反应的实验装置

1—50 mL 注射器　2—水　3—侧带弯管的胶塞
4—ϕ15 mm×150 mm 试管；
5—60 mL 滴瓶或广口瓶　6—饱和澄清石灰水
7—Na_2O_2

木条检验气体，可观察到木条复燃，反应结束可观察到石灰水变浑浊。观察分析实验现象后拿出试管，取下胶塞，滴入酚酞溶液变红，振荡后褪色，加入足量水后，再加酚酞，振荡后红色不褪。说明过氧化钠具有漂白性。

要做漂白性实验，过氧化钠应适当过量。用注射器加水，既封闭气体又能控制水量。这是我们在教学中常用的代用教具，易得，方便，实用。此装置将检验气体、证明放热反应、漂白性演示三个知识点融为一体，操作简单、节约时间、现象明显，而且所需材料简单易得。

七、问题与讨论

（1）过氧化钠该如何保存？
（2）请写出本实验中的所有化学反应方程式。
（3）在日常生活中过氧化钠有什么用途？

实验十八　碳酸钠和碳酸氢钠的性质

一、实验目的

（1）会用对比方法分析碳酸钠和碳酸氢钠的物理和化学性质。
（2）学会鉴别碳酸钠和碳酸氢钠。
（3）能结合性质解释生活中关于碳酸钠和碳酸氢钠用途的问题。

二、实验用品

仪器：试管、烧杯、温度计、酒精灯、锥形瓶、压强传感器、数据采集器、恒压滴液漏斗、磁力搅拌器。

试剂：无水碳酸钠、无水碳酸氢钠、澄清石灰水、酚酞、0.3 mol/L 碳酸钠溶液、0.3 mol/L 碳酸氢钠溶液、0.3 mol/L 稀盐酸、蒸馏水。

三、实验原理

在相同温度下，碳酸钠比碳酸氢钠溶解度大。碳酸氢钠是可溶的碳酸盐，其酸式盐比正盐的溶解度低，主要是因为碳酸氢根水合后与周围的碳酸氢根形成双聚或多聚离子，形成了分子内的氢键，导致溶解度下降。

碳酸钠和碳酸氢钠溶液中分别滴加酚酞溶液，碳酸钠显红色，碳酸氢钠显浅红色。当往碳酸氢钠溶液中加入稀盐酸溶液时，碳酸氢钠中的 HCO_3^-、与 H^+ 直接结合产生二氧化碳气体和水：

$$HCO_3^- + H^+ = CO_2\uparrow + H_2O \text{（溶液浅红色褪去，产生大量气体）}$$

碳酸钠和稀盐酸反应时，CO_3^{2-} 先结合 H^+ 生成 HCO_3^-，再结合 H^+ 产生二氧化碳气体：

$$CO_3^{2-} + H^+ = HCO_3^- \text{（溶液由红色变为浅红色）}$$

$$HCO_3^- + H^+ = CO_2\uparrow + H_2O \text{（溶液浅红色褪去，产生大量气体）}$$

换言之，1 mol 碳酸氢钠与 1 mol 稀盐酸反应产生二氧化碳，1 mol 碳酸钠与 1 mol 稀盐酸反应时，碳酸钠转化为碳酸氢钠，再加入 1 mol 稀盐酸溶液，才产生二氧化碳。由 $\Delta pV = \Delta nRT$，可推出 $\Delta n = \Delta pV/(RT)$。因此，可通过压强传感器测定密闭反应容器中的压强，并结合酚酞指示剂在实验中所表现出来的现象，认识两者与稀盐酸的反应实质。

碳酸钠很稳定，加热到熔点（851℃）以上才缓慢分解。碳酸氢钠却不很稳定，超过 100℃ 即开始分解放出二氧化碳，温度越高分解越快。

$$2NaHCO_3 \xrightarrow{\triangle} Na_2CO_3 + H_2O + CO_2 \uparrow$$

利用二者与酸反应的速率快慢和热稳定性的差异，可以鉴别这两种物质。

四、实验过程

1. 碳酸钠和碳酸氢钠在外观、水中的溶解性、水溶液的酸碱性的对比实验

在两支试管中分别加入少量的 Na_2CO_3 和 $NaHCO_3$（各约 1 g），完成下列实验，并将实验现象和相应结论以表格形式表示出来。

（1）观察 Na_2CO_3 和 $NaHCO_3$ 的外观并进行描述。

（2）向以上两支试管中分别滴入几滴水，振荡，观察现象；将温度计分别插入其中，观察温度计的示数有何变化。

（3）继续向（2）的试管中分别加入 5 mL 水，用力振荡，观察有何现象。

（4）分别向（3）所得溶液中滴入 1~2 滴酚酞溶液，观察有何现象。

根据实验（1）~（4）你得出的初步结论是什么？

2. 碳酸钠和碳酸氢钠与酸反应的对比实验

向锥形瓶中分别加入 4.0 mL 0.3 mol/L 的碳酸钠溶液和碳酸氢钠溶液，并分别滴加两滴酚酞溶液，观察溶液颜色；向恒压滴液管中加入 10 mL 0.3 mol/L 的稀盐酸溶液。如图 3-39 所示，连接实验装置。打开磁力搅拌器，启动数据采集器。打开恒压滴液漏斗活塞，向溶液中滴加稀盐酸溶液 4 mL，观察实验数据变化和溶液颜色的变化，记录时间 t_1。再次打开滴液漏斗活塞，加入剩余 4.0 mL 稀盐酸观察测量数据和溶液颜色变化，待数据保持不变后，记录时间 t_2。

图 3-39　碳酸钠和碳酸氢钠与稀盐酸反应的实验装置

3. 碳酸钠和碳酸氢钠的热稳定性对比实验

在两支干燥的试管中各放入约占试管容积 1/6 的无水碳酸钠和碳酸氢钠，按图 3-40 所示装置两套仪器，并往烧杯中倒入半杯澄清的石灰水。同时加热，不久盛碳酸氢钠的试管口处有水珠出现，导管口有连续的气泡冒出，澄清的石灰水变得浑浊。盛碳酸钠的试管内，除刚加热时因空气受热而从导管口逸出几个气泡外，没有变化。实验终止时先移去烧杯后再熄灭酒精灯。

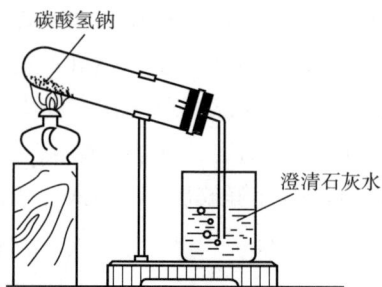

图 3-40　碳酸氢钠的热分解实验装置

五、注意事项

（1）碳酸钠与碳酸氢钠与酸反应的对比实验。实验前检查装置气密性，实验开始时滴加酸的速度不能太快，否则对比现象不明显。

（2）碳酸钠和碳酸氢钠的热稳定性对比实验。加热前先预热试管，为防止碳酸钠粉末堵塞导管，应在加热前塞一小团棉花。

六、拓展与延伸

历史上的文学家"三苏"分别是苏轼、苏洵、苏辙，化学界小苏打、苏打、大苏打也被冠以"三苏"之称。

1. 小苏打

化学名称为碳酸氢钠，化学式为 $NaHCO_3$。为白色细小晶体，在水中的溶解度小于碳酸钠。固体 100℃以上开始逐渐分解生成碳酸钠、二氧化碳和水，440℃时完全分解。碳酸氢钠是强碱与弱酸中和后生成的酸式盐，溶于水时呈现弱碱性。

2. 苏打

化学名称为碳酸钠，化学式为 Na_2CO_3。碳酸钠是白色粉末或细粒，易溶于水，水溶液呈碱性。它有很强的吸湿性，在空气中能吸收水分而结成硬块。碳酸钠很稳定，受热不易分解，遇酸能放出二氧化碳，还能吸收二氧化碳而生成碳酸氢钠。

3. 大苏打

化学名称为硫代硫酸钠，化学式为 $Na_2S_2O_3$。硫代硫酸钠是一种无色或淡黄色透明单斜晶系结晶，能风化和潮解，灼烧则分解为硫化钠和硫酸钠。易溶于水。具有强烈的还原性，在 33℃以上的干燥空气中易风化，在潮湿空气中有潮解性。

七、问题与讨论

（1）碳酸钠和碳酸氢钠溶液为什么显碱性？碱性强弱为什么会不同？

（2）为什么焙制糕点和治疗胃酸要用碳酸氢钠而不用碳酸钠？

（3）厨房去油污，为什么建议使用碳酸钠而不是碳酸氢钠？

（4）如何根据碳酸钠和碳酸氢钠的差异实现两者的相互转化？

实验十九　铁及其化合物的性质

课程思政案例

一、实验目的

（1）认识铁及其化合物的重要化学性质。

（2）学会铁离子和亚铁离子的检验方法。

（3）认识可通过氧化还原反应实现含有不同价态同种元素的物质间的相互转化。

二、实验用品

仪器：试管、胶头滴管。

试剂：$CuSO_4$ 溶液、0.1 mol/L $FeCl_3$ 稀溶液、0.1 mol/L $FeCl_2$ 溶液、0.1 mol/L $FeSO_4$ 溶液、$KMnO_4$ 酸性溶液、KSCN 溶液、亚铁氰化钾溶液、铁氰化钾溶液、KI 溶液、淀粉溶液、蒸馏水、锌片、铜片、铁粉、铁丝。

三、实验原理

铁的化学性质比较活泼，它能与许多物质发生化学反应。比如与氧化性较弱的氧化剂（如盐酸、硫酸铜）反应，生成+2 价铁的化合物；与氧化性较强的氧化剂（如氯气等）反应，生成+3 价铁的化合物。

铁盐遇到较强的还原剂会被还原成亚铁盐，亚铁盐在较强的氧化剂作用下会被氧化成铁盐，即 Fe^{3+} 和 Fe^{2+} 在一定条件下是可以互相转化的：

$$Fe^{3+} \underset{\text{氧化剂}}{\overset{\text{还原剂}}{\rightleftharpoons}} Fe^{2+}$$

铁离子和亚铁离子跟某些化合物反应能生成不同的络合物，从这些络合物的颜色可以鉴别铁离子和亚铁离子。

四、实验过程

1. 铁及其化合物的性质

（1）铁单质的还原性。在一支试管中加入 2 mL $CuSO_4$ 溶液，再将一段铁丝放入 $CuSO_4$ 溶液中。过一会儿取出铁丝，观察现象并加以解释。

（2）铁盐的氧化性。

①取 3 mL $FeCl_3$ 稀溶液加入试管中，加入几小块铜片，振荡，过一会儿，观察现象。

②在一支盛有 3 mL 水的试管中滴加几滴 $FeCl_3$ 稀溶液，再滴加 3 滴 KI 溶液，观察现象。然后向溶液中滴加 2 滴淀粉溶液，观察现象（提示：KI 是常用的还原剂，能被氧化成 I_2，淀粉溶液遇到 I_2 会变蓝）。

（3）亚铁盐的氧化性和还原性。

①取 3 mL $FeCl_2$ 溶液加入试管中，加入几小块锌片，振荡，过一会儿，观察现象。

②在一支试管中加入少量 $KMnO_4$ 酸性溶液，然后向试管中加入少量 $FeSO_4$ 溶液，观察溶液的颜色变化。当溶液紫色褪去时，再滴加 2 滴 KSCN 溶液，观察现象。

2. 铁离子和亚铁离子的检验

（1）跟硫氰酸钾溶液的反应。

①在一支试管中加入 2 mL 蒸馏水，再滴加几滴 $FeCl_3$ 稀溶液，然后滴加几滴 KSCN 溶液，观察现象。

②在一支试管中加入少量 $FeCl_3$ 稀溶液，然后加入适量铁粉，轻轻振荡片刻，再加几滴 KSCN 溶液，观察现象。

（2）跟亚铁氰化钾（$K_4[Fe(CN)_6]$）和铁氰化钾（$K_3[Fe(CN)_6]$）溶液的反应。

①在两支试管里分别盛 0.1 mol/L $FeCl_3$ 溶液和新制备的 0.1 mol/L $FeSO_4$ 溶液各 2 mL，各加入几滴 $K_4[Fe(CN)_6]$ 溶液，在 $FeCl_3$ 溶液里有蓝色普鲁士蓝沉淀生成。

②用 $K_3[Fe(CN)_6]$ 溶液代替 $K_4[Fe(CN)_6]$ 溶液做同样的实验，在 $FeSO_4$ 溶液里有深蓝色的滕氏蓝沉淀和亚铁氰化铁钾生成。在 $FeCl_3$ 溶液里不产生沉淀，只是溶液的颜色变成棕色。

普鲁士蓝和滕氏蓝两种沉淀都显深蓝色，现已证明这二者是相同的物质，近似组成是 $KFe[Fe(CN)_6] \cdot 6H_2O$。

五、注意事项

（1）本实验涉及药品较多，使用胶头滴管时要注意每次使用前先用蒸馏水充分洗涤，避免药品相互污染。

（2）在铁与硫酸铜溶液的反应实验中，可将铁丝绕成螺旋状，先用稀盐酸处理以除去表面的氧化物；硫酸铜溶液浓度不宜过大。

（3）将铁丝、铜片、锌片等固体放入试管时，应先将试管横放，放入固体，再将试管慢慢竖起，使固体物质滑落至试管底部。金属应先打磨，且在实验后回收。

（4）$FeSO_4$ 溶液和 $FeCl_2$ 溶液应现用现配，为防止被氧化可加入少量铁粉。

（5）$FeCl_3$ 稀溶液可通过将 $FeCl_3$ 晶体溶于浓盐酸后稀释得到。

（6）向 $FeCl_3$ 稀溶液中加入铁粉，轻轻振荡试管后，应先充分静置，再向上层清液中加入几滴 KSCN 溶液。

六、问题与讨论

（1）写出实验过程中所有反应的化学方程式。

（2）根据以上实验及所学知识，以铁屑为原料，制备硫酸亚铁溶液时应该注意什么？如何制备硫酸亚铁晶体？

（3）若向 $FeCl_3$ 稀溶液中加入过量的锌粉，溶液中存在的阳离子是哪种金属离子？原因是什么？

（4）由以上实验思考检验 $Fe_2(SO_4)_3$ 溶液中是否有杂质 $FeSO_4$ 的方法？

实验二十　同周期、同主族元素性质的递变

一、实验目的

（1）加深对同周期、同主族元素性质递变规律的认识。

（2）体会元素周期表和元素周期律在学习元素化合物知识中的重要作用。

二、实验用品

仪器：试管、试管夹、试管架、量筒、胶头滴管、酒精灯、白色点滴板、镊子、砂纸、火柴。

试剂：镁条、新制的氯水、溴水、NaBr 溶液、NaI 溶液、$MgCl_2$ 溶液、$AlCl_3$ 溶液、1 mol/L NaOH 溶液、酚酞溶液、氨水。

三、实验原理

（1）同周期元素从左到右金属性逐渐减弱，非金属性逐渐增强，同主族元素从上到下金属性逐渐增强，非金属性逐渐减弱。

（2）元素金属性强弱可以从其单质与水（或酸）反应置换出氢的难易程度，或它们的最高价氧化物的水化物（氢氧化物）的碱性强弱来判断。

（3）通过卤素单质间的置换反应实验可以比较出卤素单质氧化性的强弱。

四、实验过程

1. 同主族元素性质的递变

（1）在白色点滴板的 3 个孔穴中分别滴入 3 滴 NaBr 溶液、NaI 溶液和新制的氯水，然后向 NaBr 溶液和 NaI 溶液中各滴入 3 滴新制的氯水（图 3-41）。观察颜色变化，并与氯水的颜色进行比较。写出反应的化学方程式。

（2）在点滴板的两个孔穴中分别滴入 3 滴 NaI 溶液和溴水，然后向 NaI 溶液中滴入 3 滴溴水（图 3-41）。观察颜色变化，并与溴水的颜色进行比较。

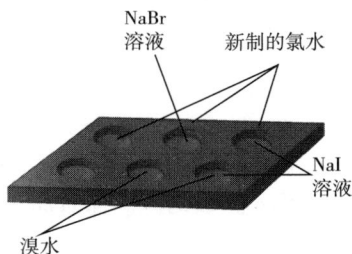

图 3-41　同主族元素性质的递变实验

2. 同周期元素性质的递变

（1）通过钠、镁与水的反应，比较钠和镁的金属性强弱。

①回忆钠与水反应的实验，写出实验现象和化学方程式。

②设计实验，比较镁与冷水、热水的反应，观察并记录实验现象。

（2）设计实验，通过 $MgCl_2$、$AlCl_3$ 与碱的反应，比较 $Mg(OH)_2$、$Al(OH)_3$ 的碱性强弱，以此说明镁和铝的金属性强弱。

五、注意事项

1. 同主族元素性质的递变

（1）本实验进行了微型化处理，可以最大限度地降低实验对环境的影响。同时，实验在点滴板上进行，在白色背景的衬托下，可让学生观察到非常明显的颜色变化。

（2）氯水、溴水具有一定的挥发性，实验时应打开抽风机或换气扇。溴水具有强腐蚀性，学生在实验前最好戴护目镜、橡胶手套等，做好自我安全防护。

2. 同周期元素性质的递变

（1）使用镁条时，要用砂纸打磨掉表面的氧化膜，以达到金属与水接触的目的。

（2）镁和水反应时，表面会形成一层氢氧化镁膜，阻碍内部金属与水继续反应，所以只有在加热的条件下，才能观察到镁与水反应产生气泡的缓慢过程。为避免酒精灯加热时产生的水蒸气的气泡干扰对氢气的观察，可以把试管放在热水浴中加热。

六、拓展与延伸

（1）向 $MgCl_2$ 溶液中加入 NaOH 溶液，生成白色沉淀 $Mg(OH)_2$，并不能证明 NaOH 的碱性强于 $Mg(OH)_2$。例如，把比 $Mg(OH)_2$ 碱性弱的氨水加入 $MgCl_2$ 溶液中，也可得到 $Mg(OH)_2$ 沉淀。

（2）实验室通常没有现成的 $Mg(OH)_2$ 和 $Al(OH)_3$，可以提供 1 mol/L $MgCl_2$ 溶液、1 mol/L $AlCl_3$ 溶液和氨水，由学生制备这两种氢氧化物。然后把生成的两种沉淀各分成两份，分别向其中加入 2 mol/L NaOH 溶液和 2 mo/L 盐酸。$Mg(OH)_2$ 只能溶于盐酸而不溶于 NaOH 溶液，说明 $Mg(OH)_2$ 只有碱性。而 $Al(OH)_3$ 既能溶于盐酸又能溶于 NaOH 溶液，说明 $Al(OH)_3$ 是两性氢氧化物，进而判断铝虽然是金属，却表现出一定的非金属性。本实验得出的结论——$Mg(OH)_2$ 比 $Al(OH)_3$ 的碱性强，依据是 $Al(OH)_3$ 属于两性氢氧化物，说明铝有一定的非金属性，而镁只有金属性，所以镁的金属性比铝强，从而间接证明 $Mg(OH)_2$ 比 $Al(OH)_3$ 的碱性强。

七、问题与讨论

（1）实验中所用的氯水为什么要用新制的？

（2）通过上面两组实验，你能得出什么结论？你对原子结构与元素性质的关系及元素周期律（表）有什么新的认识？

实验二十一　硫的同素异形体及性质

一、实验目的

（1）制取并认识三种不同形态的硫。

（2）认识硫的物理性质和化学性质。

二、实验用品

仪器：量筒、软木塞、表面皿、玻璃棒、漏斗、坩埚、坩埚钳、铁三脚架、烧杯、研钵及杵、白铁片、氢气发生器、玻璃管、双孔塞、燃烧匙、集气瓶、玻璃片。

试剂：硫粉、硫块、酒精、二硫化碳、铜片、铁粉、锌粒、稀硫酸、硝酸铅、蓝色石蕊试纸。

三、实验原理

硫分子的结构较复杂，主要的一种为八角环形结构。固态和液态硫含有组成为 S_8 和 S_6 的链形结构分子。气态硫在 500~850℃时为 S_2，在 1500℃时分解为单原子。温度不同，分子组成和构型不同，形成硫的同素异形体，常见的有正交硫、单斜硫和弹性硫。

硫晶体在常温时由 8 个原子的环状分子组成。当温度升高到硫开始熔化时，环状分子开始破裂而变成开链，黏度增高，颜色也变深。在加热近 200℃时，链的平均长度缩短，黏度减小。硫的化学性质比较活泼，容易跟金属、氢气和其他非金属发生反应。

四、实验过程

1. 正交硫晶体的制备

在一支试管里盛硫粉 1 g，加入二硫化碳 2 mL，塞上软木塞后剧烈振荡，使硫溶解。静置片刻，将澄清的溶液倒入表面皿，放在通风橱里让二硫化碳慢慢挥发，即有正交硫出现（图 3-42）。正交硫也称菱形硫或斜方晶硫。

2. 单斜硫的制备

在坩埚里盛硫粉 10 g，加热到硫粉刚刚全部熔化，颜色还保持淡黄色时撤去灯火，待其慢慢冷却。熔硫冷却时，首先在表面上凝成一层薄膜，即用玻璃棒戳一个孔，倒出来凝固的熔硫。在坩埚壁上可以看到有许多半透明的针状晶体，这就是单斜硫（图 3-43）。

单斜硫也可在纸上制作。把硫粉放在试管里加热到刚刚全部熔化就撤开灯火。这时熔硫的流动性很大，立即把它倒入一个折成漏斗形状的滤纸内，待表面凝成薄膜时，用玻璃棒戳一小孔，

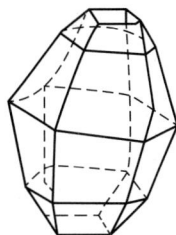

图 3-42　正交硫晶体

图 3-43　单斜硫晶体

105

将未凝固的熔硫倒出即可。

3. 弹性硫的制取

在试管内盛硫粉半管，加热熔化后将它煮沸，当试管口有黄色的硫蒸气出现时，立即成线状倒入盛有冷水的烧杯里。如果烧杯里预先倒放一个漏斗，熔硫成线状围绕漏斗外壁流下，可以制得一根褐色的长线（图3-44）。它质软，富有弹性，拉长后会自动收缩。

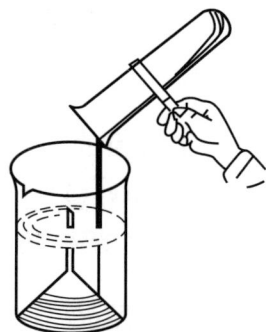

4. 硫华的制备

在试管内盛硫粉半管，加热熔化后将它煮沸，当试管口有黄色的硫蒸气出现时，取一个洁净的蒸发皿，倒合在硫蒸气上，硫蒸气遇冷的物体，急速冷却，变成很小的晶体凝聚在蒸发皿的内壁上，形成一薄层硫华。

图3-44　弹性硫的制取

5. 硫的物理性质

硫的颜色和形态：展示硫粉、硫块、硫华、正交硫、单斜硫和弹性硫等硫的各种单质，观察到硫在常温时是一种淡黄色固体，以各种不同形态存在。

硫的溶解性：在三支试管里分别盛水、酒精和二硫化碳各 3 mL，各加入等量的硫华少许，振荡。硫不溶于水，静置后沉于水底，微溶于酒精，易溶于二硫化碳。

硫在加热时的变化：在一支大试管里，加入硫华半试管，在酒精灯火焰上缓缓加热，时时转动试管使受热均匀，并不时倾斜试管，试验熔硫的流动性。硫在受热到113℃时开始熔化，变成易流动的淡黄色液体。随着温度升高，硫的颜色逐渐加深，由红色转变成暗褐色，流动性逐渐减小而变得黏稠。这时的温度大约为200℃，把试管倒转熔硫也不会流出来。继续加热，硫的黏性变小，这时颜色仍为褐色，但又变成易流动的液体。加热到444.6℃时，硫即沸腾，生成黄色的蒸汽从试管口逸出。

6. 硫的化学性质

（1）硫跟金属的反应。在试管里盛硫粉1/4试管，固定在铁架台上加热。当硫达到沸腾产生蒸汽时，用坩埚钳夹住一片擦亮的铜片伸入试管里，铜片不用先加热。当它跟硫蒸气接触时，就发红而燃烧起来（图3-45）。取出观察，铜片变成黑色，生成了硫化亚铜。

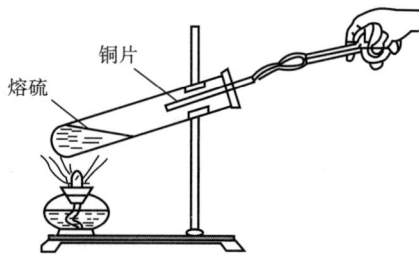

将还原铁粉 7 g 和硫粉 4.5 g 混合均匀后放在白铁片上堆成一狭条，用酒精灯在狭条的一端加热，当混合物开始火着燃烧时即撤去灯火。

图3-45　铜在硫蒸气里燃烧

硫跟铁化合是一个放热反应，混合物能自行继续燃烧，从狭条的一端烧到另一端（图3-46）。生成物是黑色的硫化亚铁。硫化亚铁没有感磁性，用磁铁吸不起来。

（2）硫跟非金属的反应。在一支大试管里盛硫粉1/4试管，如图3-47装置。先检验氢气的纯度，让较强的氢气流通入试管约 2 min。加热试管，使硫熔化并达到沸腾。氢气在沸腾的硫的上方经过时二者相互化合生成硫化氢。硫化氢溶解在水里生成氢硫酸，取出少量水溶液，注入少量硝酸铅，有黑色硫化铅沉淀生成。

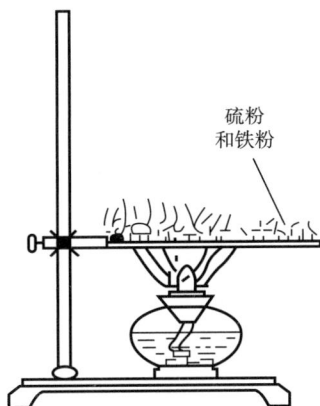

图 3-46 硫跟铁的反应

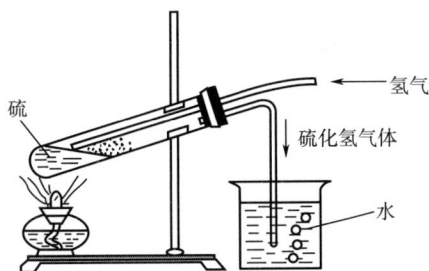

图 3-47 硫跟氢气的反应

用燃烧匙把燃烧着的硫伸入一个盛空气的瓶里，硫发出蓝色的火焰继续燃烧，白雾弥漫，生成二氧化硫。待燃烧完毕，加水少许，把玻璃片盖上后振荡。用蓝色石蕊试纸检验，试纸变成红色。

五、注意事项

（1）用二硫化碳溶解硫粉时，不要使用橡皮塞。

（2）器皿上残留的硫，即使用二硫化碳也溶解不了。可以把它放置一段时间，让硫块自行剥落。或将器皿放在浓的石灰水里煮沸，使生成能溶于水的多硫化钙和硫代硫酸钙。

（3）制单斜硫和弹性硫的成败关键是掌握火候。

（4）在硫跟铜的反应里，用铜片较细铜丝效果好，生成物硫化亚铜的黑色能看得更清楚。

（5）在硫跟铁的反应里，硫的用量应比理论值大一些，使铁粉能全部反应。铁粉最好选用干燥的还原铁粉，如果用粗铁屑则必须敲碎磨细，并且要洗去油污。硫粉用块状硫刚敲碎磨细的比硫华好，因硫华中可能有湿存水。加热前，为使学生确信没有发生化学反应，应用磁铁隔着纸靠近混合物，可以看到铁粉被磁铁吸引的现象。

六、拓展与延伸

单斜硫也可用下法制作。在一支大试管里盛甲苯 20 mL 和硫粉 10 g，配一带有直玻璃导管的单孔软木塞。直玻璃管长约 1 m，作为空气冷凝管用。将试管垂直固定在铁架台上，用酒精灯加热到 96℃以上，维持在甲苯的沸点（110.8℃）以下约半小时。停止加热后，将试管从铁架台上取下，卸去冷凝管，换上圆孔木塞，将试管全部用棉花包裹好，竖直放在容器里静置过夜即可。

七、问题与讨论

（1）硫在日常生活中有哪些应用？
（2）如何区别硫的三种同素异形体（正交硫、单斜硫和弹性硫）？

实验二十二　二氧化硫的制取和性质

一、实验目的

（1）掌握二氧化硫的实验室制取法。
（2）认识二氧化硫的一些重要性质。

二、实验用品

仪器：圆底烧瓶（250 mL）、玻璃导管、滴液漏斗、双孔塞、集气瓶、玻璃片、量筒、玻璃棒。

试剂：亚硫酸钠、浓硫酸、氨水、大烧杯、品红溶液、红色鲜花、蓝色石蕊试液。

三、实验原理

实验室里一般用铜跟浓硫酸或强酸跟亚硫酸盐反应，制取二氧化硫。二氧化硫跟水化合生成亚硫酸，很不稳定，易分解。二氧化硫还能跟某些有色物质化合生成无色物质，具有漂白性。

四、实验过程

1. 二氧化硫的制取

亚硫酸盐跟硫酸反应可制得较纯的二氧化硫。

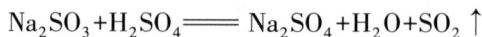

$$Na_2SO_3+H_2SO_4 \stackrel{}{=\!=\!=} Na_2SO_4+H_2O+SO_2\uparrow$$

在一个 250 mL 的圆底烧瓶里盛亚硫酸钠 14 g，分液漏斗里盛浓硫酸，装置如图 3-48 所示。实验开始时，将浓硫酸逐滴加入烧瓶里，立即有二氧化硫气体产生，不需加热。当亚硫酸钠全部被酸浸湿而产生气体的速度减慢时，可以微微加热，以加速反应的进行。二氧化硫容易跟水反应，所以要用向上排空气法收集。用玻璃棒蘸氨水放在瓶口，如果出现浓厚的白烟，表示二氧化硫已收集满。二氧化硫是一种有刺激性气味的有毒气体，勿使它逸散出来污染空气。

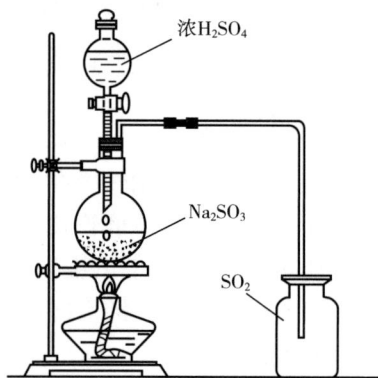

图 3-48　二氧化硫的制取

2. 二氧化硫的性质。

（1）二氧化硫跟水的反应。把收集好的二氧化硫一瓶，倒放在盛有紫色石蕊试液的大烧杯里，瓶里的水面逐渐上升，溶液变成红色。二氧化硫容易跟水反应生成亚硫酸，溶液显酸性。

（2）二氧化硫的漂白性。将二氧化硫通入盛品红溶液的试管里，红色褪去，这是因为品红结构里的发色团跟二氧化硫结合生成无色物质。把漂白的品红溶液加热煮沸，红色又出现。将红色鲜花在冷水里浸湿后放入盛有二氧化硫的集气瓶里，不久，红色即褪去（图3-49）。把漂白的鲜花放在发烟硝酸的上方，红色即复现，这是因为二氧化氮有氧化性，破坏了二氧化硫跟色素结合的无色物质。

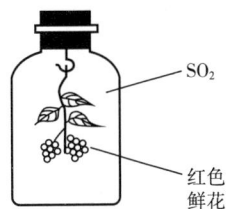

图 3-49　二氧化硫的漂白性

五、注意事项

（1）浓硫酸具有很强的腐蚀性，在实验中应注意安全防护！

（2）实验用品红溶液的浓度不能太高。

（3）二氧化硫不能使所有的有色物质漂白，如果要用其他有色物质，必须预先试验它的漂白效果。

六、拓展与延伸

也可以采用如图3-50装置进行二氧化硫的性质检验实验。在带导管的橡胶塞侧面挖一个凹槽，并嵌入下端卷成螺旋状的铜丝。在试管中加入2 mL浓硫酸，塞好橡胶塞使铜丝与浓硫酸接触。加热，将产生的气体先后通入品红溶液和石蕊溶液中，观察实验现象。向外拉铜丝，终止反应。冷却后，将试管里的物质慢慢倒入盛有少量水的另一支试管里，观察溶液的颜色。

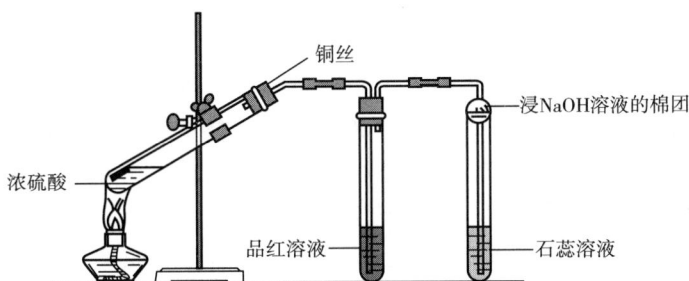

图 3-50　二氧化硫的性质检验装置

七、问题与讨论

（1）本实验中制备产生的二氧化硫可能含有哪些杂质？

（2）实验室用金属与酸反应制取氢气时往往用稀硫酸，而不用浓硫酸，这是为什么？

（3）在制备二氧化硫的实验中，是否可以用盐酸代替硫酸？为什么？

（4）写出铜和浓硫酸反应的化学反应方程式。

实验二十三　浓硫酸的性质

一、实验目的

（1）认识浓硫酸的一些特性。

（2）学会正确使用浓硫酸。

二、实验用品

仪器：托盘天平、烧杯、量筒、验温器、酒精灯、玻璃棒。

试剂：浓硫酸、玻璃绒（或石棉绒）、硫酸铜晶体、脱脂棉花、铜片、锌粒、木炭、硫粉、蓝色石蕊试纸。

三、实验原理

纯净浓硫酸的溶解热在 20℃时为 43.6 kJ，所以与水混合时有大量的热释出，它的一系列水化物 $H_2SO_4 \cdot H_2O$、$H_2SO_4 \cdot 2H_2O$ 和 $H_2SO_4 \cdot 4H_2O$ 都很稳定，是很好的吸水剂。浓硫酸还具有脱水性和氧化性。

四、实验过程

1. 浓硫酸的密度

展示一瓶纯净的浓硫酸，它是无色、黏稠的油状液体。把一瓶浓硫酸放在托盘天平的一边，把同样大小的两只瓶子盛水一瓶半放在另一边，发现一瓶浓硫酸比一瓶半水还重。98%浓硫酸的密度为 1.84 g/mL。

2. 浓硫酸的溶解热

将一支长约 80 cm、厚壁细孔玻璃管的一端封闭后，吹成薄壁圆柱，形成玻璃球。球内充满红色酒精溶液作为验温器。在一个 500 mL 的烧杯里盛水 200 mL，放入验温器后，慢慢注入 100 mL 浓硫酸，边注入边用验温器搅拌。可以看到验温器玻璃管里红色的酒精液柱逐渐上升，表示浓硫酸溶于水有大量的热放出。

在一支小试管里盛 98%的浓硫酸 3 mL，取黄豆大小的玻璃绒（或石棉绒）吸足水后投入试管中。浓硫酸跟水相遇即放出大量的热使水沸腾而爆溅，并发出"嘶嘶"的声音。此实验说明稀释浓硫酸必须把浓硫酸慢慢注入水中，并不断搅拌。

3. 浓硫酸的吸水性

往一支盛有 3 mL 98%浓硫酸的试管里投入少量硫酸铜晶体小颗粒，静置片刻。蓝色的硫酸铜晶体即变成白色无水硫酸铜，表示它的 5 个结晶水已被浓硫酸所吸收。

4. 浓硫酸的脱水性

往一支盛有 3 mL 98%浓硫酸的试管里投入黄豆大小的脱脂棉花一小块，用玻璃棒搅拌后微微加热，棉花即炭化变成黑色的絮状物。

5. 浓硫酸跟金属的反应

在一支试管里加入铜片两小片，注入 8∶3 的浓硫酸 2 mL，不发生反应。将试管微微加热，铜片开始变黑，生成硫化亚铜，并有硫酸铜生成。继续加热到沸腾，黑色物消失，溶液变成蓝绿色，这是因为硫化亚铜被继续氧化成硫化铜，直至全部转变成硫酸铜，同时放出二氧化硫。

浓硫酸跟活泼金属反应也没有氢气产生。在另一支试管里加入锌粒两小颗，注入浓硫酸 2 mL，并不发生反应。微微加热试管，闻到有二氧化硫的气味。继续加热，试管中液体变浑浊。进一步加热，闻到有硫化氢的臭味。

$$Zn+2H_2SO_4（浓）\xlongequal{\triangle} ZnSO_4+SO_2\uparrow+2H_2O$$

$$3Zn+4H_2SO_4（浓）\xlongequal{\triangle} 3ZnSO_4+S\downarrow+4H_2O$$

$$4Zn+5H_2SO_4（浓）\xlongequal{\triangle} 4ZnSO_4+H_2S\uparrow+4H_2O$$

6. 浓硫酸跟非金属的反应

在两支试管里分别加入木炭一小块和少量硫粉，各加入浓硫酸 2 mL。振荡，不见有反应发生。小心加热到沸腾，这两支试管里都有二氧化硫气体产生。可用湿润的蓝色石蕊试纸放在试管口检验。

$$C+2H_2SO_4（浓）\xlongequal{\triangle} CO_2\uparrow+SO_2\uparrow+2H_2O$$

$$S+2H_2SO_4（浓）\xlongequal{\triangle} 3SO_2\uparrow+2H_2O$$

五、注意事项

（1）浓硫酸具有很强的腐蚀性，在实验中应注意安全防护！
（2）二氧化硫和硫化氢有毒，注意在通风口处操作或者进行尾气处理。

六、拓展与延伸

如果没有脱脂棉，可用蔗糖、纸张代替检验浓硫酸的脱水性，浓硫酸能将蔗糖、纸张、棉布和木材等有机物中的氢和氧按水的组成比脱去。

七、问题与讨论

（1）如何将浓硫酸进行稀释得到一定浓度的稀硫酸？
（2）如果浓硫酸不慎滴到皮肤上应如何进行处理？

实验二十四　硫酸根离子的检验

一、实验目的

认识检验硫酸根离子的方法。

二、实验用品

仪器：试管、试管架、试管夹、滴管、量筒。

试剂：稀硫酸、硫酸钠、亚硫酸钠、碳酸钠、磷酸钠、氯化钡。

三、实验原理

钡离子和硫酸根离子能生成硫酸钡沉淀，它不溶于酸，而许多不溶于水的钡盐如碳酸钡、亚硫酸钡、磷酸钡等能溶于盐酸，所以用可溶性钡盐和盐酸可以检验硫酸根离子的存在。

四、实验过程

1. 钡盐的生成

在五支试管里分别盛稀硫酸、硫酸钠、亚硫酸钠、碳酸钠和磷酸钠溶液各 3 mL，分别滴入少量氯化钡溶液。振荡试管，都有白色沉淀生成，它们分别是硫酸钡、亚硫酸钡、碳酸钡和磷酸钡。

2. 硫酸钡的鉴别

待这些试管中的沉淀沉降后，倾去上面的液体，各加入浓盐酸 2 mL，振荡。发现稀硫酸和硫酸钠溶液中生成的白色沉淀不溶解，其他三支试管里的沉淀都溶解了。

五、注意事项

（1）必须把沉淀上面的液体倾去，否则盐酸被冲稀，沉淀的溶解现象就不明显。

（2）亚硫酸盐如果保存不妥，会有部分被氧化成硫酸盐，这样生成的沉淀中含有硫酸钡，就不会全部被溶解了。

（3）也可以用稀硝酸来鉴别硫酸钡。

（4）氯化钡、氢氧化钡等可溶性钡的化合物和碳酸钡有毒！使用时须做好个人防护，相关废弃物应进行无害化处理。

六、拓展与延伸

（1）检验 SO_4^{2-} 时，应先加入稀盐酸排除 CO_3^{2-} 等离子的干扰。

（2）若溶液中混有 SO_3^{2-}，当加入稀硝酸时，会将 SO_3^{2-} 氧化为 SO_4^{2-}。

（3）若溶液中混有 Ag^+，当加入稀盐酸时，会产生不溶于酸的白色 AgCl 沉淀。可以加入过量稀盐酸，过滤除去 AgCl 后再检验 SO_4^{2-}。

七、问题与讨论

（1）若溶液中同时含有 SO_3^{2-}、CO_3^{2-}、SO_4^{2-}，如何将其一一鉴别出来？

（2）经溶解、过滤和蒸发操作得到的粗盐中还含有一些可溶性硫酸盐及 $MgCl_2$、$CaCl_2$ 等杂质。如何将其一一除去而不引入新的杂质？写出相关反应的离子方程式。

实验二十五　盐类水解的应用

视频

一、实验目的

（1）加深对盐类水解原理的认识。

（2）了解盐类水解的广泛应用，体会化学的价值。

二、实验用品

仪器：试管、试管夹、试管架、胶头滴管、烧杯、药匙、量筒、铁架台（带铁圈）、陶土网、酒精灯、火柴。

试剂：蒸馏水、$FeCl_3$ 晶体、浓盐酸、饱和 Na_2CO_3 溶液、饱和 $FeCl_3$ 溶液、1 mol/L $Al_2(SO_4)_3$ 溶液、泥土、植物油。

三、实验原理

在水溶液中，盐电离出来的离子与水电离出来的 H^+ 或 OH^- 结合生成弱电解质的反应，叫做盐类的水解。盐类水解程度的大小，主要是由盐的性质所决定的。生成盐的弱酸酸性越弱，即越难电离（电离常数越小），该盐的水解程度越大。同理，对于强酸弱碱盐来说，生成盐的弱碱碱性越弱，该盐的水解程度越大。盐类的水解是可逆反应，水解平衡也受温度、浓度等反应条件的影响。例如，盐类的水解是吸热反应，因此加热可促使平衡向水解反应的方向移动，盐的水解程度增大；加水稀释可促使平衡向水解反应的方向移动，盐的水解程度增大；在盐溶液中加入适量酸或碱，都会引起盐类水解平衡的移动和水解程度的改变；等等。

四、实验过程

（1）向一支试管中加入少量 $FeCl_3$ 晶体，然后加入 5 mL 蒸馏水，振荡，观察并记录现象。再向试管中加入 2 mL 浓盐酸，振荡，观察并记录现象。

（2）向三支试管中分别加入 5 mL 混有少量泥土的浑浊水，然后向其中的两支试管中分别加入 2 mL 饱和 $FeCl_3$ 溶液、2 mL 1 mol/L $Al_2(SO_4)_3$ 溶液，振荡。把三支试管放在试管架上，静置 5 min，观察并记录现象，同时进行比较。

（3）向一个烧杯中加入 40 mL 蒸馏水，加热至水沸腾，然后向沸水中逐滴加入 5~6 滴饱和 $FeCl_3$ 溶液。继续煮沸至液体呈红褐色，停止加热，观察制得的 $Fe(OH)_3$ 胶体。

（4）向两支试管中分别加入 5 mL 饱和 Na_2CO_3 溶液，然后各滴入 2~3 滴植物油，振荡，将其中的一支试管加热煮沸一会儿，然后再振荡。把两支试管中的液体倒掉，并用水冲洗试管，比较哪支试管的内壁更干净。

五、注意事项

（1）在制备 $Fe(OH)_3$ 胶体的实验中，饱和 $FeCl_3$ 溶液要酸化，使其 pH 值为 1，否则实验中容易产生沉淀。

（2）在洗涤试管内壁的植物油的实验中，植物油对饱和 Na_2CO_3 溶液会起到液封的作用，在加热过程中，液体容易因沸腾而冲出。因此，加热时务必注意安全，不要振荡试管，试管口不能对着自己或他人。

六、问题与讨论

（1）根据实验结果，说明实验室中应该如何配制 $FeCl_3$ 溶液。
（2）写出实验过程中有关化学反应的离子方程式。
（3）举出其他盐类水解应用的例子，并与同学讨论。

实验二十六　简单的电镀实验

一、实验目的

（1）认识电解原理及其在工业生产中的应用。
（2）了解电镀的原理。

二、实验用品

仪器：烧杯、砂纸、导线、2~3 V 的直流电源、电流表。
试剂：铁制镀件、铜片、电镀液（以 $CuSO_4$ 溶液为主配制）、1 mol/L NaOH 溶液、20%盐酸、蒸馏水。

三、实验原理

电镀是一种利用电解原理在某些金属表面镀上一薄层其他金属或合金的加工工艺。电镀的主要目的是使金属增强抗腐蚀能力，增加金属表面硬度和美观。镀层金属通常是些在空气或溶液中不易发生变化的金属（如铬、镍、银）和合金（如黄铜）。

电镀时，通常把待镀的金属制品一端作阴极，把镀层金属一端作阳极，用含有镀层金属离子的溶液作电镀液，在直流电的作用下，镀件表面覆盖上一层均匀、光洁而致密的镀层。

四、实验过程

（1）用砂纸把铁制镀件打磨干净，放入 1 mol/L NaOH 溶液中除去油污，然后用蒸馏水洗净。再放入 20%盐酸中除锈几分钟后取出，并用蒸馏水洗净。

（2）把铁制镀件与 2~3 V 的直流电源的负极相连，铜片与直流电源的正极相连。将两极平行浸入电镀液中，两极间距 5 cm，如图 3-51 所示。接通电源，电镀

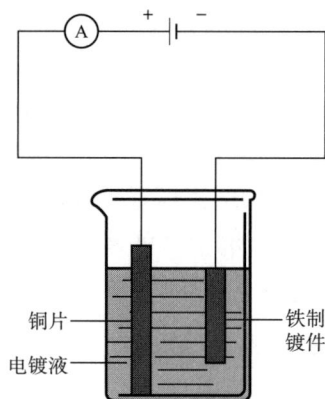

图 3-51　电镀装置

5~10 min 后取出，观察镀件表面发生的变化。

五、注意事项

（1）电镀时最好使用新铁钉（如使用其他铁制品，应预先把镀件打磨光亮），经水洗（除去铁制品表层的尘污）、碱洗（除去油污）、酸洗（中和黏附的碱液）、水洗（除去残留的酸液），洗净后应立即进行电镀。

（2）向 1 mol/L $CuSO_4$ 溶液中边搅拌边滴加浓氨水，至溶液全部变为深蓝色的铜氨溶液，此时放入洗净的新铁钉，几秒后取出，没有铜析出，表明所配溶液中溶质的浓度适宜。

在室温下，用上述铜氨溶液做电镀液，通电 10 s（通电时可用玻璃棒轻轻搅拌），在铁钉表面可看到光亮的紫红色。

（3）本实验中的电镀液也可采用下列配方：将 175~250 g 硫酸铜晶体、22~38 mL 98%浓硫酸、1.0~1.5 g 酚磺酸溶于水配成 1000 mL 溶液。电镀时，控制电流密度为 1~2 A/dm^2，温度为 20~30℃。

六、问题与讨论

（1）电镀前，如果将铜片与直流电源的负极相连，铁制镀件与直流电源的正极相连，通电后观察到的现象是什么？阴极和阳极发生的反应分别是什么？

（2）查阅资料，了解工业生产中提高电镀质量的方法。

实验二十七　苯酚的性质

一、实验目的

（1）认识苯酚的主要性质。
（2）通过苯酚跟碱溶液和溴水的反应来认识分子里各原子团的相互影响。

二、实验用品

仪器：试管、试管夹、酒精灯、量筒、滴管、药匙、二氧化碳发生器、玻璃导管、烧杯、铁架台（带铁夹、直角夹、铁圈）、石棉网。

试剂：苯酚、蒸馏水、氢氧化钠溶液（5%）、盐酸、大理石、碳酸钠溶液、钠、乙醚、饱和溴水、氢碘酸（2%）或亚硫酸氢钠溶液、氯化铁溶液。

三、实验原理

苯酚和一元醇相比，苯酚分子里羟基上的氢原子具有比较大的活动性，它能和碱反应生成酚盐，这是苯基影响的缘故。同时，羟基也反过来影响苯环，使苯环上的氢原子容易被取代。

四、实验过程

1. 苯酚的外形和它在水里的溶解度

苯酚是无色晶体。如果显粉红色，是在空气中发生部分氧化的缘故。取一支试管，加苯酚晶体 3~4 粒，注入蒸馏水 3 mL，振荡试管，可见苯酚并不能全部溶解于水，制得的是不透明的乳浊液。静置以后，液体即分成两层。上层是苯酚的水溶液，下层是水的苯酚溶液。加热试管，上下两层液体就混成一体，因为在 70℃ 时苯酚和水能以任何比例相溶，冷却以后，又分成两层。这说明苯酚在水里的溶解度是随着温度的升高而增大的。

2. 苯酚和碱溶液的反应

把上述试管里的液体重新摇合，滴加氢氧化钠溶液，并不断振荡试管，直到溶液变为透明，这时生成了能溶于水的苯酚钠。这说明苯酚呈酸性。

3. 苯酚和钠的反应

取一些苯酚在一支干燥的试管中，置试管于 50℃ 左右的水浴中加热，使之熔化（或在试管中加 3~4 mL 无水乙醚，使苯酚溶解），然后加入一小块钠，苯酚和钠剧烈反应，释放出氢气。

4. 苯酚跟溴水的反应

在一支试管里加几粒苯酚晶体，用滴管注入蒸馏水，边加边振荡，直到苯酚全部溶解。再滴加饱和溴水，即见溶液变成乳浊状，生成了白色的三溴苯酚。

5. 显色反应

把几滴三氯化铁溶液注入苯酚的稀溶液里，溶液显紫色。这是检验苯酚的显色反应。

在紫色溶液中加入乙醇、盐酸或碱溶液，都可以使颜色褪去，因为这些物质都能使酚铁络离子电离度减少，反应液的颜色就褪去。

五、注意事项

在苯酚跟溴水的实验里，加入的饱和溴水如果过量，则有淡黄色的难溶于水的四溴化合物（2，4，4，6-四溴环己二烯酮）生成，如果再加入 2% 的氢碘酸（或亚硫酸氢钠溶液），则重新变为三溴苯酚。

六、问题与讨论

（1）写出苯酚与溴水反应的化学方程式。

（2）如何鉴定苯和苯酚?

第四章　中学化学综合探究性实验研究

化学课程中的科学探究是指学生用以获取知识、领悟科学思想观念、学习科学研究方法而进行的各种活动。它涉及提出问题、猜想与假设、制订计划、收集证据、解释与结论、反思与评价、表达与交流等过程。通过这些活动，培养学生进行科学探究所需要的能力，增进学生对科学探究的理解。科学探究是学生体验科学过程、理解科学本质、培养科学能力和学习科学知识的主要方式。以科学探究活动为核心的教学是培养和发展学生科学素养的主要教学方式。探究性实验是化学教学中重要的探究活动。

1. 探究性实验的特点

利用探究性实验开展科学探究活动，对于改变学生的学习方式和教师的教学方式具有重要意义。通过探究性实验，可使学生在获得化学知识和技能的同时，受到科学方法的训练、体验探究的乐趣，形成和发展探究能力。中学化学新课程中的探究性实验具有如下特点：

探究性实验强调体验知识获得的过程。在探究性实验中，学生首先在教师的引导下提出或发现一些化学问题，进而设计实验去探索和解决这些问题，在这个过程中形成自己对化学知识的理解和认识。它重视的是化学原理、定律的发现或证明，以及采用什么方法、如何才能得到结论的动态演变的过程，而不仅是为了得到静态的结果。例如，为了探究水的组成，学生知道采用什么方法、怎样进行实验、最后如何根据实验的结论推断出水的组成才是探究性实验所关注的核心问题，而不是把关注的焦点直接指向实验中是否得到了所需要掌握的知识目标，即"水是由氢元素和氧元素组成的"。

探究性实验的内容具有真实性和实践性。只有真实存在的化学问题才能充分调动学生进行探究的欲望，引发学生在探究中积极动脑思考、动手实践。另外，受学校仪器配备以及学生认知水平的限制，探究性实验还必须具备一定的实践性，使学生能够在现有条件下完成探究任务，体验探究过程。那些在现有条下无法实施以及超出学生接受能力的探究性实验是没有实践意义的。中学化学新课程中涉及的探究性实验，如探究吸入的空气和呼出的气体有什么不同；探究铁制品锈蚀的条件；探究温度、催化剂对过氧化氢分解反应速率的影响；探究市售食盐中是否含有碘元素等，无论是从对化学学科知识的理解来看，还是从化学与社会的联系来看都是要解决的实际问题，具有很强的真实性和实践性。

探究性实验鼓励从多方位、多角度思考问题。在生产生活和科学研究中遇到的问题大部分都是涉及很多科学领域的综合性问题，如果仅局限于从化学科学的角度来考虑问题解决的方法是不全面的，不符合实际，也不利于发展学生的创新能力和实践能力。因此，中学化学新课程中的探究性实验鼓励学生在已有经验的基础上，从多方位、多角度思考所遇到的问题，进而综合运用其他自然科学以及人文社会科学领域的知识，提出解决问题的恰当方案。如：设计实验探究农药、化肥对农作物或水生生物生长的影响；探究"白色污染"的成因与消除等，都需要考虑影响问题解决的多种因素，综合应用科学、技术、社会等多方面的知识，才能使问题得到较为圆满的解决。

2. 实验探究教学的内涵

探究教学一般有五个基本构成要素。第一，提出问题。学习者围绕科学性问题展开探究活动。第二，收集证据。学习者获取可以帮助他们解释和评价科学性问题的证据。第三，形成解释。学习者要根据事实证据形成解释，对科学性问题做出回答。第四，评价结果。学习者通过比较其他可能的解释，来评价他们自己的解释。第五，交流发表。学习者要交流和论证他们所提出的解释。在具体的教学活动中，探究环节可多可少，不宜机械地照搬。

探究教学以促进学生全面发展为目的；充分发挥学生的主体性，以学生的自主、能动和创造为特点；强调学生在已有经验的基础上，在社会性互动中，经过有目的、自觉的主动活动去获取知识，建构自身的经验系统；探究教学是开放的，课程不是预定的、僵硬的，而是生成性和动态性的；情境也是开放的；而学习方式也是灵活多样的。

实验探究教学是探究教学的一种重要方式，是以探究性实验活动为核心的教学方式。化学是一门以实验为基础的自然科学，化学实验是化学教学重要组成部分，它对于提高化学教学质量，全面落实培养科学素养的目标，具有其化学课程内容和形式不可替代的特殊作用。实验探究教学具有情境问题性、方案科学性、过程互动性、思维深刻性、结论多样性和评价多元性的特征。

按照探究的任务和问题的性质可以将实验探究教学分为四类：认识物质的性质及其变化的探究教学（探究铁及其化合物的氧化性和还原性，探究不同价态硫元素间的转化）、认识物质的组成与结构的探究教学（乙醇结构的探究，我们吸入的空气和呼出的气体有什么不同）、认识化学反应规律和原理的探究教学（单质、氧化物、酸、碱和盐之间的相互关系，氯、溴和碘单质的氧化性强弱比较，第3周期元素原子得失电子能力的比较）、应用化学知识解决实际问题的探究教学（模拟溶洞的形成，自制简易泡沫灭火器，探究初步区分常用氮肥、磷肥和钾肥的方法）。

3. 实验探究教学的设计环节

在具体的实验探究教学设计过程中，主要有以下几个环节。

创设探究情境。教师依据具体的教学内容，设计贴近生活、贴近实际、贴近学生的探究情境。如通过展示缺铁性贫血和补铁的相关资料，创设铁与人体健康的情境；通过播放酸雨的科普音像资料，创设硫及其化合物与环境保护的情境；通过展示生活中铁制品被腐蚀的各种图片，创设金属腐蚀与防护的情境等。

提出探究问题。在创设的具体教学情境中，学生自己提出探究问题，或者教师引导学生提出探究问题，或者教师直接给出探究问题。

明确实验探究任务。在确定了探究问题之后，通过对问题的进一步分析和假设，明确具体的实验探究任务。如通过寻找合适的氧化剂和还原剂，实现硫单质、二氧化硫和浓硫酸之间的相互转化。

设计实验探究活动的组织形式。在实验探究教学的实施中，探究任务的难易程度、实验的硬件条件、学生的探究水平、课堂教学时间等因素，都会对实验探究活动的组织形式产生影响。教师要根据学校、学生和探究任务的具体情况，决定采取 2 人一组或 4 人一组或独立完成等其中一种形式；决定是所有小组完成相同的实验任务，还是不同小组承担不同的实验任务等。

设计实验探究活动的具体实施方案。在实施具体的实验探究活动中，探究活动的开放度是具体实施方案的主要影响因素。开放度体现在教师给学生自主探究空间的大小，如实验方法是否要求相同，实验方案是否要求统一，提供探究时间的长短，实验试剂和仪器的多少，实施探究场地是否局限，查找资料的可能性等。例如，关于实验方案是否要求统一，如果教师希望探究活动的开放度较大，就可以让学生自己设计实验方案并实施。在过程中，教师不进行干涉，不对实验方案进行评价交流，每个小组完全通过组内讨论交流，合作完成探究任务。如果教师希望探究活动的开放度较小，就可以先让组内设计实验方案，然后大家交流实验方案，确定一种合理的方案，然后每个小组都按照确定的方案实施实验。例如，关于实施探究场地是否局限，较大开放的做法是，在规定的时间内，学生为了完成探究任务可以去实验室，可以去图书馆甚至走出校园。探究活动的开放度是教师必须精心设计的，上面提到的诸多决定开放度的因素，是教师在教学设计时必须充分考虑并确定的，这是确保实验探究活动顺利开展，并且取得较高实效的保证。

设计实验探究活动的评价。具体包括：第一，教师的评价包括几个部分，如知识与技能、过程与方法、态度情感等，而不能只侧重认知方面。第二，教师要及时评价。根据教学情景，教师需要给予反馈评价时，不要过多考虑知识方面的总结归纳，也要重视如合作、探究方法、实验设计等方面的评价。第三，注重学生的自我评价。要给学生机会说一说自己的亲身体会和收获。第四，注重评价的生成性。如果学生在某一方面表现得突出，或者暴露出来的问题很多，就可以对此进行重点评价。尤其要对学生的行为表现进行评价，采用现场活动观测的评价方法。第五，要对评价的层次和顺序进行设计。一定要先落实直接结论，然后落实推论；一定要先评价探究活动首要目标的达成情况，然后评价次要目标。

4. 实验探究教学的设计策略

实验探究教学中最重要的是实验探究活动的设计。教师在设计和实施中普遍存在这样的问题：有些教师认为只要将以往的教师实验、演示实验转化为由学生动手的学生实验、小组实验，就是实验探究。这样的观点存在的问题是，只注重实验探究的外在表象，而没有深入挖掘实验探究的内在本质，导致课堂教学表面热闹，实际效果却很差。有些教师认识到实验探究包括提出问题、做出解决问题的设想、收集资料、分析资料、形成假设和验证结论等环节，并将这一系列的环节在教学中落实，然而这些教师没有认识到实验探究操作环节的可变性与可缺失性，更重要的是没有认识到"实验探究的过程性"包括操作环节的过程性和问题解决思维的过程性。有些教师在实验探究教学中不仅让学生亲身经历实验探究的操作过程，还在每个环节引发学生的思考。但教师发现这种解决问题的技能却很难得到迁移应用，学生在遇到类似探究问题时仍然表现出盲目性与不知所措。其原因是教师在科学探究过程中虽认识到了探究的过程性，但在整个探究过程中，思维的过程由于受到操作环节的影响显得分裂与孤立，缺乏连续性。

这些实验探究活动缺乏"过程性"的现象普遍存在于中学化学实验探究教学中，值得我们关注、思考与改进。导致这些问题出现的原因是，教师缺乏实验探究设计的有效策略，尤其是关于实验探究中思维活动展开的有效策略，以及将实验操作与知识形成统一整体的策略。

当教师经历了科学的探究过程，形成了一整套探究方案之后，教学设计并没有完成。因为完整的探究方案并不等于教学设计，教师还需要根据课标的教学要求以及学生的原有认知结构来对探究过程进行修改和设计。例如，课标中所要求的重点知识和方法应该在探究过程中进行突出，让学生充分经历和体会。而对于那些不是本课的重点但学生又不了解的知识，可以由教师以知识支持的形式体现，不必由学生在课堂上探究解决。除此之外，教师还应该关注学生已有的认知结构。由于学生接触科学探究的机会较少，经验不丰富，教师在教学设计中能够顺利开展的探究活动对于学生来说可能非常不容易。因此，教师需要在必要环节设计引导性问题，指导学生进行思考，从而完成探究实验。只有将知识的重难点和辅助学生的引导性问题融入探究教学的过程中，教学设计才算最终完成。

教学设计完成之后，需要经过教学实践的检验。在教学过程中，教师会发现教学设计的不足之处并对其进行调整和修改。例如，受到课时的限制，教学内容没有完整地开展，就需要教师对各环节的用时进行调整。再如，对于某些探究内容来说，学生独立完成具有难度，这时就需要教师对探究内容进行拆解或是设计问题进行引导。要形成最适合课堂的探究式教学设计，不仅需要教师在课前进行充分的思考和准备，还需要在课后进行不断的反思和修改。

实验一　认识物理变化与化学变化

一、实验目的
（1）认识物理变化是没有生成其他物质的变化。
（2）认识化学变化是物质变化时生成其他物质的一种变化。

二、实验用品
仪器：试管、酒精灯、配有导管的橡皮塞。
试剂：石蜡（或市售蜡烛）、碳酸氢铵、澄清的石灰水、浓盐酸、红色石蕊试纸。

三、实验原理
（1）石蜡是含较多碳原子数的多种烃的混合物，它无固定的熔点和沸点。但一般加热到 $48 \sim 58℃$ 时，石蜡熔化为液态，继续加热到 $360℃$ 以上时，即有石蜡蒸气产生，当加热到 $500 \sim 600℃$ 时，可以看到沸腾现象。这样可以观察到物质由固态—液态—气态的变化过程。

（2）碳酸氢铵俗称碳铵，性质很不稳定，受潮时在常温下就能分解，温度越高，分解越快。碳铵分解能生成氨气、二氧化碳和水。

四、实验过程

1. 认识物理变化

取石蜡（或蜡烛）约 4 g，切成碎片，用药匙或纸送入试管底部，装置如图 4-1 所示。观察试管内物质的颜色、状态后，点燃酒精灯，微微加热，观察石蜡受热逐渐熔成液态的过程。继续加热，观察试管内发生沸腾现象，并将玻璃棒伸入试管内，让石蜡蒸气与玻璃棒接触，片刻后取出玻璃棒，冷却，观察其表面形成的固态石蜡。移去火焰，片刻后，试管里的石蜡又凝成固态。

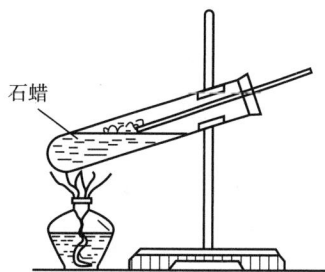

图 4-1　石蜡的物理变化

2. 认识化学变化

取少量（约 2 g）碳酸氢铵放进干燥的试管里，装置如图 4-2 所示。点燃酒精灯，先加热试管近口部位，然后将火焰慢慢移向试管底部（防止实验过程中分解出来的水蒸气过多地凝结在试管内），对准试管盛放固体部位加热，开始嗅到一股刺激性的气味，取一张湿润的红色石蕊试纸悬在试管口的上方，观察试纸变成蓝色。或用蘸有浓盐酸的玻璃棒放在试管口检验，观察生成的白烟，即 NH_4Cl 小颗粒，这证明有氨气产生。同时，观察试管口内壁出现的水珠。把火焰移去，用装有玻璃弯管的橡皮塞塞好试管口，把玻璃弯管伸入烧杯内的澄清的石灰水里。再加热，直到碳酸氢铵完全消失，观察澄清石灰水变成浑浊，即生成了难溶的 $CaCO_3$ 沉淀，证明碳酸氢铵加热还有二氧化碳生成。

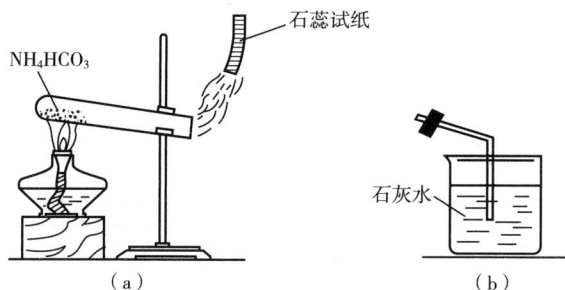

图 4-2　碳酸氢铵受热分解

五、注意事项

（1）加热石蜡的时候，石蜡碎片用量不宜太多，否则会导致加热时间过长。同时，在加热过程中，应调节酒精灯的火焰，使试管内石蜡保持沸腾状态。

（2）加热碳酸氢铵时，药品用量不宜多，否则不仅实验时间过长，而且过多的二氧化碳通入澄清石灰水中，有可能使沉淀转变成碳酸氢钙重新溶解。实验结束时，应先把导管从烧杯里取出，再移去灯火。

六、拓展与延伸

（1）认识物理变化的实验也可以用萘片或卫生球（俗称樟脑丸）碎片代替石蜡，效果也一样。

（2）认识化学变化的实验也可以用碱式碳酸铜代替碳酸氢铵进行实验。碱式碳酸铜是绿色固体，受热后即分解成黑色的氧化铜、水和二氧化碳。

七、问题与讨论

（1）蜡烛燃烧属于物理变化还是化学变化？

（2）对于物理变化和化学变化，请各举出三种实例。

实验二　探究固体物质的溶解度

一、实验目的

（1）认识不同固体物质在常见溶剂（水）中易溶、微溶和几乎不溶的情况。

（2）认识温度对固体物质溶解度的影响。

二、实验用品

仪器：烧杯、酒精灯、铁三角架、铁丝网、试管、温度计。

试剂：硝酸钾、氯化钠、消石灰、氢氧化镁、酚酞试剂、蒸馏水。

三、实验原理

固体物质在一定量溶剂里最多溶解的量，除了跟溶质和溶剂的性质有关以外，还跟温度有关。大多数固体物质溶于水有吸热现象，其溶解度随着温度的升高而增大，例如 KNO_3、NH_4NO_3 等。少量物质溶解时有放热现象，它们的溶解度随着温度的升高而减小，如 $Ca(OH)_2$ 等。

四、实验过程

1. 固体物质在水中易溶、微溶和难溶的情况

在四只 250 mL 的烧杯里各加入 100 mL 蒸馏水，然后分别加入事先称量好的硝酸钾、氯化钠（各 20 g）和消石灰、氢氧化镁（各 0.5 g），用四支玻璃棒分别搅拌，观察四只烧杯里发生的现象。可以看到，硝酸钾和氯化钠全部溶解，如果再分别加入少量硝酸钾、氯化钠，还能继续溶解，说明它们是易溶物质。加入消石灰、氢氧化镁粉末的两只烧杯中都出现浑浊现象，然后用两支小试管分别取这两种液体，各滴入一滴酚酞试液，试管里即出现红色，这是由于消石灰、氢氧化镁加入的量虽很少，未完全溶解，但还是溶解了一些。再进一步根据溶解量的多少，可判别它们还有微溶与难溶的差别。

2. 温度对固体溶解度的影响

在盛有硝酸钾、氯化钠的两只烧杯里，继续分别加入硝酸钾、氯化钠各 20 g，用玻璃棒搅拌，观察，结果两只烧杯底部都留有少量固体。然后把两只烧杯分别放在垫有铁丝网的铁三角架上，都用酒精灯加热，边加热边搅拌，观察烧杯里的溶解情况。结果一只烧杯里的硝酸钾全部溶解；另一只烧杯里仍留有固体氯化钠。说明硝酸钾溶解度随着温度升高而增大，而氯化钠溶解度随着温度升高增大不明显。

五、注意事项

（1）硝酸钾、氯化钠的量是指室温（20℃）条件下的用量，如果高于或低于这个温度过多，药品用量应作适当增减，可以根据具体温度条件下物质的溶解度大体估算。

（2）块状晶体所需溶解时间较长，为缩短实验时间，采用粉末状固体为宜。

六、拓展与延伸

认识物质溶解度也可以用高锰酸钾、硫酸铜等有色晶体和硫酸钙、碳酸钙等固体粉末作实验。

实验三　探究气体物质的溶解度

一、实验目的

（1）认识气体物质的溶解过程。
（2）探究压强和温度对气体溶解度的影响。

二、实验用品

仪器：大针筒、橡皮塞、橡皮管、导管、大试管、烧杯、漏斗、酒精灯。

试剂：二氧化碳饱和溶液（或汽水）、浓氨水。

三、实验原理

气体的溶解度随着压强增大而增大，随着压强减小而减小。取常压下的二氧化碳饱和溶液，设法降低其溶液上面的气体压强，即可观察到有气泡逸出。

气体的溶解度随着温度的升高而减小，将浓氨水微微加热，即能观察到气泡产生。

四、实验过程

1. 压强对气体溶解度的影响

在一支大试管里注入 7~8 mL 二氧化碳饱和溶液（或汽水），用带有直角导管的单孔橡皮塞塞紧试管口。把大针筒的活塞推到顶部，然后将针筒前端小嘴与导管相连（图4-3），用力抽拉针筒的活塞，观察发生的现象。此时试管里的溶液有气泡逸出，好像沸腾一样。

2. 温度对气体溶解度的影响

向大试管中注入 3~4 mL 浓氨水，塞上带有导管的橡皮塞，把试管浸入盛有热水的烧杯里，并固定在铁架台上，如图 4-4 所示。观察氨水中有大量气泡逸出，用润湿的红色石蕊试纸悬在导管口，试纸立即变蓝色。以上两实验说明，减小压强、升高温度，都会使气体溶解度减小。

图 4-3　压强对气体溶解度的影响　　　　图 4-4　稳定对气体溶解度的影响

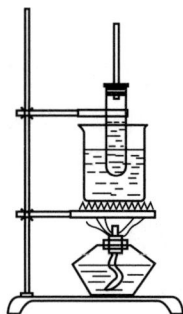

五、注意事项

（1）在试验压强对气体溶解度的影响时，整套装置一定要保持良好的气密性。
（2）抽气时间不宜过长，待看清楚气泡逸出就应停止抽气。

六、拓展与延伸

打开汽水瓶盖，观察大量二氧化碳气体的气泡从汽水里逸出，说明压强减小，二氧化碳气体在水里的溶解度也减小。也可以将一支盛有二氧化碳饱和溶液的试管加热，试管口塞上带有导管的橡皮塞，导管的另一端插入盛清石灰水的试管里，观察被加热的试管里液体逸出气泡和澄清石灰水变浑浊。说明二氧化碳的溶解度随着温度升高而减小。

七、问题与讨论

你还能举出哪些实例能说明气体溶解度与温度和压强有关。

实验四　认识缓慢氧化和急速氧化

一、实验目的

（1）认识缓慢氧化和急速氧化的现象。
（2）了解缓慢氧化和急速氧化的区别。

二、实验用品

仪器：烧杯、玻璃片、镊子、小刀、量筒、铜丝、蒸发皿、尘炸筒、打气球或皮老虎、蜡纸筒。

试剂：铁丝绒、白磷、二硫化碳、滤纸条、松花粉、铝粉、棉花、汽油。

三、实验原理

缓慢氧化反应往往使人不易察觉，但也产生热量，积聚多时会使温度升高而引起自燃。燃烧是急速的氧化反应，在有限空间里发生时会引起爆炸。

四、实验过程

（1）配制白磷二硫化碳溶液。在试管内盛二硫化碳 5 mL。切取黄豆大的白磷一小块，用滤纸吸干水分后放入二硫化碳里，轻轻摇动，使白磷全部溶解。然后用软木塞塞好备用。

（2）配制尘炸混合物。将松花粉盛在蒸发皿里放入干燥箱中烘干，再放在干燥器里冷却。

（3）取干燥的松花粉。新开瓶的铝粉为 7：3（体积配比），混合均匀后放入干燥器里备用。

（4）铁锈的生成。如图 4-5 所示装置，将一支试管用水润湿后，装入光亮无垢的铁丝绒约 1/3 试管，使试管倒置时不会落下。令试管口浸入水面下，静置一天后再观察，可见铁丝绒已生锈，试管内的水面上升了。这表明空气里的氧气已耗去，它跟铁发生缓慢的氧化反应生成了铁锈。若将铁丝绒用稀醋酸润湿后再进行试验，只要一小时铁丝绒就全部被锈蚀了。

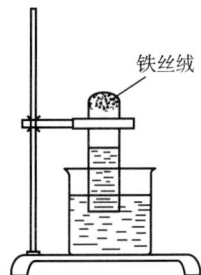

铁丝绒

图 4-5　铁锈的生成

（5）白磷的自燃。取滤纸一条，一端用铜丝穿起，将滤纸浸湿白磷二硫化碳溶液后，悬挂在铁架台上（图 4-6）。稍待片刻，即见滤纸上冒白烟，不久，突然燃烧。这是因为二硫化碳挥发后，白磷以微小的颗粒留在滤纸上，很容易缓慢氧化。积聚的热量使温度上升，当到达白磷的着火点（40℃）时，即发生自燃。

五、注意事项

（1）也可以用四氯化碳、汽油或苯代替二硫化碳。用剩的白磷二硫化碳溶液应用纸吸收后烧掉。

（2）这个实验的成败关键是白磷二硫化碳溶液的浓度和纸的质地。溶液的浓度不能过低，纸质应疏松。

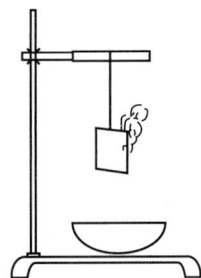

图 4-6　白磷的自燃

六、拓展与延伸

1. 尘炸实验

尘炸筒可以用白铁皮自制，如图 4-7 所示。

它的主体是一个圆形筒，顶端有一个塑料盖，紧密而不漏气。筒的内部伸入一直径约 6 mm 的白铁管，下端焊上一只口径约 2.5 cm 的白铁小漏斗。管的上端通出筒外，跟打气球或皮老虎相连接。在筒内白铁管的对面，离底约 15 cm 高处焊上一具烛座，距内壁约 2.5 cm。

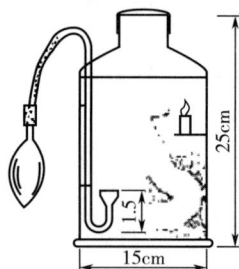

图 4-7　尘炸实验装置

先在小漏斗内垫上两层小的铁丝网，将适量的松花粉和铝粉的混合物轻轻放入小漏斗内，防止混合物落入白铁管里。点燃蜡烛，盖上顶端的盖子。将打气球用力一捏或用脚踏皮老虎鼓风，使漏斗内的混合物飞散开来，充满全筒。可燃粉尘与空气的混合物被烛火点燃，引起整个筒内的混合物急速燃烧，发生爆炸，筒盖飞起 1~2 m 高。

2. 尘炸实验应注意

（1）铝粉必须是新开瓶的，表面已氧化的不适用。松花粉必须烘干，松花粉可用烘干的极细的淀粉代替。

（2）鼓风时要用力一次性鼓入。

（3）最好用有机玻璃制作尘炸筒，可以清楚地看到筒内引起爆炸的燃烧现象。

3. 尘炸实验也可以用纸筒进行

在蜡纸筒的中间部分钻一小孔，孔的大小以能伸入引火的小木条为适宜。实验时，用一小团脱脂棉花，蘸了汽油后投入筒内。盖上筒盖，并用手指捺住小孔，摇动纸筒，使汽油挥发后跟空气混合。然后在小孔内伸入燃着的火柴，引起爆炸后可使筒盖飞去。

七、问题与讨论

（1）请列举出生活中缓慢氧化和急速氧化的实例。

（2）讨论如何减缓缓慢氧化？

实验五　水的净化

一、实验目的

（1）了解水净化的原理。

（2）掌握净化水的一般方法。

二、实验用品

仪器：蒸馏烧瓶、冷凝管、承接管、锥形烧瓶、橡皮管、粗玻璃管、单孔橡皮塞、玻璃导管、弹簧夹、塑料网、烧杯、玻璃棒。

试剂：明矾。

三、实验原理

水中存在的杂质一般可分成悬浮物和溶解物两类。悬浮物可用沉降法去除,明矾是常用的沉降剂,溶解物则用蒸馏法或离子交换法去除,实验装置如图 4-8 所示。

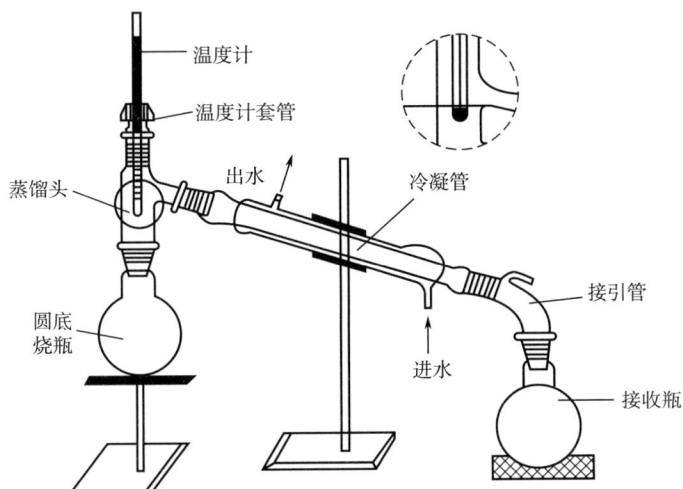

图 4-8　蒸馏装置

四、实验过程

(1) 明矾净水。取烧杯 3 只,分别盛河水、井水和自来水各 400 mL,观察水的浑浊情况。另将明矾 1.5 g 溶解在 30 mL 自来水中,在 3 只烧杯内各加入 10 mL。用玻璃棒搅和后,静置约 5 min。这时烧杯底部沉积有一层胶冻状沉淀物,盛河水和盛井水的烧杯内较多,盛自来水的烧杯内较少。上层的水都比原来澄清得多。明矾溶于水生成氢氧化铝胶体溶液,当它凝聚时就形成胶冻状沉淀。悬浮在水中的不溶物质点和微生物被它截获而沉降到容器的底部。

(2) 蒸馏水的制取。河水、井水或自来水都可以作为蒸馏法净水的水样。先在试管内盛水样 5 mL,加 2% 的硝酸银溶液几滴,振荡,即见试管内的液体变浑浊,表明水样里含有杂质。取下蒸馏烧瓶,先加入少量防止暴沸用的碎瓷片,固定在铁架台上后,用长颈漏斗注入水样,以不超过 2/3 和不少于 1/3 为度。注水时要注意勿使水样流入支管。加热蒸馏烧瓶,待水样将近沸腾时,在冷凝管内通入冷却用水。从内管经过的水蒸气冷凝后流入接受器内。接受器上一般都装有带缺口的瓶塞以减少与空气接触,并让瓶里的气体能从缺口处逸出。

(3) 将收集到的蒸馏水用硝酸银溶液检验,没有出现浑浊现象,表示杂质已去除。

五、注意事项

制取蒸馏水时,如果缺少温度计,可以不用。

六、拓展与延伸

水净化是指从原水中除去污染物的净化过程，其目的是以特定的程序达到把水净化的效果，并将水用作不同的用途。水是生命之源，也是社会经济发展与社会进步的物质基础。然而我国水资源匮乏，是世界十三个最缺水的国家之一。水污染严重是造成我国水资源匮乏的主要原因之一。其中，工业废水、城市生活污水、农业污染、突发性水污染、城市垃圾等是造成我国水资源污染的主要原因。所以，探索、研制有效处理污水的新方法或新型材料对于解决我国水资源问题具有重大意义。

七、问题与讨论

（1）制取蒸馏水时，如果缺少温度计，可以不用。请解释原因。

（2）查阅资料，写出工业或生活上水净化的其他方法。

实验六　盐酸的性质

一、实验目的

认识盐酸的物理性质和化学性质。

二、实验用品

仪器：量筒、酒精灯、烧杯、滴管、玻璃棒。

试剂：工业浓盐酸、纯净浓盐酸、稀盐酸、石蕊试纸、生锈铁钉、铜屑、硫酸铜、氢氧化钠、碳酸钠、硝酸银、硝酸、二氧化锰。

三、实验原理

盐酸具有酸的通性，能使指示剂变色，能跟某些金属、金属氧化物、碱和盐反应生成氯化物。盐酸跟氧化剂反应生成氯气是它的特性。

四、实验过程

1. 准备一瓶工业浓盐酸和一瓶纯净浓盐酸，装在无色的玻璃瓶里，贴好标签，作展示用

在试管里盛 0.2 mol/L 硫酸铜溶液 5 mL，滴加 2 mol/L 的氢氧化钠溶液，边滴边振荡，即有淡蓝色的氢氧化铜析出。待沉淀沉降后，倾去上层液体，加入少量蒸馏水洗涤，再把水倒去，得蓝色的氢氧化铜，待用。

2. 盐酸的物理性质展示

准备一瓶工业浓盐酸和一瓶纯净浓盐酸。前者因含杂质而带黄色，后者则透明无色。开启浓盐酸的瓶塞，即见瓶口有白雾出现，这是挥发出来的氯化氢气体溶解在空气里的水

蒸气所形成的雾滴。用滴管吸取一滴浓盐酸，注入盛水的小烧杯里，可以看到水中有细丝在慢慢扩散，表明盐酸易溶于水。

3. 盐酸的化学性质

（1）跟石蕊的作用：用玻璃棒将稀盐酸一滴分别涂在红色和蓝色石蕊试纸上。蓝色石蕊试纸变成红色，这是酸的通性。

（2）跟金属的反应：往两支各盛有 5 mL 稀盐酸的试管里分别加入少量锌粒和铜屑。前者反应很剧烈，有气泡产生。把生成的气体收集在另一支试管里，在火焰上检验发出爆鸣声，表明释出的是氢气。后者不见有反应发生。

（3）跟金属氧化物的反应：在两支试管里各盛稀盐酸 5 mL，分别放入一枚生锈的铁钉和极少量的氧化铜粉末。过一会儿取出铁钉，用水冲洗后，看到表面上的铁锈已被除去，而溶液变成黄色。在放入氧化铜这一试管里没有明显的反应现象，在火焰上加热后，黑色氧化铜粉末才溶解，溶液变成绿色。

（4）跟碱的反应：取两支试管，分别盛稀盐酸和蒸馏水 5 mL，各加入少量氢氧化铜，振荡，氢氧化铜不溶于水而溶于稀盐酸中生成绿色的溶液。

（5）跟盐的反应：在一支试管里盛碳酸钠溶液 5 mL，注入少量稀盐酸，即见有大量气泡产生，这是二氧化碳气体。在另一支试管里盛蒸馏水 5 mL，加入稀盐酸几滴，摇匀后再滴入硝酸银溶液几滴，振荡，有白色沉淀生成。倾去上层液体，加入少量硝酸，沉淀不溶解。这是检验可溶性氯化物常用的方法。

（6）跟氧化剂的反应：在试管里盛浓盐酸 3 mL，加入少量二氧化锰，微微加热，用手扇动试管口部，可以嗅到有氯气的臭味。氧化剂能使盐酸氧化成氯气。

五、注意事项

在最后一个实验里，嗅到有氯气后，随即滴加氢氧化钠溶液，中和盐酸，使反应停止，以防氯气污染空气。

六、问题与讨论

（1）稀盐酸和浓盐酸的化学性质有什么区别？
（2）写出本实验中的所有化学反应方程式。

实验七　硝酸的性质

一、实验目的

认识硝酸的酸性、不稳定性和氧化性。

二、实验用品

仪器：量筒、滴管、单孔橡皮塞（表面上涂有水玻璃）、玻璃导管、瓷蒸发皿、集气瓶、玻璃片、小铁圈、镍铬丝。

试剂：稀硝酸、浓硝酸、发烟硝酸、紫色石蕊试液、锌粒、硫粉。

三、实验原理

浓硝酸很不稳定，加热易分解。硝酸是强酸，具有强烈的氧化性。

四、实验过程

1. 硝酸的强酸性

在两支试管里分别盛稀硝酸和浓硝酸各 2 mL，用滴管将紫色石蕊试液滴入稀硝酸里，溶液显红色，表明稀硝酸有酸性。同样地，将紫色石蕊试液滴入浓硝酸里，溶液的颜色先变红而后褪去，表明浓硝酸既有酸性又有氧化性。

2. 硝酸的不稳定性

浓硝酸受热或受强烈的阳光照射很容易分解，主要的分解产物是红棕色的二氧化氮和氧气。在一支试管里盛浓硝酸（密度 1.40 g/mL，含硝酸 65%）5 mL，在橡皮塞上在预先涂上水玻璃烘干，装置如图 4-9 所示。试管下放一个盛细砂的瓷蒸发皿，以防加热时试管破裂。实验开始时，先微热试管，再加热，待硝酸沸腾后即撤去灯火。当集气瓶内积有一定量的红棕色气体时，可停止反应，

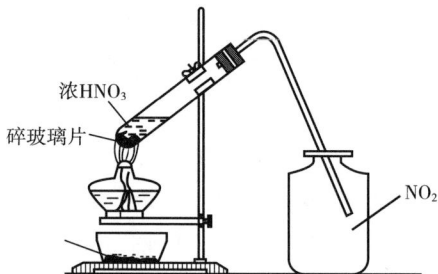

图 4-9 浓硝酸受热分解

将试管移置通风橱内。往集气瓶里加入少量水，盖上玻璃片，振荡，红棕色即消失。加入紫色石蕊试液检验，溶液呈酸性，因二氧化氮跟水反应生成了硝酸。

3. 硝酸的氧化性

（1）跟非金属的反应。在试管里盛浓硝酸 3 mL，加入绿豆大小的硫粉一小撮，振荡使硫润湿后加热煮沸半分钟，待冷却，未反应的硫即沉降在液体的底部。将上层清液倒一些入盛水的试管里，摇匀，再加入几滴氯化钡溶液，即有白色沉淀生成，因为硫已被氧化成硫酸。

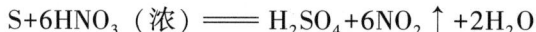

$$S+6HNO_3（浓）\xlongequal{\quad\quad} H_2SO_4+6NO_2\uparrow+2H_2O$$

（2）跟金属的反应。在两支试管里分别盛稀硝酸（1∶6）和浓硝酸各 3 mL，各加入锌粒一颗，反应都很剧烈。在浓硝酸这一支试管里有红棕色的气体产生，这是一氧化氮和二氧化氮的混合气体。在稀硝酸这一支试管里生成的气体无色，用空试管收集后点燃，没有爆鸣声。用带有火星的木条在试管口检验，木条着火燃烧，释出的气体是有助燃性的一氧化二氮。

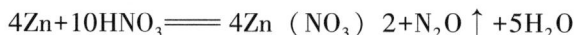

$$4Zn+10HNO_3\xlongequal{\quad\quad} 4Zn（NO_3）2+N_2O\uparrow+5H_2O$$

五、注意事项

（1）浓硝酸具有腐蚀性，注意实验操作安全。

（2）加热浓硝酸的实验应在通风橱里进行。

六、问题与讨论

（1）实验室如何保存浓硝酸？

（2）稀硝酸和浓硝酸都可以与铜片发生反应，而稀盐酸则不能，为什么？

（3）硝酸的氧化性表现在什么地方？

实验八　硝酸对金属的钝化作用

一、实验目的

了解金属跟浓硝酸反应所发生的钝化作用。

二、实验用品

仪器：小铁圈、镍铬丝、玻璃棒、小烧杯。

试剂：浓盐酸、浓硝酸、发烟硝酸、硫酸铜。

三、实验原理

浓硝酸的氧化性很强，能使金属表面上生成一层氧化膜，这一反应称为"钝化"，钝化了的铁因有氧化膜作保护层，就不显现原有的性质。

四、实验过程

（1）制作小铁圈。截取两段长约 4 cm、直径约 3 cm 的小铁圈，浸在盐酸里洗去外层的氧化物，用水冲洗干净。在小铁圈一端沿边约 0.5 cm 处两对面各钻一个小孔，用废电炉丝或镍铬丝穿过小孔系牢后缚在玻璃棒上，如图 4-10 所示。

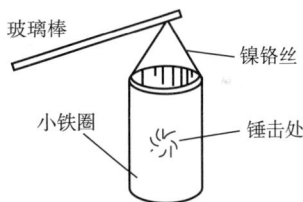

图 4-10　硝酸的钝化作用

（2）准备洗涤和氧化用的试剂。取小烧杯 5 只，分别盛下列试剂：6 mol/L 浓盐酸 100 mL；发烟硝酸（密度 1.51 g/mL）100 mL；蒸馏水 100 mL；6 mol/L 硝酸 100 mL；1 mol/L 硫酸铜溶液 100 mL。

（3）铁钝化后不跟硝酸反应。将小铁圈先在浓盐酸里浸一次以溶去可能存在的氧化物。取出，沥尽余液后浸入发烟硝酸里约 2 min。这时铁圈已被钝化，小心提出，将铁圈放在蒸馏水里浸 1 min，洗去余酸，再把小铁圈浸在 6 mol/L 硝酸里，铁圈跟硝酸不发生反应，表示这时铁圈已成钝态。把小铁圈从硝酸中提出后，用另一根玻璃棒在小铁圈上一击，然后重新浸入硝酸内。这时即见铁跟浓硝酸发生剧烈反应，有大量红棕色的二氧化氮气体产生，这是因为氧化膜被破坏。

（4）铁钝化后不跟硫酸铜反应。取另一个小铁圈照上述方法浸在发烟硝酸里使它钝化，放入蒸馏水里洗去余酸后，小心浸入硫酸铜溶液里。轻轻将小铁圈提出，小铁圈表面仍是白色的。用玻璃棒一击，小铁圈表面立即变成紫红色。这是因为铁圈钝态被破坏，铁跟铜离子发生置换反应。

五、注意事项

（1）钝化后的小铁圈不能振动，因为氧化膜既薄又脆。
（2）发烟硝酸必须保证浓度，否则不能使铁钝化。操作次序不可颠倒。

六、问题与讨论

（1）浓硝酸能否用铁、铝等金属容器贮存？
（2）稀硝酸能否用铁、铝等金属容器贮存？

实验九　碳的同素异形体

一、实验目的

（1）认识碳的几种同素异形体。
（2）认识碳的一些重要性质。

二、实验用品

仪器：玻璃片、导线、干电池、小电珠、烧瓶、橡皮塞、滴管、玻璃筒、具活塞玻璃导管、铁架台、铁夹、过滤器、烧杯、玻璃棒、试管、单孔橡皮塞、玻璃导管、酒精灯。

试剂：金刚石、石墨、木炭、焦炭、骨炭、活性炭、炭黑、液态溴、玻璃绒、品红水、氧化铜、清石灰水。

三、实验原理

碳有三种同素异形体，即金刚石、石墨和无定形碳。无定形碳有炭黑、木炭、焦炭、骨炭、活性炭等，统称黑碳。这三种同素异形体的物理性质差别很大，但在氧气里燃烧后的产物都是二氧化碳。

四、实验过程

1. 展示碳的几种同素异形体
展示作为装饰品的钻石或划玻璃刀的钻头，它们是无色透明的晶体，具有强的金刚光泽，对光发生折射和散射，有闪光。展示石墨样品，它呈鳞片结构，深灰色、不透明、质柔软、有滑腻感。木炭、焦炭、骨炭等都是浅灰色、多孔性的坚硬固体，活性炭是多孔性的块状物，炭黑是很轻的黑色粉末。

2. 金刚石的硬度
在一片玻璃上用划玻璃的钻头刻划，有较深的刻痕，沿刻痕用力折转，玻璃即断裂。

3. 石墨的导电性

取从干电池内拆出的石墨棒一支，两端用砂纸擦拭干净，用导线跟干电池和小电珠相连接。接通电路时，电珠即发光。

4. 木炭和活性炭的吸附作用

在一个平底烧瓶里滴入 1~2 滴液态溴，塞上橡皮塞后微微加热，红棕色的溴蒸气即充满整个烧瓶。用镊子钳住木炭块放在火焰上灼烧到发红后投入烧瓶内，连续两三次。振动烧瓶，即见红棕色逐渐变淡，最后消失。在一支长约 40 cm 的玻璃筒的一端配一个带有活塞玻璃导管的单孔橡皮塞。塞子上铺一层疏松的玻璃绒，加入活性炭到筒的 3/4 处，如图 4-11 所示。将品红水 50 mL 经过滤器流入玻璃筒，再经过活性炭层后从下端流出，红色已褪去。这表明活性炭有吸附作用，能使有色物质脱色。

5. 木炭的还原作用

将氧化铜 2 g 和木炭粉 5 g 混合后加入一支干燥的试管里，如图 4-12 所示装置。先微热，然后强热。清石灰水变浑浊，这是生成的二氧化碳的作用。2~3 min 后，逸出的气体逐渐减少，将导管从石灰水中取出，停止加热。待试管冷却，将混合物倒在白纸上，可以看到其中有铜的红色小颗粒。

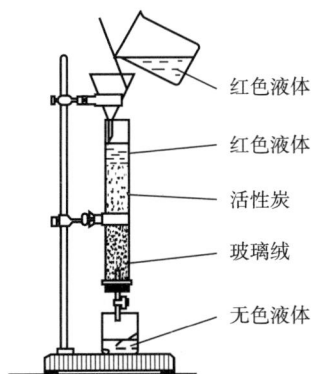

图 4-11　活性炭吸附实验　　　　图 4-12　木炭还原氧化铜

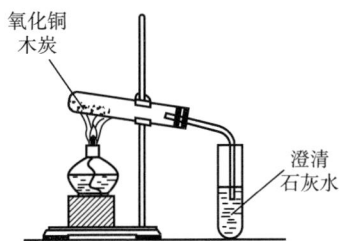

五、注意事项

（1）木炭可以自己制备。将木柴在灶膛里烧到不冒烟时，取出放在瓮内闷熄或浸入冷水中使它熄灭。取用已烧成炭的部分，烘干或晒干后研细。

（2）实验活性炭的吸附作用也可以用其他有色液体检验，如紫色石蕊试液、红蓝墨水、紫药水等。用稀一些的溶液，流速慢一些，颜色可以完全褪去。

六、拓展与延伸

石墨具有片层结构，单层的石墨称为石墨烯。石墨烯是一种以 sp^2 杂化连接的碳原子紧密堆积成单层二维蜂窝状晶格结构的新材料。石墨烯具有优异的光学、电学、力学特性，在材料学、微纳加工、能源、生物医学和药物传递等方面具有重要的应用前景，被认为是一种未来革命性的材料。英国曼彻斯特大学物理学家安德烈·盖姆和康斯坦丁·诺沃肖洛夫，用微机械剥离法成功从石墨中分离出石墨烯，因此共同获得 2010 年诺贝尔物理学奖。

七、问题与讨论

（1）钻石是否真的可以永恒不变？
（2）木炭燃烧的产物是什么？
（3）为什么木炭和活性炭具有吸附作用？

实验十　铝的性质

一、实验目的

认识铝的物理性质和化学性质。

二、实验用品

仪器：集气瓶、小塑料瓶、坩埚钳、试管、试管夹、酒精灯、砖块、黄铜圆筒、研钵的杵。

试剂：铝条、铝粉、铝箔、0.25 mol/L 氯化汞（或硝酸汞）溶液、2 mol/L 盐酸溶液、1 mol/L 硫酸溶液、蒸馏水、浓硫酸、浓硝酸、氧化铁或四氧化三铁、过氧化钡、氯酸钾、棉花、棉栓。

三、实验原理

铝是比较活泼的金属，高温下能在空气里燃烧，或加热后在氧气里燃烧，同时放出大量的热。铝表面致密而坚固的氧化膜能阻止内层铝继续氧化。使用温热的氢氧化钠溶液可溶去铝表面的氧化膜。为了清楚地观察铝在空气里被氧化的现象，可将铝片浸入汞盐溶液（氯化汞或硝酸汞溶液）中。反应中生成的汞立即与铝结合成铝汞齐，这种带汞齐的铝在空气中被氧化。随着氧化反应的进行，铝原子不断从合金内部向表面扩散，同时，铝片上的铝原子也向合金方向扩散，生成的氧化铝为蓬松的白色丝状物，好像长出了"白毛"。破坏氧化膜后的铝能跟水反应，置换出氢气并生成白色絮状的氢氧化铝沉淀。破坏氧化膜的方法是把铝片浸入汞盐溶液，现象同前一实验。铝能跟稀盐酸、浓盐酸或稀硫酸起反应，释放出氢气。在冷的浓硫酸或浓硝酸里，铝的表面会被钝化，但它能跟热的浓硫酸和浓硝酸起反应。

铝比较容易跟强碱起反应，生成偏铝酸盐并放出氢气。铝在一定条件下能跟某些金属氧化物发生氧化—还原反应，生成氧化铝和液态金属，同时放出大量的热，温度可达 2000～3000℃。

四、实验过程

1. 铝的燃烧

（1）铝在空气里燃烧。在一个小塑料瓶盖上钻些细孔（或用装胡椒粉的空瓶代替），往瓶中装入少量铝粉。点燃酒精灯或矿烛，将瓶中的铝粉轻轻撒在火焰上，可以看到四溅的闪光。

（2）铝在氧气里燃烧。先收集一瓶氧气。在除去氧化膜的铝条（用铝箔剪成）下端系上一根火柴（作为引燃物），用坩埚钳夹住铝条。点燃火柴，将铝条放入氧气瓶中。铝条在氧气里燃烧发出耀眼的光辉，生成的白色物质是三氧化二铝。

2. 铝在空气中氧化

取一小片铝片用砂纸擦亮，用棉栓蘸取少量汞盐溶液，涂在铝片表面，将此铝片放置于空气中，观察白色絮状氧化铝的生成，并用手指轻轻触摸一下铝片背面是否发烫。

3. 铝跟水的反应

取一小块铝片放入试管中，加水 2~3 mL，观察不到有反应发生，用酒精灯加热，再观察，仍无反应发生。加入氯化汞溶液约 0.5 mL，放置片刻，倾去溶液后，用水洗涤铝片 2~3 次，再加水 2~3 mL，铝能跟水发生反应，有气体放出。如果现象不明显，可微微加热。

4. 铝跟酸、碱的反应

（1）铝跟酸的反应。取四支试管，分别盛 2 mol/L 的盐酸、1 mol/L 的硫酸、浓硫酸、浓硝酸各 3 mL，分别加入大小相近的铝片。结果为，铝片跟 2 mol/L 的盐酸和 1 mol/L 的硫酸都能发生反应，但不跟冷的浓硫酸或浓硝酸反应。将盛浓硫酸和浓硝酸的试管在酒精灯上加热片刻，有一支试管内生成气体为红棕色。用湿润的蓝色石蕊试纸在试管口检验，试纸变红，证明气体呈酸性。

（2）铝跟碱的反应。取两支试管，各放入大小相近的铝片，然后分别加入 3 mL 6 mol/L 氢氧化钠、6 mol/L 氢氧化钾溶液，都能发生反应，生成氢气和偏铝酸盐。

5. 铝热剂反应

（1）铝热剂的配制。称取烘干的铝粉 5 g 和氧化铁（Fe_2O_3）或四氧化三铁（Fe_3O_4）粉 15 g，放在洁净的纸上混合均匀。

（2）引燃剂的配制。用过氧化钡 4 g、氯酸钾 1 g 和铝粉 1 g 混合制成。

（3）装配铝热剂的实验装置如图 4-13 所示。将一块砖头放在地上，把一个内径约 2.5 cm、高约 4 cm 的黄铜或铁的圆筒竖立在砖块上，圆筒内衬一层纸圈，然后加入铝热剂。在上面盖一薄层棉花，用研钵的杵将铝热剂压结实。拿出棉花，在铝热剂面上用细玻璃棒戳一个凹处，往里面加入引燃剂。把上面用过的棉花，拌以少量氯酸钾粉末，捏成小团，压在铝热剂和引燃剂上面。点燃棉花团，不久，引燃剂和铝热剂相继燃烧，即见圆筒上口有耀眼的火花喷出，反应很剧烈。当反应停止后，用坩埚钳把黄铜圆筒提起，可以看到砖头上留有一团赤热的铁块。

图 4-13　铝热剂实验装置

五、注意事项

（1）铝粉不能放置过久，被氧化的铝粉不能用。

（2）铝在空气中氧化的实验，长有"白毛"的铝片不要丢弃，可做"铝跟水的反应"实验。铝片上的氧化膜必须清除干净，滴上氯化汞溶液后，待铝片上看见少量汞析出后（表面开始发黑）才能擦去溶液，且不留液膜。

（3）用铝粉代替铝片跟稀酸或碱反应，可加快反应。

（4）铝热剂实验中所用试剂必须干燥。棉花团可以蘸酒精引燃。如果没有黄铜圆筒，可用一小段铁圈代替。引燃铝热剂后，人应远离。

六、拓展与延伸

（1）铝在氧气里燃烧的实验。可在石棉板的中央放上 2 g 干燥的过氧化钠，堆成小丘状。将铝粉撒在过氧化钠上面，使它完全覆盖过氧化钠并呈薄薄的一层。然后用喷水器向小堆上均匀地喷上水雾，以过氧化钠刚润湿为止。过氧化钠跟水反应产生氧气并放出热量，会使铝粉着火燃烧。

（2）铝在空气中氧化的实验。可取一端呈小球形长玻璃管一支，管内装 10 cm 高的乙醚，将玻璃管垂直固定在铁架上，在玻璃管下端包 2 层去净氧化膜的铝箔，高 3~4 cm。用镊子夹住滤纸蘸取氯化汞溶液擦拭铝箔的表面，铝箔表面会有大量蓬松的氧化铝产生。反应中放出的热量使管中乙醚气化，随即点燃，乙醚蒸气在管口燃烧产生明亮的火焰。

（3）铝跟水反应的实验。取一支试管，装满水倒置于水槽中，将生有"铝毛"的铝片用滤纸擦去蓬松的"铝毛"后（注意！"铝毛"切勿与手接触），用镊子夹住铝片，伸入水槽，放在试管口下，可以观察到铝和水发生反应。产生的气体使试管内水位下降，可用爆鸣气法检验该气体是氢气。

（4）铝跟酸、碱反应的实验。铝跟浓碱的反应可按下述方法进行：在试管里加入少量铝粉和 1 mL 硝酸钠溶液，然后再加入 40% 氢氧化钠溶液，立即发生反应并放出有刺激性气味的气体。用蘸有浓盐酸的玻璃棒接近试管口，即有大量的白烟产生。或把湿润的红色石蕊试纸放在试管口，试纸变蓝，释放出的是氨气。

（5）铝热剂的实验。将滤纸折叠成漏斗状，漏斗的底面尽量尖一些，用水润湿，放在泥三角上（不用漏斗），下面放一砂盘。把干燥的 5 g 氧化铁粉末和 2 g 铝粉混合均匀，放在自折的纸漏斗里，上面加少量氧化剂（如氯酸钾、过氧化钡或一条硝酸钾试纸的纸卷），并在混合物的中间插入一根镁条。点燃镁条，立即发生剧烈反应，放出大量的热，并发出强光，同时铁液破纸流下，有熔融物落入砂中。冷却后可用磁铁吸引，查看落下的是铁块（漏斗底面尖）还是铁珠（漏斗底面平）。

七、问题与讨论

（1）写出铝在氧气中燃烧的化学反应方程式。

（2）铝与水反应的实质是什么？

（3）铝与盐酸、硫酸、硝酸反应的产物分别是什么？

实验十一　不同价态含硫物质的转化

一、实验目的

（1）通过实验加深对硫及其化合物性质的认识。

（2）应用氧化还原反应原理实现不同价态含硫物质的转化。

二、实验用品

仪器：试管、天平、量筒、酒精灯、铁架台、试管架、橡胶塞、乳胶管、胶头滴管、玻璃导管、石棉网（或陶土网）、玻璃棒、药匙、棉花、燃烧匙、镊子、火柴。

试剂：浓硫酸、铜片、硫粉、还原铁粉、Na_2S 溶液、酸性 $KMnO_4$ 溶液、NaOH 溶液、过氧化氢溶液、稀盐酸、氯化钡溶液、品红溶液。

三、实验原理

从相关知识之间的内在联系出发，建立物质之间的关系图，是实现知识结构化的常用方法。将硫化亚铁、硫化氢、硫、二氧化硫、亚硫酸、硫酸等物质按相互间的转化关系连接起来，形成简洁、直观的"硫三角"相互转化关系图（图 4-14）。根据氧化还原反应规律，寻找合适的氧化剂或还原剂实现不同价态含硫物质的相互转化。

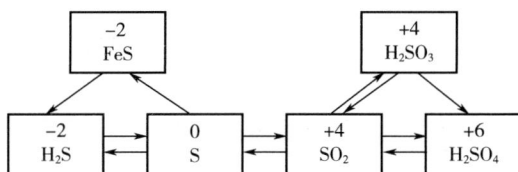

图 4-14　含硫物质相互转化关系图

四、实验过程

（1）如下图所示（图 4-15），连接仪器装置，向试管中加入 1 mL 浓硫酸和一小块铜片，塞上带导管的单孔橡胶塞，加热，观察并记录实验现象。并将生成的气体溶于水，制取亚硫酸，备用。

（2）在两支试管中分别加入 1 mL Na_2S 溶液，向其中一支试管边振荡边滴加亚硫酸溶液，另一支试管边振荡边滴加酸性 $KMnO_4$ 溶液，用浸 NaOH 溶液的棉团分别塞住两个试管口，观察并记录实验现象。

（3）将 0.5 g 硫粉和 1.0 g 铁粉均匀混合，放在石棉网（或陶土网）上堆成条状。用灼热的玻璃棒触及混合粉末的一端，当混合物呈红热状态时，移开玻璃棒，观察并记录实验现象。并用生成的 FeS 制取 H_2S，将其溶于水形成氢硫酸，备用。

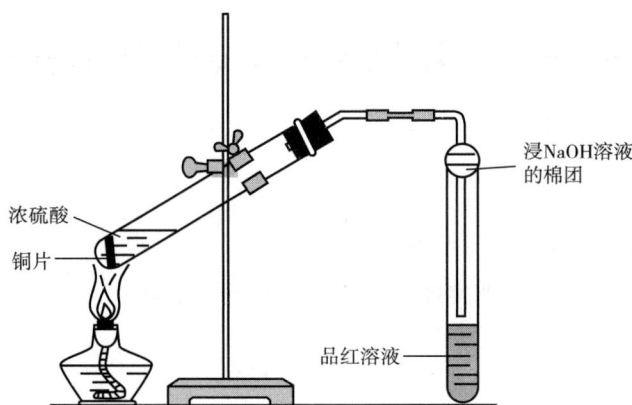

图 4-15　浓硫酸与铜反应的简易装置

（4）向亚硫酸中滴加氢硫酸，观察现象。

（5）向氢硫酸中滴加过氧化氢溶液，观察现象。

（6）在燃烧匙中点燃少量硫粉（注意通风），观察现象。

（7）向亚硫酸中滴加适量过氧化氢溶液，用 pH 试纸检验反应前后溶液的酸碱度，溶液的 pH 值变小；向反应后的溶液中滴加稀盐酸，无明显现象，再滴加氯化钡溶液，产生白色沉淀。

五、注意事项

（1）实验中要注意安全，防止 SO_2、H_2S 气体污染空气。

（2）铜片与浓硫酸反应，实验结束时应先将导气管口置于品红溶液的液面以上，再撤离酒精灯，以防止倒吸。

（3）硫粉与还原铁粉反应时，会有少量 SO_2 生成，要注意通风。

六、问题与讨论

（1）在上述实验中，含硫物质中硫元素的价态发生了怎样的变化？

（2）铁粉与硫粉在空气中混合燃烧时，可能发生哪些化学反应？

（3）在实验过程中你遇到了哪些问题？你是如何解决的？

实验十二　化学能转化成电能

课程思政案例

一、实验目的

（1）理解氧化还原反应在化学能转化成电能过程中的作用，体会化学的价值。

（2）认识原电池的构成要素及其作用。

二、实验用品

仪器：烧杯、导线、电流表。

试剂：锌片、铜片、石墨棒、稀硫酸。

三、实验原理

通过特定的装置可使氧化反应与还原反应分别在两个不同的区域进行，可以使氧化还原反应中转移的电子通过导体发生定向移动，形成电流，从而实现化学能向电能的转化。这种把化学能转化为电能的装置叫做原电池。在原电池中，电子流出的一极是负极（如锌片，电极被氧化），电子流入的一极是正极（如铜片，H^+ 在正极上被还原）。

四、实验过程

1. 电板材料的实验

（1）用导线将电流表分别与锌片、铜片相连接，使锌片与铜片接触，观察电流表针是否发生偏转；用石墨棒代替铜片进行上述实验。解释所观察到的现象。

（2）将锌片插入盛有稀硫酸的烧杯里，观察现象；再插入铜片，观察现象；取出铜片，插入石墨棒，观察现象。

2. 原电池实验

选择不同的电极材料（锌片和铜片、锌片和石墨棒、铜片和石墨棒），以及稀硫酸、导线和电流表，组装原电池，试验其能否产生电流，并作出解释。

五、注意事项

（1）铜片和锌片上引出的导线的接线处应放置在培养皿上，不要与硫酸溶液接触，以免接线处发生原电池现象干扰实验。

（2）硫酸的浓度以 3 mol/L 为宜，硫酸的浓度过小，电极反应太慢，电流表指针偏转角度不大；硫酸的浓度过大，反应激烈，出现一团黑色，看不出气泡放出。

（3）注意电流表的量程和正确的连接方式，以免将电流表烧坏。

（4）更换实验组之前要冲洗电极，以免由于不当操作得出错误结论。

（5）锌片不要一直插在稀硫酸中，避免过度消耗，防止锌片不纯导致生成更多的有刺激性气味的污染性气体。

六、拓展与延伸

建议这个实验活动不要浅尝辄止，仅仅停留在定性层面，可以根据学生的程度适当地向半定量层面拓展，如探究一下原电池的电流大小与电极材料活性的差异、电极材料表面积大小、电极插入电解质溶液的深浅、两个电极之间距离的远近、电解质溶液的类型等因素之间的关系。建议教师增加一些必要的实验器材（如铝片、铁片）和试剂（食盐水、硫酸铜溶液等）供学生选择。

七、问题与讨论

（1）根据以上实验，说明原电池的工作原理和构成要素，以及组装原电池的操作注意事项。

（2）能否用铁片作为电极代替铜锌原电池中的锌片？为什么？

实验十三 化学反应速率的影响因素

一、实验目的

（1）体会浓度、温度和催化剂对化学反应速率的影响。

（2）理解改变反应条件可以调控化学反应的速率。

二、实验用品

仪器：烧杯、试管、量筒、试管架、胶头滴管、温度计、药匙、秒表。

试剂：0.1 mol/L $Na_2S_2O_3$ 溶液、0.1 mol/L H_2SO_4 溶液、10% H_2O_2 溶液、1 mol/L $FeCl_3$ 溶液、MnO_2 粉末、蒸馏水。

三、实验原理

（1）硫代硫酸钠与硫酸的反应。硫代硫酸钠与硫酸反应会生成不溶于水的硫：

$$Na_2S_2O_3 + H_2SO_4 =\!=\!= Na_2SO_4 + SO_2\uparrow + S\downarrow + H_2O$$

反应生成的硫使溶液出现乳白色浑浊，比较浑浊现象出现所需时间的长短，可以判断反应进行的快慢。在不同浓度和温度条件下分别进行上述反应，并比较其反应快慢，可以看出反应物浓度和温度对该反应速率的影响。

（2）过氧化氢分解会产生氧气，在有或无催化剂存在下进行对比实验，通过观察氧气产生的快慢可以看出催化剂对该反应速率的影响。

四、实验过程

1. 浓度对化学反应速率的影响

取两支大小相同的试管，分别加入 2 mL 和 1 mL 0.1 mol/L $Na_2S_2O_3$ 溶液，向盛有 1 mL $Na_2S_2O_3$ 溶液的试管中加入 1 mL 蒸馏水，摇匀。再同时向上述两支试管中加入 2 mL 0.1 mol/L H_2SO_4 溶液，振荡。观察、比较两支试管中溶液出现浑浊的快慢。

2. 温度对化学反应速率的影响

取两支大小相同的试管，各加入 2 mL 0.1 mol/L $Na_2S_2O_3$ 溶液，分别放入盛有冷水和热水的两个烧杯中，用温度计测量冷水和热水的温度。再同时向上述两支试管中加入 2 mL 0.1 mol/L H_2SO_4 溶液，振荡。观察、比较两支试管中溶液出现浑浊的快慢。

3. 催化剂对化学反应速率的影响

向三支大小相同的试管中各加入 2 mL 10% H_2O_2 溶液，再向其中的两支试管中分别加

入少量 MnO_2 粉末和 2 滴 1 mol/L $FeCl_3$ 溶液。观察、比较三支试管中气泡出现的快慢。

五、注意事项

（1）由于采用了对比实验，操作时应注意反应物的用量尽可能相同，试管规格也要相同。

（2）尽量保证两支试管中的试剂同时发生反应，这样比较溶液出现浑浊的快慢才科学合理。

六、问题与讨论

在通常情况下，铁与冷水或热水都不发生反应，但红热的铁与水蒸气则可发生反应生成 Fe_3O_4 和 H_2。试从反应条件的角度思考并解释这一事实。

实验十四　搭建球棍模型认识有机化合物分子结构的特点

一、实验目的

（1）加深对有机化合物分子结构的认识。

（2）初步了解使用模型研究物质结构的方法。

二、实验用品

分子结构模型（或橡皮泥、黏土、泡沫塑料、牙签等代用品）。

三、实验原理

球代表原子，棍代表化学键。使用球棍模型可以将微观的分子结构直观呈现出来，便于获取更多的分子结构信息。甲烷、乙烷、乙烯和乙炔的球棍模型分别如图 4-16 所示。

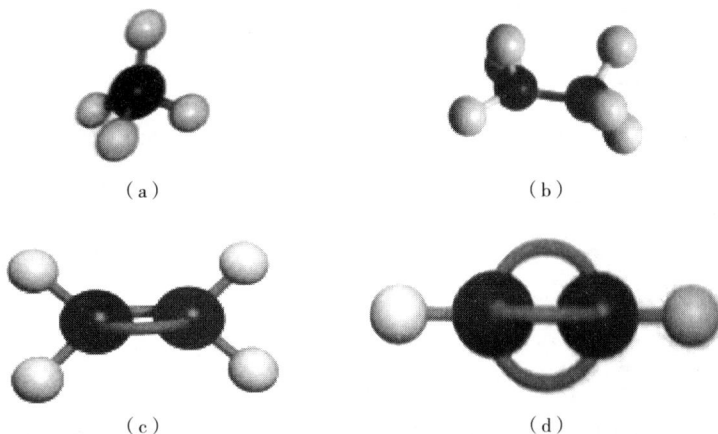

（a）

（b）

（c）

（d）

图 4-16　甲烷（a）、乙烷（b）、乙烯（c）和乙炔（d）的球棍模型

四、实验过程

1. 搭建甲烷分子的球棍模型

（1）观察模型箱中各种球、棍，思考其代表的是什么原子、什么化学键，特别是要思考代表碳原子的黑球上存在不同孔位的意义是什么。

（2）观察教材中甲烷的分子结构模型，搭建甲烷分子的球棍模型。

（3）对搭建好的甲烷分子的球棍模型进行观察，分析其结构特点，并记录在下面的表4-1中。

表4-1　实验记录表

甲烷	
分子式	结构式
结构特点	

2. 搭建乙烷、乙烯和乙炔分子的球棍模型，比较三者的空间结构

（1）观察模型箱中代表碳原子的黑球上存在的不同孔位，思考其意义是什么，找出分别适合搭建乙烷、乙烯和乙炔的不同碳原子。

（2）观察模型箱中的硬棍和软棍，思考其代表的是什么化学键，找出分别适合搭建单键、双键和三键的棍；观察图4-17中碳碳单键、碳碳双键和碳碳三键的连接方式，思考空着的化学键应该连接什么原子，再开始搭建活动。

（3）观察搭建好的乙烷、乙烯和乙炔分子的球棍模型，分析其结构特点并记录在下面的表4-2中。

表4-2　实验记录表

乙烷		乙烯		乙炔	
分子式	结构式	分子式	结构式	分子式	结构式
结构特点		结构特点		结构特点	

五、注意事项

（1）碳原子的半径大于氢原子，故大球表示碳原子，小球表示氢原子。

（2）甲烷是正四面体结构，乙烷的6个氢处于交叉位置，乙烯是平面分子，乙炔是线形分子。

六、问题与讨论

（1）通过以上有机物分子球棍模型的搭建，归纳碳原子的成键特征和各类烃分子中的化学键类型。

（2）根据二氯甲烷的结构式推测其是否有同分异构体，并通过搭建球棍模型进行验证，体会结构式与分子空间结构之间的关系。

（3）分子中含有 4 个碳原子的烃可能有多少种结构？尝试用球棍模型进行探究。

实验十五　乙醇、乙酸的主要性质

一、实验目的

（1）通过实验加深对乙醇、乙酸主要性质的认识。

（2）初步了解有机化合物的制备方法。

（3）提高实验设计能力，体会实验设计在科学探究中的应用。

二、实验用品

仪器：试管、试管夹、量筒、胶头滴管、玻璃导管、乳胶管、橡胶塞、铁架台、试管架、酒精灯、火柴、碎瓷片。

试剂：乙醇、乙酸、饱和 Na_2CO_3 溶液、浓硫酸、铜丝。

设计实验所需其他用品：＿＿＿＿＿＿＿＿＿。

三、实验原理

乙醇是无色、有特殊香味的液体，密度比水小，易挥发。乙醇是一种重要的有机溶剂，能够溶解多种有机物和无机物并能与水以任意比例互溶。乙醇在空气中燃烧时生成二氧化碳和水，同时放出大量的热。乙醇在加热和有催化剂（如铜或银）存在等条件下可以被空气中的氧气氧化为乙醛。

乙酸是有强烈刺激性气味的无色液体。当温度低于熔点时，乙酸可凝结成类似冰的晶体，所以纯净的乙酸又叫作冰醋酸。乙酸易溶于水和乙醇。乙酸是一种重要的有机酸，具有酸性。酸与醇反应生成酯和水的反应，叫作酯化反应。为了提高酯化反应的速率，一般需要加热，并加入浓硫酸等催化剂。酯化反应是可逆反应，乙酸乙酯会与水发生水解反应生成乙酸和乙醇。乙酸乙酯具有一定的挥发性，有芳香气味。

四、实验过程

1. 乙醇的性质

（1）向试管中加入少量乙醇，观察其状态，闻其气味。并向试管中加入少量的水，振荡后观察其状态。

（2）设计实验，验证乙醇的燃烧产物。

（3）在试管中加入少量乙醇，把一端弯成螺旋状的铜丝放在酒精灯外焰上加热，使铜丝表面生成一薄层黑色的 CuO，然后立即将其插入盛有乙醇的试管中，这样反复操作几次。注意小心地闻生成物的气味，并观察铜丝表面的变化。

2. 乙酸的性质

（1）向试管中加入少量乙酸，观察其状态，小心地闻其气味。并向试管中加入少量的水，振荡后观察其状态。

（2）设计实验，证明乙酸具有酸的通性，并比较乙酸与碳酸的酸性强弱。

（3）在一支试管中加入 2 mL 乙醇，然后边振荡试管边慢慢加入 0.5 mL 浓硫酸和 2 mL 乙酸，再加入几片碎瓷片。在另一支试管中加入 3 mL 饱和 Na_2CO_3 溶液，按图 4-17 所示把装置连接好。用小火加热试管里的混合物，将产生的蒸气经导管通到饱和 Na_2CO_3 溶液的上方约 0.5 cm 处，注意观察该试管内的变化。取下盛有饱和 Na_2CO_3 溶液的试管，并停止加热。振荡盛有饱和 Na_2CO_3 溶液的试管，静置，待溶液分层后，观察上层的油状液体，并注意闻气味。

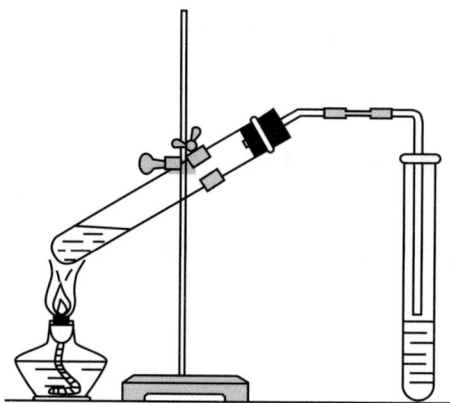

图 4-17 乙酸乙酯的制备装置示意图

五、注意事项

（1）在探究乙醇的燃烧产物的实验中，要注意烧杯在酒精灯火焰上的时间不能过长，否则可能会烫手。

（2）在探究乙醇的催化氧化的实验中，要选用粗细合适的铜丝，铜丝的直径以 0.5 mm 为宜。试管中醇在反应时的温度可能会较高，要防止乙醇逸出，也要防止试管过热而烫手，建议用试管夹或铁架台的铁夹夹住试管。乙醛有一定毒性，闻乙醛气味时应小心，时间不要太久。

（3）在探究乙酸与乙醇的酯化反应实验中，要注意与浓硫酸有关的安全操作，反应后的废液不能直接向其中加水。要先冷却，将其倒入废液缸后再用水清洗试管。反应中，导管和盛有饱和碳酸钠溶液的试管可能会比较烫，小心不要被烫伤。乙酸乙酯和乙醇都是易燃液体，操作时要注意远离明火。

六、拓展与延伸

设计实验验证乙醇的酸性比水弱，检验乙醇与氧气反应后的氧化产物。

七、问题与讨论

（1）在乙醇氧化生成乙醛的实验中，加热铜丝及将它插入乙醇里的操作为什么要反复进行几次？

（2）在制取乙酸乙酯的实验中，浓硫酸和饱和 Na_2CO_3 溶液各起什么作用？在实验过程中，盛有饱和 Na_2CO_3 溶液的试管内发生了哪些变化？请解释相关现象。

（3）写出实验过程中有关反应的化学方程式。

实验十六　探究影响化学平衡移动的因素

一、实验目的

（1）认识浓度、温度等因素对化学平衡的影响。
（2）进一步学习控制变量、对比等科学方法。

二、实验用品

仪器：小烧杯、大烧杯、量筒、试管、试管架、玻璃棒、胶头滴管、酒精灯、火柴、两个封装有 NO_2 和 N_2O_4 混合气体的圆底烧瓶。

试剂：铁粉、0.05 mol/L $FeCl_3$ 溶液、0.15 mol/L KSCN 溶液、0.1 mol/L $K_2Cr_2O_7$ 溶液、6 mol/L NaOH 溶液、6 mol/L H_2SO_4 溶液、0.5 mol/L $CuCl_2$ 溶液、热水、冰块、蒸馏水。

三、实验原理

当可逆反应达到平衡时，在其他条件不变的情况下，如果增大反应物浓度（或减小生成物浓度），平衡向正反应方向移动；同理，如果减小反应物浓度（或增大生成物浓度），平衡向逆反应方向移动。

在其他条件不变的情况下，升高温度会使化学平衡向吸热反应的方向移动；降低温度，会使化学平衡向放热反应的方向移动。

如果改变影响平衡的一个因素（如温度、压强及参加反应的物质的浓度），平衡就会向着能够减弱这种改变的方向移动。这就是勒夏特列原理，也称化学平衡移动原理。

四、实验过程

（一）浓度对化学平衡的影响

1. $FeCl_3$ 溶液与 KSCN 溶液的反应

（1）在小烧杯中加入 10 mL 蒸馏水，再滴入 5 滴 0.05 mol/L $FeCl_3$ 溶液、5 滴

0.15 mol/L KSCN 溶液，用玻璃棒搅拌，使其充分混合，将混合均匀的溶液平均注入 a、b、c 三支试管中。

（2）向试管 a 中滴入 5 滴 0.05 mol/L FeCl₃ 溶液，向试管 b 中滴入 5 滴 0.15 mol/L KSCN 溶液，观察并记录实验现象，与试管 c 进行对比。完成表 4-3。

表 4-3　实验现象记录表

实验内容	向试管 a 中滴入 5 滴 0.05 mol/L FeCl₃ 溶液	向试管 b 中滴入 5 滴 0.15 mol/L KSCN 溶液
实验现象		
结论		

（3）继续向上述两支试管中分别加入少量铁粉，观察并记录实验现象。完成表 4-4。

表 4-4　实验记录表

实验内容	向试管 a 中加入少量铁粉	向试管 b 中加入少量铁粉
实验现象		
结论		

2. 在 $K_2Cr_2O_7$ 溶液中存在如下平衡

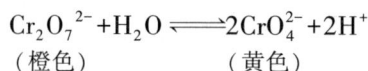

$$Cr_2O_7^{2-}+H_2O \rightleftharpoons 2CrO_4^{2-}+2H^+$$
（橙色）　　　　（黄色）

取一支试管，加入 2 mL 0.1 mol/L $K_2Cr_2O_7$ 溶液，然后按表 4-5 中的步骤进行实验，观察溶液颜色的变化，判断平衡是否发生移动及移动的方向。完成表 4-5。

表 4-5　实验记录表

实验步骤	实验现象	结论
（1）向试管中滴加 5~10 滴 6 mol/L NaOH 溶液		
（2）向试管中滴加 5~10 滴 6 mol/L H_2SO_4 溶液		

（二）温度对化学平衡的影响

（1）在 $CuCl_2$ 溶液中存在如下平衡：

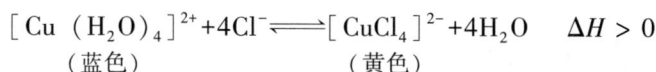

$$[Cu(H_2O)_4]^{2+}+4Cl^- \rightleftharpoons [CuCl_4]^{2-}+4H_2O \quad \Delta H > 0$$
（蓝色）　　　　　　（黄色）

取两支试管，分别加入 2 mL 0.5 mol/L $CuCl_2$ 溶液，将其中的一支试管先加热，然后置于冷水中，观察并记录实验现象，与另一支试管进行对比。完成表 4-6。

表 4-6　实验记录表

实验步骤	实验现象	结论
（1）加热试管		
（2）将上述试管置于冷水中		

（2）取两个封装有 NO_2 和 N_2O_4 混合气体的圆底烧瓶（编号分别为 1 和 2），将它们分别浸泡在热水和冷水中，比较两个烧瓶里气体的颜色。将两个烧瓶互换位置，稍等片刻，再比较两个烧瓶里气体的颜色。完成表 4-7。

表 4-7　实验记录表

烧瓶编号	1	2
实验步骤	（1）置于热水	（1）置于冷水
实验现象		
实验步骤	（2）置于冷水	（2）置于热水
实验现象		
结论		

五、注意事项

（1）在探究浓度对化学平衡影响的实验中，对于 $FeCl_3$ 溶液与 KSCN 溶液反应后建立的平衡体系而言，最初得到的 $Fe(SCN)_3$ 的浓度较小，再滴加较浓的 KSCN 溶液才能观察到明显的现象。

（2）对于 $K_2Cr_2O_7$ 溶液中的平衡体系而言，直接在加碱后的体系中加酸，是为了增强颜色对比，便于观察；滴加的酸、碱的浓度要大一些，以减少加入量，减小对溶液体积的影响；所加酸的量要大于所加碱的量，保证在酸与碱中和后酸还有剩余，使实验现象更加明显。

（3）在探究温度对化学平衡影响的实验中，可以升温和降温交替进行，这样颜色对比会更加明显。另外，$CuCl_2$ 溶液中 Cl^- 的浓度会影响溶液的颜色，观察现象时要考虑这一点。

六、拓展与延伸

探究压强对化学平衡的影响。

如图 4-18 所示，用 50 mL 注射器吸入 20 mL NO 和 N_2O_4 的混合气体（使注射器的活塞位于 I 处），将细管端用橡胶塞封闭。然后把活塞拉到 II 处，观察管内混合气体颜色的变化。当反复将活塞从 II 处推到 I 处及从 I 处拉到 II 处时，观察

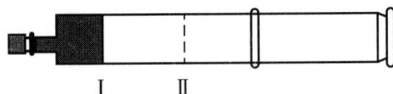

图 4-18　压强对化学平衡的影响

管内混合气体颜色的变化。完成表4-8。

表4-8　实验记录表

实验	体系压强增大	体系压强减小
现象		
结论		

七、问题与讨论

（1）在进行浓度、温度对化学平衡影响的实验时，应注意哪些问题？你还能设计出哪些实验证明浓度、温度对化学平衡的影响？

（2）结合实验内容，尝试归纳影响化学平衡移动的因素。

（3）在对 $CuCl_2$ 溶液加热时，你是否观察到了 $[CuCl_4]^{2-}$ 的黄色？你能说出原因吗？

实验十七　有机化合物中常见官能团的检验

一、实验目的

（1）加深对有机化合物中常见官能团性质的认识。

（2）学习有机化合物中常见官能团的检验方法。

二、实验用品

仪器：试管、试管夹、胶头滴管、烧杯、研钵、酒精灯、三脚架、石棉网（或陶土网）、火柴。

试剂：1-己烯、1-溴丁烷、无水乙醇、苯酚溶液、乙醛溶液、苯、1-丙醇、2-氯丙烷、丙醛、四氯化碳、阿司匹林片、饱和溴水、酸性 $KMnO_4$ 溶液、5% NaOH 溶液、10% NaOH 溶液、稀硝酸、稀硫酸、2% $AgNO_3$ 溶液、5% $CuSO_4$ 溶液、$FeCl_3$ 溶液、$NaHCO_3$ 溶液、石蕊溶液。

三、实验原理

官能团对有机物的性质具有决定作用，含有相同官能团的有机物在性质上具有相似之处。认识一种有机物，可先从其结构入手，分析其碳骨架和官能团，了解它所属的有机物类别；再结合这类有机物的一般性质推测该有机物可能具有的性质，并通过实验进行验证；在此基础上进一步了解该有机物的用途。

四、实验过程

1. 几种常见官能团的检验（表 4-9）

表 4-9　实验记录表

有机化合物类别	官能团	实验内容	实验现象	解释及化举方程式
烯烃	C＝C 碳碳双键	（1）向盛有少量 1-己烯的试管里滴加溴水，观察现象 （2）向盛有少量 1-己烯的试管里滴加酸性 $KMnO_4$ 溶液，观察现象		
卤代烃	—C—X 碳卤键	向试管里加入几滴 1-溴丁烷，再加入 2 mL 5% NaOH 溶液，振荡后加热。反应一段时间后停止加热，静置。小心地取数滴水层液体置于另一支试管中，加入稀硝酸酸化，再加入几滴 2% $AgNO_3$ 溶液，观察现象		
酚	—OH 羟基	（1）向盛有少量苯酚稀溶液的试管里滴加饱和溴水，观察现象 （2）向盛有少量苯酚稀溶液的试管里滴加 $FeCl_3$ 溶液，观察现象		
醛	O ‖ —C—H 醛基	在试管里加入 2 mL 10% NaOH 溶液，滴入几滴 5% $CuSO_4$ 溶液，振荡。然后加入 0.5 mL 乙醛溶液，加热，观察现象		

2. 请用实验方法区分下列两组物质

（1）乙醇、1-己烯、苯和四氯化碳。

（2）1-丙醇、2-氯丙烷、丙醛和苯酚溶液。

3. 阿司匹林片有效成分中羧基和酯基官能团的检验

阿司匹林片的有效成分是乙酰水杨酸（结构式：苯环上连有 COOH 和 O—C—CH₃，其中 C 双键 O）

乙酰水杨酸中有羧基，具有羧酸的性质；同时还有酯基，在酸性或碱性条件下能发生水解。可以通过实验检验乙酰水杨酸中的羧基和酯基。

（1）样品处理。将一片阿司匹林片研碎后放入适量水中，振荡后静置，取用上层清液。

（2）羧基和酯基官能团的检验：

①向两支试管中分别加入 2 mL 清液。

②向其中一支试管中滴入 2 滴石蕊溶液，观察现象。

③向另一支试管中滴入 2 滴稀硫酸，加热后滴入几滴 NaHCO₃ 溶液，振荡。再向其中滴入几滴 FeCl₃ 溶液，振荡。观察现象。

五、注意事项

（1）检验卤代烃中的卤素时，要注意先用硝酸中和水解时加入的过量的 NaOH，再加入 AgNO₃ 溶液检验，否则 OH⁻ 会干扰卤素离子的检验。

（2）检验醛基时，应使溶液保持碱性，才能使实验现象明显，故 NaOH 溶液应过量。

六、问题与讨论

除了化学实验方法，还常用仪器分析的方法鉴别有机化合物。图 4-19 是乙醇、乙酸和乙酸乙酯三种物质的核磁共振氢谱，请指出它们分别对应哪种物质。

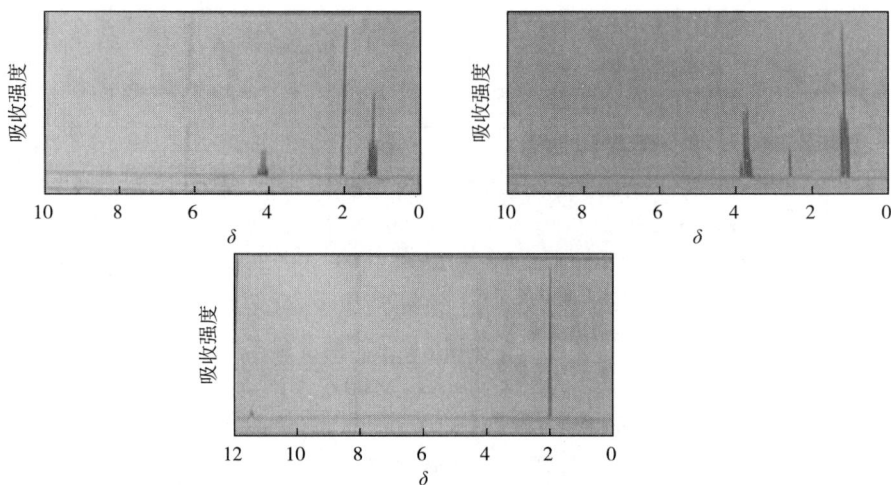

图 4-19 核磁共振氢谱

实验十八 糖类的性质

一、实验目的

（1）加深对葡萄糖、蔗糖和淀粉等代表性糖类物质性质的认识。

（2）通过实验认识糖类还原性的检验方法。

二、实验用品

仪器：试管、烧杯、胶头滴管、酒精灯、石棉网（或陶土网）、三脚架、试管夹、火柴。

试剂：葡萄糖、蔗糖、淀粉、10%葡萄糖溶液、10%蔗糖溶液、10% NaOH 溶液、淀粉溶液、2% AgNO$_3$ 溶液、2%氨水、5% CuSO$_4$ 溶液、10% H$_2$SO$_4$ 溶液、pH 试纸。

三、实验原理

葡萄糖、蔗糖和淀粉是日常生活中常见的糖类物质。葡萄糖是还原糖，蔗糖和淀粉是非还原糖。在糖类化学中，常用银氨溶液或新制 Cu（OH）$_2$ 等试剂检验糖的还原性，能够还原这些试剂的糖被称为还原糖，不能还原的被称为非还原糖。

四、实验过程

1. 葡萄糖

（1）取少量葡萄糖，观察状态，将其加入试管后加水振荡，观察其溶解状况。

（2）在洁净的试管中配制约 2 mL 银氨溶液，加入 1 mL 10%葡萄糖溶液，振荡。然后在水浴中加热，观察现象。

（3）在另一支试管中加入 2 mL 10% NaOH 溶液，滴入 5 滴 5% CuSO$_4$ 溶液，振荡。再加入 2 mL 10%葡萄糖溶液，加热，观察现象。

2. 蔗糖

（1）取少量蔗糖，观察状态，将其加入试管后加水振荡，观察其溶解状况。

（2）用以上实验中的方法制备 Cu（OH）$_2$，再加入 2 mL 10%蔗糖溶液。加热，观察现象。

（3）在另一支试管中加入 1 mL 10%蔗糖溶液和 5 滴 10% H$_2$SO$_4$ 溶液，加热煮沸。再加入 10% NaOH 溶液至溶液呈碱性，加入新制备的 Cu（OH）$_2$，加热，观察现象。

3. 淀粉

（1）取少量淀粉，观察状态，将其加入试管后加水振荡，再加热煮沸，观察其溶解状况。

（2）用以上实验中的方法制备 Cu（OH）$_2$，再加入 2 mL 淀粉溶液，加热，观察现象。

（3）在另一支试管中加入 1 mL 淀粉溶液和 2 mL 10% H$_2$SO$_4$ 溶液，加热煮沸。再加入 10% NaOH 溶液至溶液呈碱性，加入新制备的 Cu（OH）$_2$，加热，观察现象。

五、注意事项

1. 葡萄糖

（1）为使实验现象更明显，所用试管应洁净，银氨溶液和 Cu（OH）$_2$ 应现配现用。配制时试剂用量应准确把握。实验结束后产生的银镜应及时用稀硝酸处理。

（2）加热时要注意操作安全。新制 Cu（OH）$_2$ 与葡萄糖溶液混合后加热的过程中会出现一系列颜色变化，感兴趣的学生可以在教师指导下查阅相关文献。

2. 蔗糖

（1）市售白糖中可能含有少量葡萄糖和果糖，在进行还原性检验时可能会产生异常现象，建议选择化学纯以上级别的蔗糖试剂进行实验。

（2）向蔗糖和淀粉溶液中加入新制 Cu（OH）$_2$，加热后未出现砖红色沉淀，说明蔗糖和淀粉是非还原糖。继续加热有可能出现黑色固体，这是 Cu（OH）$_2$ 受热分解产生的 CuO。

（3）醛基的检验应在碱性环境中进行，因此在检验水解产物的实验中，要让学生认识到向水解液中加入 NaOH 溶液将 pH 调至碱性的必要性。操作时可用 pH 试纸测定溶液的 pH 来确定碱是否足量。

3. 淀粉

（1）为提高淀粉的水解程度并减少反应时间，可以适当增加 H$_2$SO$_4$ 溶液的浓度。在加热过程中要注意安全，也可以采取 90℃ 左右的水浴加热。

（2）淀粉根据其分子结构的不同可分为直链淀粉和支链淀粉，两种淀粉的溶解性、水解速率、与碘的显色反应现象存在一定差异。实验时可选用分析纯的可溶性淀粉。

六、拓展与延伸

（1）可以根据学生的情况增加葡萄糖和蔗糖加热熔化的实验。

（2）向新制 Cu（OH）$_2$ 中加入葡萄糖溶液会得到绛蓝色溶液，可借此对学生进行知识拓展，介绍多羟基醇的检验方法，使学生认识葡萄糖为多羟基醛的结构特点。

（3）根据学生的实际情况，可以增加麦芽糖还原性的检验实验。通过对比实验现象，让学生认识蔗糖和麦芽糖在结构和性质上的差异。

七、问题与讨论

（1）解释实验中观察到的现象，并根据实验结果判断这三种糖是否属于还原糖。

（2）写出蔗糖和淀粉水解反应的化学方程式。请结合糖类的性质，推测急救患者补充能量时一般使用葡萄糖溶液而不选择其他糖类溶液的可能原因。

实验十九　利用覆铜板制作图案

一、实验目的

以电子工业中制作印刷电路板的真实情境为背景，通过实现 Fe^{3+} 和 Fe^{2+} 的相互转化，学会利用氧化还原反应原理解决实际问题，强化性质决定用途的观念。

二、实验用品

仪器：覆铜板、油性笔、小烧杯。
试剂：30% FeCl$_3$ 溶液、蒸馏水。

三、实验原理

电子工业中常用覆铜板（以绝缘板为基材、一面或两面覆以铜箔，经热压而成的一种板状材料）为基础材料制作印刷电路板（图 4-20），印刷电路板被广泛用于电视机、计算机、手机等电子产品中。

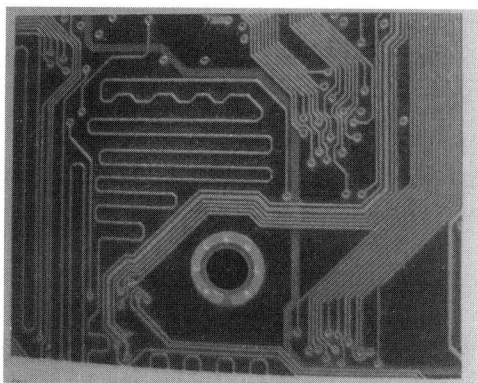

图 4-20 印刷电路板

用覆铜板制作印刷电路板的原理是，利用 $FeCl_3$ 溶液作为"腐蚀液"，将覆铜板上不需要的铜腐蚀。即把预先设计好的电路在覆铜板上用蜡或不透水的物料覆盖，以保护其不被腐蚀；然后，把覆铜板放到 $FeCl_3$ 溶液中。

根据工业上制作印刷电路板的原理，我们可以利用覆铜板制作所需要的图案（图 4-21）。

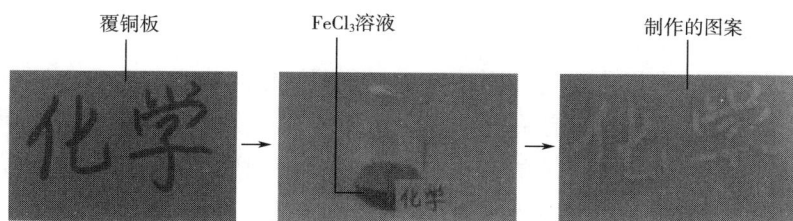

图 4-21 利用覆铜板制作图案

四、实验过程

取一小块覆铜板，用油性笔在覆铜板上画上设计好的图案，然后浸入盛有 $FeCl_3$ 溶液的小烧杯中。过一段时间后，取出覆铜板并用水清洗干净。观察实验现象，并展示制作的图案。

五、注意事项

工业上通常用 30% 的 $FeCl_3$ 溶液作"腐蚀液"，但腐蚀速率较慢，为提高速率可水浴加热。本活动中腐蚀液的配制可采取如下方法：向 10 g $FeCl_3$ 中加 2 mL 浓盐酸和 3 mL 水，搅拌均匀后用水慢慢稀释至 100 mL。

六、问题与讨论

（1）在上述实验中，发生了什么化学反应，生成的主要产物是什么？请运用氧化还原反应的规律进行分析，并尝试写出反应的化学方程式。

（2）为使使用后的"腐蚀液"能得到充分利用，如何处理使用后的"腐蚀液"？

实验二十　重结晶法提纯苯甲酸

一、实验目的

（1）了解有机化合物分离、提纯的原理和操作。

（2）能结合实际情况应用重结晶的方法进行有机化合物的分离和提纯。

（3）通过苯甲酸重结晶的实验探究，感受科学研究的方法。

二、实验用品

仪器：烧杯、漏斗、玻璃棒、滤纸、带铁圈的铁架台、酒精灯、石棉网、三脚架、托盘天平。

试剂：粗苯甲酸样品、蒸馏水。

三、实验原理

重结晶是提纯固体有机化合物常用的方法，利用被提纯物质与杂质在同一溶剂中的溶解度不同而将杂质除去。重结晶首先要选择适当的溶剂，要求杂质在此溶剂中溶解度很小或溶解度很大，易于除去；被提纯的有机化合物在此溶剂中的溶解度受温度的影响较大，能够进行冷却结晶。苯甲酸可用作食品防腐剂。纯净的苯甲酸为无色结晶，熔点122℃，沸点249℃。苯甲酸微溶于水，易溶于乙醇等有机溶剂。苯甲酸在水中的溶解度如表4-10所示。

表4-10　不同温度下苯甲酸的溶解度

温度/℃	25	50	75
溶解度/g	0.34	0.85	2.2

四、实验过程

（1）观察粗苯甲酸样品的状态。

（2）将1.0 g粗苯甲酸放入100 mL烧杯中，加入50 mL蒸馏水。加热，搅拌，使粗苯甲酸充分溶解。

（3）使用漏斗趁热将溶液过滤至另一烧杯中，将滤液静置，使其缓慢冷却结晶。

（4）待滤液完全冷却后滤出晶体，并用少量蒸馏水洗涤。将晶体铺在干燥的滤纸上，晾干后称其质量。实验流程如图 4-22 所示。

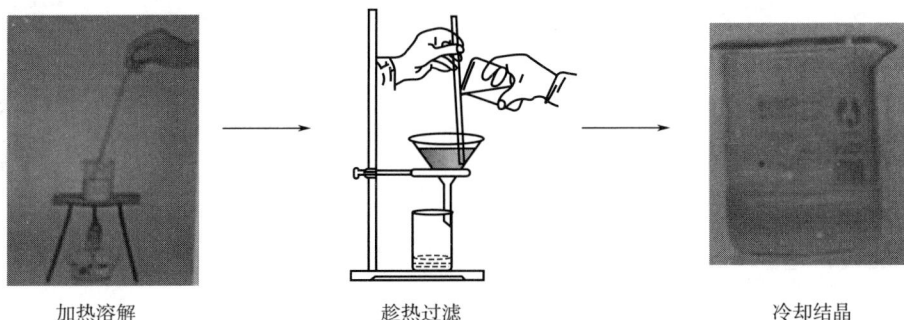

加热溶解　　　　　　　　　　趁热过滤　　　　　　　　　　冷却结晶

图 4-22　重结晶法提纯苯甲酸

（5）实验记录和数据处理（表 4-11）：

表 4-11　实验记录和数据处理表

项目	现象和数据	
（1）对比提纯前后苯甲酸的状态	苯甲酸粗品	
	苯甲酸晶体	
（2）对比过滤前后液体的状态	溶解苯甲酸粗品后的液体	
	趁热过滤后的滤液	
（3）计算重结晶收率	苯甲酸粗品的质量/g	
	苯甲酸晶体的质量/g	
	$收率 = \dfrac{晶体质量}{粗品质量} \times 100\%$	

五、注意事项

（1）加热溶解过程需用玻璃棒不断搅拌，防止出现暴沸。

（2）趁热过滤时注意防止烫伤，可用纸带包裹烧杯后夹持。

（3）冷却结晶过程中防止过冷可用玻璃棒摩擦杯壁，使晶体尽快析出。

（4）如果重结晶所得的晶体纯度不能达到要求，可以再次进行重结晶以提高产物的纯度。

六、问题与讨论

（1）重结晶法提纯苯甲酸的原理是什么？有哪些主要操作步骤？

（2）溶解粗苯甲酸时加热的作用是什么？趁热过滤的目的是什么？

（3）实验操作中多次使用了玻璃棒，分别起到了哪些作用？

（4）如何检验提纯后的苯甲酸中氯化钠是否已被除净？

实验二十一　1-溴丁烷的化学性质

课程思政案例

一、实验目的

（1）通过实验的方法验证 1-溴丁烷的取代反应和消去反应的产物。

（2）通过讨论、分析与比较，系统地认识卤代烃的性质。

二、实验用品

仪器：试管、胶头滴管、试管夹、圆底烧瓶、单孔橡胶塞、烧瓶夹、铁架台、乳胶管、玻璃导管、具塞试管、试管架、酒精灯、石棉网、温度计。

试剂：氢氧化钠、无水乙醇、1-溴丁烷、碎瓷片、稀硝酸、硝酸银溶液、酸性高锰酸钾溶液、蒸馏水、溴的 CCl_4 溶液。

三、实验原理

卤代烃在碱性加热条件下，如果是水作溶剂，则发生取代反应，生成对应醇和卤化盐；如果是乙醇作溶剂，则发生消去反应，生成对应烯烃、水和卤化盐。

四、实验过程

1. 1-溴丁烷的取代反应

（1）取一支试管，滴入 10~15 滴 1-溴丁烷，再加入 1 mL 5% NaOH 溶液，振荡后加热，静置。待溶液分层后，用胶头滴管小心吸取少量上层水溶液，移入另一支盛有 1 mL 稀硝酸的试管中，然后加入 2 滴 $AgNO_3$ 溶液，观察实验现象。

（2）用哪种分析手段可以检验出 1-溴丁烷取代反应生成物中的丁醇？可参考表 4-12 数据。

表 4-12　沸点与密度

指标	1-溴丁烷	乙醇	1-丁烯
沸点/℃	101.6	78.4	-6.5
密度/（g·cm⁻³）	1.276	0.789	—

2. 1-溴丁烷的消去反应

如图 4-23 所示，向圆底烧瓶中加入 2.0 g NaOH 和 15 mL 无水乙醇，搅拌。再向其中加入 5 mL 1-溴丁烷和几片碎瓷片，微热。将产生的气体通入盛水的试管后，再用酸性高锰酸钾溶液进行检验。

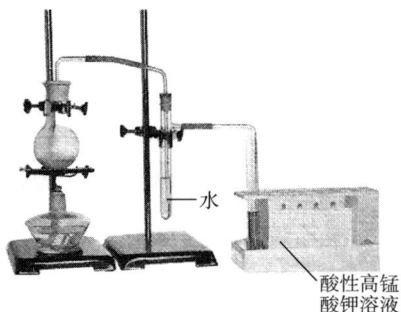

图 4-23　1-溴丁烷的消去反应

五、注意事项

（1）实验时应注意加热温度不宜过高，可以采取水浴加热的方式，以减少 1-溴丁烷挥发，应在通风橱中进行，蒸气有一定毒性，若接触皮肤应立即用水冲洗。

（2）配制 NaOH 的乙醇溶液时，为促进溶解可适当加热。由于 2.0 g NaOH 不易完全溶于 15 mL 乙醇，得到的往往是悬浊液，但不影响后续实验。

（3）加热时温度不要过高，以减少溶剂乙醇和产物的挥发，防止发生倒吸现象。如使用酒精灯直接加热，一旦反应过于剧烈，应立即停止加热。

（4）为防止进入盛水的试管中的少量乙醇挥发对后续检验造成干扰，可在盛水的试管中加入少量冰块。

（5）酸性 $KMnO_4$ 溶液的浓度不宜过大，否则反应时间过长会影响实验效果。

（6）使用溴的 CCl_4 溶液代替酸性 $KMnO_4$ 溶液时，由于乙醇不能使溴的 CCl_4 溶液褪色，因此可以不必通过盛水的洗气装置。但需要注意，实验产生的气流也可能带出溴而使溶液褪色。

（7）实验结束时，先从盛水的试管中移出导管，再停止加热，防止倒吸。

六、拓展与延伸

（1）消去实验产生的气流也可能带出溴而使溶液褪色，此时可设计一个空白实验（将空气通入相同浓度和体积的溴的 CCl_4 溶液，褪色所需时间远大于本实验），从而证实 1-丁烯的生成。

（2）提出"水的作用是为了吸收挥发出的乙醇，防止乙醇使酸性 $KMnO_4$ 溶液褪色"的猜想，并补充对照实验（将乙醇蒸气通入酸性 $KMnO_4$ 溶液）证实水的作用。

（3）预测 2-溴丁烷发生消去反应的可能产物（1-丁烯和 2-丁烯）。由于消去过程遵循扎伊采夫规则（含氢较少的 β 位碳原子上的原子更易消去），故消去的主要产物为 2-丁烯。

七、问题与讨论

（1）如图 4-23 所示，为什么要在气体通入酸性高锰酸钾溶液前先通入盛水的试管？除了酸性高锰酸钾溶液，还可以用什么方法检验丁烯？此时还有必要将气体先通入水中吗?

(2) 请写出 1-溴丁烷的取代反应和消去反应的化学方程式。

实验二十二 羧酸的酸性

一、实验目的

(1) 学会设计实验证明羧酸的酸性。

(2) 通过实验证明乙酸、碳酸和苯酚的酸性强弱。

二、实验用品

仪器:分液漏斗、双孔橡皮塞、玻璃导管、集气瓶、试管、容量瓶、玻璃棒、烧杯、移液管、洗耳球、滴管、锥形瓶、酸式滴定管、铁架台、铁夹。

试剂:甲酸、苯甲酸、乙二酸、碳酸钠、饱和碳酸氢钠溶液、苯酚钠溶液、酚酞、0.1 mol/L 氢氧化钠标准溶液、蒸馏水。

三、实验原理

(1) 甲酸、苯甲酸和乙二酸都属于羧酸,证明羧酸的酸性可从以下几个方面入手:与指示剂作用或使用 pH 传感器测定溶液的 pH;与活泼金属反应产生 H_2;与碱发生中和反应;与碳酸盐或酸式碳酸盐反应产生 CO_2;与碱性氧化物反应。

通过测定相同物质的量浓度的甲酸、苯甲酸和乙二酸溶液的 pH 比较它们的酸性强弱,还可以依据酸碱中和反应的定量关系,确定乙二酸为二元酸,甲酸和苯甲酸为一元酸。从分子结构的角度分析甲酸、苯甲酸和乙二酸,还可以得出以下结论:甲酸中含有醛基,应具有醛的性质;苯甲酸中含有苯环,容易在苯环上发生取代反应;乙二酸有两个羧基,羧基的相互作用会影响电离常数(可与碳酸和甲酸的电离常数进行对比),乙二酸分子中的两个羧基之间易形成分子内氢键,导致第一个羧基中的氢原子容易电离,而第二个羧基中的氢原子不易电离。

(2) 根据强酸制弱酸的原理,乙酸与碳酸钠反应放出 CO_2,说明乙酸的酸性比碳酸的强。将产生的 CO_2 通入苯酚钠溶液中生成苯酚,溶液变浑浊,说明碳酸的酸性比苯酚的强。

四、实验过程

(1) 设计实验证明羧酸具有酸性(提供的羧酸有甲酸、苯甲酸和乙二酸)(表 4-13)。

表 4-13 实验记录表

实验内容	实验现象	结论

（2）利用如图 4-24 所示仪器和药品，设计一个简单的一次性完成的实验装置，比较乙酸、碳酸和苯酚的酸性强弱。

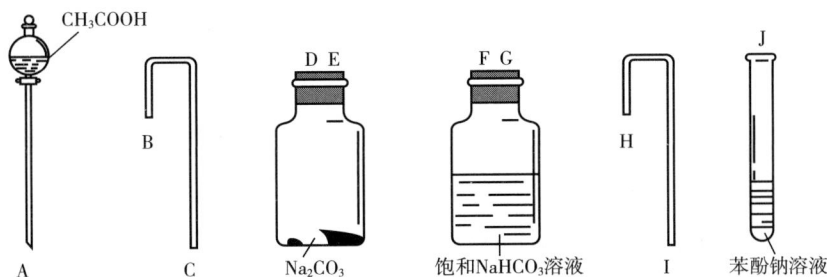

图 4-24　乙酸、碳酸和苯酚的酸性强弱比较实验装置选择图
（D、E、F、G 分别是双孔橡胶塞上的孔）

五、注意事项

在设计实验时往往会忽视乙酸的挥发性，要考虑在装置中间连接一个盛有饱和 $NaHCO_3$ 溶液的洗气装置。

六、问题与讨论

（1）甲酸除了具有酸性，还可能有哪些化学性质？请从分子结构的角度进行分析？
（2）以上比较乙酸、碳酸和苯酚酸性强弱的装置中，饱和 $NaHCO_3$ 溶液的作用是什么？请写出各装置中发生的反应的化学方程式。

实验二十三　臭氧的生成和性质

一、实验目的

（1）认识臭氧的产生。
（2）认识臭氧的强氧化性。

二、实验用品

仪器：臭氧发生器、直流电源（或铅蓄电池）、感应圈、导线、电键、烧杯、导管、贮气瓶。
试剂：氧气、碘化钾淀粉溶液。

三、实验原理

由氧气生成臭氧是一个吸热反应，这个反应的能量可以用放电、加热或紫外光的形式供给。实验室里常用无声放电供给能量使氧气转化为臭氧。

四、实验过程

（1）装置臭氧发生器。臭氧发生器可以用两个玻璃套管构成（图4-25）。外管的外部和内管的内部都包着锡箔，各接一个电极。在两极间使用 2 万 V 高频电压无声放电。干燥的氧气由 A 管进入，从 B 管导出的气体是氧气和臭氧的混合气体。这个方法只有 5% 的氧气可以转化为臭氧。将混合气体通过碱石灰除去氮的氧化物后，用液态空气冷却，臭氧即液化分出。

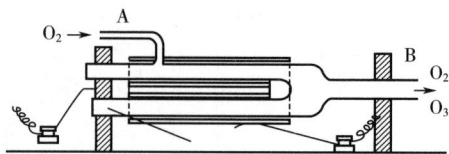

图 4-25　臭氧发生器

臭氧发生器有好几种装置方法。简单的可用一支粗玻璃管制成，管外用铜丝绕成螺旋状，铜丝的一端接在感应圈副线圈的一个电极上，管内插入一根粗铜丝，与感应圈副线圈的另一极相接即成。另一种装置是在两个玻璃管套管内外用稀硫酸代替锡箔，接在感应圈副线圈两个电极上的导线分别插入稀硫酸中。这种装置里的稀硫酸溶液既是电极，又可用来冷却气体。

（2）检验感应圈和电源。各种感应圈有不同的输入电压和电流强度。常用的有输入电压 6~8 V、电流强度 4~5 A 和输入电压 10~12 V、电流强度 3~5 A 两种。电源可以用铅蓄电池，也可以用整流变压器将交流电变成直流电。电源电压不能过高或过低。使用前，接通电源，调整感应圈的继电器，观察它是否能来回振动，发生电火花。

（3）氧气的制备。加热 4 g 氯酸钾和 1 g 二氧化锰的混和物，可制得约 1000 mL 氧气，用排水法收集在贮气瓶里备用。

（4）按图 4-26 的装置，接通电流后，调节继电器，使臭氧发生器无声放电，同时让分液漏斗滴水使氧气缓慢地通入臭氧发生器里。在排气管口可以闻到臭氧的特殊气味。把生成的臭氧通入碘化钾淀粉溶液里，碘化钾被氧化生成碘；析出的碘跟淀粉反应，显现蓝色。臭氧有漂白性，能使品红溶液褪色。

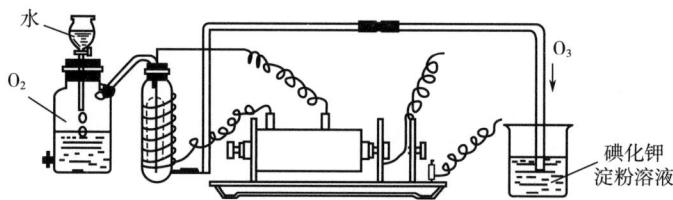

图 4-26　制取臭氧的装置

五、注意事项

（1）感应圈放电时副线圈上的电压很高，必须注意安全。

（2）臭氧在水中的溶解度比氧气大，标准状况下，每 1 体积水可以溶解 0.494 体积臭氧，所以仪器要干燥。

六、拓展与延伸

（1）用简易装置制取臭氧。按图 4-27 的装置，在直径约 2 cm、长约 10 cm 的玻璃管两端，各配一单孔橡皮塞，孔中各插入一支连接在感应圈副线圈上的尖针。针尖的距离约 3 cm。玻璃管内壁放一张润湿的碘化钾淀粉试纸。

（2）由白磷发生臭氧。将新切的白磷一小块放在烧杯的底部。加水使白磷半入水中，半露水面。盖上表面皿，在室温下静置半小时。由于白磷在空气中发生缓慢氧化，使空气中的一部分氧气变成臭氧。

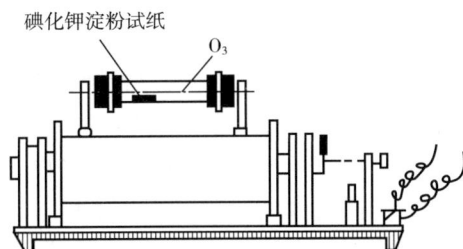

图 4-27　制取臭氧的简易装置

七、问题与讨论

（1）如何理解臭氧的强氧化性？用化学反应方程式表示。
（2）讨论大气中臭氧层空洞产生的原因，用化学方程式表示。

实验二十四　水的组成

一、实验目的

通过水的分解和合成实验来认识水是由氢、氧两种元素所组成的。

二、实验用品

仪器：霍夫曼水电解器、直流电源（或铅蓄电池）、导线、试管、酒精灯、量气管、感应圈、电键、铁架台、铁夹、贮气瓶、玻璃水槽。

试剂：稀硫酸、氢气、氧气、木条。

三、实验原理

水在直流电的作用下，能分解成氢气或氧气。当电火花通过氢、氧混和气体时，它们即化合成水。这两个实验都说明水是由氢、氧两种元素组成的，从实验结果还可以知道它们的体积比为 2∶1。

四、实验过程

（1）装配霍夫曼水电解器。霍夫曼水电解器由两支各为 50 mL 的刻度玻璃管组成，上端各具一个活塞，下端与三通管相连接。刻度管下用嵌有铂电极的橡皮塞塞紧，三通管的中间的玻璃管上连接一支球形漏斗管，如图 4-28 所示。

如果没有霍夫曼水电解器，可以用两支酸式滴定管装配。在滴定管的下端，装一个带有电极和直角玻璃导管的橡皮塞。电极可以用镍铬丝、铜片或不锈钢片制成。两支直角玻璃导管用 T 形管相连，再接上一支漏斗管以注入电解液。简易装置可只用两支滴定管，倒立在水槽内，在管口处各插入一个电极即可。但要检验电解水生成的氢气和氧气时，必须把滴定管从水槽中取出，倒过来检验。

如果连滴定管也没有，可以用两支长约 40 cm，内径约 1 cm 的玻璃管组装。上端装一个配有玻璃导管的单孔塞，用短玻璃管接上一支长约 4 cm 的尖嘴管作为排气管，用弹簧夹控制气流。下端装一个带有电极和直角玻璃管的橡皮塞（图 4-29），直角玻璃管再与 T 形管和漏斗管相连接。玻璃管里所得气体的体积可用刻度板来计量。先将玻璃管带尖嘴管的一端向下竖直，卸去带电极的橡皮塞，倒入 3 mL 水，使液体高出橡皮塞上玻璃管的口，沿液面画一条线。再加入 20 mL 水，沿液面也画一条线。将水倒出，把玻璃管横放在一张白纸上，将玻璃管上标出的两条线的距离 20 等分，每一等分表示 1 mL，标上数字。将所需部件装配起来，连同标线纸一起固定在木板上，即成为水电解器。

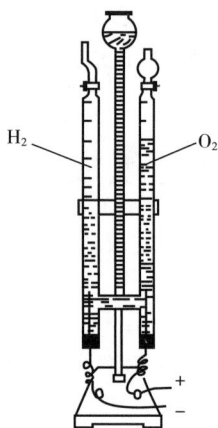

图 4-28　霍夫曼电解器　　　图 4-29　用玻璃管组装的电解器

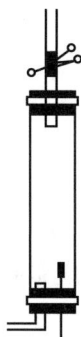

为了便于检验电解水后所得的氢气和氧气，常在装阴极的玻璃管上端用橡皮管接上一根弯曲的尖嘴玻璃管，以便让氢气缓缓流出。在装阳极的玻璃管上用橡皮管接上一个空的氯化钙干燥管，使流出的氧气积于其中。

（2）组装水的合成器。水的合成常在量气管内进行，它是一支长约 45 cm、内径约 1.3 cm 的厚壁玻璃管，一端封闭，另一端敞开。封闭的一端插入两根铂丝，丝端相距 2~3 mm。管上有刻度，有 25 mL 和 50 mL 两种。如果没有这种量气管，可以自己组装，取长 40~45 cm、内径 1.2~1.5 cm 的厚壁玻璃管一支，上端装一插有两根铜丝电极的橡皮塞。塞内的铜丝约留 3 cm 长，将 1 cm 向上弯折成一钩子，用一根从废电灯泡中取出的钨丝（也可以用细电热丝代替）相连接，钳紧，使它固定在两根铜丝之间。橡皮塞外的铜丝也约留 3 cm 长，卷成圆圈，以便跟导线相连接。这样组装的水合成器，玻璃管口的橡皮塞必须塞得很紧，否则氢、氧爆炸时塞子会被膨胀的气体弹出管口。玻璃管内气体的体积可用上述方法所制的刻度板来度量，但可以简单一些，只要分成 4 个等分就可以了。把玻璃管连同塞子一起倒转竖直，分 4 次加入水，每次 3 mL，在管外沿水平面套上橡皮圈作出四个记号即可。

打开霍夫曼电解器两边刻度玻璃管上的活塞，往球形漏斗里倒入浓度为 1：8 的稀硫酸溶液。待两个刻度管里的液体将升到活塞时，减慢倾倒的速度，使液面稍稍超过两个活塞。关闭活塞，用卷成细卷的滤纸条伸入活塞上的玻璃管中，吸去超过活塞的液体，再分别装上检验氢气和氧气的装置。在两个电极的导线上串连一电键，和 18 V 的直流电源相连接。通电后两极上即产生大量气泡，4~5 min 后，在阴极这一管里约可积聚氢气 10 mL，在阳极这一管里约可积聚氧气 5 mL。理论上水电解后生成氢气的体积应为氧气的 2 倍。但由于氧气在水中的溶解度比氢气略大，以及电极上产生的副反应等，一般所得氧气的体积比理论值小。为了减小误差，常先通电一段时间，让分解出来的氧气溶解在阳极一方的液体里，使它达到饱和，然后放去两管内积聚的气体，重新调整后再进行实验。

（3）水的合成。先将量气管盛满水，倒转放入水槽里，使敞口一端没入水面下约 3 cm。用排水法先通入氧气 6 mL，再通入氢气 6 mL，使两者充分混和，然后将封闭一端露在管外的两根铂丝和感应圈以及 6~8 V 直流电源相连接，如图 4-30 所示。用电键将电路闭合，管内铂丝之间即产生电火花，同时引起氢、氧混和气体爆炸，使整个装置强烈振动。爆炸时管内水面突然下降，随即迅速回升到原体积的 1/4 处。表明 4 体积混合气体中有 3 体积起了作用。用玻璃管和带有电极的橡皮塞组装的水合成器的操作方法和上述基本相同，所不同的是可以不用感应圈，将橡皮塞上的两个铜丝圈分别跟 6 V 直流电源和电键相连接。当电路闭合时，管中钨丝立即被烧断，这时产生的火花就引起氢、氧混和气体爆炸，使管内的体减少到原体积的 1/4。

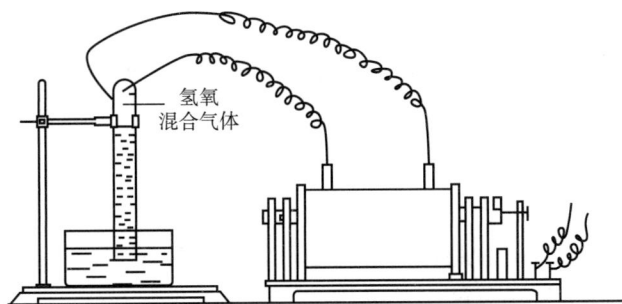

图 4-30　氢气和氧气合成水的实验装置

五、注意事项

（1）电解水时所用的电压和酸溶液的浓度与释出气体的速度很有关系。采用 18~24 V

中学化学实验研究与创新

电压和硫酸浓度为 1∶8～1∶6 时，两极上产生气体的速度较快，气泡大，只需 4～5 min 即可积聚一定量的气体，看到明显的体积比。

（2）电解水所得氧气体积偏低的主要原因是副反应，阳极处所生成的过氧化氢在酸性溶液里比较稳定，不易分解出氧，所以氧气的体积偏低。氧气和氢气在水中溶解度的不同是次要的。

（3）合成水时的量气管必须紧紧地固定在铁架台上，最好在玻璃水槽底垫一层塑料片。

（4）合成水时，氢气和氧气的体积比不要用 2∶1，因为这时的爆炸力最强。为了预防玻璃管炸裂，可以用尼龙纱或塑料纸做一个防护套罩在玻璃管的上部。

六、拓展与延伸

电解水也可以用水槽式简易装置进行，形式多样，最常见的如图 4-31 所示。

用 500 mL 烧杯作电解槽，电极用粗铜丝套上塑料管制成，两端各露出 2 cm 并弯成钩形，一端扣在烧杯上，另一端作电极。用 15% 的氢氧化钠溶液作电解液，用两支同样大小的试管作集气管。由于氢氧化钠溶液有腐蚀性，装置时可以先在试管内盛满氢氧化钠溶液，盖上一张薄纸后倒转过来，因大气压强大于试管内液体的压强，纸片不会落下。将试管倒插入液面下，用镊子夹去纸片，把试管套在电极上，并用有两个圆孔的硬纸板将试管固定起来。电解时，接上 6～12 V 的直流电源，两极上即有很多气泡产生。3 min 后，阴极处可取得约 16 mL 氢气，

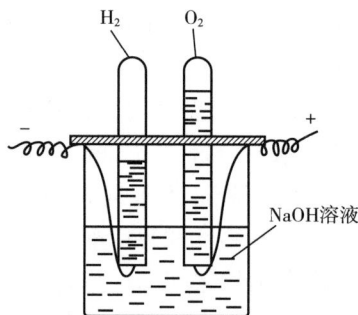
图 4-31　水槽式简易装置电解水

阳极处可取得约 8 mL 氧气。要检验所得的氢气和氧气，可以将粗铁丝的一端弯成一个圆圈，放上硬纸片，垫在试管口下把它取出，竖直后进行检验。

实验二十五　实验室制备氯化氢

一、实验目的

（1）认识实验室里用浓硫酸跟食盐反应制取氯化氢的方法。
（2）掌握实验室制备氯化氢的实验操作。

二、实验用品

仪器：圆底烧瓶（250 mL）、分液漏斗、导管、双孔塞、石棉铁丝网、集气瓶、玻璃片。

试剂：浓硫酸、食盐、氨水、蓝石蕊试纸、棉花。

三、实验原理

浓硫酸和氯化钠在室温下反应先生成氯化氢和硫酸氢钠：

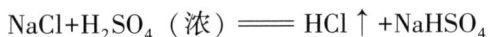

$$NaCl+H_2SO_4（浓）\!=\!=\!=\!HCl\uparrow+NaHSO_4$$

加热到 500~600℃ ，进一步反应生成氯化氢和硫酸钠：

$$NaCl+NaHSO_4\!=\!=\!=\!HCl\uparrow+Na_2SO_4$$

氯化氢发生器和集气容器的装配如图 4-32 所示。

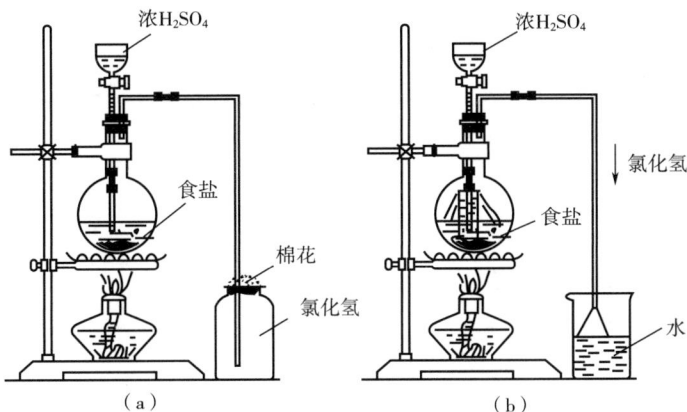

图 4-32　实验室制备氯化氢装置

四、实验过程

（1）先在烧瓶里放入食盐 15 g，加水 5~6 mL 润湿后，从漏斗里分几次加入浓硫酸，开始时由于浓硫酸溶于水有热量放出，所以不需加热即有氯化氢气体产生。当烧瓶里的反应缓和时，可以用酒精灯加以微热。

（2）用玻璃棒蘸一些氨水放在集气瓶口上方，或在瓶口上轻轻地呵一口气，如有白烟或白雾，表示氯化氢已收集满。

（3）气体收集好后，在导气管上接一漏斗，将漏斗倒合在盛水的烧杯里，使漏斗口刚好与水面接触，让氯化氢溶于水中。

（4）往集气瓶里加入少量水，盖上玻璃片，振荡。用蓝石蕊试纸检验，溶液显酸性。

五、注意事项

（1）实验用粗盐即可，不易产生泡沫。

（2）实验如果用浓硫酸（98%）进行，在烧瓶里应先加一些水，否则会产生较多的泡沫。一般常用 3：1 或 2：1 的硫酸。

六、拓展与延伸

工业上制取盐酸时，首先在反应器中将氢气点燃，然后通入氯气进行反应，制得氯化氢气体。氯化氢气体冷却后被水吸收成为盐酸。在氯气和氢气的反应过程中，有毒的氯气被过量的氢气所包围，使氯气得到充分反应，防止了对空气的污染。在生产上，往往采取使另一种原料过量的方法使有害的、价格较昂贵的原料充分反应。

七、问题与讨论

（1）如何处理多余的氯化氢气体？

（2）本实验中制取氯化氢气体是利用了浓硫酸的什么性质？可否用稀硫酸代替浓硫酸？为什么？

实验二十六　氯化氢在水里的溶解性

一、实验目的

（1）用喷泉实验来演示氯化氢在水中的溶解度很大。

（2）掌握喷泉实验的操作要点。

二、实验用品

仪器：氯化氢发生器、圆底烧瓶、玻璃导管、双孔橡皮塞、胶头滴管、烧杯。

试剂：氯化氢、紫色石蕊试液。

三、实验原理

氯化氢极易溶于水，在常温下 1 体积水能溶解约 450 体积的氯化氢。其在密闭容器里溶于少量水中，会使容器内几乎真空，形成喷泉。

四、实验过程

（1）装配喷泉装置。在一只 500 mL 圆底烧瓶上配一个带有胶头滴管和尖嘴长玻璃管的双孔橡皮塞，圆底烧瓶要预先烘干。胶头滴管内吸满水后，管外的水渍要揩干。

（2）氯化氢气体的收集。在干燥的集气瓶里和 500 mL 的圆底烧瓶里各收满氯化氢气体一瓶。

（3）氯化氢在空气里发生白雾。把盖在集气瓶上的玻璃片移开一些，让瓶口露出 1/3，看到瓶口处有白雾产生，这是氯化氢气体从瓶口挥发出来时遇到空气里的水蒸气生成的酸雾。

（4）喷泉实验装配。喷泉装置如图 4-33 所示。实验开始时，把胶头滴管里的水挤入烧瓶里，放开弹

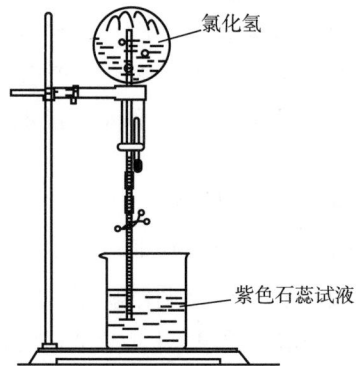

图 4-33　氯化氢气体的喷泉实验

簧夹。这时并不立即开始喷水，因为氯化氢溶解时放出的溶解热会使瓶内未溶解气体的体积增大，压强也增大。约待半分钟，有更多的气体溶解后，喷泉即有力地喷射而出。烧杯内的紫色石蕊试液射入瓶中即变成红色。喷泉停止后，瓶里未溶解的气体就是空气。

五、注意事项

（1）喷泉实验须用圆底烧瓶装配。因为氯化氢气体溶解后，烧瓶内几乎形成真空，瓶壁受的压强很大。同时形成的喷泉有一股冲击力直射瓶底，会使平底烧瓶或锥形瓶破裂。

（2）装置的气密性、烧瓶的干燥情况、氯化氢气体充满的程度、滴管挤入的水是否足量，都是实验能否成功的关键。

六、拓展与延伸

喷泉实验也可以用图4-34的装置进行。在圆底烧瓶里装一支尖嘴长玻璃导管，导管下端插入一个带有鼓气球的吸滤瓶里。操作时，将鼓气球里的空气压入吸滤瓶里，使少量水通过玻璃导管压入圆底烧瓶中。

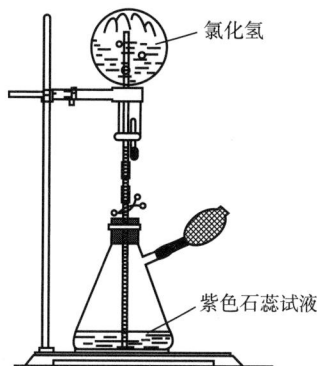

图4-34 喷泉实验的代替装置

七、问题与讨论

（1）本节课中的喷泉实验和生活中的喷泉，原理是否相同？

（2）本实验过程中如果实验失败，有哪些可能的原因？

实验二十七　合成法制盐酸

一、实验目的

（1）通过氯气和氢气直接化合来制备盐酸。
（2）认识工业上制取盐酸的方法和原理。

二、实验用品

仪器：氯气发生器、氢气发生器、贮气瓶、粗玻璃管、玻璃导管、双孔橡皮塞、冷凝管、橡皮管、分液漏斗、气体干燥塔、短玻璃管或碎玻璃片、水泵。

试剂：氯气、氢气、紫色石蕊试液。

三、实验原理

氯气能在氢气中燃烧生成氯化氢气体，冷却后溶于水即为盐酸。

四、实验过程

（1）装配合成盐酸的装置。装置如图 4-35 所示。燃烧管为一支长 20 cm、直径约 3 cm 的硬质粗玻璃管，在一端配一个带有两根直角玻璃导管的双孔橡皮塞。一根导管插入粗玻璃管约 2 cm，用以通入氢气；另一根导管插入约 18 cm，用以通入氯气。把一支冷凝管用作冷却器。在气体干燥塔的中部填充短玻璃管或碎玻璃片，塔顶配一个带有分液漏斗和直角玻璃导管的双孔塞。水由塔顶流下，经短玻璃管或碎玻璃片分散，成为吸收塔。

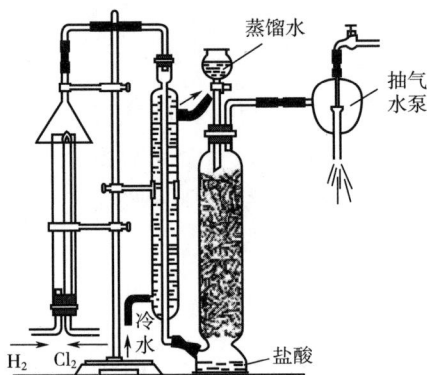

图 4-35　合成法制备盐酸

（2）将氢气通入燃烧管，排尽空气，检验氢气的纯度后导入氯气流。开始时，氯气流要小一些，在管口点燃使氯气在氢气里燃烧，形成苍白色火焰。待火焰稳定后，再慢慢增大氯气的流量。这时在燃烧管上方即有氯化氢生成。开动抽气水泵，使氯化氢气体经过冷却器抽入吸收塔内，同时将吸收塔顶上的水放下，氯化氢气体即充分地溶解在水里生成盐酸。当吸收塔底部积集一定量的盐酸时，即可停止燃烧。先切断氯气流，后切断氢气流，同时关闭水流和抽气水泵。用紫色石蕊试液的变色反应或跟锌粒反应生成氢气来检验盐酸。

五、注意事项

（1）氯气和氢气的收集。用排饱和食盐水法从氯气发生器里把氯气收集在贮气瓶里，排出时也要用饱和食盐水。在检验氢气的纯度后用排水法将氢气收集在另一贮气瓶里。将氯气和氢气的排出管跟盛浓硫酸的洗气瓶相连接，使通过的气体吸去水蒸气后再分别通入燃烧管里。

（2）使氯气在氢气中燃烧，为的是使生成的氯化氢里不致混有氯气，因此通入氢气的量要比氯气的多一些，而不是 1∶1。把氯气和氢气先收集在贮气瓶里是为了便于控制流速。

（3）这一实验必须用抽气装置，否则气体不会通入吸收塔内。

六、拓展与延伸

本实验简易装置如图 4-36 所示，将生成的氯化氢气体直接通入水中溶解。

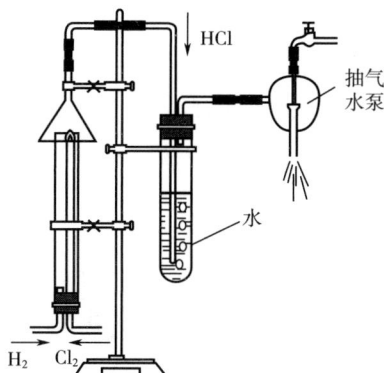

图 4-36 合成法制备盐酸的简易装置

实验二十八 漂白粉的制取和漂白作用

一、实验目的

（1）掌握用氯气和消石灰制取漂白粉。
（2）了解漂白粉的漂白作用。

二、实验用品

仪器：氯气发生器、试管、玻璃导管、双孔橡皮塞、过滤器。
试剂：消石灰、氯气、稀硫酸、有色布条。

三、实验原理

漂白粉的主要成分是次氯酸钙。由氯气和消石灰作用生成漂白粉的反应是：

$$2Ca(OH)_2 + 2Cl_2 == Ca(ClO)_2 + CaCl_2 + 2H_2O$$

四、实验过程

（1）制备消石灰。制取漂白粉必须用新制备的消石灰。取质量较好的生石灰逐步洒上少量冷水，反应放出大量的热，同时逐渐粉碎形成很细的粉状颗粒。这个过程称为"消发"。
（2）准备制氯装置。用浓盐酸和二氧化锰反应制取氯气。
（3）准备如图 4-37 的实验装置，排出气体的导管要通到试管底部，可使通入的氯气跟消石灰充分接触后再排出。将另一支导管跟氯气发生器连接，慢慢地通入氯气，5 min 后就可制得漂白粉。

（4）卸去装置，往盛漂白粉的试管里注入 30~40℃ 的温水 10 mL，振荡后过滤。将滤液分盛在两支试管里，各加入潮湿的有色布一条。在一支试管里加稀硫酸 3~4 滴后，振荡，另一支试管则不加。在加酸的试管里布条褪色较快，另一管就比较慢。

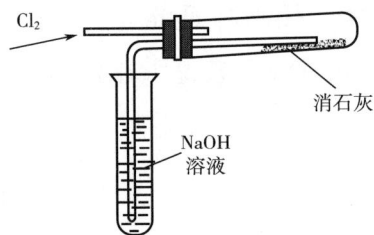

图 4-37　漂白粉的制备

五、注意事项

（1）消发"生石灰时要将少量水分次洒在生石灰块上，不能让石灰块浸在水里。

（2）生石灰"消发"和漂白粉制取反应都是放热的，而温度对漂白粉质量的影响很大，如果超过 45℃，会生成不稳定的非晶形混和物，容易分解和吸潮。所以消石灰应在制取漂白粉的前一天准备。

六、问题与讨论

（1）次氯酸钠、次氯酸钙、氯气这些物质是否具有漂白性？真正起漂白作用的物质是什么？

（2）漂白粉的储存应注意哪些事项？

实验二十九　一氧化碳的制取和性质

课程思政案例

一、实验目的

（1）认识一氧化碳的实验室制法。
（2）认识一氧化碳的一些化学性质。

二、实验用品

仪器：粗玻璃管、玻璃导管、橡皮管、单孔橡皮塞、气囊或塑料袋、U 型管、集气瓶、双孔橡皮塞、长颈漏斗、尖嘴管、弹簧夹、烧杯。

试剂：木炭、氧气、煤块、清石灰水、氧化铁。

三、实验原理

（1）氧气通过炽热的炭，首先生成二氧化碳，继续通过炽热的炭，二氧化碳被还原成一氧化碳。

（2）使水蒸气通过炽热的炭，可以生成氢气和一氧化碳的混和物。

（3）一氧化碳在氧气中很容易燃烧生成二氧化碳。

（4）一氧化碳在高温时能还原很多金属氧化物。

四、实验过程

1. 一氧化碳的制取

（1）用木炭和氧气制取一氧化碳。装置如图 4-38 所示。在长约 40 cm，直径约 2.5 cm 的硬质玻璃管内填充 3/4 管干燥的小块木炭。实验开始时，把一块烧红的木炭放入粗玻璃管内木炭的上面，塞上橡皮塞，慢慢地鼓入氧气。木炭由上到下逐渐烧红，在尖嘴管口有气体排出。排出的气体主要是一氧化碳，用火点燃，发出蓝色的火焰。

（2）水煤气的制取。在集气瓶上配一个双孔橡皮塞，一个孔内插入一支漏斗，另一个孔内插入一支带有尖嘴管的玻璃导管。集气瓶里先盛满水，倒置在水槽里，把尖嘴管上的弹簧夹放开。用坩埚钳夹住一小块烧红的煤，浸入水槽里漏斗的下面，即有大量的气体产生，从漏斗上升到集气瓶中，水则由尖嘴管排出（图 4-39）。用 6~7 块烧红的煤进行实验，可以收集到 250 mL 水煤气，但不要将水排尽。夹紧弹簧夹，用手掌按住漏斗把集气瓶从水槽中取出，直立于桌上。因瓶中还留有一部分水，漏斗颈没入水内，气体不会从漏斗口逸出。

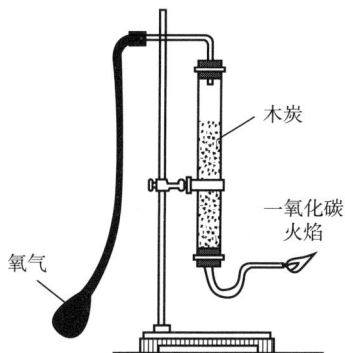

图 4-38　一氧化碳制取装置

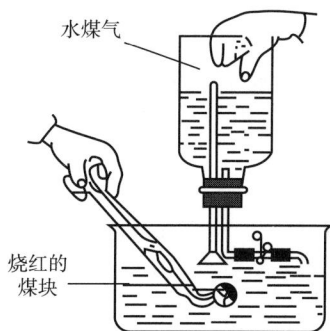

图 4-39　水煤气的制取

2. 一氧化碳的性质

（1）一氧化碳的可燃性。这里燃烧水煤气。往漏斗里加水，打开弹簧夹，在尖嘴管口点燃，发出蓝色的火焰。用一只洁净而干燥的烧杯放在火焰上方，透明的烧杯内壁有水珠凝聚。将火焰放在一只空的集气瓶口上燃烧，片刻后往集气瓶里加清石灰水，振荡，石灰水变浑浊，表明有二氧化碳生成。

（2）一氧化碳的还原性。在直径为 2.5 cm、长为 30 cm 的粗玻璃管中段铺一薄层氧化铁，装置如图 4-40 所示。在实验开始时，先通入一氧化碳以排除装置中的空气，再加热。从反应前后清石灰水的变化可以看出一氧化碳具有还原性。

在拆卸装置前，要先通入空气排出其中的一氧化碳。将反应后的生成物用稀盐酸处理。

五、注意事项

（1）一氧化碳有剧毒，尾气中的一氧化碳要用火烧掉。并要注意必须将空气排出再加

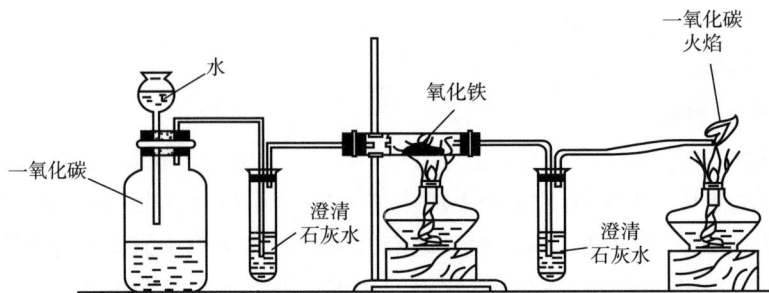

图 4-40 一氧化碳的性质实验装置

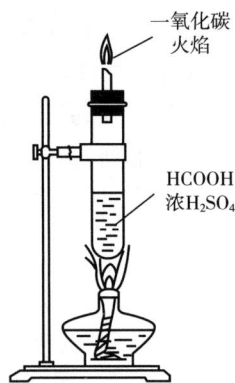

图 4-41 一氧化碳的产生

热，以免发生爆炸事故。

（2）检验还原出来的铁不可用磁铁吸引的方法，因为氧化铁有顺磁性。

六、拓展与延伸

实验室内制取较纯的一氧化碳常用甲酸和浓硫酸的混和物加热的方法。在大试管里装入浓硫酸 10 mL 和甲酸 10 mL，微微加热即可（图 4-41）。也可以在 250 mL 圆底烧瓶里盛甲酸 10 mL，从滴液漏斗里滴入浓硫酸。生成的一氧化碳可以用排水法收集。

实验三十　碳酸和碳酸盐

一、实验目的

（1）认识碳酸和碳酸盐的性质。
（2）了解碳酸根的检验方法。

二、实验用品

仪器：二氧化碳发生器、玻璃导管、量筒、滴管、单孔橡皮塞、吸滤瓶、橡皮管、铁盘。

试剂：大理石、稀盐酸、紫色石蕊试液、清石灰水、碳酸镁、碳酸钠、木刨花。

三、实验原理

碳酸的酸性很弱，它的盐在溶液里易发生水解反应，呈碱性。碱金属的碳酸盐易溶于水。碱金属、碱土金属的酸式碳酸盐除碳酸氢钠的溶解度较小外，其余都易溶于水。碱金属碳酸盐虽加热到熔化也不分解，其他碳酸盐受热可分解。碳酸盐都能被不挥发酸分解产生二氧化碳，这是检验碳酸盐常用的方法。

四、实验过程

1. 碳酸的生成和分解

在一支大试管里盛蒸馏水 20 mL，慢慢地通入二氧化碳，气流不要太快，要让气泡一个一个地通过，使其能充分溶解。2~3 min 后，试管里的水溶液即为碳酸。

将碳酸分盛在两支试管里，往一支内加紫色石蕊试液，颜色变成浅红色。再加入清石灰水，溶液变浑浊。将另一支试管加热，使液体沸腾 1 min，冷却后，同样加入紫色石蕊试液和清石灰水，颜色不变，液体也不浑浊。这是因为碳酸不稳定，受热时已分解。

2. 碳酸钙和碳酸氢钙的转化

在试管内盛清石灰水 10 mL，通入二氧化碳，溶液即变浑浊，生成碳酸钙沉淀。继续通入二氧化碳，沉淀先由少变多，以后又由多变少，最后完全消失。这时碳酸钙已转化为碳酸氢钙而溶解。把溶液煮沸，它又变成浑浊，是因为碳酸氢钙加热分解释出二氧化碳后，又生成碳酸钙沉淀。

3. 碳酸盐受热分解

在一支硬质试管里盛碳酸镁 5 g，配上装有玻璃导管的单孔塞，平夹在铁架台上，使试管口略向下倾斜。导管的一端插入盛有清石灰水的试管里。先微热，然后强热，释出的气体能使清石灰水变浑浊。碳酸镁的分解温度为 540℃。除碱金属和铵的碳酸盐外，其他碳酸盐受热分解都能发生类似的反应。

4. 碳酸盐跟酸的反应

取 2 支试管，分别盛碳酸钠和碳酸钙少许，各配上单孔塞和导管，固定在铁架台上。往 2 支试管里各加入少量稀盐酸，立即塞上塞子，让生成的气体通入盛清石灰水的试管里，清石灰水变成浑浊。碳酸盐或酸式碳酸盐跟酸起反应都能生成二氧化碳，这是检验碳酸盐常用的方法。

五、拓展与延伸

酸碱灭火器利用的就是碳酸盐跟酸的反应。在吸滤瓶里注入碳酸钠浓溶液，把盛有浓盐酸的小试管用线系住后小心地放入吸滤瓶里，把塞子塞紧。实验时把吸滤瓶倒转过来，使两种溶液混和，即有大量气体产生，液体和泡沫一起从侧管喷出（图 4-42），射到盛放燃烧的木刨花或废纸的铁盘内，火焰即熄灭。

图 4-42　酸碱灭火器原理示意图

实验三十一　碳酸钠的制备

一、实验目的

（1）了解氨碱法制纯碱的反应过程。

（2）掌握碳酸钠制备的实验操作。

二、实验用品

仪器：量筒、启普发生器、玻璃导管、橡皮管、烧杯、尖嘴管、石棉铁丝网、温度计。

试剂：氨水、精盐、大理石、稀盐酸。

三、实验原理

在含氨水的食盐溶液里通入二氧化碳，溶液里含有 Na^+、Cl^-、NH_4^+ 和 HCO_3^- 等离子，而以碳酸氢钠的溶解度最小，所以成沉淀析出。

$$NaCl+NH_3+CO_2+H_2O === NH_4Cl+NaHCO_3\downarrow$$

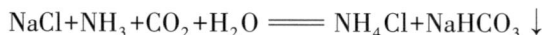

加热分解碳酸氢钠即得碳酸钠。

四、实验过程

（1）先制备饱和食盐的氨溶液。在试管里盛 15% 的氨水 10 mL，加入研细的精盐 3.7 g，塞上橡皮塞，振荡试管到食盐不再溶解为止，如有未溶解的食盐应滤去。

（2）用启普发生器制取二氧化碳气体，先通过盛水的试管溶去可能带有的酸雾，然后将二氧化碳经尖嘴玻璃管用喷散通气法通入浸在温水（35~40℃）里的含氨食盐饱和溶液里。整个装置如图 4-43 所示。用喷散通气法的目的是增大接触面。通气时用较大的压力，气泡就喷散成许多细珠从而增大和液体的接触面。但气流不宜过速，要一个气泡接着一个气泡地通入。

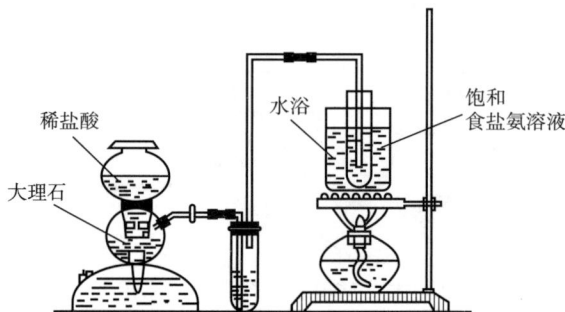

图 4-43　制取碳酸钠的实验装置

（3）通入气体约 10 min 后，试管里即出现浑浊，再通 10 min 使反应进行得比较完全，随即停止通气。取出试管浸在冷水里使其冷却，即有较多的白色沉淀析出，为碳酸氢钠。经过滤、洗涤、烘干，放在硬质试管里加以强热，碳酸氢钠即分解成碳酸钠。

五、注意事项

（1）制备饱和食盐的氨溶液时，氨要稍微过量，用 1∶1 的浓氨水为宜。

（2）适当提高温度可以加快反应，但温度不宜过高，否则氨气容易逸散。一般室温在 20℃ 以上时不必加热，因为反应是放热的。

实验三十二　铜和铜的化合物

课程思政案例

一、实验目的

认识铜和铜的化合物的性质。

二、实验用品

仪器：试管、试管架、试管夹、量筒、坩埚钳、集气瓶、玻璃片、酒精灯、酒精喷灯。

试剂：黄铜/白铜/青铜制件、有铜绿的制件、电解铜、硫、氯气、稀盐酸、浓盐酸、稀硫酸、浓硫酸、稀硝酸、浓硝酸、硫酸铜、碳酸钠、铜屑、氧化铜、氧化亚铜、氢氧化钠、氨水。

三、实验原理

铜是一种很重要的金属，通常有+1、+2 两种价态，以+2 价为主。

四、实验过程

1. 铜的物理性质

展示纯铜制件（铜导线或电解铜片），是具有紫红色光泽的金属，质很软。从铜导线可知它具有良好的导电性，从铜丝和铜片可知它有很好的延展性，从紫铜制的水浴锅可知它有良好的导热性。纯铜是由电解法制得的，称电解铜，纯度高达 99.99%。

展示白铜、黄铜、青铜制件，它们都是铜的合金。白铜是铜、镍和锌的合金，黄铜是铜和锌的合金，青铜是铜、锡和铝的合金。它们分别具有质硬、坚韧、易铸造等性能。

2. 铜的化学性质

铜的锈蚀：展示生有铜绿的制件，说明铜在干燥空气里是相当稳定的，但在潮湿的空气里日久后会生成一层绿色的碱式碳酸铜，俗称铜绿：

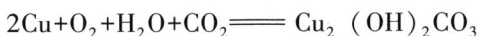

$$2Cu+O_2+H_2O+CO_2 \Longrightarrow Cu_2(OH)_2CO_3$$

铜跟酸的反应：在三支试管里，分别盛稀盐酸、稀硫酸、稀硝酸各 3 mL，各加入铜片一小片，观察反应现象。将不发生反应的试管微微加热，观察有无反应发生。结果显示，铜不能跟稀盐酸、稀硫酸发生反应，但能溶于稀硝酸中，液面上无色，在试管口附近有红棕色的气体产生。因为生成的无色一氧化氮在空气中会被氧化成红棕色的二氧化氮。

用浓盐酸、浓硫酸、浓硝酸重复上述实验。结果显示，铜不跟冷的浓硫酸反应，但能跟热的浓硫酸、浓盐酸和浓硝酸反应，分别释出二氧化硫、氢气和二氧化氮气体。

3. 铜的化合物

（1）铜的氧化物：取一根铜丝，用砂纸把它的一端擦光，露出紫红色的金属铜，在酒精灯火焰上加热片刻，取出，冷却。可以看到铜的表面生成一层黑色的氧化铜。另取少量黑色氧化铜粉末放在硬质试管里，用酒精喷灯强热 3 min，取出冷却。黑色氧化铜分解成红色的氧化亚铜，并放出氧气。

（2）氢氧化铜：在试管里盛 0.2 mol/L $CuSO_4$ 溶液 5 mL，用滴管吸取 2 mol/L NaOH 溶液，一滴滴地滴入 $CuSO_4$ 溶液里，边滴边振荡，即见淡蓝色的氢氧化铜沉淀析出。

（3）铜氨络合物：往盛有氢氧化铜沉淀的试管里逐渐加入 2 mol/L 氨水，边加边振荡，即见沉淀逐渐溶解，得到深蓝色的溶液，是因为生成了铜氨络合物。

五、注意事项

铜和浓硫酸作用时的产物往往显黑色。这是因为该反应较复杂，常伴随生成黑色的硫化亚铜等副反应。由于反应中有少量硫化亚铜及硫化铜存在，因此反应混和物呈现黑色。

六、拓展与延伸

为了防止铜生锈和腐蚀，可以采取以下措施：

（1）涂覆防腐漆：在铜制品表面涂覆一层防腐漆，可以防止铜的氧化和腐蚀。

（2）电镀：在铜制品表面电镀一层其他金属，如镍、铬、锡等，可以提高铜制品的耐腐蚀性能。

（3）合金化：将铜与其他金属元素合金化，可以提高铜制品的硬度、强度和耐腐蚀性能。

七、问题与讨论

（1）写出本实验中的化学反应方程式。

（2）如何使铜氨络合物反应生成氢氧化铜？

实验三十三 空气中二氧化碳含量的测定

一、实验目的

（1）了解测定空气中二氧化碳含量的简便方法。

（2）通过探究实验，学会探究学习的方法。

二、实验用品

仪器：100 mL 注射器、胶帽、烧杯。

试剂：浓氨水、酚酞试剂（1%）、蒸馏水。

三、实验原理

酚酞作为酸碱指示剂，其 pH 值变色范围为 8.2~10.0，在碱性溶液中酚酞显红色，在酸性或中性溶液中为无色。氨水呈弱碱性，在稀氨水中滴加少量酚酞试液，溶液呈浅红色。配制一定浓度的氨水并滴加少量酚酞试液（此时溶液呈浅红色），向其中通入二氧化碳气体，二氧化碳可与氨水发生如下反应：

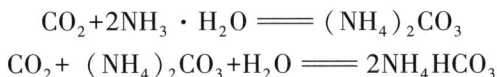

$$CO_2+2NH_3 \cdot H_2O == (NH_4)_2CO_3$$
$$CO_2+ (NH_4)_2CO_3+H_2O == 2NH_4HCO_3$$

因此，随着二氧化碳气体的通入，溶液的 pH 值逐渐降低。当溶液 pH 值降至 8 左右时溶液由红色变为无色。

根据上述原理，在相同体积、相同浓度的氨水（滴有少量酚酞试液）中，通入不同时间、不同地点的空气（其中二氧化碳气体的含量不同），那么通过对比反应所消耗的空气体积，可以测定空气中二氧化碳的相对含量。

四、实验过程

1. 配制稀氨水的准备液

将 1~2 滴浓氨水滴入 500 mL 水中，制成稀氨水，然后滴入 2 滴酚酞试液使溶液呈浅红色，待用。

2. 准备注射器和胶帽

用 100 mL 注射器吸取上述溶液 10 mL，在测定地点抽气到 100 mL 刻度处（抽气约 90 mL），用胶帽堵住注射器的吸入口，用力振荡 2~3min。然后将注射器吸入口朝上，小心将余气排出（不要排出已吸收了气体的液体）。

重复上述操作，抽气，振荡，每次保障抽气量一样，如此反复进行，直到红色恰好褪去为止。

3. 选择测定地点

用同样的方法在空旷地段、大教室、阶梯教室、种植花草树木的草坪、宿舍、办公室等地点测定 CO_2 含量，记录抽气次数。

4. 按测定时间测定并记录

在同一地点的不同时间分别测定 CO_2 含量，记录抽气次数。

5. 综合测定数据

记录测定的数据，并将空旷地段空气中二氧化碳的含量作为比较标准（体积分数以 0.033% 计），计算出各测定地点空气中二氧化碳的体积含量（抽气次数和空气中二氧化碳的体积含量成反比）。

6. 计算并比较，写出测定报告

将小组成员的数据汇总，列出数据表或绘制同一地点二氧化碳含量随时间变化的曲线，并用文字表述一天之内不同地段空气中二氧化碳含量的变化情况，试说明原因。

五、注意事项

（1）选择的地段：除二氧化碳以外没有其他酸性污染（二氧化硫）的地方，如操场、学校通风较好的教室、刚下课后门窗紧闭的教室、宿舍、办公室、街头、种植花草或蔬菜的温室或植物园等，选择的取样时间可以是白天、夜晚、清晨等。

（2）以上各地点空气中二氧化碳的体积含量需测定者在同一取样时间段重复测定 3 次以上，取平均值。

（3）实验中所用酚酞和氨水的混合液，必须取自同一试剂瓶，每次抽气的体积要完全一样。

六、拓展与延伸

通常情况下，大气中二氧化碳的含量为 0.02%～0.04%。二氧化碳在大气层中所占的比例虽然很少，但它对地球上的生物却很重要，因为它与生物圈有着密切的关系。生物圈每年从大气吸收二氧化碳的量和向大气排放二氧化碳的量几乎相等，以此维护正常的生态平衡。19 世纪工业革命前，大气中二氧化碳的含量约为 0.029%。工业革命后，随着人口增加和工业发展，人类活动已经打破了二氧化碳的自然平衡。植被（尤其是森林）的破坏和大量化石燃料及生物体的燃烧使生物圈向大气排放的二氧化碳量超过了它从大气中吸收的二氧化碳量，使大气中二氧化碳含量逐年上升，目前已经达到了 0.035% 左右。

七、问题讨论

（1）本实验的误差，可能由哪一步操作造成？
（2）查阅资料并讨论有哪些固碳的方法。

实验三十四　用化学沉淀法去除粗盐中的杂质离子

视频

一、实验目的

（1）用化学沉淀法去除粗盐中的 Ca^{2+}、Mg^{2+} 和 SO_4^{2-}。
（2）熟练掌握溶解、过滤、蒸发等操作，认识化学方法在物质分离和提纯中的重要作用。

二、实验用品

仪器：天平、药匙、量筒、烧杯、玻璃棒、胶头滴管、漏斗、滤纸、蒸发皿、坩埚钳、铁架台（带铁圈）、石棉网（或陶土网）、酒精灯、火柴。

试剂：粗盐、蒸馏水、0.1 mol/L $BaCl_2$ 溶液、20% NaOH 溶液、饱和 Na_2CO_3 溶液、6mol/L 盐酸、pH 试纸。

三、实验原理

$Ca(OH)_2$ 和 $MgCO_3$ 等都是微溶物质，不能通过过滤完全除去相关的杂质离子；$Mg(OH)_2$、$CaCO_3$ 和 $BaCO_3$ 难溶于水但可溶于酸；$BaSO_4$ 既难溶于水又难溶于酸。

四、实验过程

（1）用天平称取 5.0 g 粗盐，放入 100 mL 烧杯中，然后加入 20 mL 蒸馏水，用玻璃棒搅拌，使粗盐全部溶解，得到粗盐水。

（2）向粗盐水中滴加过量的 $BaCl_2$ 溶液（2~3 mL），使 SO_4^{2-} 与 Ba^{2+} 完全反应生成 $BaSO_4$ 沉淀，将烧杯静置。

（3）静置后，沿烧杯壁向上层清液中继续滴加 2~3 滴 $BaCl_2$ 溶液。若溶液不出现浑浊则表明 SO_4^{2-} 已沉淀完全；若出现浑浊，则应继续滴加 $BaCl_2$ 溶液，直至 SO_4^{2-} 沉淀完全。

（4）向粗盐水中滴加过量的 NaOH 溶液（约 0.25 mL），使 Mg^{2+} 与 OH^- 完全反应生成 $Mg(OH)_2$ 沉淀；然后滴加过量的饱和 Na_2CO_3 溶液（2~3 mL），使 Ca^{2+}、Ba^{2+}（请思考：Ba^{2+} 是从哪里来的？）与 CO_3^{2-} 完全反应生成沉淀。

（5）用与第（3）步类似的方法分别检验 Mg^{2+}、Ca^{2+} 和 Ba^{2+} 是否沉淀完全。

（6）将烧杯静置，然后过滤，除去生成的沉淀和不溶性杂质。

（7）向所得滤液中滴加盐酸，用玻璃棒搅拌，直到没有气泡冒出，并用 pH 试纸检验，使滤液呈中性或微酸性。

（8）将滤液倒入蒸发皿中，用酒精灯加热，同时用玻璃棒不断搅拌。当蒸发皿中出现较多固体时，停止加热，利用蒸发皿的余热将滤液蒸干。

（9）用坩埚钳将蒸发皿夹持到石棉网（或陶土网）上冷却，即得到去除了杂质离子的精盐。

五、注意事项

（1）本实验的加热蒸发和玻璃仪器的使用都有一定的危险性，实验前要提醒学生注意安全，进行操作时要戴上护目镜。

（2）在依次加入过量的 $BaCl_2$、NaOH 和 Na_2CO_3 溶液时，都有沉淀生成，但不需要多次过滤，只需在加入 Na_2CO_3 溶液后一次过滤即可。

（3）如果过滤后滤液仍然浑浊，则须重做过滤器，再次过滤。

六、问题与讨论

（1）本实验中加入试剂的顺序是什么？按照其他顺序加入试剂能否达到同样的目的？

（2）为什么每次所加的试剂都要略微过量？第（7）步加入盐酸的目的是什么？

（3）第（6）步和第（7）步的操作顺序能否颠倒？为什么？

实验三十五　强酸与强碱的中和滴定

一、实验目的

（1）练习中和滴定的实验操作，理解中和滴定的原理，探究酸碱中和反应过程中 pH 的变化特点。

（2）通过实验进一步掌握数据分析的方法，体会定量实验在化学研究中的作用。

二、实验用品

仪器：酸式滴定管、碱式滴定管、滴定管夹、烧杯、锥形瓶、铁架台。

试剂：0.1 mol/L HCl 溶液、0.1 mol/L 左右的 NaOH 溶液、酚酞溶液、蒸馏水。

三、实验原理

酸碱中和滴定是依据中和反应，用已知浓度的酸（或碱）来测定未知浓度的碱（或酸）的方法。滴定管中装有已知物质的量浓度的酸（或碱），锥形瓶中盛放一定量未知浓度、待测定的碱（或酸），待测液中预先滴有几滴酸碱指示剂，如酚酞或甲基橙。把滴定管中的溶液滴加到锥形瓶中，随着酸碱中和反应的进行，溶液的 pH 值会发生变化。对于强酸、强碱的中和，开始时由于被中和的酸或碱浓度较大，加入少量的碱或酸对其 pH 值的影响不大。当接近滴定终点时，极少量的碱或酸就会引起溶液 pH 值的突变（图 4-44）。此时指示剂明显的颜色变化表示反应已完全，即反应到达终点。这时通过滴定管中消耗的酸或碱的量，可以计算出待测碱或酸的物质的量浓度。

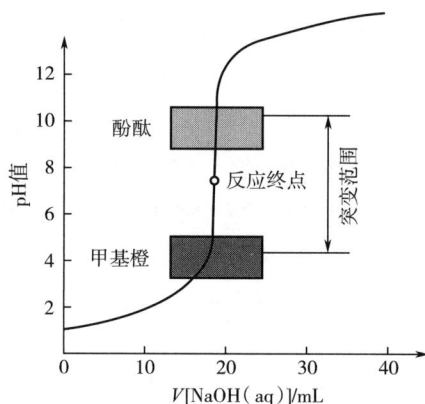

图 4-44　用 0.1 mol/L NaOH 溶液滴定 20 mL 0.1 mol/L HCl 溶液过程中的 pH 变化

四、实验过程

（一）练习使用滴定管

1. 滴定管的构造

滴定管是内径均匀、带有刻度的细长玻璃管，下端有用于控制液体流量的玻璃活塞（或由乳胶管、玻璃球组成的阀）。滴定管主要用来精确地放出一定体积的溶液。

滴定管分酸式滴定管和碱式滴定管两种（使用聚四氟乙烯活塞的滴定管为酸碱通用滴定管），如图 4-45 所示。酸式滴定管用于盛装酸性溶液，不能盛装碱性溶液。

2. 滴定管的使用方法

（1）检查仪器。在使用滴定管前，首先要检查活塞是否漏水，在确保不漏水后方可使用。

（2）润洗仪器。在加入酸、碱之前，洁净的酸式滴定管和碱式滴定管要分别用所要盛装的酸、碱润洗 2~3 次。方法：从滴定管上口加入 3~5 mL 所要盛装的酸或碱，倾斜着转动滴定管，使液体润湿全部滴定管内壁；然后，一手控制活塞（轻轻转动酸式滴定管的活塞，或者轻轻挤压碱式滴定管中的玻璃球），将液体从滴定管下部放入预置的烧杯中。

（3）加入反应液。分别将酸、碱加到酸式滴定管、碱式滴定管中，使液面位于滴定管"0"刻度以上 2~3 mL 处，并将滴定管垂直固定在滴定管夹上（图 4-46）。

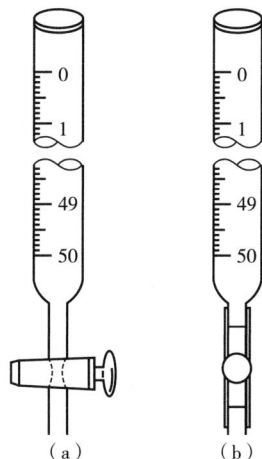

图 4-45　酸式滴定管（a）和碱式滴定管（b）

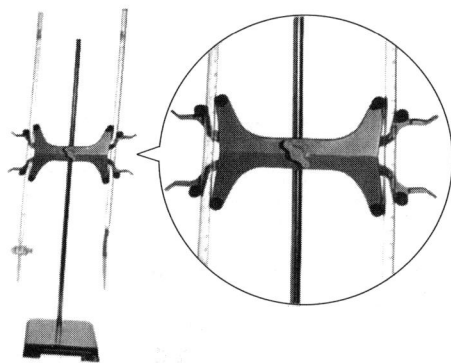

图 4-46　固定滴定管

（4）调节起始读数。在滴定管下放一个烧杯，调节活塞，使滴定管尖嘴部分充满反应液（如果滴定管内部有气泡，应快速放液以赶出气泡；赶出碱式滴定管乳胶管中气泡的方法如图 4-47 所示），并使液面位于"0"刻度，准确记录读数。

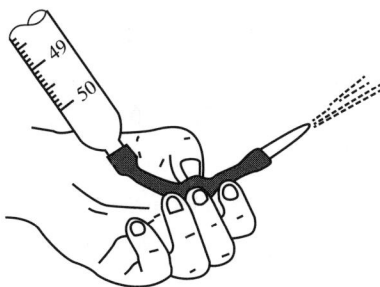

图 4-47　赶出碱式滴定管乳胶管中气泡的方法

（5）放出反应液。根据实验需要从滴定管中逐滴放出一定量的反应液。

（二）用已知浓度的强酸滴定未知浓度的强碱

（1）向润洗过的酸式滴定管中加入 0.1 mol/L HCl 溶液，赶出气泡、调节液面至"0"刻度后准确记录读数，并填入下表中。

（2）向润洗过的碱式滴定管中加入待测浓度的 NaOH 溶液，赶出气泡、调节液面至"0"刻度后，用碱式滴定管向锥形瓶中滴入 25 mL 待测溶液，再向其中滴加 2 滴酚酞溶液，这时溶液呈红色。

（3）把锥形瓶放在酸式滴定管的下方，瓶下垫一张白纸，小心地滴入酸。边滴边摇动锥形瓶（接近终点时，改为滴加半滴酸），直到加入半滴酸后溶液颜色从粉红色刚好变为无色，且半分钟内不变色。这时表示已经到达滴定终点。记录滴定管液面的读数，并填入下表中。

（4）重复实验两次，并记录相关数据，填入表 4-14 中。

（5）计算待测 NaOH 溶液中 NaOH 的物质的量浓度。

表 4-14　实验记录表

滴定次数	待测 NaOH 溶液的体积/mL	HCl 溶液		
		滴定前的刻度/mL	滴定后的刻度/mL	体积/mL
1				
2				
3				

待测 NaOH 溶液中 NaOH 的物质的量浓度为 _____。

五、注意事项

（1）酸式滴定管可以盛装酸性溶液和强氧化性溶液，碱式滴定管一般盛装碱性溶液，而使用聚四氟乙烯活塞的滴定管为酸碱通用滴定管。

（2）排出酸式滴定管中的气泡时，应控制活塞使液体快速流下；排出碱式滴定管中的气泡时，应使尖嘴向上，轻轻挤压乳胶管中的玻璃球。

（3）滴定管的"0"刻度在上方，且精确度为 0.01 mL。读数时视线要与凹液面的最低处保持水平。俯视会使读数偏小，仰视会使读数偏大。

（4）向滴定管内添加液体时，一般要加到"0"刻度以上。如果排气泡时用的液体量过多，排完气泡后要补加液体。滴定前要将液体的凹液面调到"0"刻度或"0"刻度以下，并记录数据。

（5）滴加半滴液体时，要慢慢转动酸式滴定管的活塞（或轻轻挤压碱式滴定管乳胶管中的玻璃球），使滴定管的尖嘴处悬挂一滴液体（不滴落），用锥形瓶内壁将其靠下来，并用蒸馏水将其冲入锥形瓶内。

（6）滴定时，一般用左手控制活塞，右手摇动锥形瓶，两眼注视锥形瓶内溶液颜色的变化。

（7）正式滴定前，可以预滴一次，即取 25 mL 待测液于锥形瓶中，滴加 2 滴酚酞溶液快速用 0.1 mol/L 的盐酸滴定，判断到达滴定终点时大约需要的盐酸的体积。

（8）进行数据处理时，应根据每次测定所得溶液的体积计算出相应的待测液中溶质的浓度，之后再计算所得浓度的平均值。如果某次测定所得溶液的体积明显偏大（或偏小），则应将其舍去。

（9）在滴定过程中，如果溶液由红色变为粉红色，即接近滴定终点，此时改为滴加半滴酸直到加入半滴酸后溶液颜色由粉红色刚好变为无色，且半分钟内不变色，即表示到达滴定终点。

（10）滴定管不仅可以用来进行滴定实验，也可以用来量取一定体积的液体。例如，实验中可以用碱式滴定管量取 25 mL 待测液，量取前也要进行查漏、洗涤、润洗、加液、赶气泡、调零等操作。

六、问题与讨论

（1）在进行中和滴定时，为什么要用酸（或碱）润洗酸式（或碱式）滴定管 2~3 次？

（2）滴定用的锥形瓶是否也要用待测的碱（或酸）润洗？锥形瓶装待测液前是否需要保持干燥？为什么？

（3）用 0.1 mol/L NaOH 溶液滴定 20 mL 0.1 mol/L 左右的 HCl 溶液的相关数据如表 4-15 所示。

表 4-15　NaOH 相关数据

V［NaOH（aq）］/mL	0	5.00	10.00	15.00	18.00	19.00	19.50	19.98
pH	1.00	1.22	1.48	1.84	3.12	3.60	3.90	4.30
V［NaOH（aq）］/mL	20.00	20.02	20.08	20.10	21.00	25.00	30.00	35.00
pH	7.00	9.70	10.30	10.40	11.38	12.05	12.30	12.44

请以 NaOH 溶液的体积为横坐标，pH 为纵坐标，在坐标纸（或计算机）上绘制 NaOH 溶液滴定 HCl 溶液过程中溶液 pH 随 NaOH 溶液体积变化的曲线图。

实验三十六　制作简单的燃料电池

一、实验目的

（1）理解燃料电池的工作原理。
（2）设计和制作一个氢氧燃料电池。

二、实验用品

仪器：U 型管、石墨棒（石墨棒使用前应该经过烘干活化处理）、3~6 V 的直流电源、鳄鱼夹、导线和开关、电流表（或发光二极管、音乐盒等）。

试剂：1 mol/L Na₂SO₄ 溶液、酚酞溶液。

三、实验原理

燃料电池是一种连续地将燃料和氧化剂的化学能直接转化为电能的化学电源。氢氧燃料电池以氢气为燃料，氧气为氧化剂，铂或者石墨作为电极材料，电解质溶液可以是酸性的，也可以是碱性的，可以实现化学能转化成电能。

四、实验过程

1. 电解水

在 U 型管中注入 1 mol/L Na₂SO₄ 溶液，然后向其中滴加 1~2 滴酚酞溶液。在 U 型管的两边分别插入一根石墨棒，并用鳄鱼夹、导线连接电源。闭合 K₁，接通直流电源开始电解，观察现象。

2. 制作一个氢氧燃料电池

当上述电解过程进行 1~2 min 后，打开 K₁，断开直流电源。将两根石墨棒用导线分别与电流表（或发光二极管、音乐盒等）相连，闭合 K₂，观察现象。

实验装置图如图 4-48 所示。

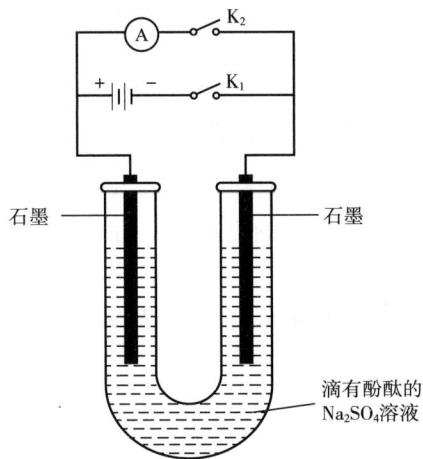

图 4-48　简易燃料电池装置图

五、注意事项

（1）石墨棒在使用前应该经过烘干活化处理。普通石墨棒表面较光滑，在电解过程中难以吸附较多的氢气和氧气，会导致电流表指针偏转时间较短，实验效果不明显。可将石墨棒置于高温火焰上灼烧到红热状态，再投入冷水中，使其表面变得粗糙多孔。

（2）由于石墨电极表面存在差异、材质不纯或表面吸附空气等原因，在没有进行电解水获得氢气和氧气的实验时也可能会形成微弱的电流。因此，建议不要使用检流计或毫安表来检验。

（3）若采用发光二极管代替电流表，要注意正确判断其正极和负极，防止因二极管的电极接反导致其不能发光。发光二极管灯脚中，长脚为正极，短脚为负极。

六、问题与讨论

列表比较氢氧燃料电池的工作原理和电解水的原理。

实验三十七　简单配合物的形成

一、实验目的

（1）加深对配合物的认识。

（2）了解配合物的形成。

二、实验用品

仪器：试管、胶头滴管。

试剂：硫酸铜溶液、氨水、硝酸银溶液、氯化钠溶液、氯化铁溶液、硫氰化钾溶液、$K_3[Fe(CN)_6]$ 溶液、蒸馏水、乙醇。

三、实验原理

配合物是由中心原子或离子与一定数目的中性分子或阴离子以配位键结合而形成的一类化合物。中心离子形成配合物后性质不同于原来的金属离子，具有新的化学特性。

四、实验过程

1. 简单配合物的形成（表4-16）

表4-16　实验记录表

序号	实验步骤	实验现象	解释
（1）	向盛有硫酸铜溶液的试管里加入氨水		
	继续加入氨水		
	再加入乙醇		
（2）	向盛有氯化钠溶液的试管里滴几滴硝酸银溶液		
	再滴入氨水		

2. 简单离子与配离子的区别（表4-17）

表4-17　实验记录表

实验步骤	实验现象	解释
（1）向盛有少量蒸馏水的试管里滴加2滴氯化铁溶液，然后再滴加2滴硫氰化钾溶液		

续表

实验步骤	实验现象	解释
（2）向盛有少量蒸馏水的试管里滴加 2 滴 $K_3[Fe(CN)_6]$ 溶液，然后滴加 2 滴硫氰化钾溶液		

五、注意事项

（1）$[Cu(NH_3)_4]^{2+}$ 的形成。向盛有硫酸铜溶液的试管里滴加氨水，边滴加边振荡，观察滴加过程中先沉淀后溶解的现象；再滴加乙醇，观察又生成沉淀的现象。注意观察几种沉淀与溶液的颜色，解释其原因。

（2）$[Ag(NH_3)_2]^+$ 的形成。向盛有氯化钠溶液的试管里滴加几滴硝酸银溶液，再滴入氨水，边滴加边振荡，注意观察滴加过程中先沉淀后溶解的现象。

（3）Fe^{3+} 与 SCN^- 形成配离子。$FeCl_3$ 溶液和 KSCN 溶液浓度都可选取约 0.1 mol/L，浓度稍低也可以。KSCN 溶液的浓度对颜色影响更大，利用平衡常数表达式也可解释该现象，因此溶液浓度不宜过大，否则颜色会过深。

（4）$K_3[Fe(CN)_6]$ 与 KSCN 溶液混合无明显现象，都可选用稀溶液。实验目的是证明 $[Fe(CN)_6]^{3-}$ 的存在。

六、问题与讨论

$K_3[Fe(CN)_6]$ 在水中可以电离出配离子 $[Fe(CN)_6]^{3-}$。该配离子的中心离子、配体是什么？配位数是多少？$[Fe(CN)_6]^{3-}$ 和 Fe^{3+} 的性质一样吗？

实验三十八　乙酸乙酯的制备与性质

一、实验目的

（1）学习制备乙酸乙酯的方法。
（2）加深对酯化反应和酯的水解的认识。

二、实验用品

仪器：试管、试管夹、烧杯、量筒、胶头滴管、玻璃导管、乳胶管、橡胶塞、铁架台、酒精灯、火柴、秒表、碎瓷片。

试剂：乙醇、乙酸、浓硫酸、饱和 Na_2CO_3 溶液、乙酸乙酯、蒸馏水、3 mol/L H_2SO_4 溶液、6 mol/L NaOH 溶液。

三、实验原理

乙酸和乙醇在酸性催化剂和加热条件下反应生成乙酸乙酯和水，反应式如下：

$$CH_3-\overset{\overset{\displaystyle O}{\|}}{C}-OH + C_2H_5-OH \underset{\triangle}{\overset{\text{浓硫酸}}{\rightleftharpoons}} CH_3-\overset{\overset{\displaystyle O}{\|}}{C}-O-C_2H_5 + H_2O$$

酯化反应是可逆反应，乙酸乙酯会与水发生水解反应生成乙酸和乙醇。

四、实验过程

1. 乙酸乙酯的制备

（1）在一支试管中加入 2 mL 乙醇，然后边振荡试管边慢慢加入 0.5 mL 浓硫酸和 2 mL 乙酸，再加入几片碎瓷片。在另一支试管中加入 3 mL 饱和 Na_2CO_3 溶液。按如图 4-49 所示连接装置。

（2）用小火加热试管里的混合物，将产生的蒸气经导管通到饱和 Na_2CO_3 溶液的上方约 0.5 cm 处，注意观察试管内的变化。反应一段时间后，取下盛有 Na_2CO_3 溶液的试管，并停止加热。

（3）振荡盛有 Na_2CO_3 溶液的试管，静置。待溶液分层后，观察上层的油状液体，并注意闻气味。

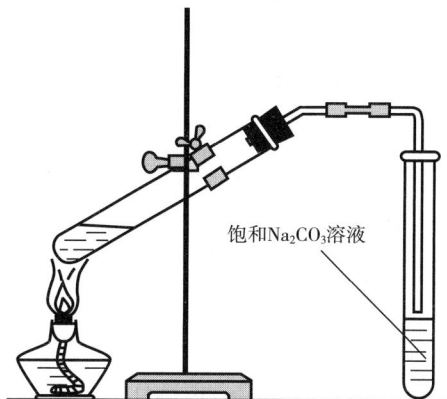

饱和Na_2CO_3溶液

图 4-49　乙酸乙酯的制备装置

2. 乙酸乙酯的水解

在 A、B、C 三支试管里各加入 6 滴乙酸乙酯。再向 A 试管里加入 5.5 mL 蒸馏水；向 B 试管里加入 0.5 mL 3 mol/L H_2SO_4 溶液和 5.0 mL 蒸馏水；向 C 试管里加入 0.5 mL 6 mol/L NaOH 溶液和 5.0 mL 蒸馏水。振荡均匀后，把三支试管都放入 70~80℃的水浴里加热。比较试管里乙酸乙酯气味消失的快慢。

五、注意事项

（1）操作时应注意试剂加入的顺序，先加乙醇，然后慢慢加入浓硫酸和乙酸。另外，乙醇要过量（乙醇沸点较低，易挥发损失；同时也为了促进与乙酸充分反应），反应过程中不断蒸出产物，以促进平衡向生成酯的方向移动。

（2）本实验的关键问题是控制酯化反应的温度。反应温度过低，酯化反应不完全；温度过高，则易发生醇的脱水和氧化等副反应。实验时，导管末端不要插入饱和 Na_2CO_3 溶液中，以防止倒吸；长导管兼有导气和冷凝作用。在乙酸乙酯的水解实验中，要注意控制变量，如碱的浓度、总体积和水浴温度。

六、问题与讨论

（1）乙酸乙酯的水解实验，除了通过乙酸乙酯气味消失的快慢来比较酯的水解速率外，还有什么方法可用来比较乙酸乙酯在不同条件下水解速率的差异？

（2）写出实验过程中有关反应的化学方程式。

实验三十九　氮的氧化物

一、实验目的

（1）认识一氧化氮的制法和性质。
（2）认识二氧化氮的制法和性质。

二、实验用品

仪器：锥形烧瓶（250 mL）、分液漏斗、玻璃导管、橡皮管、双孔塞、水槽、集气瓶、玻璃片、量筒、分析柱、吸滤瓶、尖嘴玻璃管、橡皮气球。

试剂：铜片、浓硝酸。

三、实验原理

一氧化氮和二氧化氮在实验室里可以用铜分别跟稀硝酸或浓硝酸反应而制得。

$$3Cu+8HNO_3（稀）=\!=\!=3Cu（NO_3）_2+2NO\uparrow+4H_2O$$

$$Cu+4HNO_3（浓）=\!=\!=Cu（NO_3）_2+2NO_2\uparrow+2H_2O$$

一氧化氮是无色气体，在水中的溶解度较小，而且与水不起反应，但跟氧很容易化合生成二氧化氮。二氧化氮是红棕色气体，很容易跟水反应生成硝酸。

四、实验过程

1. 一氧化氮的制取和性质

仪器装配如图4-50所示。在一只250 mL锥形烧瓶里盛水15 mL，加铜片3 g，分液漏斗里盛浓硝酸10 mL。将浓硝酸逐渐加入锥形瓶中。浓硝酸溶于水有热量放出，促使它跟铜发生剧烈反应，生成一氧化氮。如果室温过低，可以略微加热。由于锥形瓶里原来有空气，所以开始时瓶里出现红棕色，用排水法收集时可以除去。试验一氧化氮性质时用收集到的第二瓶气体。

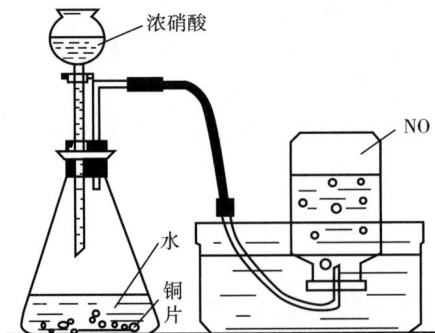

图 4-50　一氧化氮的制取

取一瓶空气倒合在盛一氧化氮的瓶上，抽去玻璃片，两个瓶子都充满了红棕色。这表明一氧化氮遇到氧气就会生成二氧化氮。

2. 二氧化氮的制取和性质

仪器装置如图4-51所示。在250 mL锥形烧瓶里盛铜片1.5 g，分液漏斗里盛浓硝酸（密度1.42 g/mL，约15 mol/L）15 mL。取干燥的分析柱一支，配上带有尖嘴玻璃管的单孔塞。逐渐将分液漏斗里的浓硝酸加入锥形瓶中。用排气法收集二氧化氮在干燥的分析柱内：把分析柱的活塞打开，因二氧化氮比空气重，逐渐将空气向上排出。待整个分析柱充满深红棕色，口上有二氧化氮排出时，关闭活塞，把分析柱连同玻璃管和橡皮塞插在盛有水的吸滤瓶上，如图4-52所示。这一部分实验应在通风橱内进行。轻捏橡皮气球，将少量水压入分析柱内，尖嘴管口就会形成喷泉，直到分析柱内充入2/3的水为止。这表明3体积二氧化氮跟水反应生成硝酸后，剩下1体积一氧化氮。为了证明剩下的气体是一氧化氮，开启活塞，吸入空气，分析柱内液面下降，液面上的气体立即显现红棕色。

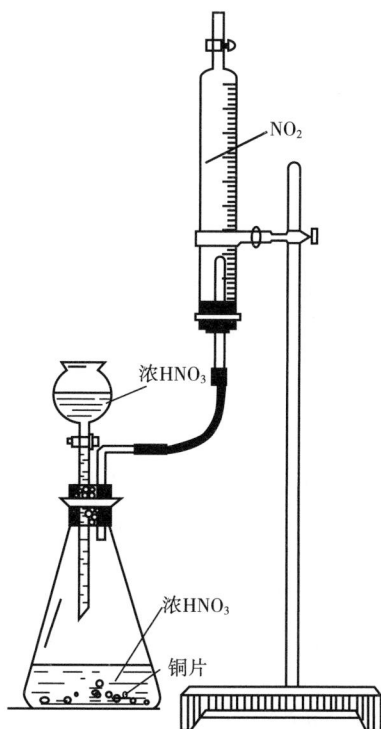

图4-51　二氧化氮的制取　　　　　　图4-52　二氧化氮的喷泉实验

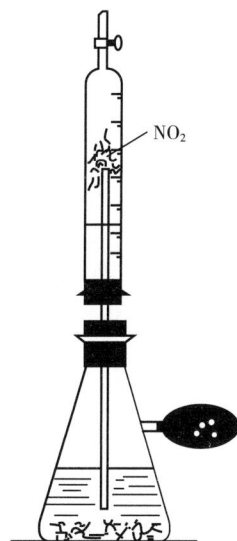

五、注意事项

一氧化氮和二氧化氮都是有毒气体，注意通风。

六、拓展与延伸

（1）一氧化氮可用下列反应制取：

$$2NaNO_2 + 2FeSO_4 + 2H_2SO_4 =\!=\!= Fe_2(SO_4)_3 + Na_2SO_4 + 2NO\uparrow + 2H_2O$$

在烧杯中盛水 60 mL，加入硫酸亚铁晶体 22.4 g，溶解后再加入 6 mol/L 的硫酸 20 mL。另在圆底烧瓶里盛水 20 mL，溶入亚硝酸钠 8 g。装置如图 4-53 所示。加热烧瓶并将浓的硫酸亚铁溶液由分液漏斗流入烧瓶里的小试管中，再由小试管溢出跟亚硝酸钠反应，即有一氧化氮气体产生。

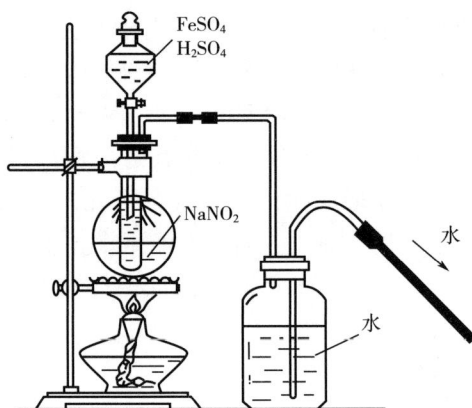

图 4-53　一氧化氮的制取

（2）如果缺少分析柱，二氧化氮制取和喷泉实验可以用图 4-54 的装置进行。

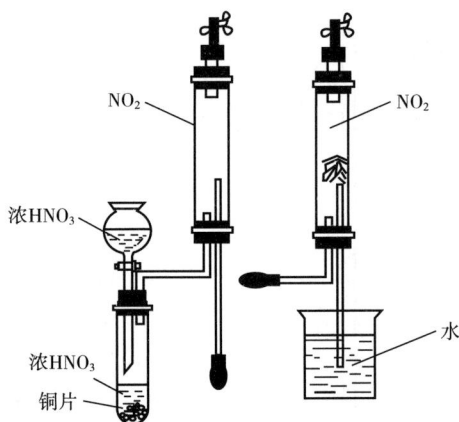

图 4-54　二氧化氮的制取和喷泉实验

七、问题与讨论

（1）为什么铜与稀硝酸反应后的溶液呈蓝色，而铜与浓硝酸反应后的溶液呈绿色？

（2）汽车尾气中的 NO 是如何产生的？

实验四十　甲烷的制取和性质

一、实验目的

（1）认识甲烷的实验室制法。

（2）认识甲烷的一些化学性质。

二、实验用品

仪器：蒸发皿、石棉网、玻璃棒、研钵及杵、干燥器、试剂瓶、试管、单孔塞、导管、集气瓶、玻璃片、水槽、高玻璃筒、燃烧匙、烧杯、氧气贮气瓶、氯气贮气瓶、甲烷贮气瓶。

试剂：无水醋酸钠、碱石灰、生石灰、蜡烛、澄清石灰水、高锰酸钾溶液（0.5%）、硫酸（1∶4）、饱和食盐水、溴水（3%）、紫色石蕊试液。

三、实验原理

实验室里通常用无水醋酸钠和碱石灰混和加热而制得。

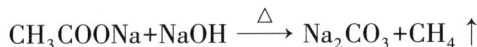

$$CH_3COONa+NaOH \xrightarrow{\triangle} Na_2CO_3+CH_4\uparrow$$

甲烷的化学性质比较稳定，但在特定条件下，也会发生取代反应、氧化反应和加热分解。

四、实验过程

1. 甲烷的制取

如图4-55甲装置，在试管底部铺一层生石灰，把4 g研细的无水醋酸钠和12 g碱石灰充分混合，加在生石灰上面。先缓慢加热，再集中火力在混合物下面加热。当气泡连续出现时，排出的就是甲烷气体了。收集一试管进行纯度检验，如已纯净，就收集在试管或贮气瓶里备用。

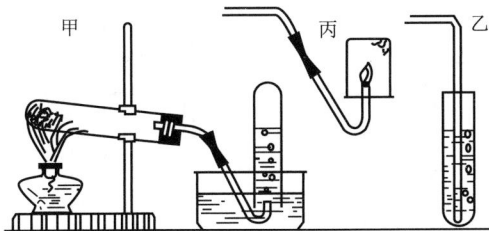

图4-55　甲烷的制取和性质检验装置

2. 甲烷的化学性质

（1）化学性质比较稳定：把制得的甲烷气体通入盛有高锰酸钾溶液（加几滴稀硫酸）

的试管里（图4-55乙），没有变化。再把甲烷气体通入溴水，溴水不褪色。

（2）取代反应：把一个大试管分成五等份（或用一支有刻度的量气管），用排饱和食盐水法先收集1/5体积的甲烷，再收集4/5体积的氯气，把它固定在铁架台的铁夹上，并让管口浸没在食盐水里。然后让装置受漫射光照射。在阳光好的日子，约半小时后可以看到试管内氯气的黄绿色逐渐变淡，管壁上出现油状物，这是甲烷和氯气反应所生成的一氯甲烷、二氯甲烷、三氯甲烷、四氯化碳和少量的乙烷的混合物。试管中液面上升，这是反应中生成的氯化氢溶于水的缘故。用大拇指按住试管口，提出液面，管口向上，向试管中滴入紫色石蕊试液或锌粒，可验证它是稀盐酸。如果在阴暗的天气，需1~2 h才能观察到反应的结果。

（3）氧化反应：点燃纯净的甲烷，在火焰的上方罩一个干燥的烧杯（图4-44丙），很快就可以看到有水蒸气在烧杯壁上凝结。倒转烧杯，加入少量澄清石灰水，振荡，石灰水变浑浊。说明甲烷燃烧生成水和二氧化碳。

把甲烷气体收集在高玻璃筒内，直立在桌上，移去玻璃片，迅速把放有燃烧着的蜡烛的燃烧匙伸入筒内，烛火立即熄灭，但瓶口有甲烷在燃烧，发出淡蓝色的火焰（图4-56）。这说明甲烷可以在空气里安静地燃烧，但不助燃。

用大试管以排水法先从氧气贮气瓶里输入2/3体积的氧气，然后再通入1/3体积的甲烷。用橡皮塞塞好，取出水面。将试管颠倒数次，使气体充分混合。用布把试管外面包好，使试管口稍微下倾，拔去塞子，迅速用燃着的小木条在试管口引火，即有尖锐的爆鸣声发生。这个实验虽然简单，但也容易失败。把玻璃导管口放出的甲烷点燃，把它放入贮满氯气的瓶中，甲烷将继续燃烧，发出红黄色的火焰，同时看到有黑烟和白雾。黑烟是炭黑，白雾是氯化氢气体和水蒸气形成的盐酸雾滴。

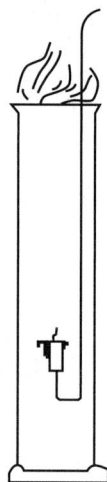

图4-56　甲烷的可燃性和不助燃性

（4）加热分解：用125 mL集气瓶，收集一瓶纯净的甲烷。集气瓶口配有穿过两根粗铜电极（在瓶内约为瓶高的1/2处）和直角玻璃管的橡皮塞，塞紧（如有孔隙，可涂上一薄层熔化的石蜡），并与盛有溴水的洗气瓶连接（由于反应过程中会有一定量乙炔气体生成）。电极通过感应圈与电源相连。整个装置如图5-57所示。实验时，先放松导管上的夹子，接通6 V电源，铜电极间发生电火花放电，瓶壁上可以看到有炭黑产生，说明甲烷已经分解。稍等片刻，在导管的尖嘴

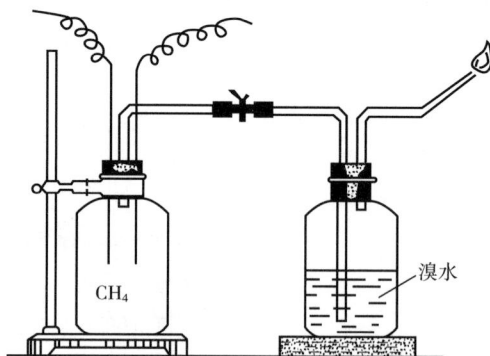

图4-57　甲烷加热分解装置

处点火，并用冷的烧杯罩在火焰上方，可以看到烧杯内壁变得模糊，并有水蒸气凝结，说

明有氢气生成。

五、注意事项

（1）如没有无水醋酸钠，可将醋酸钠晶体放在蒸发皿中加热蒸发，除水到120℃左右变成白色固态物质。在加热过程中，必须用玻璃棒不断搅拌，直到冷却为止。

（2）市售碱石灰加有达旦黄指示剂，呈粉红色硬块，未加指示剂的是白色或灰白色硬块，必须击碎、研细，使用前也应煅烧去水。

（3）此实验成功与否的关键主要取决于药品是否无水。水分的存在会使实验失败。若醋酸钠含有结晶水，加热时晶体会先溶在自己的结晶水里而呈液状，这样就会降低反应温度，延长醋酸钠、碱石灰达到熔化所需的时间，甚至达不到失去羧基生成甲烷的温度。因此，所用药品须保证无水，即使购回的无水醋酸钠，亦应事先加热干燥后再使用。另外，所用的试管也要干燥。

（4）在加无水醋酸钠和碱石灰的混合物前，先铺生石灰，其含量的多少对反应的成败至关重要。生石灰用量过少，氢氧化钠固体与试管的接触面大，试管破损率高；生石灰用量过多，会妨碍醋酸钠与氢氧化钠接触，使反应速度减慢，产率降低，副产物增多；适量生石灰可防止试管破裂，又因生石灰具有吸湿作用，能除去醋酸钠和氢氧化钠中的少量水分，有利于反应的进行。

（5）制取甲烷的反应必须强热才能发生，但过分的强热会产生副反应，所以最好把逸出的气体通过碱溶液和浓硫酸的洗气瓶，或者用排水法把气体收集在细口瓶里，瓶里放一些高锰酸钾酸性溶液，使杂质慢慢被氧化和溶解。

（6）在常温下，一氯甲烷为气体，二氯甲烷为液体。在实验室中，只需把反应进行到二氯甲烷的阶段，甲烷和氯气的体积比可采用1：2.5~3。

（7）用口径较小的试管做取代实验时，因为器壁能吸收能量，所以不易爆炸。若用丁烷代替甲烷做实验，不但迅速、现象明显，而且不会爆炸。

（8）在甲烷加热分解的实验里，所有甲烷必须经过检验，以防混有空气，在通电时引起爆炸。此外，在集气瓶口的橡皮塞必须塞紧，以防通电后气体膨胀把塞子弹开。

六、拓展与延伸

其他实验方法：甲烷和氯气的反应，不能让阳光直接照射，以免引起爆炸。如果在甲烷和氯气的混合气体中通入少量空气（5%左右），日光照射约20 min，就可以看到反应结果。若用高压水银灯光照射，5~6 min就可以看到明显的现象。如果用点燃镁条所产生的强光来照射，立即就能观察到反应现象。

七、问题与讨论

（1）根据以上实验结果，甲烷具有哪些性质？
（2）写出甲烷燃烧反应的化学方程式。
（3）甲烷与氯气在光照条件下反应生成的产物有哪些？写出它们的结构简式。

实验四十一　乙烯的制取和性质

一、实验目的

（1）认识乙烯的实验室制法。
（2）认识乙烯的一些化学性质。

二、实验用品

仪器：蒸馏烧瓶、分液漏斗、双孔塞、温度计（200℃）、石棉网、导管、洗气瓶、水槽、集气瓶、玻璃片、试管、烧杯、玻璃棒、量筒。

试剂：浓硫酸、乙醇、氢氧化钠溶液（10%）、溴水（3%）、高锰酸钾溶液（0.5%）、液溴、稀硫酸（1∶4）。

三、实验原理

实验室里通常用浓硫酸使乙醇脱水而制得乙烯。硫酸应过量，用 3 mol 硫酸和 1 mol 乙醇的比例混合。

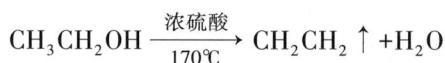

$$CH_3CH_2OH \xrightarrow[170℃]{浓硫酸} CH_2CH_2 \uparrow + H_2O$$

乙烯分子双键里的一个键易于断裂，因此，能发生加成反应和氧化反应。

四、实验过程

1. 乙烯的制取

在 250 mL 的蒸馏烧瓶里铺上一层洁净而干燥的碎瓷片，既作催化剂又可防止暴沸，加入 20 mL 乙醇，然后慢慢地加入浓硫酸 60 mL，振荡，使其充分混合。如果混合液温度较高，可以把烧瓶浸在冷水里冷却。把仪器按图 4-58 装置好，把蒸馏烧瓶的导管顺次跟

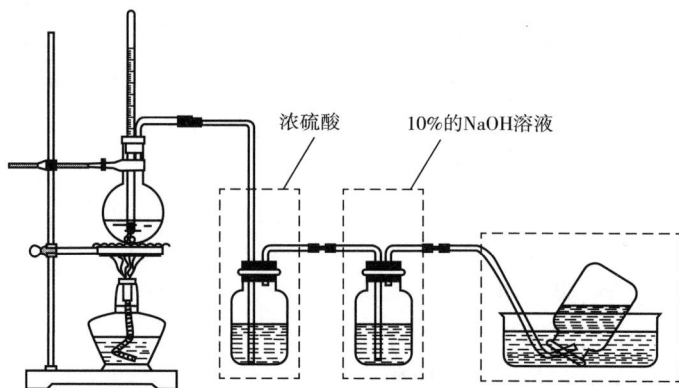

图 4-58　乙烯的实验室制取装置

盛有浓硫酸（除去乙醇和乙醚的蒸气）和 10% 的氢氧化钠（除去二氧化碳、二氧化硫）的洗气瓶连接，插入 200℃ 的水银温度计，使水银球浸没在乙醇和浓硫酸的混合液里。另外，在烧杯里先加入乙醇 10 mL，再慢慢加入浓硫酸 10 mL，边加边用玻璃棒搅动混合，边浸在冷水中冷却。然后把混合液加入装在烧瓶上的分液漏斗里。

一开始就用酒精灯强热烧瓶，使温度急速上升，很快就越过 160℃。当洗气瓶里有连续的、均匀的气泡冒出时，再缓缓地加热。随着反应的不断进行，反应物逐渐减少，此时可从分液漏斗里慢慢地将混合液加入烧瓶中，补充反应物并起冷却作用。因烧瓶里乙醇的比量逐渐减少，硫酸的比量相对增高，所以新加进去的混合液的比例为 1:1。

2. 乙烯的化学性质

（1）加成反应：把乙烯通入盛有 3 mL 溴水的试管里，溴水的颜色很快褪去。或在充满乙烯的集气瓶里，注入少量溴水，盖上玻璃片，振荡，溴水的红棕色很快消失。把玻璃片稍打开一些，可以听到有空气冲进瓶里发出"嘶"的声音。

（2）氧化反应：把乙烯通入盛有 3 mL 高锰酸钾溶液（加几滴稀硫酸）的试管里，紫色立即褪去。高锰酸钾溶液必须是稀的，否则会使溶液变成暗褐色。

点燃纯净的乙烯，它能在空气里燃烧，有明亮的火焰，同时发出黑烟。

五、注意事项

（1）制取乙烯时先要检查装置的气密性，以防加热时由于漏气而引起燃烧。

（2）反应物进行混合时，应把浓硫酸慢慢注入酒精中，而不能相反。

（3）浓硫酸和乙醇的混合物加热到 130～140℃ 有乙醚生成，因此要控制反应温度，抑制乙醚的生成。加热到 150℃ 以上开始生成乙烯。所以，实验一开始就要强热，迅速把温度提高到 150℃ 以上，最好控制在 170℃。

（4）可在反应容器里加一些用盐酸洗净的干燥砂子、碎瓷片、碎玻璃片或其他惰性固体物质。这些物质既可起催化剂的作用，还可防止反应混合物受热时产生暴沸现象。

（5）浓硫酸既是脱水剂，也是氧化剂，在反应过程中可以使乙醇氧化成一氧化碳、二氧化碳和碳等，因此混合液加热后会变黑，而硫酸本身被还原成二氧化硫。生成的气体随着乙烯一起出来，二氧化硫也能使溴水和高锰酸钾溶液褪色，但可通过氢氧化钠溶液把它除去，二氧化碳也可以被氢氧化钠溶液吸收。这时的乙烯虽然还夹杂少量的一氧化碳，但它对乙烯的性质实验已没有影响了。

（6）乙烯点燃前应检验气体的纯度。

六、拓展与延伸

（1）如果不除去乙烯中的杂质气体，可以用如图 4-59 所示的简单装置来制备。图中乙不能控制温度，只要看到混合液体发黑，便可以收集乙烯。

（2）实验室还可以用氧化铝使乙醇脱水的方式来制取乙烯。

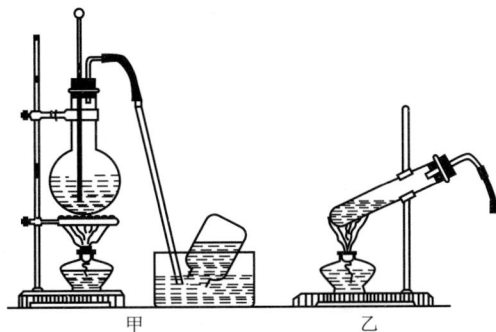

图 4-59 乙烯的简易制法

取 10 g 铝片用砂纸擦去表面的氧化膜后，浸在 20%的氯化汞溶液中，待表面有汞析出时，取出并置于空气中会很快产生毛刷状的氧化铝细丝，即可备用。

新制的硅酸铝作催化剂效果很好。将 5 g $AlCl_3 \cdot 6H_2O$ 和 8.5 g $Na_2SiO_3 \cdot 9H_2O$ 分别溶于水制成饱和溶液，然后混合，生成白色 $Al_2(SiO_3)_3$ 沉淀，经过滤、洗涤（洗至无 Cl^-，用倾泻法洗涤亦可）、灼烧，即可供使用。用新制 $Al_2(SiO_3)_3$ 和灼烧过的市售 Al_2O_3 混合（比例 1∶1）作催化剂，效果也很好。

七、问题与讨论

（1）为什么乙烯可以使溴水褪色？写出相关的反应方程式。
（2）乙烯在生活中有哪些应用？

实验四十二 乙炔的制取和性质

一、实验目的

（1）认识乙炔的实验室制法。
（2）认识乙炔的一些化学性质。

二、实验用品

仪器：破试管、单孔塞、尖嘴管、广口瓶、导管、试管、玻璃丝、碎玻璃片、棉花、分液漏斗、橡皮管。
试剂：碳化钙、饱和食盐水、溴水（1%）、高锰酸钾溶液（0.5%）、稀硫酸（1∶4）。

三、实验原理

乙炔在实验室里是用碳化钙（电石）和水反应制得的。
$$CaC_2 + 2H_2O \longrightarrow C_2H_2 \uparrow + Ca(OH)_2$$
乙炔分子中存在着叁键，能发生加成反应和氧化反应。

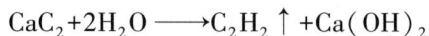

四、实验过程

1. 乙炔的制取

取一个底部有孔的破试管，孔上垫上一些疏松的玻璃丝或碎玻璃片，然后在上面放几小块碳化钙。试管口上配一个装有尖嘴管的单孔塞，在试管的上部靠近尖嘴管的下端塞一团疏松的玻璃丝或棉花，以防生成的泡沫溢入导管堵住管口。试管插在广口瓶的塞子内，瓶里盛约1/3体积的水。

实验时，把试管往下移动插入水内，当碳化钙跟水接触时，乙炔气体就从导管口逸出，可以点燃（图4-60），乙炔可用排水法收集。

2. 乙炔的性质

（1）加成反应：把乙炔通入盛有 3 mL 1% 的溴水的试管里，可以看到溴水褪色。如果在充满乙炔的试管里注入一些溴水，塞上塞子，充分振荡，溴的褪色可以快一些。

（2）氧化反应：在尖嘴管口点燃逸出的乙炔气体，能产生明亮而带有浓烟的火焰。

在试管里盛水 1/3 体积，通入乙炔 3~4 min，加入 0.5% 高锰酸钾溶液（加几滴稀硫酸）2 mL，混合后，溶液仍会有淡紫色。然后塞上塞子，剧烈振荡，紫色就会褪去，但比较缓慢：

$$3C_2H_2+10KMnO_4+2H_2O \longrightarrow 6CO_2\uparrow+10KOH+10MnO_2\downarrow$$

这个实验也可以表明乙炔是微溶于水的。

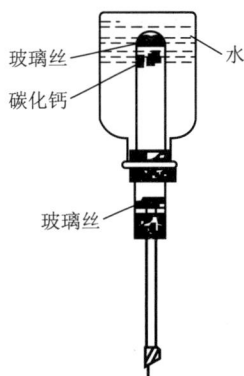

图 4-60　乙炔的简易制法

五、注意事项

（1）市售的碳化钙一般都不纯净，含有硫化钙、磷化钙、砷化钙等杂质，因此用它制取的乙炔气体里总含有硫化氢、磷化氢、砷化氢等气体。这些杂质气体对乙炔的性质实验虽无影响，但它们有特殊的臭味，而且有毒，所以制取乙炔时应防止生成的气体扩散到教室里。如果要获得较纯的乙炔，可以把生成的气体通过含有重铬酸钾的浓硫酸溶液的洗瓶以除去这些杂质。

（2）碳化钙最好用蚕豆大小的块状，如果颗粒太小甚至粉状，反应将异常猛烈，会产生大量泡沫。为了能使乙炔平稳而均匀地发生，可以用饱和食盐水代替水来制取。

（3）乙炔加成反应中溴水浓度不能太大，因为乙炔跟溴水的加成反应要比乙烯慢得多。

六、拓展与延伸

制取乙炔还可以利用图 4-61 的两种装置。其中甲装置可控制产气速度，而且产气量也大。

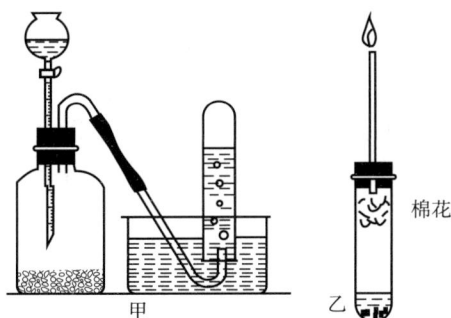

图 4-61　乙炔的实验室制法

七、问题与讨论

（1）为什么乙炔的跟溴水的加成反应要比乙烯慢得多？

（2）乙炔在生活中的应用有哪些？

实验四十三 乙醇分子结构的确定

一、实验目的

通过一定量乙醇和钠反应所产生的氢气体积的测定，确定乙醇的分子结构。

二、实验用品

仪器：圆底烧瓶、双孔橡皮塞、分液漏斗、铁架台（带铁夹）、弹簧夹、导管、橡皮管、广口瓶、量筒、酒精灯。

试剂：钠、无水酒精。

三、实验原理

乙醇分子可能有下列两种结构：

$$
\begin{array}{ccccc}
& H & & H & \\
& | & & | & \\
H - & C & - O - & C & - H \quad\cdots\cdots\cdots\cdots\cdots\cdots\cdots (1) \\
& | & & | & \\
& H & & H &
\end{array}
$$

$$
\begin{array}{ccc}
& H & H \\
& | & | \\
H - & C - & C - O - H \quad\cdots\cdots\cdots\cdots\cdots\cdots\cdots (2) \\
& | & | \\
& H & H
\end{array}
$$

为了确定到底是哪一种结构式，可利用乙醇能和钠产生反应放出氢气的性质进行验证。若实验时用了 0.1 mol 乙醇，就能制得大约 1.12 L（换算成标准状况下的体积）的氢气。这就是说，从 1 mol 乙醇里，钠可以置换出 11.2 L 氢气（0.5 mol 氢气），也就是置换出 1 mol 氢原子。可见钠从 1 个乙醇分子里，只能置换出 1 个氢原子。显然，乙醇分子里一定有 1 个氢原子跟其他 5 个氢原子不同，这个事实不能从（1）式得到解释，而（2）式却表示有 1 个氢原子跟氧原子结合，跟其他 5 个氢原子不同。所以，乙醇的结构式应该是（2）式。

四、实验过程

实验装置如图 4-62 所示。在一只干燥的 250 mL 圆底烧瓶里，放入切成薄片状的钠约 3 g，配上一个双孔橡皮塞。在一个孔里插入一个分液漏斗，在另一个孔里插入一根长约 20 cm 的导管，兼作冷凝管，冷却蒸发的酒精使它流回烧瓶里。用 1000 mL 的广口瓶盛水约 800 mL 作为集气瓶，并以一导管和上导出管用橡皮管相连。再用导管与作为排水、测量体积用的大量筒相连。

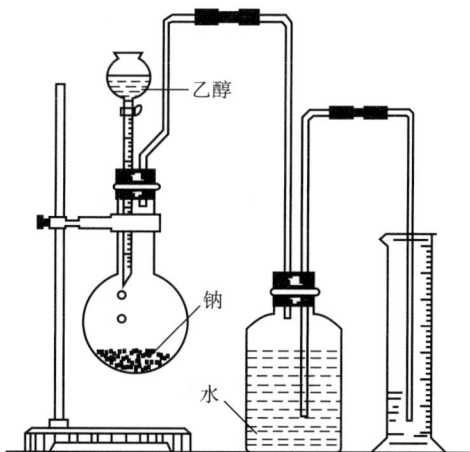

图 4-62 测定乙醇结构式

分液漏斗里盛无水酒精 3 mL。实验时，从分液漏斗把无水酒精一滴一滴地全部加入烧瓶里。加入酒精的速度要慢，让酒精跟钠能很好地接触。这时反应生成的氢气就把广口瓶的水压入量筒中，压出的水的体积，就等于放出氢气的体积。当烧瓶里的反应终止后，用酒精灯在烧瓶外微微加热，观察量筒中水位是否上升。如果水位不再上升，表示反应已经完毕，让装置冷却。调整大量筒的位置，使广口瓶和量筒中的水处于同一平面，夹紧导管上的夹子，记下量筒水面的刻度。量筒中的水的体积，加上广口瓶导出管水柱的体积，再减去加入烧瓶里酒精的体积，就得到酒精跟钠反应生成氢气的体积。根据计算，1 mol 乙醇反应所得氢气体积是 11.2 L，则一个乙醇分子中含有一个可被置换的氢原子，并可推知此氢原子与氧原子相结合，故其结构式为 C_2H_5OH。

五、注意事项

（1）整个装置要不漏气。无水酒精必须是化学纯的，所用的钠应稍过量些，金属钠的外皮必须切尽，把钠切成薄片，浸在二甲苯里，微热使熔化，用玻璃棒将熔钠搅成碎粒。越细，接触酒精的面积越大，反应就进行得越充分。反应结束后，拆卸装置时，应加入过量乙醇使剩余的钠反应掉，切不可用水冲洗。

（2）广口瓶和量筒的容积要与乙醇的用量相适应。根据本实验的乙醇用量，它们的容积必须大于 600 mL，在装置上，排水管必须插入能排出 600 mL 体积的水面下，否则氢气会从液面逸出。

（3）无水酒精要一滴一滴地加入，并轻轻地振荡烧瓶，使乙醇和钠充分接触。

六、拓展与延伸

其他实验方法：

准备：

（1）将已刮除氧化膜外皮的金属钠约 0.5 g，放入小试管里，加入甲苯或精制煤油约 15 mL，剪成很短的玻璃纤维（最好用高铝纤维）1 角匙。

（2）将试管加热，到钠熔化后继续加热 10~15 s，然后离开火焰，加塞。

（3）用干抹布包住塞子及试管口，大拇指紧压塞子，将试管上下猛烈振荡约半分钟，使钠分散成钠粉，然后将煤油及钠粉移入大试管中，加塞备用。

操作：

（1）用滴管从小量筒中吸取 0.6 mL 无水乙醇，以快速度注入大试管，随即将塞子紧塞，并立即用排水集气法收集 H_2 于量筒中。

（2）乙醇跟钠粉立即进行反应。当反应速度减慢时，用微火进行加热，到 H_2 不再放出时，撤火，并立即把塞子打开。

七、问题与讨论

（1）为什么计算氢气的体积时要减去烧瓶里的乙醇体积？

（2）该实验的结果与理论值偏大或偏小的原因有哪些？

实验四十四　硝酸钾溶解度的测定

一、实验目的

（1）学会测定固体物质的溶解度和绘制溶解度曲线。

（2）了解硝酸钾溶解度与随温度变化的规律。

二、实验用品

仪器：水浴锅、烧杯、温度计、玻璃棒、试管、托盘天平、量筒、铁架台（带铁圈和铁夹）、酒精灯、蒸发皿、石棉网、干燥器、坩埚钳。

试剂：硝酸钾、蒸馏水。

三、实验原理

一定温度下，溶质中一定量溶剂中的溶解量是有限度的，科学上我们既可以用物质溶解性的大小对物质的溶解能力作粗略的定性表述，也可以用溶解度来定量表述物质的溶解能力。在一定温度下，某固态物质在 100 g 溶剂中达到饱和状态时所溶解的质量，叫作这种物质在这种溶剂中的溶解度。如果没有特别指明溶剂，通常所说的溶剂就是物质在水中的溶解度。

实验室中测定固体溶解度的方法主要有两种，一种是温度变化法，另一种是蒸发溶剂法。

1. 温度变化法（结晶析出法）

温度变化法是固定溶质和溶剂二者的质量，测定制成的溶液处于饱和状态——开始析出结晶时的温度，从而计算出所测温度下的溶质的溶解度。

$$溶解度（g）= \frac{溶质的质量}{溶剂的质量} \times 100$$

利用此式求得的数值就是 $\frac{T_1 + T_2}{2}$ 温度下该溶质的溶解度。

2. 蒸发溶剂法（溶质质量法）

蒸发溶剂法是在一定温度下，取一定量的饱和溶液，测定蒸发掉水分后析出晶体质量的方法。根据饱和溶液的质量和所析出的晶体质量，就可以算出在一定温度下溶质的溶解度。

四、实验过程

1. 温度变化法（结晶析出法）

（1）分别准确称取 3.5 g、1.5 g、1.5 g、2.0 g、2.5 g 硝酸钾，将称好的 5 份硝酸钾放在实验台上，并做好标记。（为什么要称 5 份，每份的质量如何确定的？为什么要做好标记？）

（2）在一支大试管中加入 3.5 g 硝酸钾，并加入 10.0 mL 蒸馏水。

（3）在水浴中加热大试管，边加热边搅拌，直至硝酸钾完全溶解（水浴温度不要太高，以刚好使硝酸钾溶解为宜，否则会使下一步结晶析出操作耗时过长）。（装置如何设计？如何进行搅拌操作？）

（4）自水浴中取出大试管，插入一支干净的温度计，用玻璃棒轻轻搅拌并摩擦试管壁，同时观察温度计的读数。当刚开始有晶体析出时，立即记下此时的温度 T_1。

（5）把试管再放入水浴中加热，使晶体全部溶解，然后重复两次上述实验步骤的操作，分别测定开始析出晶体时的温度 T_2。（在搅拌过程中，如何保证溶质不减少？）

（6）依次向试管中再加入 1.5 g、1.5 g、2.0 g、2.5 g 硝酸钾（使试管中依次共有硝酸钾 5.0 g、6.5 g、8.5 g、11.0 g），每次加入硝酸钾后都重复溶解、结晶实验步骤的操作，并将晶体开始析出时的温度记录下来。（加入不同份的药品时，是否需要添加水？）

（7）根据所得数据，以温度为横坐标，溶解度为纵坐标，绘制溶解度曲线图。（如何选择坐标？绘制图线是什么形状？若是直线，斜率表示的含义？如果是曲线，变化趋势如何？）

2. 蒸发溶剂法（溶质质量法）

（1）准确称量洁净干燥的蒸发皿，记下蒸发皿的质量（m_1），放在干燥器（干燥箱）中备用。（用何种称量器，准确称量蒸发皿？为何要干燥？）

（2）在 200 mL 小烧杯中加入 20 mL 蒸馏水，再加入约 25 g 研细的硝酸钾，用玻璃棒充分搅拌，放置 2~3 min。

（3）测定硝酸钾饱和溶液的温度（T_1），再将烧杯中上面澄清的硝酸钾饱和溶液 2~3 mL 仔细倒入称量好的蒸发皿中，然后用托盘天平称量（m_2）。（如何测量温度？装置图？）

（4）把蒸发皿放在盛有沸水的烧杯（或水浴锅）上加热，直到蒸发皿中的溶液蒸干。再把蒸发皿放在石棉网上继续用酒精灯加热，当水分完全蒸发后，停止加热，稍冷后，将蒸发皿放入干燥器（干燥箱）中冷却，冷却到室温后再称量（m_3）。（各步操作的理由是什么？）

（5）将所得数据进行整理，求出在温度 T_1 时硝酸钾的溶解度：

$$溶解度(g) = \frac{溶质的质量}{溶剂的质量} \times 100 = \frac{(m_3 - m_1)}{(m_2 - m_3)} \times 100$$

利用此式可以计算出硝酸钾在 T_1 时的溶解度。

（6）对盛有硝酸钾溶液的小烧杯继续缓缓加热，加热温度控制在每分钟大约上升1℃。当温度较 T_1 高10℃左右，记下饱和溶液的温度（T_2），然后按步骤（3）、步骤（4）进行称量，按步骤（5）进行计算，可求出 T_2 时硝酸钾的溶解度。（在加热过程中，是否需要向杯中添加水？）

用同样的方法进行测量和计算，可求出 T_3、T_4 等不同温度下硝酸钾的溶解度。利用 T_1、T_2、T_3、T_4……和相应的溶解度数据可绘制成硝酸钾的溶解度曲线图。

五、注意事项

（1）烧杯的水面要适当，不要溢出。
（2）尽量不要将硝酸钾晶体带出试管外，以免造成溶质损失。
（3）不要将温度计溢出液面读数。

六、问题讨论

（1）用蒸发溶剂法测定硝酸钾溶解度曲线时为何事先加入25 g硝酸钾？如何确定的质量？
（2）蒸发溶剂法与温度变化法测定的硝酸钾溶解度曲线是否一致，为什么？

实验四十五　酚醛树脂的生成

课程思政案例

一、实验目的

通过甲醛和苯酚形成酚醛树脂的过程，加深对缩聚反应的认识。

二、实验用品

仪器：大试管、带有长玻璃管（约30 cm）的橡皮塞、试管夹、量筒、烧杯、石棉网、酒精灯、温度计、蒸发皿。

试剂：苯酚、甲醛（40%）、浓盐酸（37%）、浓氨水（28%）。

三、实验原理

酚醛树脂用苯酚和甲醛为原料，在酸或碱的催化作用下缩聚而成。苯酚过量，在酸性催化剂作用下，缩聚成线型结构的热塑性酚醛树脂。甲醛过量，在碱性催化剂作用下，缩聚成体型结构的热固性酚醛树脂。

四、实验过程

1. 用盐酸作为催化剂

在一个大试管里加入苯酚2.5 g，注入2.5 mL甲醛溶液，混合后，放在沸水浴里加热约15 min。从水浴中取出试管，加入1 mL浓盐酸，略加以振荡，再用带有长玻璃管的橡皮塞塞好，试管里即出现剧烈的沸腾现象，等反应不再剧烈进行时，继续加热（图 4-63），直到液体变成白色浑浊状态。而后从水浴中取出试管，稍冷，把试管里的混合物倒入蒸发皿中，倒去上层的水，下层就是酚醛树脂，似米黄色。它能溶于丙酮、乙醇等溶剂中。

2. 用浓氨水作催化剂

在另一个试管里加入 2.5 g 苯酚，注入 3～4 mL 40% 甲醛溶液，混匀后再加 1 mL 浓氨水，振荡混合，也用带有玻璃管的橡皮塞塞好，像上面装置一样在水浴中加热，约 15 min 后，试管里逐渐出现白色的浑浊状态，暂停加热。待发生的气泡稍少时，再继续加热，过一会儿，就变成黏稠的半流动性液体。把所得黏稠物倒入一瓷蒸发皿里，在 50℃ 温度下烘 1 h 后，再继续在 70～80℃ 下烘 8 h，即能缩合成体型固体酚醛树脂。它几乎不溶于任何溶剂。

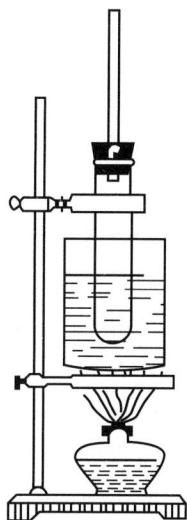

图 4-63　酚醛树脂的制取

五、注意事项

清洗试管的方法是：倒掉试管上部的液体后，在试管底部剩下的酚醛树脂中，加入约 1 mL 的福尔马林，再用玻璃棒刮擦，可使酚醛树脂成团地拉出来。若是体型结构的酚醛树脂，倒出后，试管壁上还会留下一些橙红色的碎粒，同样可用福尔马林清洗；如果管壁尚有少量高聚物，则可用软质纸卷成与管口粗细相仿的纸棒，伸入试管底部，沿管壁刮擦。

六、问题与讨论

（1）试写出苯酚与甲醛在酸性或碱性条件下生成酚醛树脂的聚合反应方程式。

（2）酚醛树脂在生活中的应用有哪些？

第五章　中学化学创新实验研究

化学教材上的实验要照顾到不同地区、不同层次的学校，采用的实验方法、药品、仪器步骤等不一定能快速达到最佳的实验效果。根据教学需要，教师可以对教材中的实验进行有目的的改进，还可以发挥主观能动性，设计出课本上没有的实验以帮助教学，适应培养学生科学素养教育的需要。

创新要突破传统思维和逻辑规则，运用想象、发散思维和集中思维、非逻辑思维和逻辑思维，通过选择重组创造出新的事物。

中学化学实验不仅是学生形成化学概念、理解理论知识、掌握科学技能和形成情感态度价值观的工具，而且为学生的创新活动提供机会。结合实验创新的理论基础对中学化学实险进行创新型改进，形成丰富的中学化学实验教学内容，对于培养学生科学素养和问题意识、发展生非智力因素、提高中学化学教学质量、启迪学生科学思维等方面起着重要的作用。

实验一　钠与水反应的实验创新

一、实验目的及背景

钠与水的反应是高中阶段关于金属钠化学性质的重要反应，在教科书中，该反应的装置比较简单、易于操作；但不利于检验生成的气体的收集、检验、处理，且实验安全性较差。本设计对其进行改进，使得安全性提高，该装置集化学反应、气体收集及检验于一体，可供广大教师进行实验演示。

二、实验用品

仪器：锥形瓶、注射器、长颈漏斗、脱脂棉、金属网、烧杯、火柴。

试剂：金属钠、酚酞试剂、蒸馏水。

三、实验原理

金属钠具有熔点低、密度比水小、与水反应生成物的溶液呈碱性且伴有气体产生等性质。化学反应方程式为：

$$2Na+2H_2O \stackrel{}{=\!=\!=} 2NaOH+H_2\uparrow$$

四、实验过程

（1）如图 5-1 组装好装置。

（2）取黄豆大小的金属钠放在脱脂棉上，将脱脂棉放在金属网上，并置于注射器口 1/3 处。

（3）向蒸馏水中加入少量酚酞试剂，将所得溶液通过长颈漏斗注入锥形瓶中，当蒸馏水恰好与脱脂棉接触后，排尽注射器中的空气后，用火柴点燃注射器口产生的气体，再罩上干燥的冷烧杯，检验气体燃烧后的生成物。

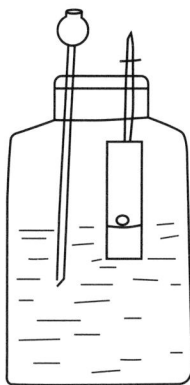

图 5-1　钠与水反应的
创新装置

若燃烧后烧杯壁上有水珠生成，则证明钠与水反应产生的气体是氢气；在实验过程中，若反应过快，注射器中气体会将液面压到金属网以下，使得水与金属钠不再接触，所以反应速率减慢直至停止；其中，脱脂棉可避免钠与大量的水接触，也起到减缓反应速率的作用。

五、创新点

（1）能有效控制金属钠与水的反应速率。

（2）能对生成的气体进行收集，以及对生成的气体进行检验。

（3）简便安全，增加实验的趣味性，有利于调动学生的积极性。

实验二　碳酸钠与碳酸氢钠热稳定性比较改进实验

一、实验目的及背景

在教科书中，该反应操作烦琐、耗时，需要分别对两种试剂进行加热，且要保证两次加热温度与加热时间保持一致；另外，由于是分开加热，导致不能同时观察到二者的对比，因此实验对比性不够。

二、实验用品

仪器：烧杯、试管、温度计、U 型导管、铁架台、石棉网、酒精灯、玻璃导管。

试剂：碳酸钠、碳酸氢钠、澄清石灰水。

三、实验原理

$$2NaHCO_3 \xrightarrow{\triangle} Na_2CO_3 + H_2O + CO_2 \uparrow$$

四、实验过程

（1）按照实验装置图 5-2，从上到下、从左到右连接实验装置。

（2）检验装置气密性。把反应装置中的玻璃导管插入水槽中，用酒精灯加热试管，当水槽中出现气泡时撤去酒精灯，一段时间后，插入水槽的玻璃导管中形成一段稳定的水柱，则说明装置气密性良好。

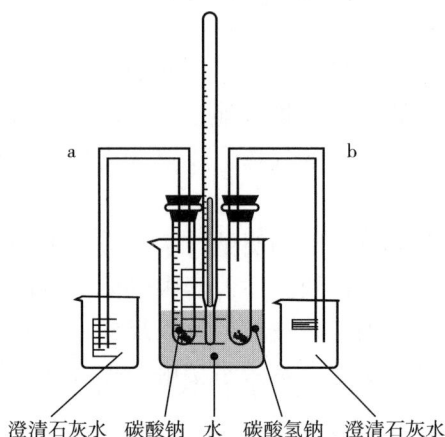

澄清石灰水　碳酸钠　水　碳酸氢钠　澄清石灰水

图 5-2　碳酸钠与碳酸氢钠热稳定性对比实验的创新装置

（3）实验操作。500 mL 大烧杯中装入适量水，利用铁架台将装有等量碳酸钠和碳酸氢钠的两个试管固定在烧杯中，并保持深度一致；两个小烧杯中装入等量的澄清石灰水，并分别放在大烧杯两侧；用带橡胶塞的导管连接试管与小烧杯，导管在烧杯与试管中的深度也需要保持一致；最后，将温度计插入水中，测量试剂的分解温度；点燃酒精灯，观察实验现象。当烧杯中温度计的温度达到 95℃时 b 试管所连接的烧杯中澄清石灰石变浑浊，而 a 试管所连接的烧杯中澄清石灰水没有变化。

五、创新点

（1）实验操作简单，只需一次加热，实验时间短。
（2）实验现象明显，对比性高，便于学生得出实验结论。
（3）采用水浴加热，保证两只试管受热均匀，且安全性高。
（4）实验装置易于安装拆卸，便于课堂演示实验。

实验三　氯气的制备及性质检验改进实验

一、实验目的及背景

实验室制取氯气和检验性质在通风橱中进行，但仍存在以下缺点。

（1）课本实验采用浓盐酸与二氧化锰为反应物，在酒精灯加热的条件下反应，实验操作较烦琐。以常规的滴液漏斗与圆底烧瓶为反应仪器，不仅产生了过量的氯气，而且浪费了药品。

（2）在检验氯气与水生成的次氯酸钠具有强氧化性时，要将湿润的有色纸条和花朵放入盛有氯气的集气瓶中，取走玻璃片时会造成氯气逸散。按教材中的制取装置，当一个集气瓶收集满之后，要换另一个集气瓶收集，这一时间段内将有氯气泄漏出来。虽然实验室内有通风设备，但氯气密度比空气大且有毒，会对教师和学生的健康造成一定危害。

二、实验用品

仪器：具支试管、注射器、试管、双/单孔橡胶塞、橡胶管、玻璃棒、玻璃导管。

试剂：高锰酸钾（1.5 g）、浓盐酸（5 mL）、饱和食盐水（20 mL）、淀粉碘化钾试纸、滤纸、氢氧化钙溶液、品红溶液、蓝色石蕊试剂。

三、实验原理

$$2KMnO_4+16HCl（浓）=\!\!=\!\!=2KCl+5Cl_2\uparrow+8H_2O$$

$$Cl_2+2KI=\!\!=\!\!=2KCl+I_2$$

$$Cl_2+H_2O=\!\!=\!\!=HClO+HCl$$

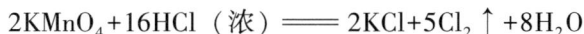

（1）高锰酸钾与浓硫酸发生氧化还原反应，生成氯气。

（2）氯气具有氧化性，能够将碘化钾中的碘离子氧化成碘单质，碘单质遇淀粉变蓝。

（3）氯气与水反应生成具有酸性的氯化氢和具有漂白作用的次氯酸，分别使湿润的蓝色石蕊试纸变红、湿润的品红试纸褪色。

四、实验过程

1. 安装装置

按照实验装置图 5-3，从上到下、从左到右连接实验装置。

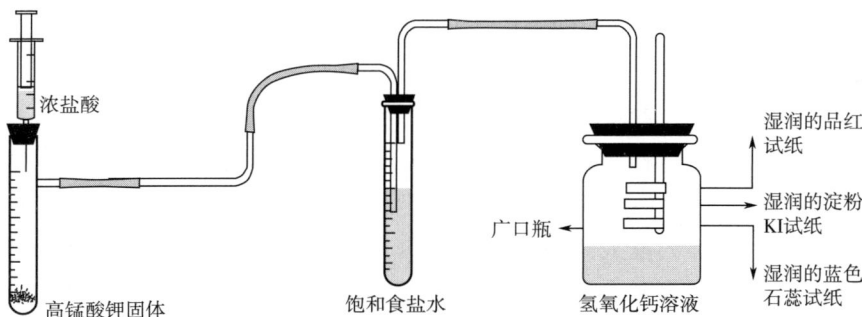

图 5-3　氯气的制备及性质检验的创新装置

2. 检验装置气密性

（1）安装实验装置。

按照实验装置图，从上到下、从左到右，依次连接制备装置、除杂装置、验证和尾气吸收装置。

（2）检验装置是否漏气。

把尾气吸收装置中的玻璃棒换成导气管插入水槽中，并用酒精灯加热制备装置中的试管，当水槽中出现气泡时撤去酒精灯，一段时间后，插入水槽的导气管中形成一段稳定的水柱，则说明装置气密性良好。

（3）添加试剂。

①向制备装置的试管中加入 1.5 g 高锰酸钾固体粉末，用注射器中吸入 5 mL 浓盐酸。

②在除杂装置的试管中加入 20 mL 饱和食盐水。

③在尾气吸收装置的广口瓶中加入足量饱和氢氧化钙溶液，并在玻璃棒上依次粘上湿润的品红试纸、湿润的蓝色石蕊试纸、湿润的淀粉碘化钾试纸（注意事项：为了使反应现象更明显，应注意将导气管口置于试纸略上方）。

（4）进行反应。

匀速、缓慢地推动注射器，向制备装置的试管中加入浓盐酸，并注意观察现象。

五、创新点

（1）实验的微型化：通过减少药品用量、使用体积小的仪器达到微型化的效果，节省药品并且减少了有害气体氯气的产生，在一定程度上达到了环保的目的。

（2）实验的易观察性：本实验虽然是一个微型化实验，但通过使用颜色鲜明的试纸保证了实验现象易于观察。

（3）实验的整合化：将多个氯气的性质通过实验整合在一起，学生对氯气的性质有了全面的了解，提高了学习效率。

实验四　铁与水蒸气反应

一、实验目的及背景

铁粉与水蒸气反应的实验是高中化学的难点实验之一，教材中的实验装置在制备水蒸气时，由于棉花沾水量难以控制导致实验成功率不高：棉花中的水太多会迅速降低铁表面温度，使反应难以进行，且气流不稳易炸裂试管；棉花中的水太少反应缓慢，产生的气体太少，难以点燃，且加热温度太高易使棉花变黑、试管炸裂等。另外，点燃肥皂泡的火焰很容易被熄灭，往往需要多次点火试验。而且一支试管同时用两个酒精灯加热，操作也有些麻烦。针对上述问题，本实验设计了一套操作简单、现象明显、安全可行的实验装置，适合学生分组实验。改进后的实验，既解决了实验中存在的问题，又提高了学生的学习兴趣，培养了学生的实践能力和创新能力。

二、实验用品

仪器：试管、酒精灯、火柴、铁架台、木块、铁夹、防风罩、橡皮塞、蒸发皿、坩埚钳、玻璃弯管、医用注射器的七号针头（0.66 mm×25 mm）、双头不锈钢药匙。

试剂：还原铁粉、七水合硫酸亚铁、儿童泡泡液。

三、实验原理

用硫酸亚铁晶体代替湿棉花，用一个带有防风罩的酒精灯给铁粉加热，利用管内热量间接给易分解失水的硫酸亚铁晶体加热，提供稳定的水蒸气气流与热的铁粉发生反应，用导气管的末端粘有医用注射针头的装置在泡泡液中对产生的气体进行取泡、点燃，用针头处火焰回点蒸发皿内泡泡液的方法检验实验产生的气体（氢气）。

四、实验过程

1. 将针尖固定在玻璃弯管上

提前一日在玻璃弯管末端的尖嘴处用玻璃胶粘上一个医用注射器针头，待其干燥后用来取泡、移出点燃，可防止火焰被湮灭。

2. 准备好泡泡液组

用儿童泡泡液产生肥皂泡，向蒸发皿中倒入约 2/3 体积的儿童泡泡液。

3. 加入药品连接装置

用双头不锈钢药匙的大头一端先取 2 药匙硫酸亚铁晶体放入试管底部，将试管平拿，再取 3 药匙还原铁粉紧靠晶体平铺到试管中，二者不能混合。调整酒精灯至燃烧时火焰位置在接触点偏铁粉处。塞紧单孔橡胶塞，将试管固定在铁架台上，按图 5-4 组装仪器。

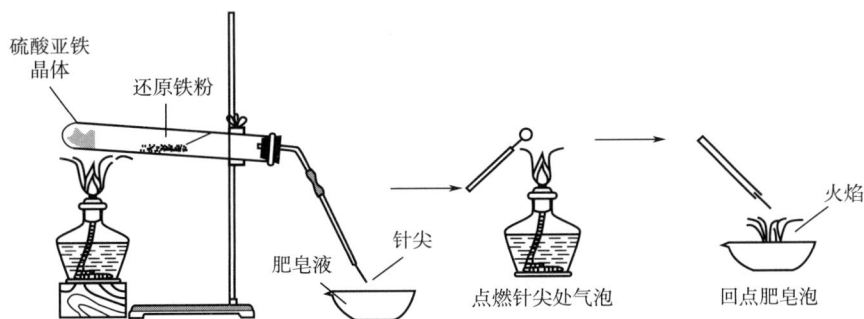

图 5-4　铁与水蒸气反应实验的创新装置

4. 点燃酒精灯开始反应

首先用带有防风罩的酒精灯先给试管均匀加热，再用外焰集中给靠近硫酸亚铁晶体处的铁粉（即铁粉的左侧部位）加热。待装置中空气排尽（约 1 min）后，将针头放入蒸发皿的泡泡液中，形成较多气泡后将针头移出，待针尖处形成一个较大气泡时，缓慢地移近另一燃着的酒精灯，观察现象，针尖处的气泡遇火有轻微的爆鸣声。之后将针头慢慢移回，针尖小心放在泡泡液表面的气泡上，此时可看到气泡剧烈燃烧，产生很大的火焰。初始时蒸发皿内的泡泡中可能含有较多水汽泡而未能点燃，可再次在针尖处取泡再重新实验，即可有明显的现象。

五、创新点

（1）实验装置简单，有利于反应的发生。改用一个酒精灯加热，操作更方便。水蒸气的来源由湿棉花改用硫酸亚铁晶体，晶体晶粒小，低温时易分解失水，点燃带有防风罩的酒精灯只给晶体旁的铁粉加热，既能保证铁粉的反应温度，又能使晶体吸收管内热量而分解，提供稳定的水蒸气气流。在操作简单、安全的前提下，保证了反应能够产生较多的氢气。

（2）反应快速，现象明显，实验成功率高。增大铁粉用量，且尽量平铺在试管内，可明显增大反应速率，虽然反应需要较高的温度，但加热大约1 min后就会有氢气持续产生。用针头取泡，移出点燃，再回点气泡，现象明显。实验的成功率高，避免了火焰被液体湮灭而多次点火重复操作的麻烦，既省时又省力。整个实验可控制在4~5 min内完成，完全符合课堂教学的要求。

（3）容易点燃氢气，实验安全性高。用医用注射用的针头取泡点燃，能够把反应产生的少量氢气充分利用进行燃烧反应，还可以防止回火在管内扩展，从而起到防爆作用，因此导出的氢气即使含有少量的空气也可放心点燃。

六、注意事项

（1）加药品时铁粉紧靠硫酸亚铁晶体平铺到试管中，切记二者不能混合。

（2）用带有防风罩的酒精灯给靠近硫酸亚铁晶体一侧的铁粉（即铁粉的左侧部位）加热，利用管内热量传递间接给易分解失水的硫酸亚铁晶体加热，提供稳定的水蒸气气流，以防因直接给晶体加热而失水过快导致实验失败。

（3）待装置中空气排尽后（约1 min），再进行针尖取泡实验，以防气泡中含较多空气和水蒸气而难以点燃。

（4）实验结束时，先将导气管末端移出液面，再熄灭酒精灯，防止液体倒吸而引起试管炸裂。

实验五　卤素单质置换反应的改进实验

一、实验目的及背景

教材实验不足主要体现在以下方面：一方面是最后萃取出来的下层四氯化碳溶液颜色有差异；另一方面是上层水溶液常常存在较深的颜色，容易让学生产生疑惑。同时，实验步骤较多，氯气和四氯化碳的使用都存在一定的安全隐患。

关于卤素单质置换反应的实验，有许多学者进行过研究和改进。如改进实验装置，组合几个实验在同一密封装置中进行，保证实验效果，同时去除了对四氯化碳有毒液体的使用。还有的学者选择用四氯化碳收集氯气再进行置换反应实验，采用分组对比试验，用长颈漏斗滴加浓盐酸来控制反应的速率，收集反应后的溴的四氯化碳溶液进行置换碘实验，体现了绿色化学的科学思想。同时，还有学者对氯气的制备进行了研究，提倡使用高锰酸钾分解制取氧气实验后的剩余物和盐酸进行反应生成氯气，反应后的产物二氧化锰等还能再次利用，绿色环保且经济。要解决上述问题、提高实验成功率，就需要进行实验探究。

二、实验用品

仪器：锥形瓶、注射器、直玻璃管、棉花、单孔橡胶塞。

试剂：NaBr 溶液、KI 淀粉试纸、浓盐酸、氯酸钾晶体、氢氧化钠溶液。

三、实验原理

将氯气的制备装置与置换反应的发生装置和验证装置分离，使现象更直观、对比更鲜明。把氯气置换溴单质与碘单质安排在一个实验中，简化实验步骤与操作。使用注射器控制盐酸的滴加，控制反应速度，简化了实验装置。

四、实验过程

（1）按图 5-5 所示组装仪器，并检查其气密性。

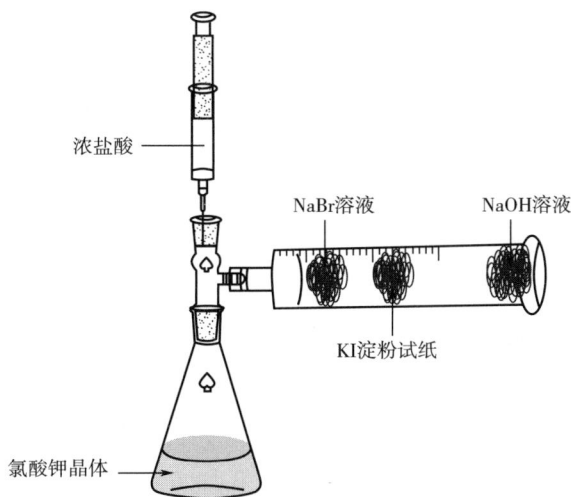

图 5-5　卤素单质置换反应实验的创新装置

（2）在锥形瓶中加入 5 g 氯酸钾晶体，用注射器取浓盐酸 20 mL，将蘸有 NaBr 溶液的棉花、湿润的 KI 淀粉试纸、蘸有氢氧化钠溶液的棉花，依次放入直玻璃管中，并保证 NaOH 溶液的棉花团完全填充与大气相通的玻璃管口。

（3）推动注射器加入浓盐酸，先加入一半浓盐酸，让学生观察锥形瓶中的现象。再缓慢滴加剩余的浓盐酸，使氯气进入置换反应装置中。淡黄色气体进入直玻璃管，立即停止浓盐酸的注入。观察直玻璃管中的颜色变化，并记录。

（4）反应结束之后，将装置立即放置在室外通风处，或通风橱，防止氯气溢出。

五、创新点

（1）采用一体化的反应验证装置，并且将氯气制取装置和置换反应装置分开，使实验现象更明显，学生更易观察实验现象。

（2）用注射器代替长颈分液漏斗，仪器生活化、简单化，使操作更简便。

（3）舍弃四氯化碳的使用，取消萃取的操作，且设置 NaOH 溶液棉花球的尾气处理环节，体现了绿色化学的思想。

（4）节约了课堂操作与演示的时间，且实验成功率高。

六、注意事项

（1）按步骤将浓盐酸加入锥形瓶，控制氯气生成量，防止产生过量氯气。

（2）先观察氯气的生成，后观察直玻璃管的颜色变化。

（3）反应结束后，在通风处用 NaOH 溶液处理锥形瓶中的氯气与氯水。

实验六　铜与浓硫酸反应的一体化实验

一、实验目的及背景

人教版 2019 年（新版）教材在旧版教材的基础上新增了盛有石蕊溶液的试管，同时加了浸有氢氧化钠（NaOH）溶液的棉团用于尾气处理。整个装置简易、操作方便，但仍存在以下不足：

（1）铜丝由胶塞侧面挖的凹槽伸入试管中，在拉动铜丝的过程中摩擦力很大，有可能会损坏试管或拉出胶塞，操作不便。

（2）新版教材新增了尾气处理装置，但是浸有 NaOH 溶液的棉团不能将产生的 SO_2 气体全部吸收，拆除装置后装置内部残存的二氧化硫（SO_2）仍然会污染环境。

（3）由于浓硫酸的吸水性强于硫酸铜（$CuSO_4$），反应后产生的 $CuSO_4$，以白色固体形式留于试管底部，不易出现蓝色溶液。将试管内的物质倒入盛有水的另一试管则会导致装置内的 SO_2 逸出，造成污染。

（4）由于无防倒吸装置，溶液可能会倒吸到灼热的试管中，存在安全隐患。

二、实验用品

仪器：直角玻璃管、B 型磁力搅拌子、磁环、铁架台（带铁夹）、单连打气球、球形干燥管、胶头滴管（2 个）、橡胶塞（3 个）、直角导管、5 mL 注射器、100 mL 烧杯、酒精灯、镊子、酒精灯、火柴。

试剂：市售浓硫酸（98%）、铜丝（长约 20 cm）、品红溶液、石蕊溶液、饱和氢氧化钠溶液、脱脂棉、蒸馏水。

三、实验原理

$$Cu+2H_2SO_4 \longrightarrow CuSO_4+SO_2\uparrow +2H_2O$$

四、实验过程

（1）按图 5-6 所示连接好实验装置，检查装置的气密性。

（2）用胶头滴管从左口向玻璃管直角处加入 5 mL 98% 的浓硫酸，然后分别用品红溶液和紫色石蕊溶液将两团脱脂棉润湿，用镊子分别将浸有品红溶液和紫色石蕊溶液的脱脂棉从左到右放到玻璃管内的平台上，二者相距 4 cm 左右。

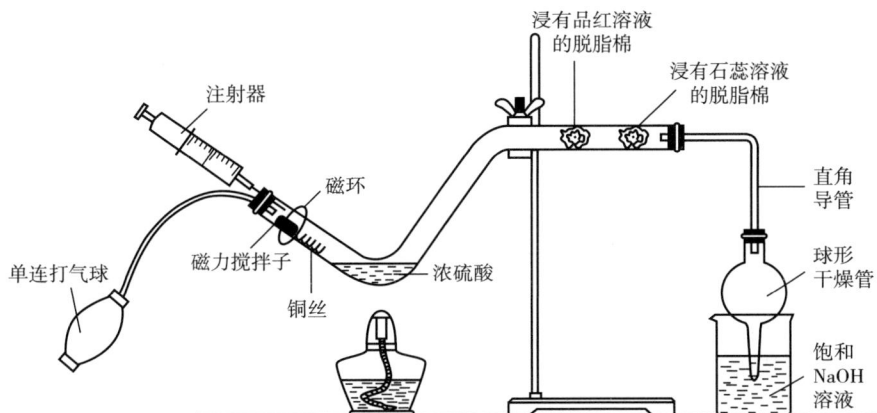

图 5-6　铜与浓硫酸反应的一体化实验装置

（3）选取一段 20 cm 长的铜丝，上端缠绕于 B 型磁力搅拌子上，下端绕成螺旋状，长约 3 cm。将绑有铜丝的 B 型磁力搅拌子放于直角玻璃管左上部，将磁环放于玻璃管外部从而固定内部铜丝的位置。

（4）将带有单连打气球的橡胶塞塞进直角玻璃管的左上口。将一根两端带有橡胶塞的直角导管的一端插入球形干燥管中，另一端插入平台右端的玻璃管中。然后将球形干燥管伸入盛有饱和氢氧化钠溶液的烧杯中。

（5）点燃酒精灯，加热浓硫酸至沸腾，斜向下推动磁环使铜丝与浓硫酸接触反应，片刻后可观察到浸有品红溶液的脱脂棉褪色、浸有紫色石蕊溶液的脱脂棉变红。此时向左上方拉动磁环，反应迅速停止。将燃着的酒精灯移动至浸有品红溶液的脱脂棉下面加热，发现浸有品红溶液的脱脂棉再次变红，从而验证 SO_2 气体的漂白性具有不稳定性。

（6）待直角玻璃管冷却后，用注射器吸取 5 mL 的蒸馏水从左上角的橡胶塞插入，将蒸馏水注入直角玻璃管内。稍加振荡，即可出现非常明显的蓝色溶液，同时弯管内部几乎没有黑色沉淀生成。

（7）用单连打气球从左上角向玻璃管内部输气，将装置内部残留的 SO_2 气体全部排出被饱和氢氧化钠溶液吸收。

五、创新点

（1）整个装置器材易得、组装简易。不仅适用于教师演示实验，也适用于学生分组实验。

（2）用浸有石蕊溶液和品红溶液的脱脂棉代替盛有石蕊溶液和品红溶液的试管进行实验，减少了试剂的用量，同时增大了反应的接触面积，颜色变化更为明显。

（3）装置冷却后，用注射器向直角玻璃管内部加入适量蒸馏水，将玻璃管底部生成的白色固体 $CuSO_4$，转化为蓝色的 $CuSO_4$ 溶液。解决了许多改进实验中蓝色现象不明显的问题。

（4）反应结束后，在左上方挤压单连打气球，使残留的 SO_2 气体经右边平台排出，可以最大限度地将整个装置内部的 SO_2 气体全部排尽，被饱和 NaOH 溶液吸收。解决了诸多改进装置进气口和出气口都在同一位置，很难将产生的 SO_2 气体全部排尽的问题，符合环保理念。

（5）球形干燥管的加入有效解决了溶液倒吸引发的安全问题。

实验七　氨气的喷泉实验

一、实验目的及背景

课本教材中氨气的制备和性质实验是分开的，先进行性质实验，后进行制备实验，这样的实验设置顺序，不符合学生的学习认知顺序。教学及实验过程经常会出现以下问题：实验前制备氨气过程中，因仪器的问题，例如仪器不干燥，或装置气密性不强等，导致氨气收集率不高；因实验需课前提前制备氨气，由于保存不善等使得氨气泄漏，烧瓶内氨气浓度过低，导致后期实验失败；因氨气制备量过大、实验药品用量过多，前期制备过程中因更换烧瓶，常会造成氨气泄漏，造成实验室污染，不安全、不环保；学生在实验过程中，因不了解氨气性质，打开烧瓶橡胶塞后，未及时进行实验，导致氨气逃逸，最终实验失败。

综合上述问题，从教学实验出发，进行实验改进，研究出新的实验装置，把氨气的制取、收集和喷泉实验装置连接成一体，做到减少氨气的泄漏，降低实验操作难度，提升实验成功率。

二、实验用品

仪器：玻璃管（直径 5 cm）、试管（10 mL）、胶头滴管、玻璃导管、锥形瓶（1 L）、橡胶塞（两个单孔塞、一个双孔塞）、直角玻璃导管。

试剂：固体氢氧化钠、浓氨水、酚酞试剂、水、铁丝。

三、实验原理

氨气极易溶于水，在常温常压下，1 体积水约可溶解 700 体积的氨。氨的水溶液叫作氨水，氨水能使酚酞试液变红色，说明氨水呈碱性。氨溶于水中，大部分与水结合成一水合氨，一水合氨是弱电解质，少部分电离出铵根离子（NH_4^+）和氢氧根离子（OH^-），使溶液呈弱碱性。

四、实验过程

1. 检查装置气密性

按照图 5-7 组装实验仪器，向锥形瓶中加入 700 mL 水，玻璃导管没过水面，直角玻璃导管伸出水面。胶头滴管内此时干燥无试剂，挤压胶头滴管后，若锥形瓶中有气泡冒出，则证明装置气密性良好。

2. 实验步骤

①向锥形瓶中加入 500 mL 蒸馏水，并滴加 2~3 滴酚酞试剂，充分振荡混合均匀；②取玻璃导管插入 1 号单孔橡胶塞和双孔橡胶塞的孔中，直角玻璃导管插入双孔橡胶塞另一孔中，双孔橡胶塞塞紧锥形瓶瓶口，1 号单孔橡胶塞塞紧玻璃管底端，并用铁夹固定住玻璃管；③取 3 g 固体氢氧化钠放入小试管，并用铁丝将小试管固定于玻璃管中，试管口靠近玻璃管顶端；④用胶头滴管吸取 5 mL 左右浓氨水，并将其插入 2 号单孔橡胶塞的孔中，2 号单孔橡胶塞塞紧玻璃管顶端，使胶头滴管前部深入小试管中；⑤挤压胶头滴管，使浓氨水和固体氢氧化钠充分反应，注意滴加速率不宜过快。

3. 锥形瓶中的水由于压强差，通过玻璃导管进入硬质玻璃管。因为氨气溶于水电离出 OH^-，使得酚酞试剂变红，所以形成了红色喷泉。

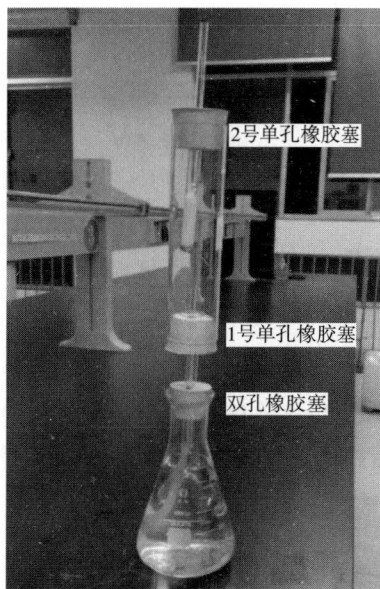

图 5-7　氨气的喷泉实验的
创新装置

五、创新点

1. 实验绿色化

氨气为环境污染性气体，创新实验明确了实验药品用量，减少了药品消耗和氨气的生成量，实现了实验经济绿色化、环境绿色化。

2. 实验安全化

氨气制备过程相较于课本实验，省去了酒精灯的使用，降低了反应对装置的腐蚀。创新装置将气体密闭于体系中，改善了氨气的逃逸问题。氨气为有毒气体，创新实验降低了实验对学生的安全影响。

3. 实验一体化

创新实验将制取与喷泉装置连为一体，减少事先收集氨气的步骤，操作简单、反应时间短、效果明显，实现了课堂演示的目的，适用于教师课堂演示实验和学生的分组探究实验。

六、注意事项

（1）由于氢氧化钠极易吸潮变质，所有应先用胶头滴管吸取浓氨水，再向试管中添加氢氧化钠固体。

（2）若锥形瓶中有大量气泡冒出后无倒流现象，可以再次挤压胶头滴管，使氨气和蒸馏水接触。

（3）整体实验对装置气密性要求很高，硬质玻璃管两端的橡胶塞一定要配套。玻璃导管孔径不宜太宽，若太宽，氨气会直接向下走，与锥形瓶中水接触，无法形成喷泉效果。

（4）浓氨水和固体氢氧化钠都是碱性极强、具有腐蚀性的化学药品，请在确保安全的条件下进行实验。

实验八　氨与氯化氢反应的改进实验

一、实验目的及背景

在 2019 人教版化学必修第二册教材中，其操作步骤是用两根玻璃棒分别在浓氨水和浓盐酸中蘸一下，然后将这两根玻璃棒接近（不要接触），实验现象如图 5-8 所示。教材中的方法操作简单、方便、现象明显，但忽视了浓氨水挥发出的氨气对人眼、鼻、喉的黏膜的刺激作用，以及氯化氢对人体的危害（主要表现为头痛、恶心、咽痛、眼痛、咳嗽、呼吸困难、胸痛等症状）。而且实验现象持续时间短，不便于全班演示。

图 5-8　氨与氯化氢反应的改进实验装置

二、实验用品

仪器：硬质玻璃管、胶头滴管、橡胶塞、棉签。
试剂：浓盐酸、浓氨水。

三、实验原理

$$NH_3+HCl \rightleftharpoons NH_4Cl$$

四、实验过程

（1）在两个橡皮塞中各钻一个小孔，并插入棉签。
（2）用胶头滴管取浓氨水滴在一根棉签的棉球上，塞在玻璃管的一端，又用胶头滴管取浓盐酸滴在玻璃管另一根棉签的棉球上，迅速塞进玻璃管另一端，观察现象。

五、创新点

（1）环保：该实验在玻璃管封闭体系中进行，气体不会逸出，符合绿色环保化学理念。
（2）装置简单、操作方便。
（3）现象更明显，便于学生观察：用棉签代替玻璃棒，白烟持续时间长，在玻璃内壁中还可以明显看到有白色固体生成。在教学中，可以拿着装置在教室走动，方便每一位同学观察现象。充分调动了学生的积极性，激发学生学习化学的浓厚兴趣。

实验九　乙醇的催化氧化改进实验

一、实验目的及背景

乙醇的催化氧化实验是化学必修二教材中非常重要的一个实验，但实验结果的验证不够全面。在进行原理分析与实验探索的基础上，将体系改成封闭体系，在检验产物之前加了碱石灰，然后用无水硫酸铜验证水的存在，用希夫（Schiff）试剂检验乙醛的生成，最后用高锰酸钾溶液除去乙醛，这样的改进不仅符合绿色化学实验理念，更可以有力地说明产物中水和乙醛的生成。

二、实验用品

仪器：锥形瓶、分液漏斗、酒精灯、脱脂棉、烧杯、硬质玻璃管、集气瓶、U 型管、干燥管、橡皮管、导管、铁架台、烧杯。

试剂：10% H_2O_2 溶液、MnO_2、碱石灰、铜丝、无水乙醇、无水硫酸铜、Schiff 试剂（品红亚硫酸试剂）、$KMnO_4$。

Schiff 试剂的配制：将 0.5 g 碱性品红（basic fuchsin）溶于 100 mL 热蒸馏水中，使之充分溶解，待溶液冷却至 50℃时过滤，再冷却到 25℃时加入 1 mol/L 盐酸（HCl）10 mL 和 1 g 亚硫酸氢钠（$NaHSO_3$），放置暗处，静置 24 h 后，加 0.25~0.5 g 活性炭摇荡 1 min，过滤，溶液呈无色，装入棕色瓶中塞紧瓶塞，保存在冰箱内（0~4℃），用前预先取出，使之恢复至室温后再用。如溶液呈粉红色就不能用，须重配，一般配完 2 天之内使用。

三、实验原理

实验涉及的化学反应：

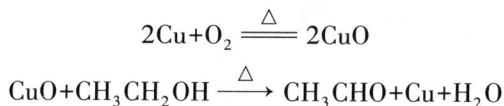

$$2Cu+O_2 \xrightarrow{\triangle} 2CuO$$

$$CuO+CH_3CH_2OH \xrightarrow{\triangle} CH_3CHO+Cu+H_2O$$

总方程式为：

$$2CH_3CH_2OH+O_2 \xrightarrow[\triangle]{Cu} 2CH_3CHO+2H_2O$$

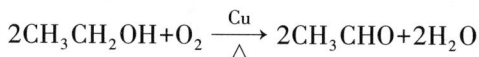

反应中起催化作用的是 Cu，表面的氧化铜是中间产物。乙醛的检验：乙醛可以使 Schiff 试剂由无色变为紫红色。原理如图 5-9 所示。

四、实验过程

（1）按图 5-10 所示组装好仪器，检查装置气密性。

（2）向玻璃管中加入吸有无水乙醇的棉花、螺旋状的铜丝，在靠近导管口的地方放入一些无水硫酸铜，塞上带导管的胶塞，将玻璃管另一端连接出来的导管插入盛有 Schiff 试

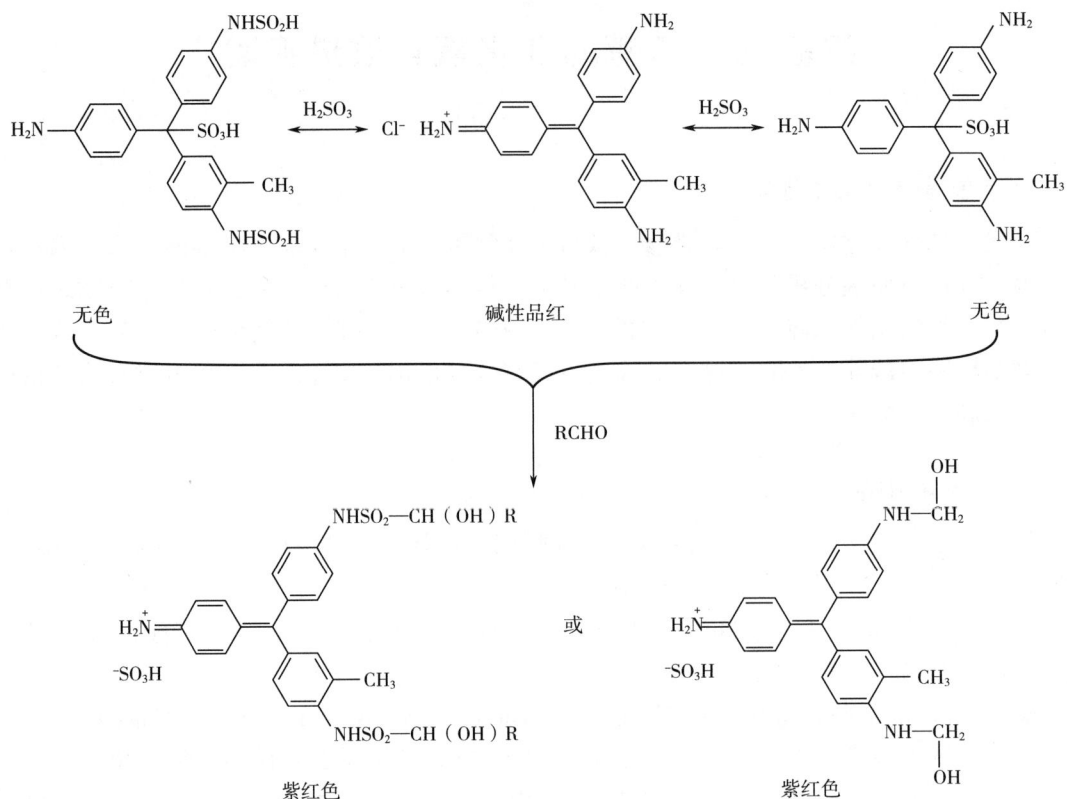

图 5-9　检验乙醛的原理

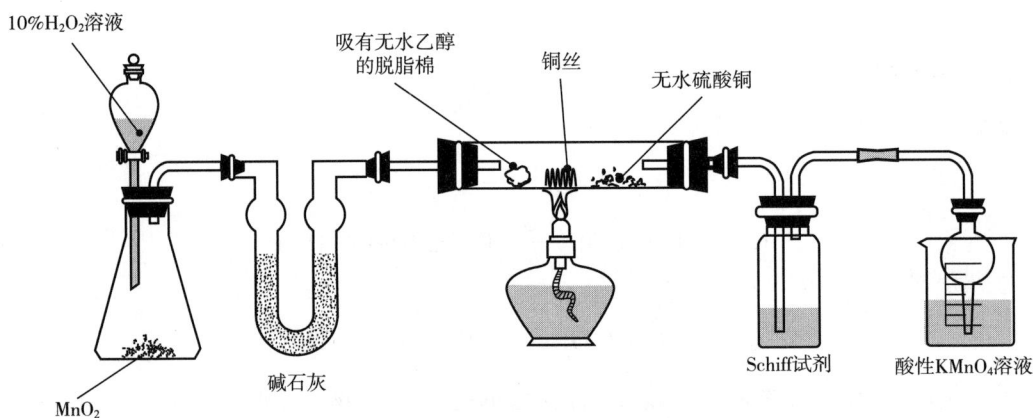

图 5-10　乙醇催化氧化改进实验的装置

剂的集气瓶中。

（3）打开分液漏斗，使过氧化氢溶液滴入锥形瓶中，与二氧化锰接触产生氧气。

（4）点燃酒精灯，加热铜丝。

（5）产生的氧气将产物乙醛带入检测体系，观察实验现象。

（6）实验结束，熄灭酒精灯。

五、创新点

（1）创造了一个封闭的体系，便于乙醛的收集、检验和吸收并且实现了实验的绿色化。

（2）利用 Schiff 试剂与醛类物质的特征反应检测乙醛，提高了检验的可信度。

（3）本实验反应物采用无水乙醇，便于使用无水硫酸铜检验产物水的存在。

（4）增加了产物乙醛的吸收装置，体现绿色化学的思想。

实验十　变色冰火球

一、实验目的及背景

"变色冰火球"趣味实验的灵感源自 2015 年安徽师范大学化学实验竞赛中一场美丽的"错误"，学生制作的固体酒精在燃烧时出现了紫红色的异常现象。熊言林教授带领学生一同探究，发现是实验仪器中残留的酚酞溶液导致了固体酒精燃烧时瑰丽的色彩变化。之后，吴凤兮等人利用该异常现象设计了"变色冰火球"趣味实验，可作为盐类水解的教学素材。

二、实验用品

仪器：托盘天平、药匙、烧杯、10 mL 和 100 mL 量筒、滴管、白瓷片、玻璃棒、火柴、石棉网。

试剂：乙酸钙晶体（A.R）、95%灯用酒精、1%酚酞溶液、蒸馏水。

三、实验原理

酒精与水可以任意比例混溶，醋酸钙只溶于水而不溶于酒精。当饱和醋酸钙溶液注入酒精中时，饱和溶液中的水溶解于酒精中，致使醋酸钙从酒精溶液中析出，形成呈半固态的凝胶状物质——"胶冻"，这就是固体酒精。凝胶网状结构的间隙中充满了酒精分子和酚酞分子。

实验涉及的化学反应：

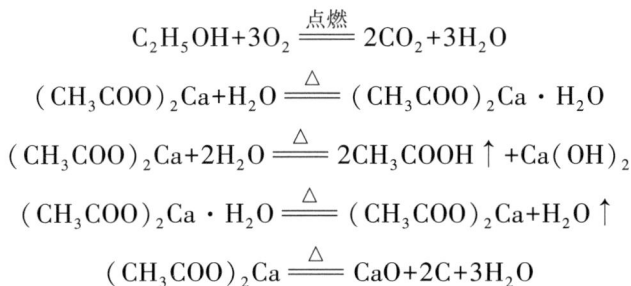

$$C_2H_5OH+3O_2 \xrightarrow{点燃} 2CO_2+3H_2O$$

$$(CH_3COO)_2Ca+H_2O \xrightarrow{\triangle} (CH_3COO)_2Ca \cdot H_2O$$

$$(CH_3COO)_2Ca+2H_2O \xrightarrow{\triangle} 2CH_3COOH\uparrow +Ca(OH)_2$$

$$(CH_3COO)_2Ca \cdot H_2O \xrightarrow{\triangle} (CH_3COO)_2Ca+H_2O\uparrow$$

$$(CH_3COO)_2Ca \xrightarrow{\triangle} CaO+2C+3H_2O$$

四、实验过程

（1）称取 3.5 g 乙酸钙晶体（A.R），放入小烧杯中，加入 10 mL 蒸馏水，搅拌，溶解，制得饱和乙酸钙溶液。

（2）量取 30 mL 灯用酒精，倒入大烧杯中，滴入 3 滴 1%酚酞溶液。搅拌后，缓缓加入 6 mL 饱和乙酸钙溶液，用玻璃棒迅速搅拌几圈，静置片刻即可制得无色的半透明凝胶。取出凝胶，快速捏成球状。

（3）将固体酒精球放在白瓷片上点燃，观察实验现象。

五、创新点

该实验具有绚丽多彩的宏观现象，蕴含着贴近高中化学课本的微观原理，各个阶段的现象均有明确的化学符号概括。可以说，"变色冰火球"趣味实验体现了"宏观—微观—符号"三重表征思想。

第六章　中学化学课外活动实验研究

中学化学课外活动实验是综合运用化学知识，将实验操作和心智技能综合在一起进行训练的一类实验，是为了拓宽知识面、巩固和提高实验技能、培养创新意识而进行的活动性实验。要求综合运用有关化学知识和技能，充分发挥分析、综合、概括等逻辑思维能力，创造性地解决有关实验问题。

实验一　氯酸钾分解制氧气中催化剂的选择

一、实验目的

（1）掌握氯酸钾分解制氧气的原理和方法。
（2）学习不同催化剂及不同用量对催化效果的影响。
（3）了解每种催化剂的最佳用量和最优催化剂。

二、实验用品

仪器：硬质试管、集气瓶、水槽、酒精灯、铁架台（铁夹）橡胶塞。
药品：氯酸钾、二氧化锰、三氧化二铬、三氧化二铁、氧化铜、氧化镁、玻璃粉。

三、实验原理

在无催化剂时加热氯酸钾，356℃时氯酸钾开始熔化，加热到较高的温度（400℃），氯酸钾开始分解，同时有少量氧气产生；如果使用催化剂，则加热至200℃时，氯酸钾能分解释放出 O_2，这是因为催化剂能降低化学反应所需的活化能。

$$2KClO_3 \xrightarrow[\triangle]{催化剂} 2KCl + O_2 \uparrow$$

四、实验过程

（1）取预先分别研细的氯酸钾粉末 3 g 和二氧化锰粉末 1 g，在纸上均匀混合。
（2）将上述混合好的粉末，装入带有导管的硬质试管（事先应检查装置的气密性）中，然后把橡胶塞塞紧试管口，小心加热。先把试管中的空气排掉，当气泡连续地并比较均匀地放出后，再用排水集气法收集一瓶（250 mL）氧气，并计算自产生气体开始，到收满一瓶为止所需的时间。
（3）用同样的方法，把氯酸钾和二氧化锰的用量比改为 3∶2 和 3∶3 进行试验。

（4）再分别用 Fe_2O_3、Cr_2O_3、CuO、MgO 以及玻璃粉代替 MnO_2 作催化剂进行试验，氯酸钾和各种催化剂的用量比，可以用 3∶1、3∶2、3∶3 三种比量进行对照试验，最后了解每种催化剂的最佳用量和最优催化剂。

五、注意事项

（1）选用的氯酸钾必须是洁净的，否则容易引起爆炸。一般可用重结晶法进行简单的提纯。

（2）加热的温度不宜过高，温度越高，分解的速度越快，产生的白烟越多。

六、拓展与延伸

文献值（表6-1）。

表 6-1　氯酸钾制氧气催化剂活性

催化剂	收集 200 mL 氧气用时/s	实验现象（有无白烟及刺激性气味）	淀粉 KI 试纸变色情况	最终收集到氧气体积/mL	回收催化剂的质量/g
MnO_2	101.14	收集气体的量筒中有白雾和气体有刺激性气味	蓝色	370	0.8543
CuO	69.78			365	0.9471
ZnO	86.22			355	0.8938
CaO	114.69			365	0.8313
MgO	103.56			375	0.8453
Al_2O_3	144.39			365	0.8981
CrO_3	40.48			370	0.9353
Cr_2O_3	31.55	收集气体的量筒中有白雾和气体有刺激性气味	蓝色	350	0.8982
PbO	67.32			365	0.9416
PbO_2	72.00	收集气体的量筒中有白雾和气体有刺激性气味	蓝色	370	0.8983
P_2O_5	20.87			365	
V_2O_2	67.05	收集气体的量筒中有白雾和气体有刺激性气味	蓝色	365	0.7691
Fe_2O_3	38.20			365	0.9714
MoO_3	57.67	收集气体的量筒中有白雾和气体有刺激性气味	蓝色	370	0.9423
$NaHSO_4$	54.85	试管中物质融化		365	

续表

催化剂	收集 200 mL 氧气用时/s	实验现象（有无白烟及刺激性气味）	淀粉 KI 试纸变色情况	最终收集到氧气体积/mL	回收催化剂的质量/g
$MnSO_4$	67.22			365	
$Al_2(SO_4)_3$	112.30			360	

注　①实验时实验室温度 20.3℃，压强 $P=82.6$ kPa；②Cr_2O_3 是通过加热分解（NH_4）$_2Cr_2O_7$ 制取的。

七、问题与讨论

（1）用二氧化锰作为氯酸钾分解制取氧气催化剂有哪些不足？

（2）除了二氧化锰外，其他金属氧化物是否也能起到催化作用？催化性能如何？

（3）催化剂的用量对氯酸钾分解制氧气有什么影响？

实验二　氧气、二氧化碳和一氧化碳对血红蛋白的作用

一、实验目的

（1）掌握实验室制氧气、二氧化碳以及一氧化碳的原理和方法。

（2）了解血红蛋白的作用功能。

二、实验用品

仪器：烧瓶、漏斗、试管、酒精灯、铁架台、铁夹。

药品：氯酸钾、二氧化锰、大理石、盐酸、蚁酸、浓硫酸、鲜鸡血、草酸钠。

三、实验原理

氧气和二氧化碳都能和血液里红血球中的血红蛋白形成不稳定的化合物，而这种化合物又能把氧气或二氧化碳释放出来。如果血红蛋白遇到一氧化碳，但生成的是一种较为稳定的化合物，这样就降低了血红蛋白输送氧气到组织中的能力，从而使人或动物窒息、中毒。

四、实验过程

（1）先安装好实验室制取氧气、二氧化碳和一氧化碳的实验装置。通常采用蚁酸和浓硫酸共热的方法制取一氧化碳。

（2）将制得的氧气和二氧化碳分别通入混有少量抗凝剂（草酸钠）的鲜鸡血的试管里（约 2 mL），不一会儿就可看到通入氧气的一管，鸡血的颜色变为鲜红色；通入二氧化碳的一管，鸡血的颜色变为暗红色。

（3）再将通入氧气和二氧化碳的导管进行交替，使原来通氧气的导管改为通二氧化碳，原来通二氧化碳的改为通氧气。过一会儿就可看到血液的颜色和上述的结果正好相反。这说明血红蛋白既有结合氧气和二氧化碳的功能，又有容易释放氧气和二氧化碳的功能。

（4）再用二氧化碳和一氧化碳分别通入混有少量抗凝剂的鲜鸡血的试管里，过一会儿可看到通入二氧化碳的鸡血变成了暗红色，而通入一氧化碳的鲜鸡血变成了鲜红色。如图6-1所示。

（5）将通入二氧化碳和一氧化碳的导管进行交替，即在通入二氧化碳后的鸡血再通入一氧化碳，通入一氧化碳后的鸡血再通入二氧化碳，结果可清楚地看到和前面的结果不一样。一氧化碳通入暗红色的血液里，很快就变为鲜红色，而将二氧化碳通入鲜红色的血液里，就不能变成暗红色了。因为原来的一氧化碳和血红蛋白结合后，形成了比较稳定的化合物，从而使血液失去了它同氧结合的能力，这就说明了一氧化碳的毒性。

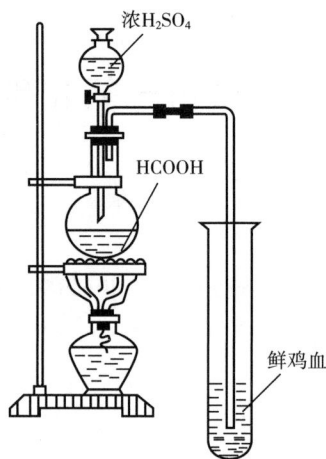

图6-1　气体对血红蛋白作用的检验装置

五、注意事项

（1）如果不用鲜鸡血，也可以用鸭血或其他动物血进行试验，但一定要新鲜，并加少量草酸钠作抗凝剂。

（2）在做一氧化碳的实验时，应该在通风橱中进行。

六、拓展与延伸

一氧化碳（CO）与红细胞的结合能力比氧（O_2）大210～250倍，且结合后不易与血红蛋白分离，而碳氧血红蛋白较氧合血红蛋白的解离速度慢3600倍，当CO浓度在空气中达到35 ppm，结合了CO的血红蛋白不能再与O_2结合，人就会缺氧窒息死亡，这就是CO中毒的原理。

七、问题与讨论

（1）本实验为什么必须要采用新鲜的血液？

（2）通过本次实验，了解了血红蛋白的哪些作用功能？

实验三　自制植物酸碱指示剂

一、实验目的

（1）了解自制植物酸碱指示剂的实验原理。

（2）掌握自制植物酸碱指示剂的方法。

（3）初步学会用酸碱指示剂检验溶液的酸碱性。

（4）练习基本化学实验操作。

二、实验用品

仪器：研钵、量筒、移液管、大/小试管、试管架、白布一小块。

药品：红色花朵如月季、石蜡红、一串红等，紫萝卜或红萝卜、荠菜、酒精、蒸馏水、1N 氢氧化钠溶液、1N 氨水、1N 醋酸溶液、1N 盐酸溶液、广泛 pH 试纸。

三、实验原理

自然界中有些植物的花、叶、茎、根、果实中含有一些植物色素，主要是花青素。花青素在不同的酸碱环境中，能呈现出不同的颜色，因此可用来做酸碱指示剂。如月季等各种红色、紫色、蓝色的花朵、紫罗兰等的叶子，红萝卜、紫萝卜、紫扁豆、海棠果、山植果、苹果等的表皮，紫草等的根，杨梅、龙葵等的果实等，都可以利用它们表皮的浸出液（杨梅取其果汁）做成酸碱指示剂。

四、实验过程

1. 配制 pH 溶液系列并测 pH

取洁净的大试管 14 只，依次贴上 1~14 序号的标签，排列在试管架上，然后根据表 6-2 配制 pH 溶液系列，并倒入相应序号的试管中，混合均匀备用。用广泛 pH 试纸测定上述各混合溶液的 pH 值，并记录在对应的试管序号标签下面，这就是实验测知的 pH 值溶液系列。

2. 植物酸碱指示剂的制备

（1）以花瓣为原料的制备法：取新鲜的月季花数朵，去掉花蕊，留下花瓣，先用清水洗净（轻轻冲洗掉花瓣上的尘土），再放入研钵或洁净的瓷碗中，用玻璃棒或洁净的竹筷将花瓣捣成浆状。然后加 1~2 mL 酒精，再捣几次，使其溶解，并用少量蒸馏水加以稀释（不用酒精直接用蒸馏水溶解也可以，因为花青素能溶于水，此处用酒精还有一定的防腐作用），但不宜太稀，以免影响颜色的变化。如汁液过于浑浊，可用小白布把浸出液用力挤出，以滤去残渣，或用离心机分离掉残渣。所得澄清液即为植物酸碱指示剂。

（2）以果皮为原料的制备法：取一只表皮颜色较深的紫红色新鲜萝卜，用清水洗去泥灰，再用小刀把紫红色的表皮小心刮下（不要把肉质带下），放入研钵或瓷碗中，把它捣成浆状，然后加酒精少许，再捣几次，使其充分溶解。以下步骤与用花瓣为原料的制法相同。这样便制得颜色较深的紫红萝卜皮浸出液的指示剂试液，一只 200 g 重的萝卜，一般可制得 50 mL 左右的试液。

表 6-2　pH 溶液系列的配制

量取所需溶液的毫升数					pH
NaOH （1 mol/L）	NH$_3$·H$_2$O （1 mol/L）	CH$_3$COOH （1 mol/L）	HCl （1 mol/L）	H$_2$O	
			2	18	1
	—	—	0.2	19.8	2
	—	1.2	—	18.8	3
2.6	—	17.4	—	—	4
7.8	—	12.2	—	—	5
9.8	—	10.2	—	—	6
	10	10	—	—	7
	10.2	—	9.8	—	8
	12.2	—	7.8	—	9
	17.4	—	2.6	—	10
	1.2	—	—	18.8	11
0.2	—	—	—	19.8	12
2	—	—	—	18	13
20	—	—	—	—	14

（3）以植物全株为原料的制备法：取 500 g 荠菜，去除长根后洗净，分两次投入 500 mL 的沸水中余 1 min，捞出荠菜后，剩下的水溶液经过滤后，所得滤液即为植物酸碱指示剂。

3. 测试植物酸碱指示剂的变色范围

取上述配制的各种 pH 值的溶液各 1 mL，分别注入小试管中，按 pH 值 1～14 的顺序排列在试管架上，然后取一种自制的植物酸碱指示剂，依次向小试管中滴加 3～5 滴，观察指示剂在不同 pH 值条件下的显色情况，并将结果记录在表（几种植物酸碱指示剂在不同 pH 值条件下的显色情况）中。

五、注意事项

（1）用捣药罐时一定要将所研物质研碎、研细。

（2）用酒精溶液吸取色素时，最好使其充分接触 5 min 以上，使色素被充分吸收。

（3）两种液体不要混合，以免出现实验现象雷同。

六、拓展与延伸

用于酸碱滴定的指示剂，称为酸碱指示剂。是一类结构较复杂的有机弱酸或有机弱碱，它们在溶液中能部分电离成指示剂的离子和氢离子（或氢氧根离子），并且由于结构上的变化，它们的分子和离子具有不同的颜色，因而在 pH 不同的溶液中呈现不同的颜色。

常用的酸碱指示剂主要有以下四类：

（1）硝基酚类：这是一类酸性显著的指示剂，如对硝基酚等。

（2）酚酞类：有酚酞、百里酚酞和 α-萘酚等，它们都是有机弱酸。

（3）磺代酚酞类：有酚红、甲酚红、溴酚蓝、百里酚蓝等，它们都是有机弱酸。

（4）偶氮化合物类：有甲基橙、中性红等，它们都是两性指示剂，既可作酸式离解，也可作碱式离解。

七、问题与讨论

（1）除了上述植物，还有哪些可以作为酸碱指示剂？

（2）如何辨别水溶液的酸碱性？

（3）优良指示剂有哪些必备要素？

实验四　对酸性空气的模拟检验

一、实验目的

（1）了解酸性空气的概念。

（2）掌握指示剂检验空气中酸性气体的原理与方法。

二、实验用品

仪器：大漏斗、金属网、滤纸、抽气机、线绳。

药品：甘油、碳酸氢钠、甲基橙、盐酸。

三、实验原理

利用甲基橙作指示剂时，其在碱性溶液中呈黄色而在酸性溶液中呈红色的特点，来检验空气中是否存在一定浓度的酸性气体。

为了保持滤纸的湿润，故先在滤纸上滴加少量的甘油，以便能吸收空气中的水分，保证指示剂的显色作用。

四、实验过程

（1）选取一只大漏斗，在漏斗的敞口部分覆盖一个大小和漏斗口适合的金属网，在金属网上放一张滤纸，再用线绳把它固定好，如图 6-2 所示。

（2）在滤纸的中央先滴加一滴甘油，再滴加一滴 0.01 mol/L 的碳酸氢钠溶液和一滴甲基橙试液，这时在滤纸的中央应呈黄色。如果颜色不明显，可多加几滴甲基橙指示剂，但下面每次测试时，都应以这次滴数为标准，作为平行实验的对比。

（3）将漏斗的下口用导管与抽气机相连接。

（4）取一瓶 20% 的盐酸，打开瓶塞，置于大漏斗的附近。然后开动抽气机，并记录时间，当滤纸的中央颜色明显地呈现红色时，停止抽气，记录所耗费的时间。

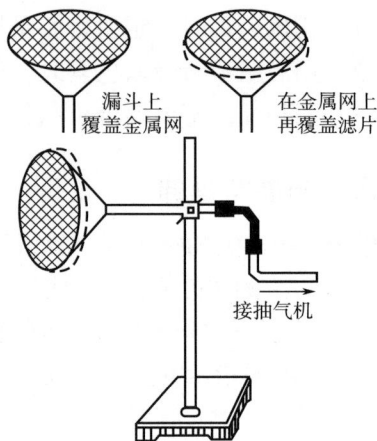

图 6-2　对酸性空气的模拟实验

（5）选择不同的测试点进行比较，如在通风处、药品仓库、化学实验室等。

五、注意事项

（1）金属网和滤纸与漏斗口之间要尽可能扎得紧密些，使它不漏气。

（2）最好用金属漏斗，这样便于把金属网和滤纸扎紧，而且不易破碎。

六、拓展与延伸

（1）酸性气体：CO_2、Cl_2、H_2S、NO_2、HCl、SO_2 等。

（2）酸性气体的危害：有些酸性气体对人类是有害的，如空气被污染了其中就含有二氧化硫、三氧化硫等，这些气体在下雨天与氧气等发生化学反应，生成硫酸的强酸性化学物质，硫酸具有强腐蚀作用，对地面的物体自然就会有腐蚀，这就是酸雨。酸雨特别是对树木的影响最大，可以致死，严重影响人类生存环境，所以全世界特别关注环境，采取许多措施来减少生产污染空气的工厂，发展绿色经济、绿色生活。

七、问题与讨论

（1）除了上述指示剂，还有哪些指示剂可以用于酸性气体的检验？

（2）为什么要滴加一滴 0.01 mol/L 的碳酸氢钠溶液？不加可不可以？为什么？

（3）为什么要选择多种不同测试点比较？区别在哪儿？

实验五 无机颜料的制备

一、实验目的

（1）了解铁红、铬红、锑红、铬黄的制备原理和方法。

（2）了解铁、铬、锑的高氧化合物与低氧化合物的性质。

（3）熟练掌握恒温水浴加热方法、溶液 pH 值的调节、沉淀的洗涤、结晶的干燥和减压过滤等基本操作。

二、实验用品

仪器：烧杯、漏斗、滤纸、酒精灯、酒精喷灯。

药品：绿矾、铬酸铅、氢氧化钠、硫代硫酸钠、三氯化锑、醋酸铅、重铬酸钠。

三、实验原理

（1）绿矾（$FeSO_4 \cdot 7H_2O$）加热失水可得白色的无水硫酸亚铁，继续加强热，则分解成红色氧化铁，即铁红。

$$2FeSO_4 \xrightarrow{\text{强热}} Fe_2O_3 + SO_2\uparrow + SO_3\uparrow$$

（2）铬酸铅和氢氧化钠溶液共煮即得铬红。

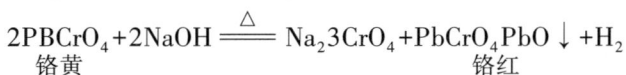

$$\underset{\text{铬黄}}{2PBCrO_4} + 2NaOH \xrightarrow{\triangle} Na_23CrO_4 + \underset{\text{铬红}}{PbCrO_4PbO}\downarrow + H_2$$

（3）三氯化锑和硫代硫酸钠反应，生成不溶于水的沉淀物即是锑红。

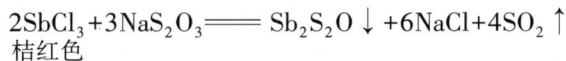

$$2SbCl_3 + 3NaS_2O_3 =\!=\!= \underset{\text{桔红色}}{Sb_2S_2O}\downarrow + 6NaCl + 4SO_2\uparrow$$

（4）醋酸铅和重铬酸钠在溶液中反应生成的黄色沉淀为铬酸铅，即为铬黄。

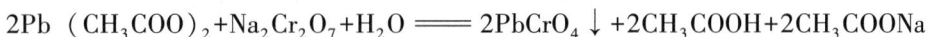

$$2Pb(CH_3COO)_2 + Na_2Cr_2O_7 + H_2O =\!=\!= 2PbCrO_4\downarrow + 2CH_3COOH + 2CH_3COONa$$

四、实验过程

1. 铁红的制备

取绿矾 15 g 于硬质试管中，试管口略向下倾斜，先用酒精灯缓缓加热，使绿矾中的结晶水逐步变成水蒸气逸出，直到生成白色的无水硫酸亚铁。接着用酒精喷灯继续加强热，白色的硫酸亚铁开始变成浅黄色，继而变成杏黄色，最后变成红色，这就是三氧化二铁，俗称铁红、铁丹、赭石，它们的主要成分都是 Fe_2O_3。加热过程应在通风橱内进行。

2. 铬红的制备

将铬黄（铬酸铅）10 g，倒入盛有氢氧化钠（2 g 氢氧化钠溶于 15 mL 水中）溶液的大试管中，搅拌至溶解，加热煮沸约半小时，直到黄色物全部变为红色时为止。然后过滤、洗涤、干燥，即得铬红。

3. 锑红的制备

取硫代硫酸钠 14 g，放入烧杯中，再加水 30 mL，用玻璃棒搅拌使其溶解。再取三氯化锑 15 g，放入另一只烧杯中，加水 10 mL，使其溶解，然后将三氯化锑溶液倒入硫代硫酸钠的溶液中，搅拌，并加微热（温度不能超过 55℃）直到出现红色，即可停止加热。再将红色沉淀进行过滤、洗涤、干燥，即得红色粉末状的颜料。实验应在通风橱内进行。

4. 铬黄的制备

称取醋酸铅 20 g，溶解在 80 mL 水中，如发现浑浊，则进行过滤。再称取重铬酸钠 12 g，溶于 80 mL 水中，然后将两种溶液混合，即有黄色沉淀生成。用玻璃棒搅拌均匀，使其反应充分。静止后，用倾析法把溶液倒掉，将过滤后留在滤纸上的沉淀用清水洗涤两次，然后将沉淀物干燥，即得铬黄，又叫铅铬黄。

在制备过程中，要防止硫离子进入溶液，否则会有黑色硫化铅沉淀生成。实验最好在通风橱内进行。

五、注意事项

（1）温度要控制在一定范围内，不能过高或过低。

（2）一定要搅拌均匀，使沉淀的颗粒长大，如果沉淀的颗粒较小，采用倾析法是很难分离沉淀和上层清液的。

六、拓展与延伸

无机颜料是指其主要成分为无机物的颜料。几乎所有的无机颜料都是化合物，且常常是复杂的混合物，其中金属成分是分子中的重要组成部分。

无机颜料包括：金属颜料、金属氧化物颜料、金属氧化物混相颜料、铬酸盐颜料、硅酸盐颜料、碳酸盐颜料、硫化物颜料。如铝粉、铜粉、碳黑、锌白和钛白等都属于无机颜料。如湖南巨发科技有限公司生产的环保无机颜料（钛镍黄、钛铬棕、钴蓝、钴绿、铜铬黑）就属于金属氧化物混相颜料，而镉系颜料（镉红、镉黄）属于硫化物颜料。

无机颜料又有天然无机颜料与合成无机颜料之分。天然无机颜料，完全来自矿物资源，如天然产朱砂、红土、雄黄等。合成无机颜料则是通过化学反应合成的无机颜料，如钛白、钛黄、钴蓝、钴绿、铜铬黑、铬黄、铁蓝、镉红、镉黄、立德粉、炭黑、氧化铁红、氧化铁黄等。

七、问题与讨论

（1）试写出各步的实验现象及方程式。

（2）设计实验，采用亚铁盐制备氧化铁黄。

实验六　用比热法测定原子量

一、实验目的

（1）学习用比热法测定原子量的原理和方法。
（2）了解量热实验中产生误差的因素及减少误差的措施。

二、实验用品

烧杯、温度计、三角架、酒精灯、棉花、棉线、铅块、台天平。

三、实验原理

杜隆和培蒂在 1819 年发现许多固体单质，尤其是金属的比热和它们的原子量常常成反比，即比热与原子量的乘积常近似为一常数，其数值约为 6.4（有的书上用 6.3），这就是杜隆–培蒂定律，表示如下式：

$$原子量×比热=6.4$$

四、实验过程

取一块圆柱形纯铅（如无合适的，也可自行熔化浇铸，铅的熔点仅 327.5℃）约 20 g，一端用细铜丝焊一个小圈。用台天平称出质量，在小圈上系一根棉线，棉线的一端系在玻璃棒上，如图 6-3 所示。

取一只 250 mL 的烧杯甲，内盛清水，水的用量以能淹没铅块为度（约 200 mL）。把铅块轻放在水中，将玻璃棒搁在烧杯口，然后放在三角架石棉网上，用酒精灯加热到沸腾，插入一支温度计，测出沸水的温度，也就是铅块的温度，记作 $t_铅$（图 6-4），另取一只 250 mL 的烧杯乙，周围用棉花包扎好，以防散热，把它放在一只 500 mL 的大烧杯里（图 6-5）。用量筒准确量取一定量（200 mL）的蒸馏水放入烧杯乙内（要使水的用量浸没铅块），插入另一支温度计，并测出水的温度，记作 t_1。

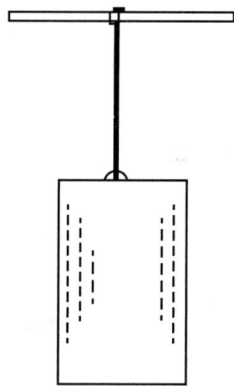

图 6-3　圆柱形纯铅

然后将沸水中的铅块迅速提出，立即放入烧杯乙的水中，应注意在操作过程中尽量防止热量散失，提铅块时也应尽可能使铅块少带沸水到烧杯中，以免影响烧杯乙的水温。为了使铅块放入后烧杯中的水温均匀，小心地用温度计（最好用玻璃棒）搅动杯中的水，并注意观察烧杯中的水温，直到温度计的水银柱不再上升为止，记下这时的最高温度 t_2。依下式算出铅的比热：

$$铅的比热（s）=\frac{烧杯乙中的水重（g）×(t_2-t_1)}{铅块重（g）×(t_铅-t_2)}$$

代入前述公式，即可求出铅的近似原子量。

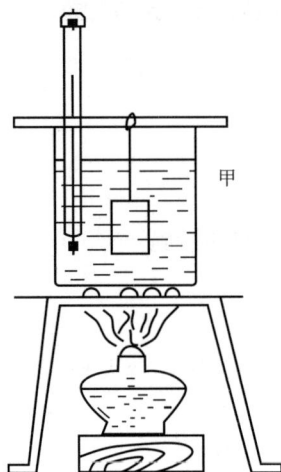

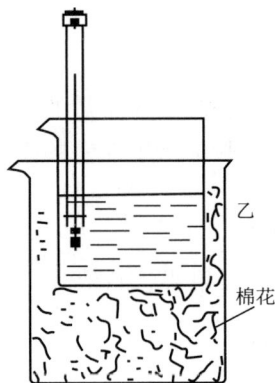

图 6-4　测铅温度 t　　　　图 6-5　测铅温度 t_1

五、注意事项

操作过程中要尽量防止热量散失。

六、拓展与延伸

杜隆-珀蒂定律（Dulong-Petit law）是物理学中描述结晶态固体由于晶格振动而具有的比热容的经典定律，由法国化学家皮埃尔·路易·杜隆（Pierre Louis Dulong）和阿列克西·泰雷兹·珀蒂（Alexis Thérèse Petit）于 1819 年提出。定律的内容为：无论晶体属于何种类型，其比热容［单位：J/（K·kg）］均为 3R/MM，其中 R 为普适气体常数［单位：J/（K·mol）］，MM 为摩尔质量（单位：kg/mol）。换言之，晶体的无量纲热容恒等于 3，其中 C 为总热容，n 为摩尔数，N 为包含的原子总数，k 为玻尔兹曼常数。

$$C^* = \frac{C}{nR} = \frac{C}{Nk}$$

尽管杜隆-珀蒂定律形式极为简单，但它对多数晶体在高温下热容的描述仍是十分精确的。在低温下，由于量子效应逐渐明显，该定律不再适用。对晶体低温热容较好的描述是固体物理学中的德拜模型（德拜定律）。

七、问题与讨论

（1）本实验中产生误差的原因有哪些？

（2）减少本实验误差的措施有哪些？

（3）还可以采用哪些方法测定原子量？

实验七　苏尔维制碱法的实验

一、实验目的

（1）了解纯碱工业的发展史。

（2）掌握苏尔维制碱法的实验操作与基本原理。

二、实验用品

仪器：烧杯、试管、广口瓶、分液漏斗、温度计、铁架台、铁夹、螺旋夹、酒精灯。

药品：氯化钠（化学纯，也可用精盐）、大理石、盐酸、浓氨水。

三、实验原理

利用二氧化碳和氨气在饱和食盐溶液中进行反应，首先是二氧化碳和氨在溶液中反应生成碳酸氢铵，碳酸氢铵再和氯化钠反应生成溶解度小的碳酸氢钠和氯化铵。把碳酸氢钠分离出来后进行煅烧，即得碳酸钠的成品。而氯化铵又可和氢氧化钙反应得到氨气（可用作原料），氢氧化钙可由生石灰消化而来，生石灰又可由石灰石煅烧制得，同时有二氧化碳产生，二氧化碳又可作原料。因此，最终的原料仅是石灰石和食盐。

四、实验过程

（1）在广口瓶 A 中装入大理石 100 g 及少量的水，分液漏斗中加入大半漏斗的盐酸，用双孔橡皮塞插入瓶中（带有直角玻璃导管）。也可使用启普发生器作为实验装置。如图 6-6 所示。

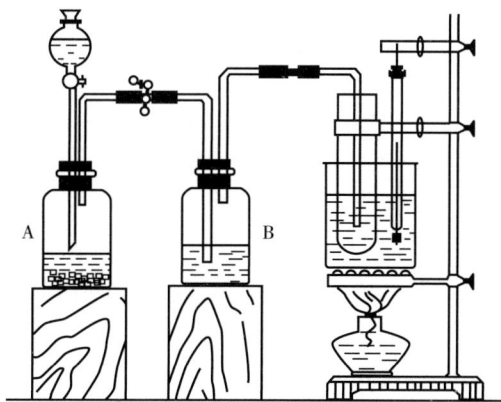

图 6-6　碳酸氢钠的制取

（2）广口瓶 B 作洗气用，瓶内放入约 1/3 体积的水，橡皮塞上配有两根直角玻璃导管，塞紧瓶口，导管插入水内，以洗掉盐酸酸雾和氯化氢气体。

（3）称取 3 g 化学纯的氯化钠，放入 5 mL 的水，再加 5 mL 的浓氨水（比重为 0.91），使其溶解。待完全溶解后，倒入 C 管，再将 C 管浸入盛有水的烧杯内。如室温在 15℃ 以下，可以加热盛水的烧杯，使温度保持在 35~140℃，以加快反应速度。

（4）用橡皮管把 A、B、C 三个瓶、管连接好，检查气密性后，打开分液漏斗的活塞，使盐酸慢慢地流入 A 瓶中。导管中的螺旋夹可以调节二氧化碳的气流速度，当有二氧化碳通入 C 管时，可经常小心摇动。约 20 min，可观察到在 C 管中有混浊现象，再继续通入二氧化碳，不久即有碳酸氢钠沉淀生成。

（5）把过滤得到的碳酸氢钠，放入试管中小心加热（试管口向下倾斜），使其分解即得碳酸钠。

五、注意事项

（1）氨水的浓度，9%~10.5%（比重 0.96 左右）都较为适宜。

（2）二氧化碳和氨的反应是放热反应，但如果室温在 15℃ 以下，则反应速度很慢。实践证明，在 40℃ 左右能较快地生成 $NaHCO_3$。如室温在 25℃ 以上，则可不必加热。

（3）二氧化碳的速度不要过猛，只要使气泡一个接一个地均匀产生即可。

六、拓展与延伸

苏尔维制碱法的基本工艺流程见图 6-7。

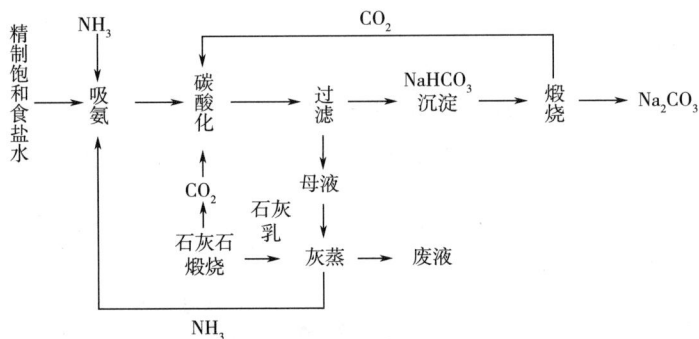

图 6-7　苏尔维制碱法的基本工艺流程

七、问题与讨论

（1）为什么 $NaHCO_3$ 可溶于水，而苏尔维制碱法却能得到 $NaHCO_3$ 沉淀？

（2）本实验中，氨水的作用是什么？

（3）为什么先加浓氨水，后通入 CO_2，可以反过来吗？

实验八　玻璃刻花

一、实验目的

（1）了解刻花玻璃的概念与用途。

（2）掌握玻璃刻花的基本原理和方法。

二、实验用品

仪器：铅皿、毛笔、石蜡、玻璃片、小刀、酒精灯、蒸发皿。

药品：氟化钙、浓硫酸。

三、实验原理

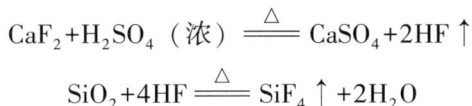

$$CaF_2 + H_2SO_4（浓）\xlongequal{\triangle} CaSO_4 + 2HF \uparrow$$

$$SiO_2 + 4HF \xlongequal{\triangle} SiF_4 \uparrow + 2H_2O$$

四、实验过程

（1）先选一小块无气泡的平玻璃，在玻璃上面用毛笔均匀地涂上一层熔化的石蜡，待冷却凝固后，用小刀在蜡层上刻字或刻花。

（2）再取一只铅皿，放入 2 角匙的萤石（CaF$_2$）粉末，加适量的浓硫酸，用玻璃棒搅拌，使其成糊状，然后把涂有蜡层并已刻好字或画的玻璃片盖在铅皿上，用微火将混合物在酒精灯上小心加热 10 min，然后把铅皿放在通风橱里。过两天后，取下玻璃片，刮去蜡层，用水冲洗玻璃上的药液，揩干，即可观察到玻璃片上刻好了你原来"写"的字或画。

五、注意事项

（1）氟化氢气体有毒，本实验最好全部在通风橱中进行。

（2）在涂有石蜡的玻璃片上刻字或画时，应注意不能使蜡层整块地剥落下来，以免影响字迹和画面。

六、拓展与延伸

氢氟酸（hydrofluoric acid）是氟化氢气体的水溶液，清澈，无色、发烟的腐蚀性液体，有剧烈刺激性气味。氢氟酸是一种弱酸，但具有极强的腐蚀性，能强烈地腐蚀金属、玻璃和含硅的物体。如吸入蒸气或接触皮肤会造成难以治愈的灼伤。实验室一般用萤石（主要成分为氟化钙）和浓硫酸来制取，需要密封在塑料瓶中，并保存于阴凉处。

七、问题与讨论

（1）玻璃刻花实验中，如何保证刻出的花形完整且清晰？请分享一些技巧或建议。

（2）描述一下涂蜡的步骤和目的。如果不进行涂蜡处理，会对刻花效果产生什么影响？

（3）刻花后的玻璃如何进行清洗和处理？有哪些注意事项需要遵守？

实验九　维生素 C 的性质试验

一、实验目的

（1）了解维生素 C 对人体的作用。

（2）分析维生素 C 的性质并分析其含量测定方法。

二、实验用品

仪器：试管、烧杯、玻璃棒。

药品：维生素 C 药片、pH 试纸、三氯化铁、硫氰化钾、铁氰化钾。

三、实验原理

维生素 C 又叫抗坏血酸，它的第 2、第 3 碳位的烯醇结构具有很强的还原性，在酸性条件下能被一些氧化性物质选择性地氧化成脱氧抗坏血酸。故维生素 C 在酸性溶液中能把碘原子还原成碘离子，使原来淀粉遇碘所显示的蓝色自行褪去。

四、实验过程

1. 酸性试验

在一支大试管中放入两片维生素 C（每片含量在 100 mg），加入 20 mL 蒸馏水，用玻璃棒轻轻捣碎药片，使其溶解。用滴管吸取少量清液，滴在 pH 试纸上，可测得它的 pH 值大约为 2.5。说明它的酸性较强。

2. 还原性试验

取两支洁净的试管，一支注入维生素 C 清液 2 mL，另一支注入蒸馏水 2 mL（作对照用）。然后各滴入几滴三氯化铁稀溶液，振荡后，发现有维生素 C 的试管中，溶液仍显无色，而盛有蒸馏水的试管中，溶液呈棕黄色，证明维生素 C 已把 Fe^{3+} 还原成 Fe^{2+}。

再取 2 mL 维生素 C 清液，分盛于两支试管中，并各加数滴三氯化铁溶液。然后其中一管滴加几滴硫氰化钾溶液，不见红色出现（即不存在 Fe^{3+}），另一管中滴几滴铁氰化钾溶液，可以看到溶液变成蓝色，这进一步证实维生素 C 已把 Fe^{3+} 还原成 Fe^{2+} 了。

3. 不稳定性试验

取两支试管，各注入维生素 C 清液 3 mL，将一管在酒精灯上加热至沸，保持沸腾 15 min，另一管不加热。待加热的试管冷却后，在两支试管中各滴入蓝色的淀粉碘酒溶液 6 滴，这时可观察到不加热的试管中，蓝色基本被褪尽，而经加热的试管中，蓝色基本保持不变。这说明加热容易引起维生素 C 的分解破坏。因此，在烧煮蔬菜时，不能煮的时间太长。

4. 比较几种蔬菜和水果中维生素 C 的含量

分别取青菜、黄芽菜、橘子、橙子、绿茶维生素 C 的汁液各 1 mL 于试管中，各加 6 滴淀粉碘酒溶液，观察蓝色的褪色程度，比较维生素 C 的含量大小。

五、注意事项

（1）某些水果、蔬菜（如橘子、西红柿）浆状物泡沫太多，可加数滴丁醇或辛醇。

（2）操作要尽可能快，并防止与铁、铜器具接触，以减少维生素 C 的氧化。

六、拓展与延伸

维生素 C 主要生理功能：

（1）促进骨胶原的生物合成，利于组织创伤口的更快愈合。

（2）促进氨基酸中酪氨酸和色氨酸的代谢，延长肌体寿命。

（3）改善铁、钙和叶酸的利用。

（4）改善脂肪和类脂特别是胆固醇的代谢，预防心血管病。

（5）促进牙齿和骨骼的生长，防止牙床出血。

（6）增强肌体对外界环境的抗应激能力和免疫力。

七、问题与讨论

（1）如何对维生素 C 进行鉴别？写出一种方法原理即可。

（2）维生素 C 的含量是如何计算的？

实验十　自制火柴

一、实验目的

（1）了解火柴的配方及制作方法。

（2）熟练掌握称量、研磨等基础实验操作。

二、实验用品

仪器：点燃过的火柴梗（梗较长的）、研钵、蒸发皿、木夹、旧毛笔、酒精灯。

药品：氯酸钾、重铬酸钾、硫、锌白、氧化铁、玻璃粉、骨胶、红磷、三硫化二锑、白垩。

三、实验原理

利用摩擦生热，使火柴盒上的磷颗粒受热后在空气中着火，接着便使具有氧化剂的火柴头燃烧起来，并继续燃烧着表面涂有蜡层的火柴梗。

四、实验过程

1. 配火柴头药

先将氯酸钾、重铬酸钾、锌白、氧化铁粉、玻璃粉分别在研钵中研细，按表6-3的配方进行混合，用骨胶配成胶水后，把混和药品调成较稠的薄糊状。

在蒸发皿中熔化适量的石蜡，把火柴梗一端浸在液态的石蜡中（石蜡的温度稍高些，避免沾上的石蜡过稠）迅速地蘸一下，长约2 cm。

将附有石蜡层的火柴梗逐一蘸取火柴头药，搁在一边待干。

表6-3　火柴头配方

配方一		配方二	
氯酸钾	46.5	氯酸钾	52
重铬酸钾	1.5	重铬酸钾	1
硫粉	4.4	硫粉	5
锌白	3.5	锌白	1
铅丹或氧化铁粉	15.5	二氧化锰	12
玻璃粉	17.3	炭黑	1
骨胶	11.3	玻璃粉	12
		松香	4
		骨胶	12

2. 配火柴盒药

按表6-4配方把红磷、三硫化二锑、铅丹或氧化铁粉、白垩、锌白、玻璃粉等分别在研钵中研细后，用稀骨胶调成糊状，用旧毛笔均匀地涂在旧火柴盒边（或另用一条硬纸），晾干待用。

表6-4　火柴盒配方

配方一		配方二	
红磷	30.8	红磷	48
三硫化二锑	41.8	炭黑	1
铅丹或氧化铁粉	12.8	硫化锑	48
白垩	2.6	骨胶	3
锌白	1.5		
玻璃粉	3.8		
骨胶	6.7		

五、注意事项

（1）各种原料一定要分别研成细粉以利摩擦，但绝不能混合后研磨，以防爆炸。

（2）火柴梗蘸蜡一定要均匀，只要涂薄薄的一层即可。

（3）一定要等药干燥后再进行摩擦试验。

六、拓展与延伸

1. 早期生产的火柴有两个非常致命的缺点

（1）白磷非常稀少及遇热容易自燃，非常危险。

（2）白磷是有毒的，造火柴的工人一不小心就会中毒身亡。1852 年，经过瑞典人距塔斯脱伦姆的改进，发明了安全火柴。以磷和硫化合物为发火物，必须在涂上红磷的匣子上摩擦才能生火，安全程度得到提高。但在安全火柴发明之前，人们可是经历了一代又一代不停的探索。

2. 安全火柴的注意事项

安全火柴中的成分分别是：火柴头主要由氧化剂（$KClO_3$）、易燃物（如硫等）和黏合剂等组成。火柴盒侧面主要由红磷、三硫化二锑、黏合剂组成。当划火柴时，火柴头和火柴盒侧面摩擦发热，放出的热量使 $KClO_3$ 分解，产生少量氧气，使红磷发火，从而引起火柴头上易燃物（如硫）燃烧，这样火柴便划着了。

七、问题与讨论

（1）制作火柴时，如果不严格按照配方配比，会造成什么后果？

（2）火柴梗蘸蜡时涂厚了，会产生什么现象？

实验十一　简易印像法

一、实验目的

（1）了解简易印像法的基本原理与方法。

（2）熟练掌握称量、溶解等基础实验操作。

二、实验用品

仪器：烧杯、冲洗盘、排笔、白道林纸、竹夹。

试剂：硝酸银、精制食盐、大苏打。

三、实验原理

当感光纸上的氯离子和银离子反应后，即产生氯化银沉淀。氯化银具有感光性，在光线的作用下，能分解出单质的银。如某一部分感光最强，则该部分表面上的氯化银分解最多，定影后，印出来的像片，该部分也就最暗。而光线最少通过的部分，感光纸上的氯化银分解得最少，定影后，氯化银被定影剂溶解，像片印出来那一部分就最明亮。其有关化学方程式表示如下：

感光纸上氯化银的形成：

$$NaCl+AgNO_3 =\!=\!=\!= NaNO_3+AgCl\downarrow$$

曝光：

$$2AgCl \xrightarrow{\text{光}} 2Ag+Cl_2\uparrow$$

定影：

$$2Na_2S_2O_3+AgCl =\!=\!=\!= Na_3\left[Ag\left(S_2O_3\right)_2\right]+NaCl$$

四、实验过程

1. 配制溶液

（1）氯化钠溶液的配制：称取 2 g 精制食盐（如用化学纯氯化钠最好），溶于 15 mL 蒸馏水中。

（2）硝酸银溶液的配制：称取硝酸银 2 g，溶于 10 mL 蒸馏水中（最好在暗室中配制），并将溶液盛于棕色试剂瓶中。

（3）定影液的配制：称取硫代硫酸钠 6 g，溶于 100 mL 蒸馏水中。不稳定性试验。

2. 制备感光纸

用排笔蘸氯化钠溶液，均匀地涂在白道林纸上并晾干。然后在暗室中把硝酸银溶液倒入洁净的冲洗盘内，小心地把涂有氯化钠溶液的白道林纸并晾干的一面，均匀地浮浸在硝酸银溶液中，待全部均匀地浸上感光液后取出，用竹夹夹好后，挂在黑暗处晾干。待干后裁剪成一定的大小规格，贮藏在纸筒（蜡纸筒、乒乓球筒、羽毛球筒等均可）内备用。

3. 印像

在暗室中取出适当大小的自制感光纸一张，把照相底片的无光面和感光纸面重合贴紧，上下面各垫一块玻璃，两边用夹子夹紧，以防移位。然后拿出暗室，在日光下曝晒一刻钟即可。如在冬季，则曝晒 20 min。曝光后再拿回暗室，取出感光纸，并立即将它浸入定影液中，约经 5 min 后取出，再用清水冲洗，就可看到清晰的印像。经晒干后，便是一张黑白像片了。

五、注意事项

（1）用排笔涂氯化钠溶液时一定要涂得均匀。

（2）有些操作必须在暗室内进行。

六、拓展与延伸

指纹提取——硝酸银法。

汗液中 98% 以上的物质是水分，1.5% 是各种有机物或无机物，其中包括氯化钠。硝酸银与氯化钠发生化学反应，经光照后分解出银离子，从而显现出灰黑色指印。操作方法是 1%～5% 浓度的硝酸银溶液，用毛刷或棉球轻轻涂于指印上，置于阳光或灯光下曝光，待指印显现后拍照固定。显现后的指印用黑纸封存，以免因过度曝光变黑。硝酸银法对浅色纸张和本色竹木制品上的陈旧无色汗垢指印特别有效。用无水乙醇代替蒸馏水配制硝酸银溶液效果更好。在溶液中加入少量氨基比林，无须曝光即可快速显现指印。

七、问题与讨论

（1）是否可以将氯化钠溶液改换成氯化钾溶液，请说明理由。
（2）你还可以举出本实验在其他领域方面上的应用吗，写出一种即可。

实验十二　空气平均分子量的简易测定

一、实验目的

（1）掌握空气平均分子量的测定原理和方法。
（2）掌握气压计、抽气机的使用方法。

二、实验用品

带橡皮塞的输液用 1000 mL 玻璃瓶（俗称盐水瓶）、带针筒的注射器、量筒、物理天平、温度计、气压计、抽气机。

三、实验原理

对于一定量的气体，当温度、压强、体积一定时，它的物质的量也是一定的。如果知道这一定量的气体的质量，则摩尔质量就可知道，而摩尔质量在数值上等于该物质的分子量。这不仅适用于单一气体，也适用于混和气体。因此，测定空气的平均分子量也可用。

$$pv = nRT = \frac{m}{n}RT$$

$$\bar{M} = \frac{mRT}{pv}$$

四、实验过程

将输液用玻璃瓶洗净、干燥，用原来的橡皮塞塞紧瓶口，在天平上称重。再将针筒穿透橡皮塞插入瓶内，注射器筒的另一端塞一带玻璃导管的橡皮塞，导管接抽气机。装置如图 6-8 所示。抽气后，拔掉针筒再称空瓶瓶重，然后使输液瓶装满水，再用量筒量出瓶内水的体积。

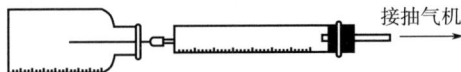

接抽气机

图 6-8　抽出玻璃瓶中的空气

测量实验室的室温和大气压，再根据公式计算空气的平均相对分子质量。

五、注意事项

（1）输液瓶一定要干燥，应尽量把输液瓶中的空气抽掉。

（2）测量瓶内水的体积，应尽量减少误差。

六、问题与讨论

（1）什么是空气平均相对分子质量？

（2）空气平均分子量和气体摩尔体积有什么区别？（空气分子的摩尔质量）

（3）干燥空气的摩尔质量是多少？

实验十三　从氯化银废液中回收银

一、实验目的

（1）掌握从氯化银废液中回收银的原理和方法。

（2）了解含银废料的回收处理方法，增强节约宝贵资源和减少浪费的环保意识。

二、实验用品

仪器：烧杯、布氏漏斗、抽气设备、蒸发皿、石棉网。

药品：氯化银废液、铁片、浓硝酸、紫铜。

三、实验原理

主要采用置换法。反应如下：

$$Fe+2HCl \Longrightarrow FeCl_2+2\ [H]$$

$$2AgCl+2\ [H] \Longrightarrow 2Ag\downarrow +2HCl$$

将所得粗银，再与硝酸反应制得硝酸银。

$$3Ag+4HNO_3 \Longrightarrow 3AgNO_3+NO\uparrow +2H_2O$$

最后再用纯铜把硝酸银中的银置换出来。

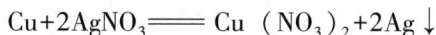

$$Cu+2AgNO_3 \Longrightarrow Cu\ (NO_3)_2+2Ag\downarrow$$

四、实验过程

1. 从氯化银中置换出银

取 1000 mL 大烧杯，盛入氯化银沉淀 200 g，将数片铁片（约 150 g）埋于氯化银中，再加浓盐酸 200 mL，使氯化银和铁片都被盐酸所淹没。然后加热至沸腾，并不断搅拌，约 1 h，白色的氯化银便被置换成灰白色的银粉。

倾去上层溶液后，用倾泻法再洗涤沉淀两次，取出残余的铁片。然后进行减压过滤，用蒸馏水洗涤银粉到无氯离子为止。将银粉抽滤干后，移入蒸发皿，放在石棉网上加热烘干，最后即得灰白色无光泽的粗制银粉。

2. 粗银粉的提纯

在 1000 mL 的大烧杯中盛入浓硝酸 90 mL 和蒸馏水 90 mL，放进通风橱中，分六次加入粗银粉 120 g。当加入粗银粉后，便有大量二氧化氮气体产生，还会有泡沫上升，用玻璃棒进行搅拌，使银粉溶解，到反应很慢时，再加第二批。把全部粗银粉加完后，待反应很慢时，再放到石棉网上加热半小时，搅拌，直到银粉不再溶解为止（如反应剧烈，应随即移去火焰）。再把制得的硝酸银溶液用 300 mL 蒸馏水稀释，并进行过滤。滤渣中还有残余银粉，可再加适量的浓硝酸和等量的水，加热，使它全部溶解。用水稀释后进行过滤，用蒸馏水洗涤后滤入同一容器。

将上面制得的硝酸银滤液，再用新鲜蒸馏水稀释成 2000 mL，然后加入紫铜，铜表面会出现羽毛状的、有光泽的银灰色银粉。静置一夜后，银粉几乎都被置换出来，搅拌后，银粉全部沉淀，小心地倾去上层的硝酸铜溶液，检出残剩的铜，用蒸馏水洗涤两次，再进行减压过滤，反复用蒸馏水洗涤，直到不再有铜离子。然后进行抽滤，用不锈钢刀沿漏斗内壁划一深沟，倒转漏斗，使斗口对准蒸发皿，用嘴从斗柄口吹气，银粉便落到蒸发皿内。再将滤纸上及漏斗内的残余银粉都刮入蒸发皿内，放在石棉网上加热烘干，即得到有光泽的银灰色的纯银粉。

五、注意事项

（1）铁片不宜太薄，否则反应后剩余的铁屑就不易检出，也不要用铁钉、铁块，它们与盐酸的接触面积小、反应较慢。

（2）紫铜最好用粗铜丝，否则反应后剩余的铜丝也不易检出。

（3）用铜丝置换时，硝酸银的浓度不能太大，浓度太大，银粉中将夹杂铜离子，不易洗净，一般浓度不超过 5%。

六、拓展与延伸

氯化银是一种化学化合物，通常用于各种应用，包括摄影、医药和净水。当氯化银不再需要或成为废物时，可以通过回收过程进行回收。

回收氯化银包括几个步骤。

收集和分离：第一步是收集氯化银，并将其与可能存在的其他物质分开。这一点很重要，因为它有助于确保以高效和安全的方式处理氯化银。

去污：一旦收集了氯化银，就对其进行清洗，以去除可能影响回收过程的任何污染物。包括清除污垢、油脂、油和任何其他可能存在的物质。

化学还原：下一步是将氯化银转化为元素银。这通常是通过化学还原过程完成的，该过程涉及添加还原剂，如锌或锡。

银的沉淀：化学还原过程形成金属银，然后从溶液中析出。可以使用各种方法来完成，包括过滤、离心法和倾倒法。

回收银的提纯：一旦银被沉淀，就会被提纯以去除可能存在的任何杂质。包括去除还原过程中使用的任何残留化学品，以及可能存在的任何其他污染物。

熔化和铸造：提纯的银随后被熔化并铸造成新产品或作为废金属出售。

回收氯化银是一个重要的过程，因为它节约了宝贵的资源，并减少了与开采和精炼新银相关的环境影响。它还确保以环境友好和成本效益高的方式回收银。此外，氯化银的回收有助于减少使用氯化银的各种行业产生的废物量，可对环境产生积极影响。

七、问题与讨论

（1）除了本实验将氯化银废液转化为银的方法，还有哪些更经济、环保的方法？

（2）氯化银是白色粉末，为什么生活中见到的却是黑色粉末？写出相关化学方程式。

（3）从哪里可以得到氯化银废液？

实验十四　从废定影液提取金属银和制取硝酸银

一、实验目的

（1）了解废定影液提取金属银和制取硝酸银的原理和方法。

（2）树立节约资源、变废为宝的意识。

二、实验用品

仪器：烧杯、坩埚、铁架台（带铁圈）、三角架、酒精喷灯。

药品：废定影液（从照相馆中取得）、锌片、盐酸（或硫酸）、硝酸。

三、实验原理

用定影液（硫代硫酸钠）除去底片和相片上没有感光部分的卤化银（一般为溴化银）时，形成可溶性的硫代硫酸银络离子。硫代硫酸银络离子在酸的作用下，能转化为不溶性的硫化银。硫化银经煅烧便可还原出金属银来。如用硝酸来溶解硫化银，则生成硝酸银。溶液中尚有少量的卤化银，可用锌把银还原出来。它们的反应如下：

（1）定影液的作用：

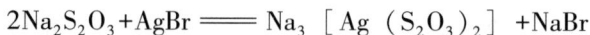
$$2Na_2S_2O_3 + AgBr = Na_3[Ag(S_2O_3)_2] + NaBr$$

（2）酸与定影液的作用：

$$6HCl + 2Na_3[Ag(S_2O_3)_2] = 2H_3[Ag(S_2O_3)_2] + 6NaCl$$

$$2H_3[Ag(S_2O_3)_2] = 3H_2S_2O_3 + Ag_2S_2O_3$$

$$3H_2S_2O_3 = 3H_2O + 3SO_2\uparrow + 3S\downarrow$$

$$Ag_2S_2O_3 + H_2O = Ag_2S\downarrow + H_2SO_4$$

总反应式为：

$$6HCl + 2Na_3[Ag(S_2O_3)_2] = 6NaCl + Ag_2S\downarrow + 3S\downarrow + 3SO_2\uparrow + H_2SO_4 + 2H_2O$$

（3）锌与废定影液中少量卤化银的作用：

$$Zn+2AgBr \Longrightarrow ZnBr_2+2Ag\downarrow$$

（4）硫化银煅烧还原成银：

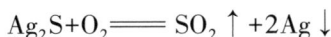

$$Ag_2S+O_2 \Longrightarrow SO_2\uparrow+2Ag\downarrow$$

（5）硫化银溶于硝酸生成硝酸银：

$$3Ag_2S+8HNO_3（稀）\Longrightarrow 6AgNO_3+2NO\uparrow+3S\downarrow+4H_2O$$

（6）银和硝酸反应生成硝酸银：

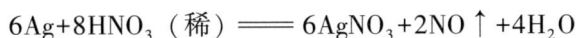

$$6Ag+8HNO_3（稀）\Longrightarrow 6AgNO_3+2NO\uparrow+4H_2O$$

$$Ag+2HNO_3（浓）\Longrightarrow AgNO_3+NO_2\uparrow+H_2O$$

四、实验过程

在大烧杯中放置 500 mL 废定影液（最好用照相馆中的废定影液，一般含银可达 0.4% 左右），加 6M 的盐酸，直到无气体和沉淀产生，边加边搅拌，并投入锌片，加热煮沸，数分钟后，烧杯底部有黑褐色的沉淀，此沉淀即为含银的硫化银沉淀。过滤后，用清水洗涤沉淀；干燥后，放在坩埚中用酒精喷灯灼烧（开始时先用温火）；几分钟后，有熔融的液态银出现，冷却后即得小的银粒。如将滤得的硫化银（一般称为"银泥"）不用煅烧处理，可加硝酸，使"银泥"完全溶解；如用稀硝酸处理，开始时稍微加热即能溶解，所得的溶液即是硝酸银溶液。如要制得硝酸银晶体，则须加热，使它浓缩成过饱和溶液。然后让它自然冷却，硝酸银晶体析出后，剩下的溶液可留待下次继续制取硝酸银用。

五、注意事项

由于反应中有刺激性气体（NO、NO$_2$、SO$_2$ 等）产生。所以反应要在通风橱或通风良好的环境中进行。

六、拓展与延伸

废定影液含银量一般在 ω（质量分数）= $1\times10^{-4} \sim 1.5\times10^{-3}$，回收意义很大。从废定影液回收银的方法很多。比如，电解法、金属锌置换法、连二亚硫酸钠（保险粉）还原法、硫化钠沉淀法等。其中硫化钠沉淀法比较简单。

七、问题与讨论

（1）废定影液的主要成分是什么？
（2）硫化钠沉淀法回收银的主要反应有哪些？

实验十五　胃舒平中氢氧化铝的检验

一、实验目的

（1）了解胃舒平中氢氧化铝的检验原理。

（2）掌握两性氢氧化物的鉴定方法。

二、实验用品

仪器：研钵、试管、锥形瓶、pH 试纸。
药品：胃舒平药片、盐酸、氢氧化钠、茜素试剂、浓氨水。

三、实验原理

胃舒平是一种常用的治胃病药物，它的主要成分是氢氧化铝，氢氧化铝具有两性的特点，利用此特点，可以检验胃舒平中的主要成分是氢氧化铝。

四、实验过程

取胃舒平 2 片，放在研钵中把它研成细粉，并移入大试管。加入 20%的盐酸溶液，边滴边振荡，直到样品几乎全部被溶解为止。过滤，把少量不溶物质滤去，然后把滤液移到锥形瓶中，再滴加 20%的氢氧化钠溶液，直到用 pH 试纸测定溶液呈中性时为止。这时就有白色絮状沉淀产生，这絮状沉淀即为氢氧化铝。继续滴加氢氧化钠溶液，则白色絮状沉淀又被溶解。

还可进一步用特殊试剂来检验 Al^{3+} 的存在，方法是在上述胃舒平的盐酸溶液中，滴入 1%的茜素试剂 1~2 滴，再加入浓氨水，使溶液呈微碱性，溶液即呈现出玫瑰红色，这就是有 Al^{3+} 存在的证明。

五、注意事项

（1）所用盐酸必须纯净，滴加量为样品正好溶解为止；如过量了，以后碱液用量就要增加。

（2）滴加氢氧化钠溶液时，必须边加边振荡，速度不应过快，一定要经过所得的絮状沉淀不再溶解的过程，然后滴加一、二滴氢氧化钠溶液，沉淀即能溶解，这样过程才比较明显。

六、拓展与延伸

胃舒平通用名：复方氢氧化铝。本品有中和胃酸，减少胃液分泌和解痉止疼作用。用于胃酸过多、胃溃疡及胃痛等。胃舒平是由能中和胃酸的氢氧化铝和三硅酸镁两药合用，并组合解痉止痛药颠茄浸膏而成。其中的氢氧化铝不溶于水，与胃液混合后形成凝胶状，覆盖了胃黏膜表面。具有缓慢而持久的中和胃酸及保护胃黏膜的作用，但由于中和胃酸时产生的氯化铝具有收敛的作用，可引起便秘。三硅酸镁中和胃酸的作用机理与氢氧化铝类同，同样可于胃内形成凝胶，中和胃酸和保护胃黏膜。但由于其中不被吸收的镁离子起了轻泻作用，对于去除氢氧化铝的便秘副作用，可谓"正中下怀"，两药组合，相得益彰。至于颠茄浸膏则具有解痉止痛的作用。本品应饭前服用或胃痛发作时嚼碎服用。

七、问题与讨论

（1）写出本实验涉及的化学反应方程式？

（2）胃痛患者能否大量服用胃舒平，导致的后果有哪些？

实验十六　为铝制品着彩衣

一、实验目的

（1）了解铝制品着彩衣的原理与方法。
（2）认识化学对美化生活的作用与意义。

二、实验用品

仪器：玻璃电解槽（或用大烧杯代替）、小烧杯、酒精灯、低压电源、石墨电极、铝片。

药品：10%氢氧化钠溶液、20%硫酸溶液、红药水、紫药水、甲基橙、茜素红、亚铁氰化钾、硫酸铁。

三、实验原理

光滑的铝片表面不能染色，如把铝片或铝制品作阳极、石墨作阴极，在硫酸溶液里电解，就会在铝片表面生成一层多孔性的氧化膜。由于多孔，因而有较强的吸附能力，也就可以用来吸附各种颜料或染料，使铝制品染上各种美丽的色彩。如果要使颜色不褪，还可进行封闭处理，使颜料或染料封闭在铝表面的孔隙中。

四、实验过程

1. 电解前的准备

在空电解槽里，先把铝阳极和石墨阴极的位置试装好，使阳极和阴极之间的距离约为 2 cm。把两片铝片阳极并联在直流电源（12~16 V）正极上，把石墨阴极接在电源的负极上。试装好后取出铝片，并向电解槽内倒入 20%的硫酸溶液，直至浸没电极为度（图6-9）。

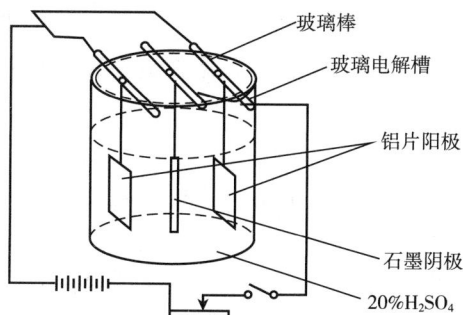

图 6-9　铝的阳极氧化装置图

2. 阳极氧化（图 6-9）

先用去污粉擦洗铝片表面的油污，并用清水冲洗干净，然后浸入加热到 60℃ 左右的 10% 氢氧化钠溶液中约半分钟，反应剧烈，放出大量氢气。用镊子迅速取出铝片，浸在热水里，再用镊子夹住棉花，在水里擦试铝片表面，最后再移浸至热的蒸馏水里冲洗，以彻底洗去铝片上的碱液。把洗去碱液的铝片迅速装在电解槽的玻璃棒支架上，立即接通电源，进行阳极氧化，电流强度保持在 6.5 A 左右，由于电流强度较大，电解槽温度会迅速升高，因此，要注意将温度维持在 10~20℃。通电半小时后，即可从电解槽内取出铝片，切断电路。

3. 铝片的染色

把氧化过的铝片放在清水里冲洗，先用 1% 的氨水进行中和，再用清水反复冲洗。把冲洗过的铝片剪成几块，分别放入盛有下列 80℃ 左右的溶液中浸泡 3~5 min，即能染上各种颜色。

（1）红药水中——红色。
（2）紫药水中——紫色。
（3）甲基橙溶液中——橙色。
（4）茜素红溶液中——红色。

还可把铝片先浸在亚铁氰化钾溶液里，10 min 后取出，用清水冲洗，再放到硫酸铁溶液中浸泡 10 min，即可染成普鲁士蓝色。如发现蓝色不理想，还可反复处理几次。

4. 封闭处理

染色后的铝片经洗清后，应及时进行封闭处理，即重新排列氧化铝膜层，使电解所生成的无水氧化铝分子水化成水合氧化铝，这样，均匀致密的水合氧化铝膜覆盖在所染上的颜料或染料上面，能起到保护作用。封闭的方法，只要把已染上颜色的铝片，放在沸水中煮沸 5 min，或在 60~80℃ 温度下烘干即可。如所用的是有机染料，用水煮为好，如用无机颜料，则用烘干法较好。

五、注意事项

（1）电解前，铝片一定要洗得非常干净，不能有一点油污。最后一定要用蒸馏水冲洗，以防带入氯离子和其他离子，损坏氧化膜层。

（2）电解时，如电解液温度升得过高，可加冷电解液或把电解槽浸在冷水里。

（3）染色成功的关键是氧化膜的厚度，氧化膜越厚，染色效果越好。

六、问题与讨论

（1）能否用氢氧化钠溶液作为电解液进行阳极氧化？
（2）如何得到绿色的铝衣？
（3）如何保证电解得到的氧化膜厚度适中？

实验十七　蓝黑墨水的配制

一、实验目的

（1）了解蓝黑墨水的配制的制备原理和方法。

（2）了解蓝黑墨水的用途。

二、实验用品

仪器：烧杯、玻璃棒、量筒。

药品：鞣酸（单宁酸）、没食子酸、绿矾、墨水蓝（或靛蓝）、阿拉伯胶、硫酸、苯酚。

三、实验原理

蓝墨水中的蓝色，是一种具有可溶性的蓝色染料，日久后容易褪色，为了防止褪色，加入鞣酸和没食子酸后，就能使墨水中蓝色逐渐变成蓝黑色。没食子酸的作用与鞣酸一样，但颜色可比用鞣酸更深，只是溶解性比鞣酸小、价格比鞣酸贵，故两者都用。

没食子酸和鞣酸都能和硫酸亚铁作用，生成没食子酸亚铁和鞣酸亚铁，它们的亚铁盐在空气中逐渐氧化后，变成黑色的没食子酸铁和鞣酸铁。这种铁盐不溶于水，因而就沉淀在纸上的细孔中，并且附着很牢，不易被水冲洗掉，这就是蓝黑墨水由蓝变黑的原因。

阿拉伯胶和硫酸在墨水中的作用，主要是防止墨水时间久后发生沉淀现象。苯酚则起防腐剂的作用。

四、实验过程

先配制鞣酸、没食子酸、绿矾、墨水蓝（或靛蓝）及阿拉伯胶五种水溶液，然后把五种溶液混和搅拌，再加硫酸和苯酚各两滴，即成蓝黑墨水。

各种溶液的配制法。

（1）取鞣酸 0.8 g，溶于 15 mL 水中。

（2）取没食子酸 0.5 g，溶于 15 mL 水中。

（3）取绿矾 1 g，溶于 10 mL 水中。

（4）取阿拉伯胶 0.5 g，溶于 5 mL 水中。以上四种，如有沉淀必须过滤。

（5）取墨水蓝 0.2 g，溶于 5 mL 水中。如用五倍子代替鞣酸，则需用 3 g 五倍子研细后，溶于 20 mL 水中，加热煮沸 5 min，过滤，取其溶液。

五、注意事项

所用的墨水蓝染料必须具备水溶性大、色泽鲜艳、在水中不易分解等条件。

六、拓展与延伸

蓝黑墨水的几种不同配方见表6-5。

表6-5　蓝黑墨水的几种不同配方

配方	鞣酸/g	没食子酸/g	绿矾/g	阿拉伯胶/g	硫酸/g	苯酚/g	染料/g	水/mL
1	12.5	4	15	5	1.5	0.5	2.5	500
2	11.5	7.3	15	5	2.5	0.5	2.5	500
3	24	50	50	21	2.5	5	15	500
4	8	2	7	2	1	2.5	2	500

七、问题与讨论

（1）蓝黑墨水变黑持久不褪的原因是什么？

（2）为什么正式文件或银行的存款和取款单上，要求用蓝黑墨水书写？

（3）除了用苯酚作为防腐剂，还可以用什么作为防腐剂？

实验十八　自制晒图纸和晒制蓝图

一、实验目的

（1）学习晒图纸和晒制蓝图的原理和方法。

（2）领悟化学之趣，造福人类的社会价值。

二、实验用品

仪器：烧杯、棕色试剂瓶、洗相盆、排笔、竹夹子、白道林纸、铁夹。

药品：赤血盐、柠檬酸铁铵、稀盐酸。

三、实验原理

　　一般的三价铁盐溶液和赤血盐（铁氰化钾）相混和，产生褐绿色溶液。如果柠檬酸铁铵遇到日光，则被还原成亚铁盐。赤血盐遇到亚铁盐，立即产生所谓滕氏蓝沉淀。晒图纸就是在纸上涂有赤血盐和柠檬酸铁铵的混和液。当曝光时，图纸上受光的部分即未被线条或图像遮住的部分，柠檬酸铁铵中的三价铁被还原成二价铁，遇水就产生滕氏蓝沉淀。未受光的部分，纸上的盐类仍为可溶性的，便溶解在水中，结果纸仍为白色，这样便可得到清晰的蓝底白色的图样。

　　有关化学方程式如下：

$$Fe_2(NH_4)_3(C_6H_5O_7)_3 \xrightarrow{\text{日光}} 2Fe(NH_4)(C_6H_5O_7) + NH_3\uparrow + 3CO_2\uparrow + (CH_3)_2CO$$

四、实验过程

1. 配制溶液

柠檬酸铁铵和赤血盐的混和液配方有多种，现介绍三种供选用（表6-6）。

表6-6　晒图液的几种配方

用量	配方1	配方2	配方3
柠檬酸铁铵（甲液）/g	10	15	10
赤血盐（乙液）/g	8	7.5	10
蒸馏水/mL	100	100	100

以上药品须分别溶解在水的总量的一半中，并保存在棕色试剂瓶中，使用时再混和。

2. 制备晒图纸

把表6-6中甲、乙两种溶液，取等量于烧杯中混和均匀，然后用干净的排笔在暗室中蘸着混和溶液，均匀地涂在白道林纸上，涂时注意不要把药液涂得太多。如有排笔上的掉毛，不要使它留在纸上。涂好后，用竹夹子在纸边上夹起并悬挂在没有灰尘的暗处，凉干后即成晒图纸。晾干的晒图纸呈青铜色，如把它密封起来，不使其透光和受潮，可保存半年有效。

3. 晒制蓝图或印蓝像

将预先画好的半透明描图纸上的工程图或无霉斑的照相底片，在暗处平铺在晒图纸上，上下两面用同样大小的玻片贴紧，使药面向上。再用铁夹子把玻片夹紧，使图纸或照像底片与晒图纸不能移位。然后放在日光下曝晒，如在夏季，上午10时到下午3时之间仅需晒8 min即可；如在冬季，约晒15 min。无阳光时，可用投影幻灯作光源。曝光后，再到暗处用清水洗涤，约10 min，即有图像出现。取出后再用清水漂洗一次，最后在滴有几滴盐酸的水中漂洗，再用清水冲洗。然后用夹子把图纸悬挂在绳上，晾干后即成。

4. 蓝图调色

（1）制棕色图像：把印好的蓝色图像浸没在稀氨水中，则图像的颜色会立即消失。用清水洗涤后，再浸在鞣酸的稀溶液或冷的浓茶中，就可使图像的颜色由原来的蓝色转变为棕色或棕紫色。

（2）制紫色图像：把印好的蓝色图像浸没在硼砂的溶液或醋酸铅溶液中，可使图像的颜色由蓝色变为淡紫色。

（3）制绿色图像：把印好的蓝色图像浸没在经硫酸酸化过的硫酸亚铁溶液中，可使图像的颜色变为绿色。

五、注意事项

（1）制晒图纸时，使用的排笔一定要干净，涂在纸上的溶液一定要厚薄均匀，否则晒出图的颜色也不均匀。

（2）图纸或照相底片一定要和晒图纸贴紧，否则晒出的图线条不清晰。

六、拓展与延伸

蓝图在工业上指"蓝图纸",尤指完成图像复制后的晒图纸,蓝图就是一种复制图。蓝图是由原图晒印而成,一般为蓝底白线或白底蓝线,供工程设计施工或地图绘制之用。电脑、打(复)印机的发展使工程设计图纸产品白图替代蓝图成为一种趋势,蓝图的使用数量逐渐减少。但蓝图通常意味着不能修改、已经定稿,打印的图纸,修改不容易被发现,而蓝图上修改就很容易被发现。其次蓝图是晒出来的,与其他物体相接触时,线条不会因磨耗而错位,另外,还有防虫、防腐功能,保存时间很久。从成本方面来说,建筑图纸与机械设备图纸用量很大而且会有很多批次,还要备份。一般打印一张 A0 白图图纸要 12 元,而晒一张才 4 元,所以成本也很划算。目前仍有部分场合还在使用蓝图。

七、问题与讨论

(1)写出赤血盐与柠檬酸亚铁铵反应的化学方程式。
(2)试写出棕色图像、紫色图像、绿色图像涉及的化学反应原理。

实验十九　钢铁制品表面的发蓝试验

一、实验目的

(1)了解钢铁制品表面的发蓝用途。
(2)掌握钢铁制品表面的发蓝的工艺流程与基本原理。

二、实验用品

仪器:烧杯、铁片(铁钉或缝衣针)。
药品:氢氧化钠、亚硝酸钠、硝酸钠、盐酸、肥皂、锭子油、铁粉、硫酸铜。

三、实验原理

钢铁制品容易发生锈蚀。发蓝是用化学方法,把钢铁制品放在热的氧化性溶液中煮沸一定时间,使钢铁制品表面形成一层致密的、由磁性氧化铁组成的黑色和蓝黑色的氧化膜,这层氧化膜具有较强的抗腐蚀能力。有关化学方程式表示如下:

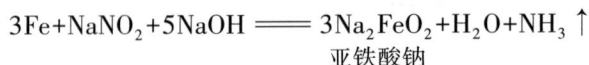

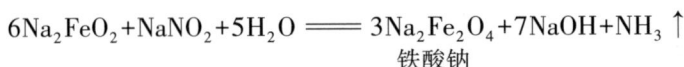

$$3Fe+NaNO_2+5NaOH == 3Na_2FeO_2+H_2O+NH_3\uparrow$$
$$亚铁酸钠$$

$$6Na_2FeO_2+NaNO_2+5H_2O == 3Na_2Fe_2O_4+7NaOH+NH_3\uparrow$$
$$铁酸钠$$

$$Na_2FeO_2+Na_2Fe_2O_4+2H_2O == Fe_3O_4+4NaOH$$

四、实验过程

1. 配制发蓝溶液

先把 30 g 氢氧化钠溶于有 30 mL 水的烧杯中，再慢慢地加入 9 g 亚硝酸钠和 5 g 硝酸钠，使之溶解，再加水到 50 mL。然后再加入一些纯净的铁粉，并加热至沸腾，这时温度可达到 138~150℃。

2. 钢铁制品表面的预处理

把几枚缝衣针（或铁钉、铁片）表面的油污、锈斑处理干净。一般用 10% 的碱液在 80℃ 浸 10 min 取出，用清水洗涤即可除油，然后再用盐酸除锈。

3. 发蓝

把缝衣针（或铁钉、铁片）浸入煮沸的发蓝液中约半小时取出后，在表面上即有一层蓝黑色的氧化膜。

4. 后处理

把经过发蓝处理的缝衣针（或铁钉、铁片），浸入冷水中漂洗，再浸入热水中漂洗，以洗去表面沾有的发蓝液。取出后，浸入 3%~5% 的热肥皂水中（80~90℃）5 min 左右，然后再用冷水和热水分别冲洗一次，最后浸在 105~110℃ 的锭子油中处理 5~10 min，取出后放置 10 min，使沾着的油液流净后再擦干表面即可。

经过这样处理的钢铁制品表面呈蓝黑色而且均匀致密。

五、注意事项

（1）在发蓝处理前，钢铁制品的表面一定要洗净。

（2）如要检验发蓝是否有防护作用，可把经发蓝处理过的制品浸入 2% 硫酸铜溶液中，在室温下浸半分钟后取出，观察表面是否有红色的铜析出，如没有铜析出，则发蓝有效。

六、拓展与延伸

为了提高钢件的防锈能力，用强的氧化剂将钢件表面氧化成致密、光滑的四氧化三铁。这种四氧化三铁薄层能有效地保护钢件内部不受氧化。在高温下，约 550℃ 氧化成的四氧化三铁呈天蓝色，故称发蓝处理。在低温下，约 350℃，形成的四氧化三铁呈暗黑色，故称发黑处理。在兵器制造中，常用的是发蓝处理；在工业生产中，常用的是发黑处理。生产实践经验证明，要获得光亮、致密的四氧化三铁膜层，氧化溶液中亚硝酸钠与氢氧化钠的比例要保持在 1∶3~1∶3.5。

七、问题与讨论

（1）为什么配制发蓝溶液要加入一些纯净的铁粉？
（2）为什么后处理要用肥皂水溶液在一定温度下浸泡工件？
（3）正常的发蓝溶液是白色，如果溶液呈红色或棕色说明什么？如果溶液呈绿色说明什么？

实验二十　钢铁表面的磷化处理

一、实验目的

（1）了解钢铁表面磷化的概念与用途。
（2）掌握钢铁表面磷化的基本原理和方法。

二、实验用品

仪器：烧杯、酒精灯、石棉网、铁架台（带铁圈）、镊子。
药品：铁片、磷酸二氢锌、硝酸锌、氢氧化钠、盐酸、酒精、脱脂棉。

三、实验原理

钢铁制品或零件经磷酸盐溶液浸泡后，工件表面能形成一层不溶于水的磷酸盐薄膜，其厚度超过发蓝的厚度，所以它的抗腐蚀能力也比发蓝强。磷化膜具有松孔的特点，它与油漆有较高的结合力。其反应原理如下：

磷酸二氢锌溶于水后能产生磷酸：

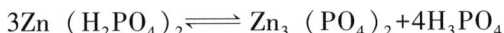

$$3Zn(H_2PO_4)_2 \rightleftharpoons Zn_3(PO_4)_2 + 4H_3PO_4$$

经过表面清洗的钢铁工件放入磷化液后，铁与磷酸发生反应：

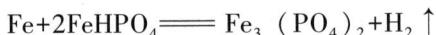

$$Fe + 2H_3PO_4 = Fe(H_2PO_4)_2 + H_2 \uparrow$$
$$Fe + Fe(H_2PO_4)_2 = 2FeHPO_4 + H_2 \uparrow$$
$$Fe + 2FeHPO_4 = Fe_3(PO_4)_2 + H_2 \uparrow$$

在工件和溶液的接触面，生成的磷酸盐晶体便沉积在铁的表面，形成不溶于水的磷化膜。硝酸盐有促进钢铁表面氧化、加速铁的溶解、使磷化膜形成更快的作用。

四、实验过程

1. 磷化液的配制

称取磷酸二氢锌晶体（$Zn(H_2PO_4)_2 \cdot 2H_2O$）55 g、硝酸锌晶体（$Zn(NO_3)_2 \cdot 6H_2O$）120 g 分别溶于适量的水中，如不溶解可加热，使溶解均匀，成为 1 L 混和溶液。

2. 工件表面的清洗

把铁片表面的油污、锈斑处理干净。一般用 10% 的碱液在 80℃ 浸 10 min 取出，用清水洗涤即可除油，然后再用盐酸除锈。

3. 磷化

磷化要在 70~80℃ 的温度下进行。把磷化液放在酒精灯上加热到 70~80℃，然后把铁片投入，15 min 后取出，用清水洗净、擦干，表面应呈浅灰色。

4. 磷化质量的检查

用硫酸铜点滴法，先配溶液（表 6-7）。

表 6-7　溶液配制表

溶液	体积/ mL
0.5 M CuSO$_4$	40
10%NaCl 溶液	20
0.1 M 盐酸	0.8

将以上三种溶液均匀混合，形成磷化质量检查液。

检查过程：先用脱脂棉沾酒精擦拭磷化工件的表面，酒精挥发后，在零件表面滴上几滴试液，试液的颜色从天蓝色变成土黄色的时间，在 1 min 以上为合格。

五、注意事项

（1）磷化前一定要把铁件清洗干净。

（2）配磷化液时，磷酸盐的质量包括结晶水在内，不必扣除。

（3）有的工厂为了使磷化膜均匀致密，还在磷化液中加入相当于溶液量 0.2% 的碱式碳酸铜。

六、拓展与延伸

磷化是常用的前处理技术，原理上应属于化学转换膜处理，主要应用于钢铁表面磷化，有色金属（如铝、锌）件也可应用磷化。

磷化是一种化学与电化学反应形成磷酸盐化学转化膜的过程，所形成的磷酸盐转化膜称为磷化膜。

磷化的目的主要是：给基体金属提供保护，在一定程度上防止金属被腐蚀；用于涂漆前打底，提高漆膜层的附着力与防腐蚀能力；在金属冷加工工艺中起减摩润滑作用。

磷化质量影响因素有以下几方面。

1. 温度

温度越高，磷化层越厚，结晶越粗。

温度越低，磷化层越薄，结晶越细。

但温度不宜过高，否则 Fe^{2+} 易被氧化成 Fe^{3+}，加大沉淀物量，溶液不稳定。

2. 游离酸度

游离酸度指游离的磷酸。其作用是促使铁的溶解，以形成较多的晶核，使膜结晶致密。

游离酸度过高，则与铁作用加快，会大量析出氢，令界面层磷酸盐不易饱和，导致晶核形成困难，膜层结构疏松多孔，耐蚀性下降，令磷化时间延长。

游离酸度过低，磷化膜变薄，甚至无膜。

3. 总酸度

总酸度指磷酸盐、硝酸盐和酸的总和。总酸度一般以控制在规定范围上限为好，有利于加速磷化反应，使膜层晶粒细，磷化过程中，总酸度不断下降，反应缓慢。

总酸度过高，膜层变薄，可加水稀释。

总酸度过低，膜层疏松粗糙。

4. pH 值

锰系磷化液一般控制在 2~3，当 pH>3 时，工件表面易生成粉末。当 pH<1.5 时难以成膜。铁系一般控制在 3~5.5。

5. 离子浓度

溶液中 Fe^{2+} 极易氧化成 Fe^{3+}，导致不易成膜。但溶液中 Fe^{2+} 浓度不能过高，否则，形成的膜晶粒粗大，表面有白色浮灰，耐蚀性及耐热性下降。

Zn^{2+} 的影响，当 Zn^{2+} 浓度过高，磷化膜晶粒粗大、脆性增大，表面呈白色浮灰；当 Zn^{2+} 浓度过低，膜层疏松变暗。

6. 工件表面状态

金属工件表面状态对磷化质量影响较大，即使是同一磷化工艺、同一磷化制剂，同一工件不同部位的磷化膜质量也可能相差较大，这就是因为工件表面状态差异所致。一般来说，高、中碳钢和低合金钢容易磷化，磷化膜黑而厚，但磷化膜结晶有变粗的倾向，低碳钢磷化膜结晶致密、颜色较浅，若磷化前进行适当酸洗，可有助于提高磷化膜质量，冷轧板因其表面有硬化层，磷化前最好进行适当的酸洗或表调，否则膜不均匀、膜薄、耐蚀性低。

7. 水质

磷化后用水冲洗磷化膜的作用是去除吸附在膜表面的可溶性物质等，以防止涂抹在湿热条件下起泡、脱落，提高涂膜附着力、耐腐蚀性，通过对一同磷化膜分别采用去离子水、下水道水、车间排放水冲洗实验得知其耐蚀性、柔韧性逐个降低。对于要求较严的阴极电泳涂装，最好在涂装前采用去离子水处理。

8. 涂装前处理

脱脂对磷化的影响：优质的磷化膜只有在去油污除彻底的工件表面才能形成，因为油污残留在工件表面，不仅会严重阻碍磷化膜的生长，而且会影响涂膜的附着力、干燥性能、耐腐蚀性能等。

除锈对磷化膜的影响：磷化膜不能在锈层或氧化皮上生长，所以彻底除锈是磷化的必要条件。但除锈时间不能过长。否则易出现过腐蚀，工件表面粗糙导致结晶粗大多孔、沉淀增多。除锈时间过短，工件表面活化不够，同样使磷化膜结晶粗大。所以控制好除锈时间对获得密集活化点，形成致密的磷化膜有着重要的作用。

脱脂后水洗对磷化的影响：脱脂后水洗虽然属于涂装前处理的辅助工序，但同样需要引起足够的重视，这是因为若有清洗不彻底，很容易将脱脂槽中的不易洗净的表面活性剂及杂质离子带入磷化槽液中，从而使磷化膜变薄、返黄，甚至引起涂装后起泡、脱落。因此，建议采用多级水洗，并控制最后清洗水的 pH 值接近中性。另外，选用不含 NaOH、$NaCO_3$、难洗净的界面活性剂的脱脂剂。

对于水洗水的总碱度（TAL）、pH 值、温度、时间都需要严格控制：TAL 太高和 pH 值太高，易带入表调槽引起表调液总酸度过高不易于管理，带入磷化槽内使游离酸度（FA）下降太快，导致槽液不稳定；pH 值太低和时间太长，钢铁在水洗过程中易产生锈蚀，生成的磷化膜结晶粗大、耐腐蚀性降低、膜重超标，在连续线上，由于链速已定，所以清洗时间不可能改变，只能在清洗水中加入碱，提高清洗水 pH 值至 9.0~9.5，另可加

入一定量的 $NaNO_2$，以防止钢铁件生锈。清洗水温度过高，钢铁件易锈蚀，需加大补给水的流量，降低脱脂剂槽液的处理温度；清洗水温度过低，脱脂剂清洗效果不能保证，清洗水温度一般在 10~35℃ 范围内比较好。

表调对磷化的影响：表调又称表面调整，通过调整，可以改善工件表面的微观状态，从而改善磷化膜外观。结晶细小、均匀、致密，进而提高涂膜性能。现代表调基本上都是胶体钛盐表调，对已表调液也需严格控制总碱度（TAL）、温度、pH 值、钛含量，TAL、pH 值高易使磷化槽 FA 下降过快；温度过高，易导致工序间件表面干燥；钛含量过低表调效果不好，钛含量太高，磷化膜不易生成，膜重不达标。

钝化对磷化的影响：磷化后的钝化封闭可以提高磷化膜单层的防锈能力，同时也可以改善磷化膜的综合性能，但钝化液含铬，废水处理困难，一般不采用。

七、问题与讨论

（1）硝酸锌为什么有促进钢铁表面氧化，加速铁溶解的作用？
（2）钢铁磷化的目的是什么？
（3）影响磷化质量的因素有哪些？

实验二十一　几种同分异构体的鉴别

一、实验目的

（1）学会用化学方法鉴别几种同分异构体。
（2）进一步理解同分异构体的性质差异。

二、实验用品

仪器：试管。
药品：1-丁醇、2-丁醇、重铬酸钾、硫酸、乙醚、金属钠。

三、实验原理

化合物具有相同的分子式，但具有不同结构的现象，叫做同分异构现象。具有相同分子式而结构不同的化合物互为同分异构体。很多同分异构体有相似的性质。在有机化学中，同分异构体可以是同类物质（含有相同的官能团），也可以是不同类物质（所含官能团不同）。具体可以分为两大类：类别异构和结构异构。许多同分异构体有着相同或相似的化学性质。同分异构现象是有机化合物种类繁多、数量巨大的原因之一。

四、实验过程

1. 丁醇羟基位置异构的实验
在两个试管中分别注入5%的重铬酸钾溶液和10%的硫酸溶液各 5 mL，然后在两个试管中分别注入 1-丁醇和 2-丁醇各 1 mL，轻轻振荡试管并置于 40~50℃的水中进行水浴。

因为 1-丁醇比 2-丁醇容易氧化（1-丁醇氧化为丁酸、2-丁醇氧化为甲乙酮），所以在盛有 1-丁醇的试管里，由橙色变成绿色的速度快，仅 1 min 就能出现变化；而盛 2-丁醇的试管里，从橙色变为绿色的速度慢，要经过 2 min 才能观察出来。

2. 正丁醇与乙醚官能团异构的实验

在两只试管中分别注入正丁醇和乙醚各 5 mL，然后在两个试管中分别加入绿豆大小的一块新切的金属钠（用滤纸吸掉表面的煤油、刮掉氧化物），看哪一管有气体产生。对有气体产生的那管，用拇指按住管口，等一会后，在试管口点火，可听到爆鸣声，证明有氢气产生，说明试管内原来是正丁醇。而放乙醚的试管无上述现象，说明乙醚中没有羟基官能团，从而可鉴别出正丁醇和乙醚。

五、注意事项

（1）重铬酸钾溶液不慎滴到手上，应用大量水冲洗。
（2）乙醚易燃，注意防火。

六、问题与讨论

（1）写出 1-丁醇和 2-丁醇分别与重铬酸钾在酸性条件下的反应方程式。
（2）为什么乙醚不与金属钠反应，而正丁醇能与之反应？

实验二十二　豆腐中钙质和蛋白质的检验

一、实验目的

（1）掌握豆腐中钙质和蛋白质的检验原理和方法。
（2）进一步理解豆腐作为优质植物蛋白的营养功能，养成健康饮食习惯。

二、实验用品

仪器：烧杯、漏斗、滤纸、铁架台（带铁圈）、精密 pH 试纸。
药品：草酸钠、浓硝酸、氨水。

三、实验原理

豆腐中的钙质与草酸钠溶液反应便生成不溶于水的草酸钙白色沉淀。

$$Ca^{2+} + Na_2(COO)_2 \longrightarrow Ca(COO)_2\downarrow + 2Na^+$$

蛋白质遇到浓硝酸，微热后呈黄色沉淀析出，冷却后再加入过量的氨水，沉淀就变成橙黄色。因为蛋白质分子中一般有带苯环的氨基酸，浓硝酸和苯环发生硝化反应，能生成黄色的硝基化合物，故可用来检验蛋白质。

四、实验过程

1. 豆腐的酸碱性试验

取 200 g 豆腐放入烧杯中，加入 20 mL 蒸馏水，用玻璃棒搅拌，并捣碎到不再有块状存在。过滤得到无色澄清的滤液和白色的滤渣。

用精密 pH 试纸测试豆腐滤液的酸碱性（一般测得的 pH 值为 6.2，显弱酸性）。

2. 豆腐中钙质的检验

取上述豆腐滤液 2 mL 于试管中，再滴入几滴浓草酸钠溶液，试管中立即出现明显的白色沉淀。说明豆腐中含有丰富的钙质，而且能溶于水，不一定与蛋白质结合在一起。

3. 豆腐中蛋白质的检验

取上述白色的豆腐滤渣少许，放入试管中，再滴入几滴浓硝酸，然后微热，可以看到白色的豆腐滤渣变成黄色。冷却后，加入过量的氨水，黄色转变成橙黄色，这就是蛋白质的黄色反应。

五、注意事项

（1）在制豆腐滤液前，一定要把豆腐捣碎，才能使钙离子溶解到水中。

（2）由于豆腐中含有较多蛋白质，形成胶体，故过滤较慢。但蛋白质一般不易透过滤纸，所以滤液不会有黄色反应。

六、拓展与延伸

豆腐是一种营养丰富又历史悠久的食材，大众对豆腐的喜爱推动了豆腐制作工艺的前进和发展。豆腐主要的生产过程一是制浆，即将大豆制成豆浆；二是凝固成形，即豆浆在热与凝固剂的共同作用下凝固成含有大量水分的凝胶体，即豆腐。

豆腐内含人体必需的多种微量元素，含有丰富的优质蛋白，素有"植物肉"之美称。豆腐的消化吸收率在 95% 以上，这样的健康食品一直深受大家的喜爱，但要想更好地发挥豆腐的营养价值，还需要注意做好搭配。

2014 年，"豆腐传统制作技艺"入选中国第四批国家级非物质文化遗产代表性项目名录，这道神奇的中国美食开始在商品价值之外，被赋予更多的文化内涵和传承意义。

豆腐的生产工艺流程包括原料清洗、浸泡、磨浆、煮浆、过滤、点浆、蹲脑、摊布、浇制、整理和压榨成品。以下是每个工序的具体管制点。

（1）原料：要求符合管制要求，杂质应清除、颗粒应饱满，无霉变或病斑，储存条件应通风、避光、低温、防潮。

（2）清洗：时间为 10 min，用水量应为 400 kg/桶，清洗状态应清洗干净，无可见杂质。

（3）浸泡：时间应为 5 h 30 min，水温应为 10~25℃，pH 值应为 6.5~7。

（4）磨浆：浆液浓度应为 375 kg 浆液/50 kg 豆子，浆液细度（目数）应为 120 目，磨浆时间应为 25 min/桶。

（5）煮浆：煮浆时间应为 40 min，煮浆温度应为 90~95℃，消泡剂添加量应为

120 g/锅，浆液量应为 375 kg/锅。

（6）过滤：筛网目数应为 100 目，筛网状态应完好、无破损、干净卫生，每 4 h 清洗一次。

（7）点浆：浆液温度应为 70~75℃，浆液 pH 值应为 6.5~7，添加剂添加量包括石膏（2 kg/桶）、抗氧化剂（0.4 kg/桶）和卤水 0.55 kg/桶，静置时间应为 35 min。

（8）蹲脑：蹲脑时间应为 35 min。

（9）摊布：框子与布之清洁度应干净卫生，无酸味杂质，摊布状态应棱角有型，摊布齐全无漏角。

（10）浇制：浇制量应各框均匀、一致，浇制状态应质地均匀。

（11）整理：整理状态应表面平整、包扎良好。

（12）压榨：压榨时间应为 30 min，压榨状态应脱水适中，形状固定坚挺且有弹性。

（13）成品：成品应呈白色或淡黄色，无豆渣、石膏角、不粗不红，不酸，形态完好。

此外，石膏水的配置要求为石膏粉：水＝1：4.5，水采用 35~40℃ 之温水。锅炉房蒸汽压力应为 0.5~0.7 kg，水压应为 0.1 kg。

七、问题与讨论

（1）为什么浓硝酸滴到皮肤上会发黄？

（2）豆腐虽味美，但饮食方面需要注意什么？

实验二十三　由锯木屑制葡萄糖

一、实验目的

（1）掌握由锯木屑制葡萄糖的基本原理与方法。

（2）熟练掌握糖类的检验方法。

二、实验用品

仪器：烧杯、铁架台（带铁圈）、酒精灯、石棉网、红色石蕊试纸。

药品：锯木屑、浓硫酸、氢氧化钠溶液、2%硝酸银溶液、2%氨水、硫酸铜溶液。

三、实验原理

锯木屑中约含 50%纤维素，纤维素在无机酸的催化下可以水解，水解的最终产物是具有还原性的葡萄糖。

四、实验过程

称取 2 g 干燥的锯木屑，装入大试管中，加少量水使木屑润湿，滴加浓硫酸 3~4 mL，边加边搅拌。再加水 4 mL，继续搅拌，然后放入水浴烧杯中加热。煮沸 10 min，冷却后将液体倒入小烧杯中，用30%的氢氧化钠溶液中和硫酸到水解液略显碱性（用石蕊试纸检验）。

用水解后的溶液 2 mL 倒入试管中，再加入新配制的银氨溶液，可检验出水解后的溶液中有还原性葡萄糖生成。

再取 2 mL 水解液倒入试管，加碱性氢氧化铜悬浊液，加热，有红色氧化亚铜沉淀生成，也证明水解液中生成了葡萄糖。

五、注意事项

（1）锯木屑在加浓硫酸时，如有部分碳化变黑，不会影响水解。要防止碳化，在加浓硫酸时，一定要逐滴加入，并及时搅拌。

（2）为保证水解完全，在煮沸 10 min 后，可用滴管吸取半毫升，进行还原氢氧化铜的试验，如不能使氢氧化铜还原成红色氧化亚铜，则水解仍须继续进行。

（3）水解液中应加过量的浓碱液，如果 NaOH 溶液太稀，加入太多会使单位体积内所含水解产物的量相应减少，还原作用就会不明显。

六、拓展与延伸

工业上由木屑制葡萄糖方法。

（1）分离木质素和纤维素。将过筛后的纯净的锯木屑装进高压锅中，加入 20% 的亚硫酸钙溶液（用 20 g 亚硫酸钙固体溶入 80 mL 净水配制），使全部木屑浸在溶液中，加盖密封，加热煮沸半小时，使锅内气压达 1.5 kg/cm²。在煮沸过程中，木屑所含的木质素即溶入亚硫酸钙溶液中，待煮沸结束且高压锅冷却后，弃去滤液，再用冷清水冲洗滤出物 2~3 次，即得纯净纤维素。

（2）纤维素水解。把上述纤维素置于钢质锅内。加入适量的清水，再按每千克纤维素加入 500 mL 稀硫酸（将 2 份 98% 的浓硫酸加 5 份水配制）的方式混合后，加热煮沸 2 h，再往锅中加入优质生石灰，使锅内溶液中和，呈中性。

七、问题与讨论

（1）为什么木屑酸性水解后要加碱中和至弱碱性？不加行吗？
（2）对比实验室和工业由木屑制葡萄糖方法的差异性。

实验二十四　自制肥皂

一、实验目的

（1）掌握自制肥皂的原理和方法。
（2）体会化学来源于生活，并服务生活之趣。

二、实验用品

仪器：圆底烧瓶、铁架台、铁夹、酒精灯、试管、烧杯。

261

药品：油脂（猪油）、氢氧化钠、乙醇、氯化钠、盐酸。

三、实验原理

油脂在碱性情况下水解，能得到硬脂酸钠、软脂酸钠等高级脂肪酸的钠盐，即为肥皂。

$$(C_{17}H_{35}COO)_3C_3H_5+3NaOH \xrightarrow{\triangle} C_3H_5(OH)_3+3C_{17}H_{35}COONa$$

高级脂肪酸钠在水里形成胶体溶液，所以可以用盐析的方法，把肥皂从食盐和甘油的混和液中析出。肥皂在上层，甘油和食盐的混和液在下层，这样便可把上层肥皂取出。

四、实验过程

按图 6-10 装配好仪器。

（1）先称取 7 g 熟猪油放入烧瓶里，为了促进油脂的溶解，加速皂化，可加入 10 mL 乙醇、8 mL 软水，再加入 3 g 氢氧化钠，制成溶液。配上带有回流冷凝作用的玻璃管的橡皮塞，塞紧瓶口，防止酒精挥发。然后小心加热并不断摇动，让其充分混合，煮沸 15 min 后，皂化基本结束。

（2）用玻璃棒蘸取少许皂化液滴入试管中，另加 5 mL 蒸馏水，加热煮沸。如完全溶解无油滴出现，说明皂化已完全；如仍有油滴出现，则表示皂化尚未完全，仍须继续进行皂化。过几分钟后，再取样检查，查到完全皂化为止。

（3）把已完全皂化的皂液倒在盛有 50 mL 饱和食盐水的烧杯中，肥皂即能浮在液面。收集起来，压成块状即为肥皂。

（4）取肥皂少许，加水溶解并加热煮沸。然后取上层清液 1 mL，滴加盐酸数滴，观察析出硬脂酸沉淀的现象。

五、注意事项

（1）要注意加碱的量：碱液不足，肥皂中会有游离油脂，去污能力差；碱液过量，肥皂面会析出白色粉末，对皮肤具有刺激作用。

图 6-10　肥皂的制取

（2）在肥皂中加入适量松香，可增加泡沫、提高肥皂的去污能力。

六、拓展与延伸

制造肥皂的油脂主要有动物油脂和植物油脂两大类。动物油脂中，牛羊油是制造肥皂的上等原料，用它们制造的肥皂，坚硬、色白、质量稳定，水溶性较低、去污力强、泡沫浓烈且持久；猪油可以增加肥皂的韧性和光泽。植物油脂中，皮油（柏油）和木油是制作肥皂的主要原料，用量可高达 55%；棉籽油的用量一般为 15%~25%，用量过多时，制成的肥皂性能较差，容易酸败，不宜久存；蓖麻油在水中的溶解度较大，易发生皂化反应，制成的肥皂光泽性好，用于洗浴能减少肥皂对人体皮肤的刺激作用，同其他油脂配合可生

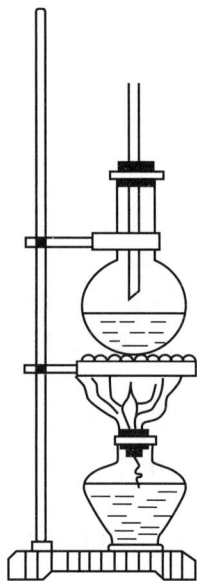

产出品质优质的肥皂；糠油需经硫酸和锌粉脱色后方能应用，用量可达 20%；豆油一般先制成硬化油后再用于制造肥皂，制成的肥皂一般呈浅黄色，皂体较软，容易收缩变形，水溶性强、泡沫较多、去污效果好，但不耐保存；硬化油即以液体油脂加氢后变成的固体油脂（也称氢化油，糠油、菜籽油、棉籽油都可制成硬化油），是制造肥皂的重要原料，可以代替固体脂肪制造肥皂，制成的肥皂坚硬耐用。此外，合成脂肪是天然油脂的代用品，可以节约大量的天然油脂，目前主要以石蜡为原料，经氧化而制得，在肥皂中用量可达 60%。

七、问题与讨论

（1）在制造肥皂的过程中加碱过多，制得的肥皂的表面为什么会出现白霜？

（2）香皂是怎么制得的？

实验二十五　熔岩灯的简易制作

视频

一、实验目的

（1）掌握熔岩灯制作的原理和方法。

（2）体会化学之美、化学之趣。

二、实验用品

仪器：白炽灯底座、两个烧杯（400 mL）。

药品：植物油、色素、食醋、小苏打。

三、实验原理

碳酸氢钠，分子式为 $NaHCO_3$，是一种无机化合物，呈白色结晶性粉末，无臭、味咸、易溶于水。在潮湿空气或热空气中即缓慢分解，产生二氧化碳，加热至 270℃ 完全分解。遇酸则强烈分解，产生二氧化碳。

乙酸，也叫醋酸，是一种有机化合物，化学式 CH_3COOH，是一种有机一元酸，为食醋的主要成分。纯的无水乙酸（冰醋酸）是无色的吸湿性液体，凝固点为 16.6℃（62℉），凝固后为无色晶体，其水溶液呈弱酸性且腐蚀性强，对金属有强烈腐蚀性。

碳酸氢钠可以与醋酸发生反应，从而释放出二氧化碳和水，这种反应可以产生高压气体。这种反应可以通过下面的方程式表示：

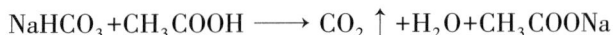

$$NaHCO_3 + CH_3COOH \longrightarrow CO_2 \uparrow + H_2O + CH_3COONa$$

水和食用油具有不相溶性，油密度比水低，浮在水的上面。食醋与小苏打接触后发生剧烈反应，生成大量二氧化碳气体和水。气泡夹着色素和水冲到油面上破裂，水滴沉入油底，制造出不同形状的蜡滴，如同多姿多彩的泡泡一样，上升又落下。剧烈时，又像喷发的火山熔岩一般变化，神奇又梦幻。

四、实验过程

（1）烧杯放在白炽灯底座上，并在其底部加入小苏打（铺满烧杯底部）。

（2）在烧杯中倒入植物油，并加至烧杯的 2/3 处。

（3）在另一烧杯中倒入少量食醋，滴加几滴色素。

（4）将色素和食醋的混合液倒入植物油中。

（5）这时会看到，烧杯底不断冒出气泡，气泡到达油的表面后，再往下滴落。

（6）过一段时间，气泡就会变慢，继续加入食醋，就会有更多气泡上下走动。此时就出现了熔岩灯的效果。

五、注意事项

（1）在加入食用油前，一定要将小苏打铺平并加量为烧杯体积的 1/20，以确保熔岩灯效果显著。

（2）加入的色素可以根据自己的喜好选择，可加入一种或多种色素，但不可过量，否则会影响熔岩灯的色彩效果。

六、拓展与延伸

熔岩灯是一种充满艺术感的灯具，许多人喜欢在家里自制这种灯，以增加家庭的装饰性。除了使用化学方法生成气泡，还可加入泡腾片等发泡物质，也可实现熔岩灯效果。

七、问题与讨论

熔岩灯的制作原理是什么，为什么油滴可以上下浮动？

实验二十六　　不怕烧的纸

一、实验目的

（1）认识燃烧所需要的条件。

（2）了解汽化时的热量变化。

二、实验用品

仪器：打火机、小烧杯、镊子。

试剂：湿巾、酒精、蒸馏水。

三、实验原理

酒精的燃点较低，当火点燃时，酒精不断燃烧，而水被不断汽化，将酒精燃烧的热量带走，水的温度始终在 100℃ 以下，而纸的燃点在 200℃ 以上。因此，纸才可以在火焰中安然无恙。

四、实验过程

（1）取一张湿巾泡在盛有蒸馏水的小烧杯中。

（2）取出后，再浸入盛有酒精的小烧杯中。

（3）用镊子将湿巾取出、点燃，火焰熄灭，湿巾完好无损。

五、注意事项

反应时要注意不要点燃酒精，旁边备好细沙或者湿拖布，防止发生意外。

实验二十七　点火成"蛇"

一、实验目的

（1）用科学的态度和方法认识现象背后的本质。

（2）利用生活中常见物质培养学生对化学的兴趣。

二、实验用品

仪器：陶瓷盘、酒精、打火机、烧杯。

试剂：细沙子、小苏打、细砂糖。

三、实验原理

食糖里面含有大量的碳，它可以与氧气反应生成其他东西。当点燃糖时，会迅速燃烧并与空气中的氧气发生反应，产生二氧化碳（CO_2）和水（H_2O）。但是如果燃烧过程中没有足够的氧气形成 CO_2，则会发生不同的反应，糖会分解生成炭黑元素（C）或木炭。

小苏打（碳酸氢钠，$NaHCO_3$）在高温下分解并释放大量二氧化碳，会导致缺氧，意味着没有足够的氧气使所有的糖通过反应转化为二氧化碳和水，于是一些糖就分解成碳元素，并开始固化形成黑蛇状物质。

二氧化碳气体和水蒸气将糖和小苏打混合物向上推。同时，这些气体被困在固体碳中，就形成了一种质地很轻、很蓬松的泡沫蛇，从沙子中冒出来。

四、实验过程

（1）按重量称出 40 g 的糖粉和 10 g 小苏打，然后混合搅拌均匀。

（2）把细沙装到一个不能燃烧的容器里，然后把酒精均匀地倒在沙子上，要淋湿沙子。

（3）然后把混合好的糖粉、小苏打粉末再小心地倒在沙子上，形成一个小山丘的形状。

（4）最后，在沙子上点火。

（5）能看到白色粉末中开始出现黑色物质，并且越长越大，像从地底下冒出来的黑蛇，又像火山喷发时的岩浆，最后形成了一条黑色的"大蛇"。

五、注意事项

（1）备有水桶或灭火器，避免意外发生。

（2）沙子必须是干的，如果沙子是湿的，要先晒干了再使用。

六、知识拓展

这个实验里用到的几种材料也很常见。比如，糖是一种碳水化合物，燃烧主要产生水汽和黑色的碳；而小苏打在加热分解下能够产生大量的二氧化碳，二氧化碳气体能够让糖生成的碳固化成多孔蓬松的圆柱物。视频里丑丑的"黑蛇"实际就是碳化物。

实验二十八　铁树开花

一、实验目的

（1）通过实验了解原电池的原理。

（2）感受化学实验的神奇现象。

二、实验用品

仪器：小烧杯一只、表面皿一套、玻璃棒一根、剪刀一把、滴管一支、药匙一把、镊子一把、天平（或台秤）一台、滤纸若干。

试剂：铁片、胆矾晶体、水。

三、实验原理

因为铁片和硫酸铜溶液之间发生了化学反应，铁片中的铁进入了溶液，将原本在溶液中的铜交换到铁片上（图 6-11）。

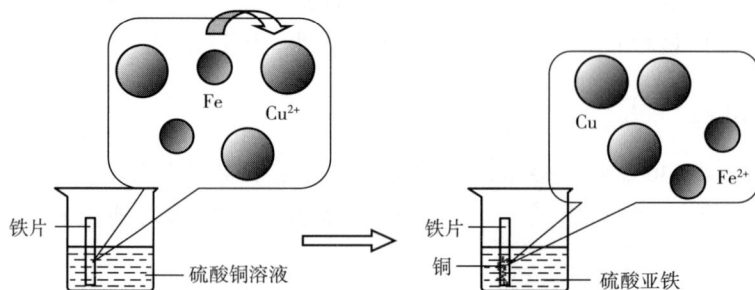

图 6-11　气体对血红蛋白作用的检验装置

四、实验过程

（1）称取 5 g 胆矾晶体放入烧杯内，加水 20 mL。

（2）搅拌溶解至溶液完全澄清。

（3）取滤纸按表面皿大小剪去边缘，使滤纸略小于表面皿，并将滤纸放入表面皿。

（4）用滴管吸取硫酸铜溶液，润湿整张滤纸。

（5）将锌片按兴趣剪下，放置在滤纸上。盖上表面皿盖，静置观察。

五、注意事项

（1）不能使滤纸浸泡在硫酸铜溶液中。

（2）滴加硫酸铜液体时，滤纸下层不起泡。

（3）剪下的锌片压平后再放至滤纸上。

（4）胆矾可以在花店买到，但胆矾溶液有毒，不可品尝，一旦溅到眼睛和皮肤上立刻应用大量水冲洗。

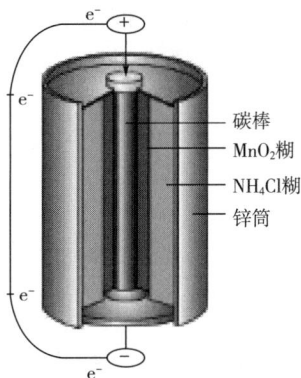

图 6-12　干电池的结构

六、知识拓展

我们现在使用的干电池就是用这种原理做成的（图 6-12）。它以内部的一根碳棒作为正极，外层的锌筒作为负极，糊状的二氧化锰和氯化铵做电解液来传递电子，把这些化学物质的化学能转变为电能，供给外界。

实验二十九　魔棒点灯

一、实验目的

（1）认识氧化还原实验。

（2）认识燃烧所需要的条件。

二、实验用品

仪器：酒精灯、玻璃棒、表面皿。

试剂：高锰酸钾、浓硫酸。

三、实验原理

高锰酸钾和浓硫酸反应产生氧化能力极强的棕色油状液体七氧化二锰。它一碰到酒精立即发生强烈的氧化—还原反应，放出大量的热使酒精达到着火点燃烧。

四、实验过程

（1）取少量高锰酸钾晶体放在表面皿上。
（2）在高锰酸钾上滴几滴浓硫酸。
（3）用玻璃棒蘸取混合物后，接触酒精灯灯芯，酒精灯立刻被点燃。

五、注意事项

七氧化二锰很不稳定，在零摄氏度时就可以分解为二氧化锰和氧气。因此，玻璃棒蘸取浓硫酸和高锰酸钾的混合物后，要立刻点燃酒精灯，否则时间延长，七氧化二锰分解完，就无法点燃酒精灯。

实验三十　化学绘画

一、实验目的

（1）掌握"化学绘画"的反应原理。
（2）了解实验室的相关安全事宜。
（3）形成热爱化学、敢于实验探究的精神。

二、实验用品

仪器：烧杯、胶头滴管、蒸馏水、玻璃棒、滤纸。
试剂：1 mol/L 的氯化铁溶液、硫氰化钾溶液、六氰合铁酸钾（赤血盐）、铁粉。

三、实验原理

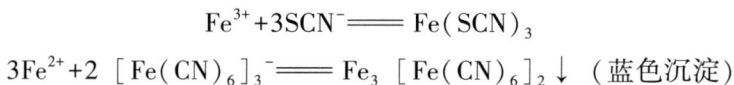

$$Fe^{3+}+3SCN^- =\!=\!= Fe(SCN)_3$$
$$3Fe^{2+}+2\left[Fe(CN)_6\right]_3^- =\!=\!= Fe_3\left[Fe(CN)_6\right]_2\downarrow（蓝色沉淀）$$

四、实验过程

先用胶头滴管吸取少量 $FeCl_3$ 溶液于试管中，然后滴加 KSCN 溶液，观察现象，用玻璃棒蘸取其溶液在滤纸上作图。然后洗净后，再取少量 $FeCl_3$ 溶液于试管中，放少量铁粉振荡，滴加 $K_3Fe(CN)_6$ 溶液，观察现象。

$FeCl_3$ 与 KSCN 反应，变成血红色溶液，$FeCl_3$ 先与铁粉反应，变成浅绿色溶液，加入 $K_3Fe(CN)_6$ 形成蓝色沉淀。

五、实验心得

了解化学反应中变色的原理，能够从宏观辨识与微观探析的角度体会到实验的乐趣，从中感到合作的快乐。

实验三十一 变色墨水

一、实验目的

（1）掌握变色反应的反应原理。

（2）理解变色反应的实验操作步骤。

（3）通过"变色墨水"的实验过程体会到化学的乐趣。

二、实验用品

仪器：铁架台、酒精灯、玻璃棒、烧杯、药匙。

试剂：六水合氯化钴晶体（玫瑰红色）、95%乙醇溶液、蒸馏水、浓盐酸、0.5 mol/L 的氯化钴溶液。

三、实验原理

$$CoCl_2 \cdot 6H_2O \xrightarrow{\triangle} CoCl_2 + 6H_2O$$

四、实验过程

先取少量氯化钴晶体于烧杯中，并加入足量的乙醇溶液进行溶解并搅拌，然后用玻璃棒蘸取几滴溶液至滤纸上，待烘干后放于酒精灯火焰上加热，观察现象。

滤纸由粉色先变为无色，加热后立即变为蓝色。

五、实验心得

从感官角度体会变色的奇妙，体会化学实验的魅力。

实验三十二 点水成冰

一、实验目的

（1）了解"点水成冰"的反应原理。

（2）理解"点水成冰"的实验操作步骤。

（3）通过"点水成冰"的实验过程体会到实验的趣味性。

二、实验用品

仪器：药匙、小烧杯、量筒、酒精灯、火柴、石棉网、电子天平、水槽、三角架。

试剂：醋酸钠晶体约 13 g、10 mL 蒸馏水、几粒 $CuSO_4$ 晶体。

三、实验原理

醋酸钠的热饱和溶液在不受扰动下冷却，结晶作用往往不会发生。这种溶液称为过饱和溶液，属于一种介稳体系，但还能存在。当搅动此溶液或加入溶质的"籽晶"，即能析出过量溶质的结晶。滴加 $CuSO_4$ 晶体后，冷却至室温，搅拌溶液，出现结晶。

四、实验过程

先用电子天平称量 13.0 g 醋酸钠粉末，用量筒量取 10 mL 水倒入小烧杯，并置于酒精灯上加热，用药匙向其加入药品，并尽快搅拌，防止结块，重复多次，然后放入水槽中冷却，此过程切勿振荡或搅拌，然后放入几粒 $CuSO_4$ 晶体，等待冷却，后用玻璃棒搅拌，出现结晶。

五、注意事项

加药品要均匀添加，并且不断搅拌。冷却过程不允许搅拌，要学会"质"与"量"的把握。

实验三十三　指纹破案

一、实验目的

（1）了解升华原理。
（2）认识碘溶于有机溶剂的物理性质。

二、实验用品

仪器：酒精灯、橡胶塞、钥匙、试管夹。
试剂：碘粒、小纸条。

三、实验原理

当手指在纸上按时指纹上的油脂、矿物油和汗水就会留在纸上。而纯净的碘是一种紫黑色的晶体，并有金属光泽。当固态碘在加热时转化为气态。碘蒸气上升，遇到手指上的有机溶剂时就会溶解其中，因此指纹就显示出来了。

四、实验过程

（1）取出一支小试管，在里面加入芝麻大小的碘粒。
（2）拿出预先准备好的小纸条，在上面按几个手印。
（3）将纸条塞进小试管，并用塞子塞进。
（4）加热，当看到试管中有紫色碘蒸气，且纸条上有指纹出现，停止加热。

五、注意事项

（1）纸条宽度略小于试管口宽度，7 cm 左右长。

（2）小纸条印有指纹的那面背向试管壁。

实验三十四　黄金雨

一、实验目的

（1）了解沉淀析出的原因。

（2）感受化学实验的美妙现象。

二、实验用品

仪器：烧杯、漏斗、玻璃棒、锥形瓶。

试剂：硝酸铅（或碱式醋酸铅）、碘化钾。

三、实验原理

硝酸铅和碘化钾反应生成碘化铅沉淀和硝酸钾，碘化铅随温度升高而溶解；之后随着温度降低，黄色的碘化铅析出，在光的照耀下形成了"黄金雨"。

$$Pb（NO_3）_2+2KI === PbI_2\downarrow +2KNO_3$$

四、实验过程

（1）取约 1 g 硝酸铅和 1 g 碘化钾于两个烧杯中，分别加入 100 mL 水溶解。

（2）将两种溶液倒入锥形瓶中充分混合。

（3）将混合溶液加热至固体不能继续溶解（约 90℃）。

（4）将混合溶液趁热过滤。

（5）将滤液倒回锥形瓶中并密封，冷却结晶。

五、注意事项

（1）铅盐有毒，会污染环境、伤害人体，实验结束后必须要用硫酸钾对废水、废弃物沉淀后再进行后续处理。

（2）实验中尽量减少自来水的使用，氯离子会和铅离子反应生成氯化铅沉淀，影响成品效果。

（3）白醋尽可能多加，铅离子在中性环境中容易水解，一旦水解，实验便难以完成。

（4）装瓶过程中需将锥形瓶、胶头滴管预热，否则溶液遇冷快速析晶，会生成大量碘化铅粉末，只有缓慢析出才能得到金灿灿的黄金雨。

（5）实验中必须做好各类安全措施，实验过程中不能食用各类化学试剂。

实验三十五　手指点蜡

一、实验目的

（1）认识燃烧所需要的条件。

（2）了解氯酸钾反应产生氧气的原理。

二、实验用品

药品：氯酸钾、硫粉、蜡烛。

仪器：打火机。

三、实验原理

蜡烛被吹灭后，烛芯还保留一定的温度，事先在手指涂有氯酸钾和硫粉（火柴头的主要成分）。氯酸钾受热分解，放出氧气，氧气有助燃作用，使硫黄很快燃烧起来，这样，燃烧的硫黄也就点燃了蜡烛。

四、实验过程

（1）取 1 g 氯酸钾和 0.5 g 硫，将它们混合均匀。

（2）取一支蜡烛，将蜡烛点燃，事先用手指头蘸些混合好的药品粉末，表演时将蜡烛火焰吹灭，趁着有余烬，用蘸有药粉的手指头，轻轻接触烛芯，蜡烛即可复燃。

五、注意事项

用手指蘸药品时应蘸少量，避免烧伤手指。

参考文献

[1] 中华人民共和国教育部．义务教育化学课程标准［M］．北京：北京师范大学出版社，2022.

[2] 中华人民共和国教育部．义务教育化学课程标准［M］．北京：北京师范大学出版社，2011.

[3] 中华人民共和国教育部．普通高中化学课程标准（2017 版 2020 年修订）［M］．北京：人民教育出版社，2020.

[4] 中华人民共和国教育部．普通高中化学课程标准（实验）［M］．北京：人民教育出版社，2003.

[5] 王磊．中学化学实验及教学研究［M］．北京：北京师范大学出版社，2020.

[6] 王秀阁．中学化学实验与创新［M］．北京：中国石化出版社，2016.

[7] 王后雄．中学化学实验教学研究［M］．北京：北京大学出版社，2013.

[8] 五晓红，刘万毅，任斌．基于手持技术的中学化学实验案例［M］．北京：冶金工业出版社，2016.

[9] 北京大学化学与分子工程学院实验室安全技术教学组．化学实验室安全知识教程［M］．北京：北京大学出版社，2012.

[10] 任跃红．中学化学实验研究［M］．北京：中国石化出版社，2011.

[11] 王希通．化学实验教学研究［M］．北京：高等教育出版社，1990.

[12] 西南师范学院化学系．中学化学教学法［M］北京：高等教育出版社，1986.

[13] 吴永仁，李和，何少华，等．中国中学教学百科全书·化学卷［M］．沈阳：沈阳出版社，1990.

[14] 中学化学实验教学编写组．中学化学实验教学［M］．石家庄：河北教育出版社，2002.

[15] 毕华林，傅尚奎，韩庆奎．化学实验教学研究［M］．青岛：青岛海洋大学出版社，1998.

[16] 贺湘善．中学化学实验改进与教学法研究［M］．北京：北京师范学院出版社，1988.

[17] 文庆城．化学实验教学研究［M］．北京：科学出版社，2003.

[18] 郑长龙．化学实验教学论［M］．北京：高等教育出版社，2001.

[19] 郑长龙．化学实验课程与教学论［M］．北京：高等教育出版社，2009.

[20] 王程杰．中学化学实验研究［M］．上海：华东师范大学出版社，2005.

[21] 潘鸿章．中学化学实验研究与创新［M］．海口：南方出版社，2001.

[22] 蔡其勇，宋广治，刘怀乐．中学化学实验教学研究［M］．重庆：西南师范大学出版社，2002.

[23] 王文林. 中学化学知识探析与实验研究 [M]. 西安：陕西师范大学出版社，2010.

[24] 刘正贤. 中学化学实验大全 [M]. 上海：上海教育出版社，1994.

[25] 孙志宽. 中学化学实验教学研究 [M]. 杭州：杭州大学出版社，1996.

[26] 郑长龙. 关于科学探究教学若干问题的思考 [J]. 化学教育，2006，27（8）：6-12.

[27] 李梅，梁竹梅，韩莉. 化学实验与生活：从实验中了解化学 [M]. 北京：化学工业出版社，2004.

[28] 王祖浩，王程杰. 中学化学创新实验 [M]. 南宁：广西教育出版社，2007.

[29] 吴俊明. 中学化学实验研究导论 [M]. 南京：江苏教育出版社，1997.

[30] 北京师范大学化学实验规范编写组. 化学实验规范 [M]. 北京：北京师范大学出版社，2001.

附　录

附录1　常见酸、碱的浓度

试剂名称	密度/（g·cm^{-3}）	质量分数/%	物质的量浓度/（mol·L^{-1}）
浓硫酸	1.84	98	18
稀硫酸	1.06	9	2
浓盐酸	1.19	38	12
稀盐酸	1.03	7	2
浓硝酸	1.41	68	16
稀硝酸	1.2	32	6
稀硝酸	1.06	12	2
浓磷酸	1.7	85	14.7
稀磷酸	1.05	9	1
浓高氯酸	1.67	70	11.6
稀高氯酸	1.12	19	2
浓氢氟酸	1.13	40	23
氢溴酸	1.38	40	7
氢碘酸	1.70	57	7.5
冰醋酸	1.05	99	17.5
稀乙酸	1.04	30	5
稀乙酸	1.02	12	2
浓氢氧化钠	1.44	~41	~14.4
稀氢氧化钠	1.08	8	2
浓氨水	0.91	~28	14.8
稀氨水	0.98	3.5	2
氢氧化钙水溶液	1.00	0.15	—
氢氧化钡水溶液	1.02	2	~0.1

附录 2　常用酸碱指示剂的配制

指示剂名称（通称）	指示剂本身性质	室温时变色范围（pH）	配制方法	每 10 mL 试液用的滴数
甲基黄	碱	红 2.9~4.0 黄	1.0 g+1 L 90%醇	1
甲基橙	碱	红 3.1~4.4 黄	0.10 g+100 mL 水	1
甲基红	碱	红 4.4~6.2 黄	0.02 g+60 mL 乙醇+40 mL 水	1
石蕊	酸	红 4.5~8.3 蓝	1.0 g+50 mL 水，静置一昼夜后过滤；在液滤中+30 mL 95%乙醇，+水→（100 mL）	1
中性红	碱	红 6.8~8.0 黄橙	0.01 g+50 mL 乙醇+5 mL 水	1
酚酞	酸	无色 8.0~9.6 红	0.05 g+50 mL 乙醇+50 mL 水	1~3

附录 3　常用酸、碱溶液的配制

溶液	物质的量浓度/（mol·L^{-1}）	配制
浓盐酸	12	$d=1.19$，38%（质量）
稀盐酸	6	浓盐酸∶水=1∶1（体积）
稀盐酸	2	6 mol/L HCl∶水=1∶2（体积）
浓硫酸	18	$d=1.84$，98%（质量）
稀硫酸	3	浓硫酸∶水=1∶5（体积）
稀硫酸	2	6 mol/L H_2SO_4∶水=1∶2（体积）
浓硝酸	14.5	$d=1.40$，65%（质量）
稀硝酸	6	浓硝酸∶水=10∶14（体积）
稀硝酸	2	6 mol/L HNO_3∶水=1∶2（体积）
冰乙酸	17.5	$d=1.05$，99.8%（质量）
稀乙酸	6	冰乙酸 350 mL∶水 650 mL
稀乙酸	2	6 mol/L HAc∶水=1∶2（体积）
浓氨水	15	$d=0.90$，28%（质量）
稀氨水	6	浓氨水∶水=2∶3（体积）

续表

溶液	物质的量浓度/（mol·L^{-1}）	配制
稀氨水	2	6 mol/L NH$_3$（aq）：水=1：2（体积）
氢氧化钠	6	NaOH 240 g/L
氢氧化钾	3	KOH 168g/L
氢氧化钡	0.2	Ba（OH）$_2$·8H$_2$O 60 g/L，过滤
石灰水	0.02	饱和石灰水澄清液

附录 4　气体在水中的溶解度

气体	温度/℃	溶解度 （mL/100 mL 水）	气体	温度/℃	溶解度 （mL/100 mL 水）
H$_2$	0	2.14	NO	0	7.34
	30	0.85		60	2.37
N$_2$	0	2.33	NH$_3$	0	89.9
	40	1.42		100	7.4
O$_2$	0	4.89	H$_2$S	0	437
	25	3.16		40	186
CO	0	3.5	Cl$_2$	10	310
	20	2.32		30	177
CO$_2$	0	171.3	SO$_2$	0	22.8
	20	90.1	—	—	—

附录 5　危险药品的分类、性质和管理

类别	举例	性质	注意事项
爆炸品	硝酸铵、苦味酸、三硝基甲苯	遇高热摩擦、撞击等，引起剧烈反应，放出大量气体和热量，产生猛烈爆炸	存放于阴凉、低下处。轻拿、轻放

类别		举例	性质	注意事项
易燃品	易燃液体	丙酮、乙醚、甲醇、乙醇、苯等有机溶剂	沸点低、易挥发，遇火则燃烧，甚至引起爆炸	存放阴凉处，远离热源，使用时注意通风，不得有明火
	易燃固体	赤磷、硫、萘、硝化纤维	燃点低，受热、摩擦、撞击或遇氧化剂，可引起剧烈连续燃烧、爆炸	同上
	易燃气体	氢气、乙炔、甲烷	因撞击、受热引起燃烧。与空气按一定比例混合，则会爆炸	使用时注意通风。如为钢瓶气，不得在实验室存放
	遇水易燃品	钠、钾	遇水剧烈反应，产生可燃气体并放出热量，此反应会引起燃烧	保存于煤油中，切勿与水接触
	自燃物品	黄磷	在适当温度下被空气氧化、放热，达到燃点而引起自燃	保存于水中
氧化剂		硝酸钾、氯酸钾、过氧化氢、过氧化钠、高锰酸钾	具有强氧化性，遇酸、受热，与有机物、易燃品、还原剂等混合时，因反应引起燃烧或爆炸	不得与易燃品、爆炸品、还原剂等一起存放
剧毒品		氰化钾、三氧化二砷、升汞、氯化钡、六六六（六氯环己烷）	剧毒，少量侵入人体（误食或接触伤口）引起中毒，甚至死亡	专人、专柜保管，现用现领，用后的剩余物，无论是固体还是液体都应交回保管人，并应设有使用登记制度
腐蚀性药品		强酸、氟化氢、强碱、溴、酚	具有强腐蚀性，触及物品造成腐蚀、破坏，触及人体皮肤引起化学烧伤	不要与氧化剂、易燃品、爆炸品放在一起

附录6　常用干燥剂的性能和适用范围

干燥剂	1 L空气中残留水分的毫克数	性质和适应范围	备注
P_2O_5	2×10^{-5}	白色粉末，酸性，有强烈与水结合的能力，不仅能结合游离水，还能夺取化合物中的水。可以干燥 H_2、O_2、N_2、CO_2、.CO、SO_2、CH_4、C_2H_4 等气体，不可以干燥氨、胺、卤化氢和硝酸等，也不可用来干燥醇、羧酸和酮等有机物	和水形成水化物，不能再生
$Mg(ClO_4)_2$	5×10^{-4}	白色固体，具有极强氧化性，易潮解，有强烈吸水作用。适用于干燥中性或酸性气体，不可以用于能被氧化的物质。严禁与有机物、碳、硫、磷等可燃物接触，以免引起爆炸	吸水后形成含2、3、4、6个结晶水合物，在190℃以上可烘干再生，温度不可过高，251℃时分解
BaO	6.5×10^{-4}	白色固体，碱性氧化物，有毒，吸水性强，也能吸收酸性气体。用于干燥 O_2、N_2、NH_3、胺等。不可以干燥 HCl、H_2S、CO_2、SO_2 等酸性气体	跟水化合成 $Ba(OH)_2$，不能再生
硅胶	$0.5\times10^{-3}\sim3\times10^{-3}$	是半透明、内表面积很大的多孔性固体，属良好的吸附剂，对水有强烈的吸附作用。可干燥 O_2、N_2、NH_3、胺等气体，常用于干燥器中。含有钴盐的硅胶，叫变色硅胶，干燥时呈蓝色，吸水后呈粉红色	吸附水后的硅胶可于120℃下烘干再生
Al_2O_3	3×10^{-3}	白色粉末，中性，是吸附性较强的多孔性吸附剂，适用于多数气体	吸附水的氧化铝，可以在175℃下烘干再生
(100%) H_2SO_4 (95%)	3×10^{-2} 3×10^{-1}	氧化性酸。可以干燥 H_2、O_2、N_2、CO、SO_2、Cl_2、HCl、CH_4 等多种气体，不可用来干燥 NH_3、胺、H_2S、HBr、HI 等碱性或易被氧化的气体，常在干燥器中使用	—
$CaSO_4$	4×10^{-3}	白色粉末。可干燥 H_2、O_2、N_2、CO_2、CO、SO_2、Cl_2、HCl、H_2S 等气体，也可干燥烷烃、醚、醛、酮、羧酸等液态有机物。不适用于干燥 HF、胺、乙醇等	与水结合形成 $CaSO_4\cdot2H_2O$ 加热到 $230\sim240℃$ 下脱水再生
CaO	2×10^{-1}	白色固体，碱性氧化物。可干燥 O_2、N_2、NH_3、胺等气体，也可干燥低级醇和胺等液态有机物。常在干燥器中使用。不用来干燥酸性气体，如 CO_2、HCl、H_2S 等	与水结合形成 $Ca(OH)_2$，加热到450℃以上分解再生

续表

干燥剂	1 L 空气中残留水分的毫克数	性质和适应范围	备注
$CaCl_2$	$1.4×10^{-1} \sim$ $2.5×10^{-1}$	白色多孔固体，有较强的吸湿性。可以干燥 H_2、O_2、N_2、CO_2、CO、SO_2、HCl、CH_4、C_2H_4 等多种气体。也可以干燥烃、卤代物、醚、酮、硝基化合物等液态有机物。不能用来干燥 NH_3，以及含有 -OH 和 $-NH_2$ 的有机物	吸水后形成结晶水合物，加热到 260℃ 以上脱水再生
碱石灰	—	白色固体。呈碱性，可以干燥 NH_3、胺等气体，不能干燥酸性气体及醇、醛、酮、酸、酯、酚等液态有机物。常用于避免水或 CO_2 进入反应系统装置中	由 CaO 粉碎后加 NaOH 溶液，经充分混合后，置铁皿中于 200 ~ 250℃ 下干燥而成。大致成分是：83% $Ca(OH)_2$，5% NaOH，12% H_2O
$MgSO_4$	—	白色粉末。常用于干燥卤代物、醇、醛、酮、羧酸、酯、酚、硝基化合物等液态有机物	与水结合成结晶水合物 $MgSO_4 \cdot 7H_2O$
Na_2SO_4	—	白色粉末。使用范围同 $MgSO_4$	与水结合成结晶水合物 $Na_2SO_4 \cdot 10H_2O$
K_2CO_3	—	白色粉末，碱性。常用于干燥酮、酯、胺等液态有机物	与水结合成水合物

附录 7　常用试纸的制备

试纸名称及颜色	制备方法	用途
石蕊试纸（红色或蓝色）	用热的酒精处理市售石蕊以除去夹杂的红色素。倾去浸液残渣 1 份与 6 份水浸煮并不断摇荡，滤去不溶物。将滤液分成两份，一份加稀 H_2SO_4 或稀 H_3PO_4 至变红，另一份加稀 NaOH 至变蓝，然后将滤纸条分别在其中浸湿，取出后在避光、无酸碱蒸汽的室内晾干，便得红色和蓝色石蕊试纸	红——在碱性溶液中变蓝色；蓝——在酸性溶液中变红色
淀粉碘化钾试纸（白色）	将 0.5 g 淀粉加水 1 mL，在试管中加以振摆调成浆状，然后倒入 100 mL 沸水，维持煮沸 1~2 min，冷却后，将 0.5 g 碘化钾及 0.5 g 结晶碳酸钠溶于少量水。加入此试管中，振荡得无色淀粉碘化钾溶液。将滤纸条浸入淀粉碘化钾溶液中，取出晾干，即得淀粉碘化钾试纸。可贮于密闭容器中备用	用以检出氧化剂（特别是游离卤素），作用时变蓝色

试纸名称及颜色	制备方法	用途
酚酞试纸 （白色）	溶解 1 g 酚酞于 100 mL 95%的酒精溶液中，摇荡溶液，同时加入 100 mL 水，将滤纸条浸入溶液，取出后置于无氨蒸气处晾干即可	在碱性溶液中变成深红色
醋酸铅试纸 （白色）	将滤纸条浸入 3%醋酸铅溶液中，取出后在无硫化氢气体的房间中晾干	用以检出痕量的 H_2S 作用时由白色变成黑色
刚果红试纸 （红色）	溶解 0.5 g 刚果红于 1 L 水中，加 5 滴醋酸，滤纸条在温热溶液浸湿后，取出晾干	与无机酸作用变蓝（甲酸、一氯醋酸及草酸等有机酸也使它变蓝）。pH 3.0~5.2，由蓝变红
淀粉试纸 （白色）	将 0.5 g 可溶性淀粉放入小烧杯中，加水 5 mL 调成糊状，边搅拌边加入 100 mL 沸水，继续加热煮沸 2~3 min，直到溶液转清时加入 0.1 g 氯化汞。放入滤纸，浸透后取出晾干，即得淀粉试纸	遇碘由白色转变成蓝色
碘酸钾–淀粉试纸 （白色）	将 KIO_3 1.07 g 溶于 100 mL 0.5 mol·L^{-1} 硫酸中，加入新配制的 0.5%淀粉溶液 100 mL，将滤纸放入该溶液中浸透后取出晾干	检验 NO、SO_2 等还原性气体和试纸作用时变蓝色
铁氰化钾（及亚铁氰化钾）试纸（淡黄色）	将滤纸浸入饱和铁氰化钾（或亚铁氰化钾）溶液中，浸透后取出晾干	试纸跟铁离子（或亚铁离子）作用呈蓝色

附录 8　特种试剂的配制

试剂名称	配制方法	备注
银氨溶液	1.5 mL 2% $AgNO_3$+（滴入）2%NH_3（aq），振荡，至生成的沉淀完全溶解为止	现用现配，贮于棕色瓶中
费林试剂	A 液：3.5 g $CuSO_4$·$5H_2O$ +100 mL 水 B 液：17 g $KNaC_4H_4O_6$·$4H_2O$+15~20 mL 热水+20 mL 25% NaOH+水（→100 mL）	A、B 液分别贮存；临用前取 A、B 液等量混合
Schiff 试剂（品红亚硫酸溶液）	（1）0.50 g 品红的盐酸盐晶体+100 mL 热水，冷却后，通入 SO_2，使溶液呈无色+水（+500 mL）； （2）0.20 g 品红的盐酸盐晶体+100 mL 热水，冷却后，+2 g $NaHSO_3$+2 mL 浓 HCl，搅匀后，至红色褪去	（1）（2）法中当配制完毕时，如呈粉红色，可加入 0.58 g 活性炭，搅拌后过滤；试剂贮于严密的棕色瓶中

试剂名称	配制方法	备注
淀粉溶液	1 g 可溶性淀粉+10 mL 水，搅匀，边搅拌边加入 20 mL 热水中，煮沸 1 min 冷却，过滤	现用现配，如保存可加入 0.5 g KI 及 2~3 滴氯仿
碘化钾淀粉溶液	100 mL 淀粉溶液+1 g KI	不得显蓝色，现用现配
漂白粉溶液	1 g 漂白粉+水（→100 mL）搅匀，取上层清液	现用现配
次氯酸钠溶液	含 10%~14%（W/V）有效氯	用时与等量水混合
钼酸铵试剂	45 g（NH_4）$_6Mo_7O_{24}$·$4H_2O$ 或 40 g 纯 MoO_3+［70 mL NH_3（aq）+140 mL 水］；完全溶解后，再缓缓加入 250 mL 浓 HNO_3 和 500 mL 水的混合液，随加随搅拌，最后，+水（→1L）。放置 1~2 日，倾取上层清液备用	—
奈斯勒试剂 K_2（HgI_4）	2.5 g $HgCl_2$+10 mL 热水，慢慢加入 5 g KI+5 mL 水的溶液中，振荡，至生成的红色沉淀不溶解为止→冷却氢氧化钾溶液（15 g KOH+30 mL 水）+水（→100 mL）→加入上面的 $HgCl_2$ 溶液 0.5 mL，振荡；将上述溶液静置一昼夜，倾取上层清液备用	贮于棕色瓶中，用橡皮塞塞紧
溴水 Br_2+H_2O	在带有良好磨口塞的玻璃瓶内，将市售溴约 50 g（16 mL）注入 1 L 水中。在 2 h 内经常剧烈振荡；每次振荡之后微开塞子，使积聚的溴蒸气放出。在储存瓶底总有过量的溴。将溴水倒入试剂瓶时剩余的溴应留在储存瓶中而不倒入试剂瓶（倾倒溴和溴水时应在通风橱中进行）	为了操作时防止溴蒸气的灼伤，应戴上乳胶或橡胶手套，也可以将凡士林涂于手上
碘液 I_2+H_2O	将 1.3 g 碘和 5 g 碘化钾溶解在尽可能少量的水中，待碘完全溶解后（充分搅动），再加水冲稀至 1 L。如此所配成的碘液其浓度约为 0.01 mol·L^{-1}	—

附录 9　洗涤液的种类和配制方法

洗液名称	配制方法	洗液特点	使用注意事项
铬酸洗液	一般浓度为 5%~12%。工业品重铬酸钾（或重铬酸钠）20 g 溶于 40 mL 水中，慢慢加入 360 mL 工业浓硫酸，即得 5%洗液。洗液为红褐色	强酸性，具有很强的氧化力。用于去除油污	（1）使用时要特别小心以防腐蚀皮肤和衣服 （2）废液不可随便排放，要进行处理 （3）洗液若呈绿色，则表示已失效
碱性高锰酸钾洗液	4 g $KMnO_4$，溶于少量水中，加入 100 mL 10% NaOH 溶液	作用缓慢。适应于洗涤油腻及有机物	洗后玻璃器皿上留有 MnO_2 沉淀物，可用浓 HCl 或 Na_2SO_4 溶液处理

洗液名称	配制方法	洗液特点	使用注意事项
碱性乙醇洗液	1 L 95%乙醇溶液，加入157 mL NaOH（或 KOH）饱和溶液（约50%）	遇水分解力很强，适应于洗涤油脂、焦油和树脂等	（1）具有易燃性和挥发性，使用时注意防挥发和防火 （2）久放失效 （3）对磨口瓶塞有腐蚀作用
磷酸钠洗液	于 470 mL 水中加入 57 g Na_3PO_4 和 28.5 g 油酸钠（$C_{17}H_{33}COONa$）	洗涤碳的残留物	在洗液中浸泡几分钟再刷洗
纯酸或纯碱洗液	纯酸溶液：浓盐酸、浓硫酸和浓硝酸。纯碱溶液：10%以上的 NaOH、KOH 或 Na_2CO_3 溶液	洗液的使用要根据器皿上污垢的性质	用洗液浸泡或浸煮器皿，但用酸洗时温度不宜太高，防止酸挥发
硝酸-过氧化氢洗液	15%～20%硝酸加入 5%过氧化氢	洗涤特别顽固的化学污物	（1）久存易分解，现用现配 （2）贮存于棕色瓶中